O QUE ESTÃO FALANDO SOBRE
Canais de vendas e marketing

> " Este livro é realmente uma realização extraordinária nos campos de marketing, distribuição, franquias e outras áreas. Dent e White nos oferecem um roteiro altamente convincente e pragmático para o sucesso, em tempos de grandes mudanças e rupturas. Esse tratado atualizado é um manancial de insights estratégicos e pragmáticos sobre canais de vendas e marketing e sobre gestão da distribuição no século XXI. Siga os conselhos desses autores ou enfrente os riscos da irrelevância, que ameaçam seu negócio e suas marcas."
>
> **JOE TRIPODI,**
> CMO, Subway, e ex-CMO, Coca-Cola, Allstate, MasterCard, Bank of New York e Seagram's.

> " Com os canais de vendas e marketing ficando cada vez mais complexos e desafiadores, a necessidade de ajuda é cada vez maior. Este livro acerta na mosca — insisto com qualquer profissional de marketing envolvido com canais que sempre tenha este livro à mão. Dent e White se destacam em qualquer contexto, entre a maioria dos profissionais, no esforço de simplificação dessa área complexa, em componentes mais compreensivos e executáveis. Seja você um novato ou um especialista, esta nova edição é fora de série para executivos e para gerentes de contas."
>
> **JEREMY BUTT,**
> SVP International, Mitei.

❝ Este é o melhor livro disponível para propiciar a compreensão profunda dos modelos de negócio de canais, e ele nos ajudou a desenvolver relacionamentos mais eficazes com os nossos parceiros de canais."

LOUIS GRIES,
CEO, James Hardie Industries plc.

❝ Este livro é leitura imprescindível para qualquer fornecedor que trabalhe com canais de distribuição indiretos. Os insights profundos sobre modelos de negócio de canais capacitam os fornecedores a assegurar o máximo de valor tanto dos distribuidores quanto do engajamento com o último nível."

MICHAEL URBAN,
Vice-Presidente Corporativo de Estratégia e Transformação,
Global Vendor Management, Tech Data Corporation.

Canais de vendas e marketing

Copyright © 2008, 2011 Julian Dent
Copyright © 2018 Michael K. White, Julian Dent
Copyright desta edição © 2024 Autêntica Business

Tradução publicada mediante acordo com Kogan Page.

Título original: *Sales and Marketing Channels: How to Build and Manage Distribution Strategy*

Todos os direitos reservados pela Autêntica Editora Ltda.
Nenhuma parte desta publicação poderá ser reproduzida,
seja por meios mecânicos, eletrônicos, seja via cópia xerográfica,
sem autorização prévia da Editora.

EDITOR
Marcelo Amaral de Moraes

PREPARAÇÃO DE TEXTO
Marcelo Barbão

REVISÃO TÉCNICA
Marcelo Amaral de Moraes

REVISÃO
Rafael Rodrigues

CAPA
Diogo Droschi

PROJETO GRÁFICO E DIAGRAMAÇÃO
Christiane S. Costa

Dados Internacionais de Catalogação na Publicação (CIP)
(Câmara Brasileira do Livro, SP, Brasil)

Dent, Julian
    Canais de vendas e marketing : como selecionar e gerenciar canais de vendas e marketing para crescer de forma lucrativa / Julian Dent e Michael K. White ; tradução Afonso Celso da Cunha Serra. -- 1. ed. -- São Paulo : Autêntica Business, 2024.

    Título original: Sales and Marketing Channels : How to Build and Manage Distribution Strategy
    ISBN 978-65-5928-367-5

    1. Vendas 2. Marketing 3. Distribuição 4. Canais de Vendas 5. Canais de Marketing I. White, Michael K. II. Título.

23-184564   CDD-658.7

Índices para catálogo sistemático:
1. Canais de vendas : Marketing : Administração 658.7

Cibele Maria Dias - Bibliotecária - CRB-8/9427

A **AUTÊNTICA BUSINESS** É UMA EDITORA DO **GRUPO AUTÊNTICA**

São Paulo
Av. Paulista, 2.073 . Conjunto Nacional
Horsa I . Sala 309 . Bela vista
01311-940 . São Paulo . SP
Tel.: (55 11) 3034 4468

Belo Horizonte
Rua Carlos Turner, 420
Silveira . 31140-520
Belo Horizonte . MG
Tel.: (55 31) 3465-4500

www.grupoautentica.com.br
SAC: atendimentoleitor@grupoautentica.com.br

MICHAEL K. WHITE | JULIAN DENT

Canais de vendas e marketing

Como **selecionar** e **gerenciar canais de vendas** e **marketing** para **crescer** de forma **lucrativa**

TRADUÇÃO:
Afonso Celso da Cunha Serra

autêntica
BUSINESS

SUMÁRIO

Sobre os autores . 14

Prefácio . 16

Agradecimentos . 20

Introdução · 23

PARTE UM

CAPÍTULO 1
Como tirar o melhor proveito deste livro . 24

25 Sobre este livro
28 Como este livro está estruturado

CAPÍTULO 2
O negócio de colocar produtos e serviços no mercado . 32

33 Canais de marketing e vendas, e estratégia de distribuição
37 A estratégia de distribuição importa
39 Desafiando a dinâmica dos negócios
45 Modelos de negócio são fundamentais para as propostas de valor
47 Uma abordagem estruturada para posicionar a sua proposta de valor de canal

CAPÍTULO 3
Principais tendências e avanços no acesso ao mercado . 50

51 Introdução
51 O mito da desintermediação

54 De produtos a serviços
57 A emergência da nuvem, dos *apps* e das microtransações
59 Desafios do multicanal (*omnichannel*)
62 Canais de consumo: mais do que apenas varejo e *e-tailer* (varejo eletrônico)
65 Canais comerciais e ecossistemas
67 Canais da *gig economy* (economia *gig*)

PARTE DOIS

Distribuidores, atacadistas e intermediários · 73

CAPÍTULO 4
O papel do distribuidor para os canais de vendas e marketing · 74

75 Distribuidores, atacadistas e intermediários
75 O papel do cliente – funções principais
80 O papel do fornecedor
83 O papel do fornecedor – funções principais
86 Como a distribuição melhora o modelo de negócio do fornecedor

CAPÍTULO 5
Como funciona o modelo de negócio do distribuidor · 90

91 O que queremos dizer por modelo de negócio?
93 O papel define o modelo de negócio
95 O lucro é um número muito pequeno entre dois números muito grandes
95 A gestão do capital de giro é um ato de equilíbrio
99 As métricas que importam e como gerir com elas

CAPÍTULO 6
Gerindo os distribuidores - margens e lucratividade · 100

101 Múltiplas margens
101 Margem bruta e valor agregado
104 Mix de margem ou margem combinada
109 Margem de contribuição
114 Margem líquida e margem operacional

CAPÍTULO 7
Gerindo os distribuidores - capital de giro. 118

119 Gestão do capital de giro
120 Crédito do fornecedor
121 Estoque
125 Crédito do cliente
128 Ciclo do capital de giro

CAPÍTULO 8
Gerindo os distribuidores - produtividade. 132

133 Ganho e giro
136 Retorno da margem de contribuição sobre o investimento em estoques
139 Retorno sobre o capital de giro

CAPÍTULO 9
Gerindo os distribuidores - sustentabilidade. 146

147 Sustentabilidade – saúde do negócio a longo prazo
147 Retorno sobre o ativo líquido e retorno sobre o capital empregado
150 Retorno sobre o capital investido
152 Criação de valor
156 Gerindo a criação de valor em bases operacionais

CAPÍTULO 10
Gerindo os distribuidores - crescimento. 160

161 A dinâmica do crescimento
162 A fórmula da taxa de crescimento com financiamento interno
164 Economias de escala – lucratividade
167 Economias de escala – gestão do capital de giro
169 Riscos do crescimento – deseconomias de escala

CAPÍTULO 11
Compreendendo o cenário da distribuição. 172

173 Introdução
174 Evolução típica do cenário

CAPÍTULO 12
Como extrair o melhor da estratégia de distribuição . 178

179 Construindo e alavancando parcerias de distribuição

181 O processo de engajamento

186 Gerindo o relacionamento com a conta

188 Desenvolvendo *business cases* convincentes

192 Resumo da Parte Dois

PARTE TRÊS
Gerindo canais de marketing e vendas de último nível · 195

CAPÍTULO 13
Papéis dos *players* de canal de último nível . 196

197 Os *players* de canal de último nível

198 Os papéis possíveis dos *players* de canal de último nível

205 Adequando os papéis do canal aos *players* do canal

206 Diferentes papéis impõem diferentes modelos de remuneração

215 Aplicando esse modelo ao seu setor ou canal

CAPÍTULO 14
Como o modelo de negócio trabalha para os *players* de canal de último nível . 216

217 O papel define o modelo de negócio

218 Modelos de negócio de prestação de serviços – pessoas e plataformas

219 Atributos especiais do modelo de negócio de serviços baseado em pessoas

223 Atributos especiais do modelo de negócio de serviços baseado em plataformas

CAPÍTULO 15
Gerindo *players* de canal de último nível - vendas e utilização . 226

227 Modelo de negócio de serviços baseado em pessoas

242 Modelo de negócio de serviços baseado em plataformas

CAPÍTULO 16
Gerindo *players* de canal de último nível - margem bruta e recuperabilidade . 246

247 Modelo de negócio de serviços baseado em pessoas
254 Modelo de negócio de serviços baseado em plataformas

CAPÍTULO 17
Gerindo *players* de canal de último nível - gestão do capital de giro . 260

261 O ciclo *cash-to-cash*
261 Modelo de negócio de serviços baseado em pessoas
267 Modelo de negócio de serviços baseado em plataformas

CAPÍTULO 18
Gerindo *players* de canal de último nível - criação de valor e crescimento . 270

271 Criação de valor e melhoria dos números
278 Gerindo o crescimento – o modelo de negócio integrado

CAPÍTULO 19
Como extrair o melhor dos *players* de canal de último nível . 280

281 Introdução
282 Segmentando o canal de comercialização de último nível
284 O que o último nível procura em um fornecedor
294 O que o último nível procura em um distribuidor
299 Gerindo o relacionamento com a conta
301 Algumas regras práticas para elaborar *business cases* convincentes
305 Vendendo "com" o último nível no papel de defensor
306 Resumo da Parte Três

PARTE QUATRO
Gerindo a distribuição em setores específicos · 309

CAPÍTULO 20
Introdução à gestão da distribuição em setores específicos . 310

CAPÍTULO 21
Insights sobre gestão da distribuição de bens de capital . 316

317 Introdução
318 Desafios específicos e como o setor os enfrenta
320 Exposição ao ciclo de negócios
321 Custos extremamente altos
321 Mudando os modelos de propriedade e de consumo
322 Localidades difíceis e cadeias de suprimentos estendidas
323 Complexidades políticas
324 Competências críticas
334 Métricas principais

CAPÍTULO 22
Insights sobre gestão da distribuição de bens de consumo e varejistas . 338

339 Varejistas e o varejo
346 Multicanal e *omnichannel*
355 Desafios específicos e como o setor os enfrenta
361 Atributos e competências críticas
369 Métricas principais

CAPÍTULO 23
Insights sobre gestão da distribuição de serviços . 378

379 Introdução
380 Desafios específicos e como o setor os enfrenta
387 Competências críticas
399 Métricas principais

CAPÍTULO 24
Insights sobre gestão da distribuição em hotéis, restaurantes, *catering* e viagens . 402

403 Introdução
404 Desafios específicos e como o setor os enfrenta
408 Competências críticas
409 Métricas principais

CAPÍTULO 25
Insights sobre gestão da distribuição de propriedade intelectual . 412

413 Introdução

415 Desafios específicos e como o setor os enfrenta

426 Competências críticas

CAPÍTULO 26
Insights sobre gestão da distribuição no setor de franquias . 436

437 O que é uma franquia?

440 O modelo de franquia

445 Desafios específicos e como o setor os enfrenta

450 Atributos e competências críticas

456 Principais métricas

Principais índices . 462
Glossário de termos técnicos . 468
Índice remissivo . 492

Como consultores, temos a sorte de passar grande parte de nosso tempo trabalhando dentro de algumas das **marcas e empresas de maior sucesso no mundo** (sim, **elas ainda pedem ajuda**), convivência que nos expôs a uma grande quantidade de melhores práticas.

SOBRE OS AUTORES

MICHAEL K. WHITE é gerente-geral, na Europa, no Oriente Médio e na Ásia, da Quadmark, consultoria global de estratégia de canais e capacitação de vendas. É consultor em otimização de distribuição e canais de vendas e marketing em numerosos setores de atividade e áreas geográficas durante quase 30 anos, cobrindo mercados comerciais e de consumo, e desenvolvendo e implementando estratégias de canal, desde a formulação até a execução. Dirigiu projetos em todos os principais mercados mundiais, mas concentra seu foco na Europa, onde, como profissional fluente em francês, italiano e alemão, tem ampla experiência em trabalhar com equipes transnacionais, tanto nas organizações dos clientes quanto nas redes de parceiros de canais. Entre seus clientes destacam-se Apple, Caterpillar, Cisco, Electrolux, Google, Hewlett-Packard, Logitech, Microsoft, Orange, PayPal, Procter & Gamble e Tefal/Groupe SEB. Também atua em programas de educação e pesquisa, com o Global Technology Distribution Council.

White é graduado pela Universidade de Cambridge e membro do Chartered Institute of Marketing.

JULIAN DENT é presidente da VIA International, especialista em consultoria de estratégia de canais (*routes-to-market*). Tem mais de 35 anos de experiência global em distribuição, como especialista em estratégia e implementação de canais, em níveis global e regional. Seus clientes de grande porte abrangem setores de atividade como finanças, bens de consumo, hospedagem, construção civil, assistência médica e tecnologia, incluindo Barclays Bank, BP, Caterpillar, Cisco, Citibank, Esso, Hewlett-Packard, Hyatt, IBM, Microsoft, Pfizer, Philips, Subway e Xerox. Também trabalhou com muitas empresas menores, ajudando-as na estratégia de distribuição para o crescimento, geralmente depois de injeções de capital de risco ou de desenvolvimento. Também atua em estreita colaboração com o Global Technology Distribution Council, para definir os credenciamentos reconhecidos pelo setor.

Dent é contador credenciado e recebeu o título de Freeman da cidade de Londres.

PREFÁCIO

Este livro representa a melhor parte de nossos 35 anos de experiência pessoal e compartilhada, em canais de vendas e marketing, em empresas de todos os tipos, como consultores de gestão, na VIA International ou na Quadmark. Durante todo esse tempo, tivemos a oportunidade de trabalhar com algumas das mais importantes empresas do mundo e com seus canais de distribuição, em ampla variedade de setores. Com efeito, foi exatamente essa diversidade setorial que nos ofereceu os melhores insights – cada setor tem algumas facetas que são práticas de alto nível e muitas que são menos conhecidas. Aprendemos com todas elas e fizemos o melhor possível para mostrar essa experiência na edição deste livro, com foco especial em insights de setores específicos na Parte Quatro, toda nova nesta edição.

Como consultores, temos a sorte de passar grande parte de nosso tempo trabalhando dentro de algumas das marcas e empresas de maior sucesso no mundo (sim, elas ainda pedem ajuda), convivência que nos expôs a uma grande quantidade de melhores práticas. Com muita frequência, porém, essas empresas são desafiadas pela própria escala, complexidade e sobreposição ou conflito de canais, o que as impede de encarar questões de negócios com a clareza desejável e possível. Elas geralmente se mostram aliviadas ao constatarem que podemos contribuir com alguma clareza e objetividade para a análise da situação e recomendar estratégias enraizadas na lógica empresarial, para produzir os resultados necessários. Muitas dessas situações foram expostas neste livro, embora, geralmente, com o manto do anonimato. Você também encontrará muitas empresas e situações reais identificadas e descritas neste livro, mas esses insights se baseiam em fatos já de domínio público ou bem conhecidos no setor.

Ainda mais proveitoso, grande parte de nosso trabalho exige que entremos nos modelos de distribuição das estratégias de canais de nossos clientes e que investiguemos as práticas e dinâmicas do modelo de negócio em atuação nos distribuidores e *players* de canal de último nível. Essa é a fonte de muitos dos insights em cada tipo de modelo de negócio de canal, expostos nas diferentes seções deste livro.

Também tivemos a oportunidade de trabalhar com muitas empresas e negócios menores, geralmente depois de nova injeção de recursos financeiros, situação em que todas as partes interessadas esperam forte aumento nas vendas. Esse crescimento geralmente resulta de uma combinação de novos segmentos de clientes, de novos mercados ou de novos produtos, o que, em regra, também significa novos canais. No percurso, aprendemos algumas lições árduas sobre o desenvolvimento de propostas de valor capazes de atrair *players* nos canais necessários para promover o crescimento almejado; tópico também abordado neste livro.

O mundo muda com rapidez, e uma das razões desta nova edição é a velocidade com que as áreas de canais de vendas e marketing e de canais de distribuição estão evoluindo. Nesta edição, miramos em equilibrar o novo com o comprovado, examinando algumas das novas tendências e avanços mais significativos, sob as lentes de análises comerciais racionais e de modelos testados e validados. Você verá que nosso objetivo é oferecer as ferramentas que o ajudarão a refletir sobre seus próprios desafios ou situações específicas, assim como a compartilhar nossas próprias análises e conclusões sobre alguns dos avanços de mais alta visibilidade.

Como nas duas primeiras edições, publicadas sob o título *Distribution Channels: Understanding and Managing Channels to Market*, todos os exemplos, as explicações e os conceitos aqui expostos são oriundos, em primeira mão, de contratos de consultoria conduzidos pela VIA International e Quadmark. Também recebemos feedback de muitos clientes (e não clientes), que expuseram muitos casos reais de como aplicaram os princípios do livro e os resultados alcançados. Somos gratos aos nossos clientes pelas sucessivas oportunidades e insights, e esperamos que você, leitor, também as considere valiosas em sua busca por chegar ao cliente, por meio dos mais eficazes canais de vendas, marketing e distribuição.

MICHAEL K. WHITE E JULIAN DENT
michael.white@quadmark.com, jdent@viaint.com

O mundo muda com rapidez, e uma das razões desta nova edição é a **velocidade** com que as áreas de **canais de vendas e marketing** e de canais de distribuição estão evoluindo.

AGRADECIMENTOS

A inspiração original para este livro veio de nossos clientes, que frequentemente pediam um livro que analisasse os temas com mais profundidade do que era possível durante as reuniões e workshops do nosso trabalho de consultoria. O fato de nos dispormos a atender a esses pedidos se deve, em grande parte, à falecida professora Erin Andersen, do INSEAD, que atuou como importante fonte de encorajamento. Sua ausência ainda é muito sentida no meio acadêmico, na área de canais de vendas e marketing.

Também devemos agradecer a nossos colegas e parceiros da VIA International e da Quadmark, pelo apoio e tempo para escrevermos este livro. Eles nos concederam acesso irrestrito a seus conhecimentos e experiências, assim como muitos de nossos atuais e antigos colegas e associados ao longo dos anos.

Evidentemente, nada disso teria sido possível sem a colaboração contínua de nossos clientes, que dividiram conosco alguns de seus desafios e problemas mais árduos. Jamais seremos capazes de expressar de maneira satisfatória a intensidade com que valorizamos sua confiança e abertura.

Muitas pessoas nos ajudaram com insights profundos sobre os canais de seus setores de atividade, às quais expressamos nossa gratidão, em especial a Rob Abshire, Reza Honarmand (da Tech Data), Wolfgang Pregel e Jorge De Jesus. Eles nos deram um feedback inestimável, mas qualquer erro que tenha permanecido é responsabilidade nossa.

Na produção deste livro, contamos com o valioso apoio de Sharon Davis, Sean Daly (que ajudou com a formatação de muitas das figuras e tabelas originais) e Charlotte Owen (da Kogan Page), que ajudou a moldar esta última edição.

Finalmente, gostaríamos de demonstrar nossa gratidão pelo apoio de nossos familiares, que nos deixaram em paz durante longos períodos, com a prazerosa interrupção de chás e cafés revigorantes, à exceção de ocasionais insinuações inquisitivas sobre se o vilão a ser revelado no último capítulo seria o mordomo ou o porteiro. Agora terão de acreditar que não se tratava daquele tipo de livro!

PARTE UM

INTRODUÇÃO

CAPÍTULO 1

COMO TIRAR O MELHOR PROVEITO DESTE LIVRO

SOBRE ESTE LIVRO

Este livro o ajudará a estar onde os clientes querem comprar, seja este lugar real ou virtual. Ele o ajudará a conquistar acesso ao mercado para os seus produtos e serviços, sejam os seus clientes consumidores, pequenos negócios, empresas globais ou empresas públicas. Ele o ajudará a penetrar no mercado, interaja você diretamente com os clientes ou dependa de um ecossistema complexo de intermediários, distribuidores, parceiros e provedores de serviços.

Este livro é para CEOs, diretores de marketing, diretores de vendas, diretores de distribuição, de canais ou de estratégia *go-to-market*, e para todos que trabalham nessas equipes. Na verdade, este livro é para qualquer pessoa cujas atribuições tenham a ver com canais de marketing, vendas, distribuição e serviços de seu setor. É para qualquer pessoa cujas responsabilidades incluam gerar demanda e atender às necessidades dos clientes por meio do fornecimento de produtos e serviços. É para os responsáveis por conquistar acesso ao mercado, chegar aos clientes, servi-los e trabalhar com todos os intermediários necessários para realizar esses objetivos.

Este livro é para os gestores das empresas que comercializam, distribuem, vendem e servem produtos e serviços de *outros* fornecedores; e é para quem estiver envolvido na linha de frente desses relacionamentos. É para todos que gerenciam os relacionamentos entre dois ou mais *players* no sistema de distribuição, sejam gerentes de clientes de parceiros, gerentes de negócios de parceiros, gerentes de canais, gerentes de vendas, compradores, gerentes de programas etc. E, evidentemente, é para os gestores e, em última instância, para os diretores dessas funções críticas.

Todos os envolvidos nessas funções precisam saber como demonstrar o valor comercial de seus relacionamentos com outros *players*, para conquistar e reter negócios. Também precisam compreender a maneira como seu próprio negócio atua para construir relacionamentos que funcionem para ambas as partes, sejam elas "compradores" ou "vendedores" no relacionamento. Este livro explica em detalhes como fazer tudo isso.

Este livro também é para estudantes de negócios, e visa preencher uma lacuna no material de leitura típico, disponível para cursos de MBA, marketing ou administração de empresas, em geral, em universidades ou faculdades, por tratar do "P", de *Place* [praça], nos "Cinco Ps" do mix de marketing (os outros são *Product* [produto], *Price* [preço], *Promotion* [promoção] e *People* [pessoas]). *Place* é o "P" mais dinâmico, com a ocorrência de mudanças radicais nas relações de poder entre produtores e intermediários. É também o "P" mais complexo, exigindo propostas de valor comercial convincentes, acima e abaixo na cadeia de valor. *Place* é o fator que impõe os mais difíceis desafios gerenciais, exigindo a capacidade de influenciar parceiros independentes. Se você não estiver convencido de que deve ver o "*place*", em marketing, com novos olhos, reflita sobre as seguintes mudanças recentes no equilíbrio de poder:

- Os agentes de viagem *on-line*, hoje, captam entre 8% e 25% das comissões sobre as diárias de hotel de menor preço que indicam para os clientes. Os hotéis resistem a essa tendência, reinventando seus esquemas de fidelidade, para eliminar esses intermediários, e conquistar os clientes por meio de canais diretos.

- Os 18 maiores distribuidores de tecnologia da informação agora respondem por mais de 75% das vendas no mercado global (para empresas como Hewlett-Packard, Dell, Microsoft, Cisco e milhares de outros fornecedores). Hoje, controlam o acesso ao mercado, apenas 15 anos depois de terem que implorar aos fornecedores para encher seus depósitos – total reversão do poder.

- O Airbnb, atualmente, vende mais hospedagens do que qualquer outro operador de hotéis, tudo sem ser proprietário de um único quarto, apenas porque criou um mercado que não existia cinco anos atrás.

▶ Quase tudo que era vendido como produto agora pode ser vendido como serviço. As empresas não compram mais computadores, impressoras ou dispositivos de armazenagem: agora compram computação, impressões e back-up na nuvem; muitos moradores de cidades não compram mais carros, alugam por hora usando um *app*, ou chamam um carro da Uber. Nesses dois exemplos, essas inovações mudaram completamente o que os clientes compram, como compram e de quem compram. Em serviços, a praça se torna um campo de batalha para "olhares", considerações e consumo. O modelo de consumo se destacará pela dimensão e importância na nova economia *gig* e de compartilhamento.

Falaremos mais a esse respeito nos próximos capítulos, mas a combinação de tecnologia avançada, mudanças no comportamento do consumidor (não só entre os *millenials*), crescimento das mídias sociais e virtualização de localização impõem que todas as empresas trabalhem com muito mais afinco para encontrar e se conectar com os clientes. A proporção de futuros CEOs que serão selecionados entre os diretores de distribuição e os gestores de canal atuais será maior do que a de colegas oriundos das fileiras de diretores de marketing, financeiros ou de informática.

Para compreender os canais de vendas e marketing, é preciso estudar os modelos de negócio e sentir-se à vontade com termos financeiros. Sabemos que essa não é a visão tradicional do marketing, mas é melhor que sejamos claros desde o início sobre essa condição, e que o ajudemos a alcançar o nível necessário dessa área, no restante do livro. Na verdade, este livro foi escrito para pessoas que não se consideram mestres em economia de negócios. O propósito dele, porém, é enchê-lo de confiança e competência para conversar, em termos *comerciais*, sobre os seus relacionamentos de vendas e marketing, de modo a propiciar insights pragmáticos sobre os desafios enfrentados por todos os participantes do marketing e da distribuição de produtos e serviços. Deve haver um incentivo econômico para cada elemento de seus canais de vendas e marketing. A falta de incentivos significa pouco ou nenhum acesso ao mercado. Você ficará surpreso com as oportunidades reveladas por esse insight, e, assim, concluirá que todo o conteúdo financeiro deste livro é sempre no contexto de aprimorá-lo na gestão de seus canais de vendas e marketing.

Muitos são os livros e cursos sobre finanças. Alguns se destinam ao pessoal de finanças; muitos são para gestores "não financeiros". A maioria desses livros fala sobre empresas de produtos; alguns até incluem um capítulo ou dois sobre empresas de serviços. Também há livros sobre canais e sistemas de distribuição, geralmente sob a perspectiva de vendas ou marketing, tratando, por exemplo, de como minimizar os conflitos de canal ou aumentar o seu poder no relacionamento com o canal. Todavia, ainda não encontramos um livro que trate dos modelos de negócio de empresas que se dediquem basicamente a atividades de distribuir produtos e serviços, dirigido a profissionais cujas especificações do cargo não requeiram qualificação em contabilidade... Bem, aqui está ele!

COMO ESTE LIVRO ESTÁ ESTRUTURADO

Esta é a nova edição, e nela reformulamos o título, atualizamos grande parte do conteúdo e acrescentamos uma nova seção, para empresas multissetoriais, para refletir toda a diversidade dos canais de vendas e marketing, muitos dos quais estão passando por transformações substanciais.

Esta edição é um livro de duas metades, num só volume. A primeira metade (Partes Um a Três) lança os alicerces que o capacitarão a analisar, compreender e trabalhar com qualquer tipo de sistema de distribuição, em qualquer setor de atividade. A segunda metade o levará em uma excursão pelos canais de vendas e marketing, em diferentes setores de atividade, enfatizando suas características especiais, seus desafios singulares e a maneira como superam essas dificuldades. Mostra como as estratégias de vendas e marketing evoluíram e compartilha algumas das melhores práticas, que devem ser instigantes e relevantes em qualquer setor. Esses setores se estendem de bens de capital, como guindastes, máquinas e equipamentos industriais, até propriedade intelectual, como música, filmes, livros, licenças de software e marcas, passando por áreas tão diversas quanto produtos de consumo, viagens e hotelaria, e serviços de todos os tipos. Escolhemos setores que oferecem uma exposição tão ampla quanto possível aos canais de vendas e marketing, de maneira a propiciar aprendizado suficiente para que você possa aplicá-lo em sua empresa, mesmo que não trabalhe nessas áreas.

Na primeira metade do livro, a Parte Um oferece uma visão geral do negócio de levar produtos e serviços ao mercado e das principais tendências e avanços em acesso ao mercado e em estratégia de distribuição. É aqui que você verá como esses tópicos estão mudando em ritmo acelerado e compreenderá as forças que estão impelindo essas mudanças.

A Parte Dois descreve os modelos de negócio de todos os principais tipos de intermediários ("*players*") de um sistema de distribuição, observando a seguinte estrutura:

> **O papel do *player*:** apesar dos casos especiais e das exceções à regra, as funções dos principais *players*, na maioria das indústrias, são muito consistentes. Contudo, os rótulos aplicados em cada setor podem ser muito confusos, e, em alguns casos, são intercambiáveis, enquanto em outros talvez tenham significados muito específicos. Para que você não se sinta perdido em meio aos rótulos usados no seu setor, definimos os principais papéis, de modo a ajudá-lo a reconhecer os *players* com que está lidando.

> **Como funciona o modelo de negócio:** as principais características do papel de cada *player* no sistema de distribuição determinam a forma básica do modelo de negócio. Elas estão sujeitas a algumas dinâmicas econômicas bem-conhecidas e cada uma terá um ou mais "temas-chave", que definem as prioridades gerenciais. Nós o orientamos para as principais características do modelo de negócio e mostramos como esses atributos são induzidos pelo papel de cada *player* e pela estrutura da indústria ou do sistema de distribuição. Explicamos o modelo de negócio em linguagem simples e fornecemos um modelo consistente para mapear os principais números. Também oferecemos numerosos exemplos de cada tipo de modelo de negócio, para que você veja como as forças do mercado moldaram o perfil de negócios e afetaram o desempenho da empresa.

> **As métricas que importam e como usá-las para gerenciar o negócio:** definimos e explicamos todas as principais métricas e como e por que elas são usadas. Oferecemos alguns *benchmarks* para dar uma ideia das práticas de cada uma e para ajudá-lo a compreender como melhorá-las. Mostramos como as métricas interagem, para explicar as pressões a que estão sujeitos os gestores de cada *player* e as *trade-offs* a serem mantidas em constante equilíbrio. Apresentamos alguns estudos de caso e numerosos exemplos de como alguns negócios em dificuldade deram a virada e como *players* bem-sucedidos executaram suas estratégias.

> **Como extrair o melhor desse *player*:** ou como expressar a sua proposta de valor. Depois de compreender os principais objetivos dos gestores com que você está lidando, é possível posicionar a proposta de valor da sua empresa em termos compreensíveis e significativos. Você pode mostrar como as suas ofertas impactarão positivamente o modelo de negócio desse *player*, demonstrando que alocar mais recursos em seus produtos e serviços será proveitoso para ambas as partes e que investir nos segmentos em que você quer crescer também gerará para eles maior retorno sobre o investimento. Do mesmo modo, você pode defender os seus interesses, quando solicitado a conceder margem ou a aumentar os fundos para desenvolvimento do mercado, comprovando como isso beneficiará pouco o desempenho geral deles. Nosso intuito é aumentar a sua confiança para desenvolver os seus relacionamentos com o cliente, compreendendo o modelo de negócio total dele e elevando a conversa para um nível estratégico.

A Parte Três foca no que denominamos *players* de canal de último nível – aqueles que se relacionam com os clientes, e que, geralmente, só são acessíveis aos fornecedores por meio dos intermediários examinados na Parte Dois. É enorme a variedade de canais de comércio de último nível; no entanto, o que quase todos têm em comum é prestarem os serviços que cumprem a promessa da marca de um fornecedor. Nessa seção, focamos nas características singulares da prestação de serviços. Esses *players* podem construir ou destruir o sucesso de um fornecedor no mercado; porém, em geral, são mal servidos e mal apoiados pelos fornecedores. Para ajudá-lo a não repetir esse erro na maneira como você desenha e gerencia os seus canais de vendas e de marketing, usamos a mesma estrutura da Parte Dois: o papel dos *players*; como os modelos de negócio funcionam; as métricas importantes; e, finalmente, como extrair o máximo desses *players*.

No final deste livro, fornecemos todas as referências rápidas e úteis de que você pode precisar e um glossário de termos técnicos. Embora o encorajemos a ler todo o livro, para aprender como ele pode ser um recurso poderoso, com centenas de exemplos e insights, também o estimulamos a dar mergulhos mais profundos em tópicos específicos, ao se defrontar com desafios diferentes ou com novas situações. Alguns dos elementos mais técnicos dos modelos de negócio não serão leituras muito atraentes, até você se deparar com eles numa situação real, quando, então, agradecerá pelas minúcias das explicações e pela intensidade dos exemplos.

Embora nosso propósito com este livro seja ensinar os aspectos gerais e específicos dos canais de vendas e marketing através de muitos exemplos práticos e reais, com muita frequência manifestaremos nossos pontos de vista. A toda hora temos a impressão de que ainda restam algumas lições a aprender e de que alguns comportamentos entranhados infringem a lógica comercial: líderes em *market share* (fatia de mercado) que adotam as táticas dos novos concorrentes, distribuidores e revendedores que oferecem descontos em produtos escassos, empreendedores que desperdiçam capital sem noção de seu verdadeiro custo. Queremos oferecer os benefícios de anos de gestão prática e de insights em consultoria para ajudá-lo a evitar essas armadilhas. É fundamental conhecê-los para não se surpreender com um concorrente que quebra os padrões pela primeira vez e conquista o negócio, bem debaixo do seu nariz!

CAPÍTULO 2

O NEGÓCIO DE COLOCAR PRODUTOS E SERVIÇOS NO MERCADO

CANAIS DE MARKETING E VENDAS, E ESTRATÉGIA DE DISTRIBUIÇÃO

Os canais de vendas e marketing são os meios para se engajar com os clientes-alvo, ao longo de todo o ciclo de vida do seu relacionamento. O cliente terá muitos pontos de contato com a sua marca, não importa se você vende itens simples para consumidores domésticos ou soluções integradas complexas para grandes empresas. Nesse processo estão incluídas as fases de percepção, por meio do processo de consideração, avaliação, compra, experiência, fidelização e defesa, como mostra a Figura 2.1. Cada uma dessas fases, e os processos por trás delas, envolvem múltiplos canais de marketing e vendas, além de numerosos aspectos importantes.

Observe que esses canais incluem os *seus próprios* recursos *go-to-market*, como marketing direto ao consumidor, *e-commerce* e sites de marketing, telecentros, *call centers*, forças de vendas *outbound*, *outlets* de marcas próprias e centros de serviços. Em geral, o termo "canais" é usado equivocadamente, como abreviação para denotar somente canais indiretos (ou de terceiros), como revendedores, distribuidores, varejistas e influenciadores, incluindo arquitetos ou conselheiros profissionais. (As Partes Dois e Três deste livro exploram em detalhes as funções e as estratégias de engajamento desses canais.) Muitas empresas dependem totalmente, ou substancialmente, desses canais indiretos para acesso ao mercado, e várias operam estratégias de canal mistas, combinando canais diretos e indiretos, para alcançar seus objetivos de acesso ao mercado.

FIGURA 2.1 Ciclo de vida do cliente: considerações sobre estratégia de distribuição

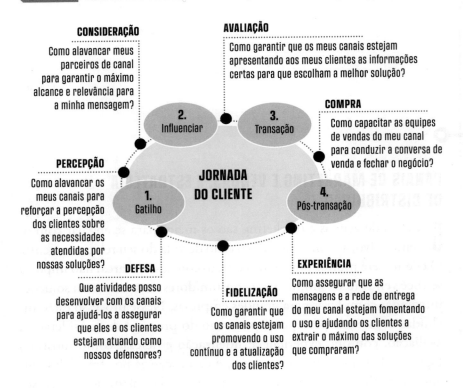

A estratégia de distribuição envolve a escolha dos canais a serem usados para cumprir todas as funções de engajamento do cliente necessários para alcançar os diferentes segmentos do mercado-alvo e para definir sua proposta de valor para o canal que o capacite a ser bem-sucedido no engajamento com os canais escolhidos e com os parceiros de canal. Isso também inclui a definição da estrutura e dos recursos de sua própria organização interna, dos modelos de competências, dos planos de remuneração e das métricas de gestão, para ser capaz de executar sua estratégia de distribuição. O Quadro 2.1 delineia os principais passos do processo de desenvolvimento de uma estratégia de distribuição.

Ao longo do livro, daremos vida a cada uma dessas etapas, oferecendo insights quanto aos processos envolvidos, exemplificando muitos dos entregáveis, compartilhando ilustrações das *trade-offs* e considerações relevantes, expondo os fundamentos econômicos e explicando

QUADRO 2.1 Principais etapas no desenvolvimento de uma estratégia de distribuição

Determinação do mercado-alvo acessível	Desenvolvimento da proposta de valor e cenário do canal	Desenvolvimento do modelo *go-to-market*	Alinhamento interno, capacidades e recursos
➤ Definição do espaço de mercado ➤ Segmentação do mercado ➤ Ciclo de vida e experiência do cliente/segmentação ➤ Comportamento de compra do cliente ➤ Análise de tendência do mercado ➤ Desenvolvimento do cenário ➤ Priorização do segmento	➤ Proposta de valor para o cliente ➤ Competências do canal ➤ Custos e capacidade do canal ➤ Mapeamento do ecossistema do canal	➤ Atividades e funções do canal ➤ Opções e seleção do canal ➤ Recursos e *players* do canal ➤ Requisitos do canal ➤ Proposta de valor do canal ➤ Modelo de negócio ➤ Regras de engajamento ➤ Métricas e *benchmarks* ➤ Plano de desenvolvimento do canal	➤ Gestão da mudança ➤ Alinhamento organizacional ➤ Conjunto de competências ➤ Processos ➤ Sistemas ➤ Planejamento da implementação ➤ Gestão do plano ➤ Análise do desempenho do canal/parceiro ➤ Análise do desempenho do cliente/empresa

a relevância de cada etapa no desenvolvimento da estratégia. Por enquanto, é suficiente perceber que o desenvolvimento da estratégia de distribuição é um desafio complexo, envolvendo aspectos como:

➤ **Acesso ao mercado:** Que alcance e cobertura do mercado-alvo podem ser atingidos com cada canal? Você precisará de diferentes canais para alcançar diferentes segmentos (p. ex., grandes empresas, pequenas e médias empresas, microempresas)?

➤ **Onde e como os clientes preferem comprar:** É extremamente difícil, para não dizer caro, convencer os clientes a mudarem de hábitos.

➤ **Até que ponto cada canal comunicará ou cumprirá a promessa da sua marca:** Você encontrará relógios Rolex em lojas de departamento de luxo, mas não em lojas populares.

- **A complexidade da sua oferta:** Quantas interações serão necessárias com quantos membros da organização do cliente para personalizar a proposta, definir o preço e implementá-la? Qual o nível de habilidade e conhecimento técnico que a equipe de atendimento ao cliente deverá ter? Até que ponto você poderá ter a certeza de que essas competências estarão atualizadas?

- **A fidelidade do canal à sua marca:** muitos canais vendem marcas concorrentes. Você pode ter certeza de que eles se disporão a perder a venda para manter-se fiéis à sua marca, sem desviar o "seu" cliente para as ofertas de um concorrente, a fim de conquistar a venda?

- **Custo:** Que remuneração exigirá o canal para executar a função que você está pedindo? Em que outros custos você incorrerá para gerir e atender esse canal (p. ex., treinamento de produto, marketing conjunto, gestão do cliente, logística especializada etc.)?

- **Engajamento:** seu canal ideal ou preferido quer se engajar com você? Se quiser, como você o convencerá a dar à sua marca o foco e a atenção de que ela precisa? O que você pode oferecer para que ele se disponha a assumir os custos e a efetuar os investimentos esperados? Grande parte deste livro se dedica a responder a essas perguntas para muitos tipos de canal.

Talvez seja conveniente pensar no resultado de sua estratégia de distribuição como uma arquitetura elegante, mostrando os canais envolvidos como um conjunto de rotas para o mercado de cada segmento de cliente e definindo os papéis de cada canal ou de cada *player* de canal. Só que o processo não fica só nisso! Geralmente, os seus canais preferidos se sobrepõem, interagem, entram em conflito, lutam pelo domínio da marca, e podem frustrar a intenção do fornecedor. Uma estratégia inteligente é indispensável para incentivar esses canais a se alinharem e atuarem conforme as necessidades do fornecedor. O fundamental é que todo *player* do canal receba a remuneração adequada. Fazer isso funcionar é indispensável para o sucesso comercial e estratégico dos fornecedores, o que torna a estratégia de distribuição essencial para a estratégia total.

A ESTRATÉGIA DE DISTRIBUIÇÃO IMPORTA

Normalmente, metade do preço pago pelo cliente por um produto é absorvido pelas atividades necessárias para levar o produto ao cliente (e o cliente ao produto). Essa proporção aumentou significativamente nos últimos anos, na medida em que os mercados e as mídias se segmentaram e se fragmentaram, e os canais de distribuição se multiplicaram. No geral, essa é a proporção dos custos menos controlada e menos compreendida.

Os mercados estão se fragmentando à medida que as tendências nas características demográficas dos consumidores e das empresas acarretam segmentos de clientes cada vez mais numerosos e diferenciados. Para complicar ainda mais a situação, as inovações nos produtos e serviços estão multiplicando as opções disponíveis. Agora, até produtos simples, do tipo *commodities*, podem ser distribuídos para múltiplos segmentos de clientes, por meio de múltiplas rotas, que diferem por país ou região. Muitas dessas rotas para o mercado envolvem um ou mais tipos de intermediários, como atacadistas, distribuidores, revendedores, corretores, agregadores e varejistas, ou dependem de influenciadores, que moldam as preferências do cliente ou atuam como especificadores em nome do cliente, como arquitetos ou designers. Poucas empresas sabem qual é o custo de vender através de determinada rota para o mercado, seja ela direta (p. ex., seu próprio website, site de *e-commerce*, ou força de vendas), um nível (p. ex., fornecedor para revendedor para cliente) ou de dois níveis (p. ex., fornecedor para distribuidor para varejista para cliente). Ainda menos numerosas são as empresas que conhecem a lucratividade de intermediários específicos. Encontramos ampla variedade nos custos e na lucratividade dos canais e dos intermediários específicos em todos os setores e sistemas de distribuição que investigamos. As empresas que investiram em analisar e compreender os modelos de negócio de seus sistemas de distribuição conseguiram reduções de custo significativas nos próprios negócios, aumentando o lucro ou reduzindo os preços, de modo a conquistar vantagem em relação aos concorrentes.

As rotas para o mercado controlam o acesso. Sem as rotas certas para o mercado, você simplesmente não chegará ao mercado-alvo.

O objetivo da marca Coca-Cola é tornar cada vez mais fácil a compra de uma Coca-Cola. Veja só o resultado: praticamente não há lugar no mundo onde você esteja distante mais do que alguns minutos de onde pode comprar uma, a qualquer hora do dia ou da noite. Muitas empresas industriais ainda estão às voltas com o acesso, incapazes de encontrar os canais que "levarão" (atenção: "levarão", não "poderão levar") seus produtos ao mercado. Construir o acesso ao mercado pode ser caro, exigindo sistemas complexos e infraestrutura para detectar a demanda do mercado, reunir e avaliar previsões de vendas, implementar programas e promoções de marketing, ou planejar e executar logísticas complexas. É um ato de equilíbrio difícil aumentar o acesso ao mercado e assegurar a lucratividade e a capacidade de sua rede de alcançar o crescimento desejado. Você conta com seus canais de vendas e marketing para gerar demanda para os seus produtos e serviços, e atender a essa demanda com lucratividade. Seu acesso ao mercado depende da compreensão do papel a ser desempenhado pelos seus canais, a um custo compatível com o retorno esperado.

As rotas para o mercado controlam a marca. Como propor e cumprir a promessa da marca sem gerenciar adequadamente as rotas para o mercado e controlar os canais de vendas e marketing? Se a marca depender de atributos de qualidade, os canais deverão garantir esses atributos, não só no ponto de venda, mas também se ocorrer algum problema com o produto ou quando o cliente precisar de serviços e de suporte contínuos. A eficácia com que você incentiva e recompensa os canais exercerá grande impacto sobre a experiência final do cliente com a marca. Se a marca basear-se em preço baixo, os canais deverão eliminar todas as atividades desnecessárias que gerem custos.

Muitas vezes, os canais de vendas e marketing controlam a diferenciação do produto. Os canais desempenham papel vital em diferenciar seus produtos e ofertas em relação aos produtos e ofertas dos concorrentes. Muitas vezes, o canal é a única maneira de demonstrar que o seu produto é diferente. A Dell, na indústria de computadores, é um bom exemplo disso, ao vender um produto que é 95% igual ao dos concorrentes (com os chips e sistemas operacionais oriundos dos mesmos fornecedores, Intel e Microsoft). O canal da Dell – *on-line* direto – é o principal diferenciador, oferecendo vantagens de preço e de flexibilidade em relação aos concorrentes, que chegam ao mercado por meio de canais de varejo e de revendedores.

O seu diretor financeiro quer, o tempo todo, mais por menos. Jamais, em tempo algum, os custos e benefícios do marketing e da distribuição estiveram sob tão intenso escrutínio. Com uma combinação, em cada mercado, de elementos significativos, como custos, complexidade, dependências de parceiros externos e variedade, é fundamental compreender e gerenciar a sua estratégia de distribuição e a sua economia.

DESAFIANDO A DINÂMICA DOS NEGÓCIOS

Os canais de vendas e marketing são economicamente complexos. Qualquer estratégia multicanal precisa engajar múltiplos parceiros com diferentes modelos de negócio, e sua estratégia deve ser tão eficaz para eles quanto para você. Vamos começar olhando as opções básicas disponíveis para entrar no mercado. Na Figura 2.2, vemos as três estruturas dos sistemas de distribuição:

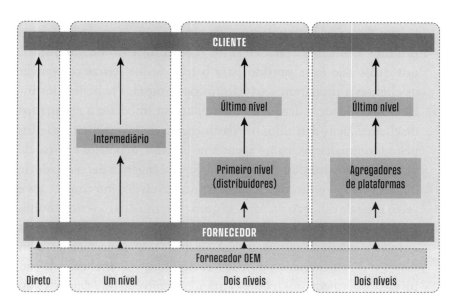

FIGURA 2.2 Estruturas de distribuição típicas

O negócio de colocar produtos e serviços no mercado

> **Direta:** Nesta estrutura, o fornecedor possui e gerencia todos os recursos na cadeia de valor, até o cliente (ou determinado conjunto de clientes). As empresas que adotam este modelo se multiplicaram desde que a internet possibilitou a distribuição direta *on-line*. Exemplos são Dell, no negócio de computadores; Southwest Airlines ou easyJet, no negócio de companhias aéreas de baixo custo; Charles Schwab, em títulos e valores mobiliários; e Lands' End, em roupas. Cada uma dessas empresas aumentou a conveniência ou reduziu os custos para o cliente, ou ambos, adotando o modelo direto. Além disso, ganharam insight valioso sobre o cliente, por meio da interação direta, podendo ajustar os preços e as ofertas promocionais instantaneamente, para atender a questões de demanda e de fornecimento. Agora, vemos quase todos os produtores de bens de consumo oferecendo presença *on-line*, o que pode incluir vendas diretas – canal que denominaremos "vendedor.com". É um modelo que também inclui a força de vendas direta visitando *diretamente* clientes empresariais muito grandes, na maioria dos setores *business-to-business*.

> **Distribuição em um nível:** A característica desta estrutura é usar apenas um conjunto de intermediários entre a empresa e os clientes, para aumentar o alcance (como no caso de agentes no exterior), para oferecer serviços especiais que completam a oferta para o cliente (como no caso de instaladores de estufas), ou para posicionar o produto nos canais estabelecidos (como no caso de varejistas), nos quais não faria sentido para o fornecedor tentar convencer os clientes a mudarem seus hábitos de compra. Os benefícios incluem facilidade e, frequentemente, acesso imediato a segmentos de clientes bem-definidos ou alavancagem de investimentos feitos pelos intermediários, como agentes no exterior, depósitos e forças de vendas já constituídas. As desvantagens abrangem a necessidade de oferecer margens de comercialização aceitáveis aos intermediários e certo grau de diluição do foco, já que o intermediário vende muitas marcas, inclusive, possivelmente, de concorrentes diretos (pense na ampla variedade de refrigerantes à venda nos supermercados). Além disso, o distanciamento do cliente, resultante da inclusão de um nível de intermediários, pode ser grande inconveniente, dependendo

das informações que o intermediário está disposto ou obrigado a compartilhar com o fornecedor.

> **Distribuição de dois níveis:** Em muitos mercados, há, possivelmente, milhares de intermediários que servem a segmentos de clientes que um fornecedor está procurando alcançar. Cada um desses intermediários pode cuidar de apenas algumas vendas por mês, e o custo de encontrá-los e de gerenciar um relacionamento com eles não pode ser recuperado pela margem gerada por volumes de vendas baixos. Imagine que você é o fabricante de uma bala toffee. Você precisa alcançar os milhares de meninos e meninas (além de seus pais e avós), em todo o país, que esperam encontrar as balas em bancas de jornal, quiosques, confeitarias, estações ferroviárias, aeroportos, postos de serviço, além dos supermercados. Seria proibitivamente caro, em termos de pessoal e infraestrutura, vender a cada uma dessas lojas em todo o país. Felizmente, alguém já fez isso para você, na forma de relativamente poucos depósitos *cash and carry*, onde essas inúmeras lojas repõem os seus estoques uma ou duas vezes por semana. Para alcançar os varejistas, basta levar o seu produto para esses depósitos (desafio de que tratamos no Capítulo 12), e agora você tem um sistema de distribuição de dois níveis: de você para o *cash and carry*, para as lojas e para os consumidores. Você encontrará modelos semelhantes nas indústrias de computação e de telecom, onde são comuns distribuidores que atendem a muitos milhares de revendedores locais que, por sua vez, atendem a pequenas e médias empresas. As vantagens são alavancagem e economicidade, permitindo que o fornecedor alcance amplo mercado de massa, de baixos volumes, mas ao custo de distanciamento do cliente e do mercado.

Há muitas variações nessas estruturas básicas, que evoluem para ajustar-se aos aspectos singulares de diferentes mercados, setores de atividade e segmentos de clientes.

> **Distribuição multinível:** É o mesmo que modelo de dois níveis, mas com alguns adicionais necessários para alcançar o cliente final.

Em alguns mercados desafiadores, por força, talvez, de condições econômicas ou geográficas complexas, há numerosos *players*, como, por exemplo, o fornecedor de cigarros no Zimbábue, que vende cigarros avulsos, um de cada vez, depois de comprar um maço numa loja local. Em muitos mercados emergentes, a Unilever vende sabonete em sachês, contendo o suficiente para um único uso, os quais são comprados e revendidos por vários níveis de revendedores. Na China, não é incomum encontrar canais de distribuição com cinco ou seis níveis, que movimentam produtos para as áreas centrais, distantes dos centros comerciais em expansão ao longo da costa leste.

> **Agregadores:** São *players* que aparecem em alguns setores e, efetivamente, forçam os fornecedores a negociarem com eles. Atuam como corretores, que agregam a demanda de clientes ou de intermediários de último nível, para comprar por atacado, tirando proveito das economias de escala. Podem ser disruptivos, explorando condições de desconto por volume, para garantir os melhores preços, e, então, vender para o canal, retendo pequena porcentagem da receita. Para tanto, oferecem aos clientes preço inferior ao do fornecedor, já que a margem deles é menor que o desconto por volume oferecido pelo fornecedor. E agem assim porque raramente, se é que alguma vez o fazem, efetivamente tocam no produto – simplesmente "agregando" pedidos. Como o negócio deles exige comportamentos clássicos de corretagem, tendem a focar em um conjunto muito limitado de produtos – itens de consumo de computação ou contratos de fornecimento de eletricidade. Para alguns fornecedores, os agregadores podem ser úteis para impulsionar volume ou para ganhar acesso aos mercados, com recursos limitados. Para outros fornecedores, unir-se aos agregadores é indispensável (por força, simplesmente, do tamanho deles), mas esse envolvimento distorce a estratégia de canal deles.

> **Plataformas:** Um dos maiores desafios a serem enfrentados por varejistas *on-line*, pequenos ou de nicho, é chegar aos clientes-alvo, simplesmente por não terem recursos financeiros suficientes para

reforçar a visibilidade da marca. Essa situação é igualmente problemática para o cliente, que tem uma necessidade de nicho e sabe que alguém, em algum lugar, é capaz de supri-la. Daí resultou o surgimento de plataformas *on-line*, das quais as maiores são Amazon e Alibaba. Centenas de milhares de varejistas encontram os clientes por meio do poder de atração (tráfego [*footfall*] virtual) e dos recursos de busca da Amazon. Outras plataformas oferecem meios de comparação: Comparethemarket.com e MoneySuperMarket.com proporcionam ao cliente a capacidade de pesquisar as melhores ofertas de carros ou de seguros, utilidades domésticas e outros serviços para consumidores, bastando clicar para comprar. As plataformas também estão migrando para o setor de serviços. No setor de viagens, assistimos a uma explosão de plataformas como Hotels.com, Trivago, Kayak e Expedia. Muitas dessas plataformas operam em setores com altos custos fixos (como serviços públicos, voos e hotéis), nos quais os volumes são fundamentais para a lucratividade.

> **Canal OEM (Fabricante do Equipamento Original):** É aqui que um fornecedor, o OEM, faz um produto que é embutido em outro. Um exemplo seria o motor elétrico dentro de uma escada rolante, ou o chip de silício dentro de um computador. Em si mesmos, o motor elétrico ou o chip de silício não são produtos completos ou independentes; portanto, a rota para o mercado começa no canal OEM (fabricante da escada rolante ou do computador) e, então, como parte do produto completo, em uma das outras estruturas de canal, descritas acima. Embora esse canal seja basicamente uma conexão direta entre o OEM e os seus clientes, a famosa campanha de marketing "Intel inside" demonstra que ainda há uma dimensão de marketing de usuário final na rota do OEM para o mercado.

As empresas intermediárias, de um e de primeiro nível, como distribuidores ou atacadistas, oferecem eficiência e custo-benefício ao fornecedor, alavancando seus ativos e sua infraestrutura. Essa situação as expõe à combinação arriscada de custos fixos de longo prazo e perspectivas de receita de curto prazo. Para agravar o quadro, esses negócios, quase sempre, são muito dependentes de uns poucos relacionamentos importantes, sujeitos a mudanças repentinas. Trata-se, geralmente, de negócios intensivos em capital ou em pessoal, ou em ambos, e, em muitos setores, raramente oferecem altos retornos. Poucos são os que geram retorno sobre o capital superior a 20%, taxa que se espera para compensar a natureza inerentemente arriscada do negócio.

Os intermediários de último nível se apresentam sob muitas formas. No setor *business-to-business*, geralmente revestem o produto com serviços, recorrendo a conjuntos de competências especiais a serem recrutadas, desenvolvidas e retidas. Isso significa que essas empresas podem ter custos fixos relativamente altos, com receitas instáveis, baseadas em projetos, que podem gerar lucratividade volátil e fluxos de caixa problemáticos. Para sobreviver, precisam focar nas ofertas para um ou mais segmentos de clientes bem-definidos, e, para crescer, devem investir recursos adicionais antes da curva de vendas. No setor de consumo, precisam equilibrar os níveis de estoque com a demanda flutuante (às vezes sazonal), para minimizar o excesso de estoque e evitar prateleiras vazias e perda de vendas. A alocação de espaço de varejo escasso entre categorias distintas, marcas concorrentes e diferentes linhas de produtos agora se transformou em processo orientado por dados.

Tratamos dessa dinâmica e do gerenciamento de diferentes modelos de negócio, em detalhes, em outros capítulos, mas essa introdução deve ser suficiente para convencê-lo de que esses modelos de negócio são desafiadores, esteja você gerenciando-os diretamente ou associando-se a eles como fornecedor ou cliente. Essa complexidade deve ser encarada como oportunidade, pois deixa em posição vantajosa os *players* que investem em dominar os modelos de negócio dos parceiros de canal.

Muitas empresas usam uma combinação de modelos de distribuição, para cobrir completamente o mercado e para alcançar diferentes segmentos de clientes, aos quais se destinam suas faixas de produtos. Operar com múltiplos modelos de distribuição e diversos canais de marketing e vendas cria o potencial para conflito de canais, em que dois ou mais *players* de canal levam o mesmo produto para o mesmo cliente. Isso nem sempre é ruim (pense em diferentes varejistas, todos oferecendo o mesmo produto para venda), mas a multiplicidade de canais pode significar que alguns deles desfrutam de uma vantagem não intencional ou que outros canais estão "se aproveitando" do trabalho alheio; o que pode ser muito prejudicial para a sua capacidade de levar os seus produtos para o mercado. Por exemplo, a loja especializada em áudio que investe em estúdios de som e em vendedores treinados, para mostrar as vantagens da sua marca de equipamento, não ficará muito impressionada se o cliente virar a esquina, procurar uma loja de desconto da Costco, e comprar o mesmo produto por 30% a menos. A compreensão profunda das diferentes economias dos principais tipos de *players* de canal garantirá uma abordagem eficaz para esses desafios.

MODELOS DE NEGÓCIO SÃO FUNDAMENTAIS PARA AS PROPOSTAS DE VALOR

Embora todo fornecedor goste de pensar que os seus produtos e serviços são campeões mundiais, que praticamente se vendem sozinhos, raros são os produtos ou marcas que chegam a esse ponto. Portanto, poucas são as situações em que basta dizer aos parceiros de canal que o produto oferece grandes benefícios ao cliente. O canal verá o apelo do produto para o cliente como apenas um aspecto da sua proposta de negócio, isto é, algo que provavelmente contribuirá para a sua taxa de venda. O intermediário vai querer saber tudo sobre a margem do produto, o custo de venda e suporte, seu ciclo de vida médio, o nível provável de devoluções e reparos sob garantia, o nível de gastos promocionais para aumentar a demanda (tanto direta ao consumidor, quanto por meio deles), os requisitos de estocagem, as oportunidades de venda de produtos e serviços relacionados, e muitos outros aspectos específicos do modelo de negócio. É a composição de todos os elementos de um relacionamento comercial que determina se um fornecedor pode conquistar vantagem no sistema de distribuição.

Veja, por exemplo, os fornecedores de óleos lubrificantes, como BP Castrol ou Shell Lubricants. Ambos vendem o que é, essencialmente, o mesmo produto, os óleos usados por carros, motores marítimos, industriais e agrícolas. Certamente, cada empresa apresentará justificativas científicas detalhadas da superioridade técnica de suas marcas.

Como cliente, porém, você tem, realmente, alguma preferência pela marca de óleo que é usado na revisão anual do seu carro (exceto os donos de Ferrari)? Não muita. Então, como será que a Shell e a BP Castrol convencem os seus revendedores e distribuidores a colocar suas marcas de produtos no mercado? A resposta consiste em compreender o modelo de negócio desses revendedores. Muitos deles são pequenas oficinas independentes, com poucos recursos de caixa. Os fornecedores de óleo competem para financiar as compras de equipamentos importantes, como elevadores hidráulicos, computadores de diagnóstico, ou até instalações de armazenamento do óleo novo e usado, em troca de um compromisso de muitos anos de comprar as marcas deles. A proposta de valor dos fornecedores aos revendedores tem tudo a ver com o modelo de negócio e quase nada a ver com os lubrificantes em si.

Se a sua função envolve construir negócios por meio de seus parceiros de canal, é fundamental compreender o funcionamento do modelo de negócio deles para ser capaz de comunicar a importância da proposta de valor da sua empresa. É preciso saber que alavancas estão disponíveis para você no modelo de negócio do canal e como conectar a sua proposta de valor a essas alavancas. Como mostramos nos exemplos acima, essas alavancas podem vir de quase qualquer aspecto do negócio do canal, não só das margens ou da taxa de vendas dos seus produtos. Mas isso é só metade da história. Você também precisa olhar para dentro do seu próprio modelo de negócio e identificar os pontos fortes exclusivos, que seus concorrentes não conseguem igualar e, então, encontrar maneiras de convertê-los em propostas de valor atraentes para os seus canais. Por exemplo, como líder de *market share*, deve procurar investimentos em custos fixos, que possam ser diluídos em grandes volumes unitários, para reduzir os custos por unidade. Para tanto, talvez sejam necessárias campanhas em mídias nacionais, que impulsionem tráfego ou *leads* de vendas para os seus parceiros de canal ou alguma iniciativa na cadeia de suprimentos, que aumente a agilidade de sua capacidade de logística a flutuações na demanda, experimentadas pelo canal.

Nos Estados Unidos, as grandes redes de supermercados preferem a Coca-Cola em vez da Pepsi nas férias de verão, por saberem que a Coca-Cola pode reabastecer os estoques três vezes por dia, e, como varejistas, eles não podem se dar ao luxo de ficar sem estoque nos feriados ou nos dias anteriores ao Super Bowl. A Pepsi não é páreo para a Coca-Cola em capacidade de reabastecimento, e nenhum desconto ou abatimento adicional em cada unidade vendida reconquistará o negócio. Por impor-se nesses períodos, a Coca-Cola domina a categoria. Ela explorou seus pontos fortes exclusivos, em detrimento dos concorrentes.

Os fornecedores bem-sucedidos dão um passo adiante e compreendem o "modelo de negócio por dentro", ou como o modelo de negócio dos seus produtos e serviços atua dentro do modelo de negócio do canal. Eles sabem se são um empecilho ou um facilitador em todas as principais métricas de negócios do canal, como margens, volumes, níveis de estoque, concessão de crédito, e assim por diante. Como veremos nos próximos capítulos, sobre cada tipo de modelo de negócio, muitas são as métricas que podem ser usadas, e é importante identificar as mais relevantes, não só para o tipo de negócios genérico, mas também para o parceiro de negócios específico em que você está interessado.

UMA ABORDAGEM ESTRUTURADA PARA POSICIONAR A SUA PROPOSTA DE VALOR DE CANAL

O principal tópico deste capítulo é que, como fornecedor, você precisa compreender os modelos de negócio de seus parceiros de canal *downstream* – todas as etapas que ocorrem após a produção –, isto é, mais perto do cliente, para desenvolver e transmitir uma proposta de valor convincente – da mesma maneira como o último nível precisa compreender os negócios dos seus clientes para fazer as ofertas mais eficazes. Você precisa adotar uma abordagem estruturada no posicionamento de sua proposta de valor, para ter a certeza de aplicar um método sólido e lógico para conquistar vantagem. O Quadro 2.2 apresenta os principais passos do processo e as perguntas importantes a serem formuladas. Observe como a pergunta o induz a considerar o que os concorrentes estão fazendo e a identificar seus próprios pontos fortes no desenvolvimento da proposta de valor que o coloca na melhor posição, em termos de objetivos do canal.

QUADRO 2.2 Abordagem estruturada no posicionamento da sua proposta de valor

Analise o modelo de negócio do canal	Identifique as suas próprias forças exclusivas	Identifique oportunidades	Desenvolva e venda sua proposta de valor
➤ Quais são os objetivos de negócio do canal?	➤ Quais são os seus ativos e pontos fortes exclusivos?	➤ Como você pode ajudar o canal a alcançar os objetivos dele?	➤ Quais são os pontos centrais da sua proposta de valor?
➤ Quais são as principais métricas de negócio dele?	➤ Como eles podem ser utilizados em benefício do canal?	➤ O que os concorrentes estão fazendo?	➤ Que métricas do negócio do canal são impactadas por ela?
➤ Qual é a estratégia de negócios central do canal?		➤ Quais são as lacunas existentes no mercado?	➤ Quais são as vantagens exclusivas dela para o canal em relação aos concorrentes?
➤ Como tem sido o desempenho do canal?		➤ Como melhorar a sua posição?	
➤ Quais são as maiores ameaças e fraquezas dele?			

Muitos fornecedores exigem que os gerentes de conta dos parceiros atuem como conselheiros de negócios confiáveis de seus principais parceiros de distribuição, esperando que o relacionamento seja levado ao nível de parceria estratégica, envolvendo interdependências significativas. Essa demanda requer excelente compreensão e insight sobre o modelo de negócio dos principais parceiros. Com base nisso, os gerentes de conta podem recomendar investimentos únicos a serem feitos pela empresa, para diferenciar sua proposta de valor.

Esses gerentes de conta se relacionando com a grande quantidade de parceiros de canal em determinado segmento precisam compreender os fundamentos do modelo de negócio de cada tipo de parceiro de canal com que trabalham. Isso é essencial para terem a capacidade de vender novos produtos, programas, termos e condições. Descobrimos que canais em todos os tipos de setor respondem muito positivamente aos fornecedores que investiram em compreender os negócios dos parceiros. Eles compartilharão informações de maneira mais aberta se acreditarem que, como resultado, o fornecedor agregará valor aos negócios deles.

Esse insight sobre modelo de negócio deve ser aplicado a toda a organização do fornecedor, não apenas na linha de frente, para o pleno desenvolvimento da vantagem competitiva. Em todos os setores, há vários exemplos de programas e promoções que foram desenvolvidos sem considerar o modelo de negócio dos canais, que terminam em perplexidade quando não são adotados. Pior ainda, o canal pode aceitar as iniciativas do fornecedor, receoso das consequências de ignorá-las. Exemplo óbvio é o tipo de incentivo *channel stuffing* – "enchimento do canal" – de fim de trimestre, que encoraja os revendedores a receberem grandes quantidades de produto, que abarrotam seus estoques, para ajudar o fornecedor a alcançar suas metas trimestrais. Mostramos no Capítulo 5 por que essa prática é desastrosa para o fornecedor e para o canal, que acaba tendo de oferecer grandes descontos para eliminar o excesso de estoque, diluindo as margens a ponto de nem mesmo cobrir os custos extras de financiamento, estocagem, danos etc. Isso antes de considerar as distorções de suas práticas comerciais, o impacto sobre o posicionamento, e todas as implicações a longo prazo de empurrar esses volumes pelos negócios do canal. Esse tipo de erro poderia ser atenuado se os gerentes de produtos e programas, assim como os gestores sêniores, compreendessem as implicações de suas práticas, conhecendo bem os modelos de negócio dos canais pelos quais eles chegam ao mercado.

CAPÍTULO 3

PRINCIPAIS TENDÊNCIAS E AVANÇOS NO ACESSO AO MERCADO

INTRODUÇÃO

O desafio de conquistar acesso ao mercado é um dos mais árduos e de rápida mudança de qualquer negócio. A combinação de desenvolvimento tecnológico, mudança nas expectativas e comportamentos dos compradores, crescimento das mídias sociais, aumento na competição por força da globalização, fragmentação dos segmentos de mercado e virtualização de localização impõe que todas as empresas tenham de trabalhar mais do que nunca para encontrar e se conectar com seus clientes. Em meio ao ritmo acelerado da mudança, nos múltiplos setores industriais, é possível detectar algumas tendências e avanços subjacentes, que afetarão quase qualquer negócio, e que devem ser considerados na elaboração de uma estratégia de distribuição. Neste capítulo, destacamos esses fatores e mostramos que alguns princípios em atuação podem induzi-lo a navegar pelo meio das complexidades e focar no que realmente importa na gestão de seus canais de vendas e marketing.

O MITO DA DESINTERMEDIAÇÃO

A maioria das estratégias de distribuição explora intensamente canais de marketing e vendas de terceiros, indiretos e multinível, para atingir o mercado. Há muito tempo, tanto quanto nos lembramos, o nível de distribuição (ou nível intermediário) está sob a ameaça constante de extinção imediata, em consequência da desintermediação – a remoção de intermediários. Telefone, telex, automação, internet, computação na nuvem, tudo tem sido alardeado como meio para conectar diretamente as empresas com os clientes, eliminando a necessidade do intermediário. Essas novas tecnologias são citadas frequentemente como a morte desses intermediários, sejam distribuidores, agregadores e corretores, mas, na prática, só servem para empoderá-los.

Um exame mais rigoroso dos efeitos dessas tecnologias mostra por que elas dificilmente serão a causa da desintermediação. A razão de ser básica do nível do meio, composto por distribuidores, agregadores e plataformas, é a necessidade de introduzir no mercado, com eficiência, soluções de vários fornecedores. Essa tendência é reforçada, não prejudicada, pelas novas tecnologias. Poucos produtos ou serviços atuam isoladamente. A necessidade cada vez maior de que o último nível se especialize em uma área de soluções integradas (foco horizontal) ou em um conjunto definido de segmentos de clientes (foco vertical), significa que eles não conseguem encontrar todos os diversos fornecedores que precisam para oferecer as propostas de valor que o cliente quer. Essa afirmação é ainda mais inquestionável se novos fornecedores, com novas ofertas, estão entrando no mercado o tempo todo. Do mesmo modo, os fornecedores não são capazes de alcançar a grande quantidade de especialistas de último nível, com acesso aos segmentos e geografias de clientes a serem alcançados. Eles dependem da alavancagem econômica de distribuidores, agregadores e plataformas, capazes de diluir os custos de acesso ao mercado entre centenas ou milhares de fornecedores, para fazê-lo com eficácia. Os *players* de último nível também olham para trás na cadeia de suprimentos, para terceirizar atividades, funções e processos de *back office* para o nível intermediário, de modo a explorar as vantagens de escala, capacitando-os para focar nos clientes.

Bom exemplo disso é a mais recente ameaça de cadeias de suprimentos na nuvem, onde estamos vendo distribuidores desempenhando papel cada vez maior. Não é difícil encontrar as razões. A necessidade permanente de compradores e vendedores se encontrarem, de forma eficiente, continua presente, no mundo real ou virtual. No setor de TI, os doze maiores distribuidores ultrapassaram o limiar de um bilhão de dólares de vendas na nuvem, em 2016. Suas competências centrais de oferecer disponibilidade instantânea entre múltiplos fornecedores, consultoria pré e pós-venda, gestão de crédito, gestão de contas, processamento de transações (inclusive descontos), gestão de promoções e direcionamento por segmento continuam tão importantes para os fornecedores na era da nuvem quanto eram no mundo físico. A variedade de serviços fornecidos ao longo do processo até o último nível, também se expandiu enormemente. O Quadro 3.1 é um exemplo da grande variedade de serviços oferecidos por distribuidores que atuam em cadeias de suprimento baseadas na nuvem, no setor de TI.

QUADRO 3.1 Serviços prestados por distribuidores de TI

MUITO ALÉM DE PEGAR, EMBALAR E ENTREGAR

➤ Engenharia e design	➤ Programas/soluções na nuvem	➤ Gestão de projetos
➤ Integração de *e-business*	➤ Logística	➤ Engenharia de aplicações
➤ Soluções de mercado vertical	➤ Crédito/*leasing*	➤ Serviços governamentais
➤ Geração de demanda	➤ Suporte técnico	➤ Engenheiros de aplicações de campo
➤ Serviços gerenciados	➤ Educação e treinamento	➤ Gestão térmica
➤ Licenciamento	➤ Autorizações	➤ Modificação do fornecimento de energia
➤ Configuração e montagem	➤ Gestão de contas	
➤ Marketing de canal	➤ Venda de soluções	➤ Etiquetagem e rotulagem de ativos
➤ Gestão de dispositivos móveis	➤ Embalagem para o cliente	➤ Consultoria de serviços de software
➤ UCC, telecom, VOIP	➤ Intercâmbio eletrônico de dados (EDI)	➤ Medição da sustentabilidade
➤ Logística reversa		➤ Atualizações de software/firmware
➤ Montagem de kits (*kitting*)	➤ Avaliações de rede	➤ Instalação e implementação
➤ Programação de dispositivos	➤ Certificação global	➤ Gestão de anuidades
	➤ Soluções hospedadas	➤ Comunidades especializadas
➤ Gestão do ciclo de vida	➤ Preparação de site	➤ Destinação de ativos

Fonte: 2016 Global Technology Distribution Council Research.

Ao desenvolver sua estratégia de distribuição e definir os seus canais de marketing e vendas para conquistar acesso ao mercado, seria arriscado assumir que o nível intermediário vai desaparecer. Com efeito, estamos vendo uma tendência geral de fornecedores terceirizando cada vez mais suas próprias capacidades de distribuição interna para o nível intermediário, a fim de obter economias de escala e eficiências de escopo, e para se conectar às estratégias de abastecimento de último nível.

É provável que ocorra combinação de negócios no nível intermediário, à medida que distribuidores, agregadores e plataformas maiores e mais pujantes adquirem distribuidores menores e, talvez, mais especializados. Esse processo ofereceria as vantagens conjuntas de aumentar a própria eficiência econômica desses *players*, tornando-os mais competitivos para o último nível, ampliando o alcance e a cobertura deles no mercado e tornando-os mais atraentes para o nível de fornecedores e mais poderosos em termos de negociação *upstream* – etapas que antecedem a produção. Sua estratégia de distribuição precisará incluir o desenvolvimento de propostas de valor mais convincentes para os canais de primeiro nível, de modo a conquistar a atenção e os recursos desses poderosos canais de acesso ao mercado. A Parte Dois deste livro foca em ajudá-lo a compreender como aprofundar esse processo, com base nas dimensões comerciais que dominam esse tipo de proposta de valor.

DE PRODUTOS A SERVIÇOS

Uma das metatendências que estão reformulando muitos setores industriais é a mudança de venda de produtos para a venda de serviços. Consumidores e empresas estão comprando funcionalidades em vez de ativos físicos. Por exemplo: computação, impressão e *networking* em vez de software, computadores, impressoras e redes. Em outras palavras, os clientes querem pagar apenas pelas utilidades de que precisam, quando necessárias, em volumes variáveis, conforme as circunstâncias. Esse esquema, geralmente denominado "modelo de consumo", já está existe há algum tempo, no mundo *business-to-business* (B2B) (lembre-se da Xerox vendendo fotocópias para escritórios *by the click*), mas, agora, está virando popular também no mundo *business-to-consumer* (B2C). Por que isso está acontecendo, e quais são as implicações para a estratégia de distribuição?

Vamos olhar primeiro a esfera B2B. As empresas amam converter custos fixos e investimentos antecipados em custos variáveis, que oscilam de acordo com o volume (para cima e para baixo). Por exemplo, comprar um grande ativo, como um *"farm* de servidores" é uma grande aposta econômica, consumindo capital e demandando previsão de capacidade, que podem se revelar tremendamente otimistas ou pessimistas, cujas consequências, em qualquer sentido, podem ser desafiadoras. Também há o risco de obsolescência tecnológica, muito antes do fim da vida útil (e supostamente econômica). Veja o caso da oferta de *Infrastructure as a Service* (IaaS). Com IaaS, a empresa pode contratar o uso de um *farm* de servidores, pagar somente pelo consumo efetivo, aumentar ou diminuir o uso conforme as necessidades, ter a certeza de contar sempre com a tecnologia e a funcionalidade mais recentes, aumentar a agilidade, e pagar por mês, em vez de comprometer capital no início. Além disso, a empresa pode integrar, na plataforma, qualquer variedade de aplicações empresariais, como ERPs, CRMs, gestão de cadeia de suprimentos, relatórios gerenciais e sistema de visualização de dados, substituindo licenças anuais por pagamentos mensais, pelo uso efetivo, comprando também *Software as a Service* (SaaS), com as mesmas vantagens.

Embora, no começo, se aplicasse apenas a grandes empresas, o modelo agora está disponível para empresas menores: o Office 365, da Microsoft, oferece a microempresas acesso a aplicativos comuns, para desktops e laptops, praticamente em qualquer lugar, além de serviços adicionais de produtividade na nuvem, com pagamento mensal pelo cartão de crédito. Muitos aplicativos de contabilidade, folha de pagamento, faturamento, contas a pagar e CRM podem ser adquiridos da mesma maneira, como funcionalidade, separadamente ou em pacotes integrados, e, em todos os casos, é possível mudar o escopo, acrescentando ou reduzindo usuários e recursos, com alguns cliques. Para pequenas empresas, cuidadosas com a administração do fluxo de caixa e querendo parecer maiores, a solução é perfeita.

Na esfera B2C, os consumidores estão reconhecendo, cada vez mais, os benefícios de contratar o uso, em vez de adquirir a propriedade. Muitos *millenials* não estão interessados em adquirir propriedade. Não hesitam em alugar um carro por uma hora, para uma única viagem, ou durante todo o fim de semana, e preferem evitar todas as inconveniências e aborrecimentos da propriedade de automóveis – seguro, manutenção, financiamento, impostos etc. Essa tendência abriu o caminho para Zip Car, clubes de carros, City Car e similares oferecerem a oportunidade de procurar o carro disponível mais próximo, liberá-lo, devolvê-lo em outro lugar, e ir embora, tudo por meio de um *app*. Depois que esses serviços se tornarem mais populares, os não *millenials* rapidamente também os aproveitarão. Outros serviços estão conquistando terreno. O Instant Ink da HP possibilitará que você se esqueça da necessidade de comprar cartuchos para reposição, além de outro sobressalente, permitindo que, por uma taxa mensal, a sua impressora rastreie o consumo e ative a substituição, antes de você ficar sem tinta. Serviços de *streaming* – como Spotify, Apple Music, Netflix etc. – estão substituindo a compra direta de CDs e DVDs, ao oferecerem enormes repertórios de música e cinema, sob demanda. O Amazon Prime faz o mesmo em relação a livros, oferecendo uma biblioteca de empréstimos em lugar da compra de livros. O empacotamento (*bundling*) agressivo de outros serviços e de marketing do Amazon Prime talvez tenha atraído mais atenção e pode ter causado o *churn* de clientes (evasão), mas está avançando. Esse modelo de consumo suaviza despesas para o consumidor, remove ou reduz os encargos da propriedade, e aumenta a conveniência, flexibilidade e a agilidade.

Para muitos dos segmentos de consumo de classe média, a vida está supersaturada de posses e pertences, fomentando uma propensão geral de substituição da compra de objetos para o desfrute de experiências. O crescimento do mercado de viagens, de cruzeiros, de lazer, apresentações ao vivo, de cinemas com bares, de eventos esportivos, de jantares, de festivais de música, e de aventuras extremas reflete a tendência básica de consumo de serviços em vez de aquisição de bens.

O que tudo isso significa para o fornecedor, B2B ou B2C, e sua estratégia de distribuição? Provavelmente, o maior impacto é o potencial de mudança de quem é o cliente. Em alguns desses exemplos, o cliente não é mais um único consumidor ou empresa; a plataforma, o agregador e o provedor de serviços é que passam a ser o cliente, podendo comprar grandes volumes por atacado (p. ex., de carros, licenças, servidores, capacidade), de modo a serem capazes de oferecer a empresas ou a indivíduos serviços de varejo. Agora, a sua estratégia de canal precisará garantir que você esteja acessando todos os segmentos de clientes, por meio desses provedores, e a sua proposta de valor e estratégia de canal precisam focar no acesso ao provedor de serviços. Importante consideração aqui deve ser como isso afeta a sua marca, inclusive o posicionamento, o preço e a apresentação dela. Nem todos esses fatores estarão sob o seu controle, como descobriram os promotores de grandes eventos, quando ingressos foram parar nos mercados secundários, isto é, com cambistas. A mesma situação pode acontecer quando as marcas originais desaparecem sob a marca do provedor. Será que os usuários do City Club querem saber se o carro que usam para um percurso curto é um VW Golf ou um GM Astra? Será que os usuários do Amazon Web Services se importam com a marca dos servidores que estão operando no data center?

Muitos serviços se baseiam na conveniência, o que aumentou as expectativas do cliente pela conveniência em tudo. Sua estratégia de canal precisa oferecer as maneiras mais convenientes de entregar o seu produto ou serviço. Quase todas as cadeias de supermercados, agora, oferecem serviços de entrega, embora tenham passado as últimas décadas construindo estabelecimentos em todos os bairros. Os restaurantes estão descobrindo que a oferta de opções de embalagem para viagem já não é suficiente. Precisam aumentar a aposta e oferecer entrega. Em alguns mercados, como no Oriente Médio, a entrega é canal obrigatório. E nem isso é suficiente. A expansão dos canais digitais significa que os clientes esperam poder pedir *on-line*, por meio de um aplicativo ou um *bot*, e, então, escolher se vão retirar na loja ou receber em casa. A conveniência é uma jogada virtual que precisa ser integrada aos canais físicos.

Sua estratégia de distribuição deve tornar-se multinível, convertendo os seus provedores de serviços agregados em parceiros de canal essenciais, enquanto você continua a transmitir os valores da marca para o consumidor final, via outros canais de marketing e através dos próprios prestadores de serviço. Será preciso demonstrar aos prestadores de serviço que você está gerando demanda e que associar-se será importante para eles, em termos comerciais. Você estará simultaneamente vendendo para eles, com eles, através deles e em torno deles. Abordamos as técnicas para fazer tudo isso na Parte Três, e nos aprofundamos nos insights oferecidos por esse setor de serviços no Capítulo 23.

A EMERGÊNCIA DA NUVEM, DOS *APPS* E DAS MICROTRANSAÇÕES

Uma tendência relacionada, mas diferente, é a emergência de microtransações, impulsionadas pelo consumo crescente de serviços e sustentadas pelas tecnologias de nuvem, por *apps* em todos os tipos de dispositivos, e por carteiras digitais. Estamos familiarizados com o pagamento de redes de telefonia, com base no uso, por minuto ou segundo; e esse modelo de microtransação agora se amplia, para incluir compras *in-app* (não só de jogos) e consumo de funcionalidades IaaS e SaaS, com base em *plug-in*, bits consumidos, uso de capacidade de armazenamento, assentos ou horas *on-line*, e muitos outros critérios. Dois anos depois do lançamento, a receita oriunda de usuários *on-line* do TurboTax quase dobrou a receita proveniente de usuários de desktops; o modelo do Google AdWords fatura por clique, e os direitos digitais de imagens e conteúdo são cobrados por mídia, localização, canal e muitas outras variáveis.

A geração de novos fluxos de receitas microtransacionais abre novos mercados e novos tipos de engajamento de canal com os consumidores, mas impõe muitos desafios aos fornecedores, pondo em risco o acesso ao mercado, a estabilidade da receita e, no final, a lucratividade. A incrível complexidade de rastrear, relatar e faturar bilhões de microtransações entre milhões de clientes, dá poder ao *player* que tem esse relacionamento de faturamento. No caso de compras *in-app* (dentro do aplicativo), pode ser uma plataforma, como Apple Store e Google Play, cuja parcela da receita de cada transação é de 30% (reduzida para 15%, depois do primeiro ano de assinatura). Portanto, o custo de distribuição é de 30%, num canal digital – muito alto e não negociável. Em muitos serviços para consumidores, o provedor de rede controla o faturamento: provedores de redes de celulares cobram por compras que envolvem dados; redes de cabo e satélite cobram por mídia, *apps* de TV e compras *in-app*; provedores de serviços gerais cobram por serviços adicionais relacionados com cobertura e seguro de emergências domésticas. O provedor de faturamento tem poder não só porque controla o faturamento, mas também porque oferece acesso completo ao mercado, fornecendo também uma plataforma de comunicação de marketing. Ele pode destacar opções em rápido crescimento, apoiar campanhas promocionais, e emprestar a credibilidade da própria marca, para oferecer aos clientes, que nunca ouviram falar do novo provedor de serviços, a confiança para comprar.

Para tipos de soluções IaaS e SaaS, o provedor de serviços tem a opção de gastar agressivamente com a construção da marca, por meio de canais de marketing, a fim de atrair demanda direta para seus próprios canais de fornecimento de servidores ou alavancar uma plataforma agregadora ou um distribuidor. Se o serviço, geralmente, for consumido junto com outros serviços correlatos, pode haver vantagens reais em ir para o mercado por meio dessas plataformas. O último nível não quer desenvolver numerosos relacionamentos com fornecedores, por causa da complexidade de gerenciar diversos ciclos de faturamento e pagamento, todos usando diferentes processos; prefere ir para uma plataforma que possa agregar todos os serviços a serem agrupados para os clientes e receber uma conta agregada, alinhada com a sua própria programação de faturamento.

A estratégia de distribuição do fornecedor deve ser elaborada a partir do cliente e garantir que o processo de consumo seja tão fluente e suave quanto possível, sem atrito, abrangendo a subscrição inicial, o consumo contínuo, a ampliação do escopo do serviço e a solução de problemas. Difíceis *trade-offs* deverão ser resolvidas, entre pagar a intermediários por acesso ao mercado ou conquistar acesso ao mercado instantâneo e maciço; entre construir e operar canais próprios ou recorrer a terceiros; entre custos de aquisição de clientes ou valor vitalício do cliente. Um ponto crítico aqui é que muitos fluxos de serviço demoram mais para alcançar o *break-even* (ponto de equilíbrio) do que os velhos fluxos de receita do produto, razão pela qual alinhar os custos de modo que aumentem com a receita pode ser muito atraente.

DESAFIOS DO MULTICANAL (*OMNICHANNEL*)

Os compradores, agora, querem navegar de um canal para outro, enquanto navegam, consideram, escolhem, compram, recebem, consomem e descartam seus produtos e serviços. E esperam que os provedores permitam isso, sem dificuldades, em todos os canais que escolherem usar, com consistência de preço e de marca e a capacidade de recorrer a um canal completamente diferente do que usaram na última vez.

Queixas, comentários, pedidos de ajuda com problemas não podem mais ser afunilados diretamente para canais de atendimento ao cliente; é igualmente provável que sejam postados inteiros, para pleno conhecimento do público, no Twitter, Facebook, Snapchat, ou em quaisquer outros canais de mídias sociais, talvez com todos os complementos, como gravações de áudio e vídeo de toda a experiência. Um problema de atendimento ao cliente pode viralizar em âmbito global, antes mesmo de o gerente local tomar conhecimento do que aconteceu. A recusa da Verizon de fechar a conta de um cliente falecido, sem o PIN, incidentes de intoxicação alimentar da Chipotle, e o desembarque truculento de um passageiro em um voo da United Airlines com *overbooking*, tudo se tornou viral e provocou enormes danos à reputação, com inevitável impacto econômico para marcas que contavam com milhões de clientes satisfeitos, mas silenciosos.

Canais de acesso ao mercado agora incluem enorme aparato de canais virtuais, como *apps*, sites, sites de comparação (comparethemarket.com), sites de resenhas (TripAdvisor), *marketplaces* (Amazon), além de canais reais tradicionais, como varejos de todos os tipos, clubes de atacado, revendedores etc. Sua estratégia de distribuição, agora, precisa ser desenhada como como estratégia *omnichannel*, desde o início. Não é mais possível simplesmente abordar a questão "Onde o cliente quer comprar?". Em vez disso, a pergunta, agora, é outra: "Quais são todos os canais onde o cliente talvez queira estar presente?", seguida de perto pelas seguintes indagações:

- O que o cliente esperaria de nós, em cada canal (apresentar ofertas, propiciar compras, ficar atento a comentários ou queixas)?

- Como materializamos nossos valores da marca, em cada canal?

- Como nos diferenciar, em cada canal?

- Que canais são melhores para a atração e a retenção de clientes, para *up-selling* e *cross-selling*, e para a introdução de novos produtos ou serviços?

- Quais são os custos e benefícios, para a nossa marca, de evitar certos canais?

- Como encorajamos nossos clientes a se engajar ou a migrar para os nossos canais de mais baixo custo?

- Como evitar que a nossa proposta de valor seja reduzida a mera comparação de preços?

Qualquer fornecedor acostumado a entrar no mercado por meio de uma estratégia de distribuição multicanal estará familiarizado com os problemas de conflito de canal. Essa é a situação em que diferentes canais competem entre si para conquistar um negócio, geralmente comprometendo a marca e as estratégias de preço ao consumidor, sem aumentar a receita total para o fornecedor. O efeito líquido pode ser os clientes procurarem os canais com as ofertas de preços mais baixos para fazer suas compras, prejudicando a proposta de valor total e desviando receita dos canais com custos mais altos. Esses canais mais onerosos podem ser fundamentais para o fornecedor, ao criarem a percepção da marca e a preferência por ela, na cabeça do cliente, transmitirem os valores da marca e levarem o cliente até o ponto de fazer a compra. Se o fornecedor permitir a continuidade dessa situação, com os canais de baixo custo roubando suas receitas, os de custo mais alto deixarão de sustentar e de empurrar a marca, comprometendo as vendas do fornecedor. Um conflito de canal pode ser duro de gerenciar, com limitações legais à capacidade do fornecedor de controlar os preços no varejo e com a captação global possibilitando a abertura de vias de fornecimento não intencionais, em qualquer mercado. Numa estratégia de distribuição *omnichannel*, o risco de conflito de canal é ampliado, e, nos mercados transparentes de hoje, diferenciais de preço e de proposta rapidamente chamam a atenção dos clientes.

O princípio básico de gerenciar estratégias de distribuição *omnichannel* é remunerar cada canal apenas pelo que for de valor para o fornecedor. Por exemplo, o fornecedor que precisar de um canal de custo mais alto para posicionar os produtos, promover a marca em segmentos de clientes importantes e explicar sua diferenciação deverá desenvolver um modelo de remuneração que recompense essa atividade. Esse processo pode envolver oferta de espaço para exposição (real ou virtual), informações, investimentos para reforçar a marca entre os clientes certos, promoções, e assim por diante. Observe que nada disso tem a ver com vendas efetivas. Um exemplo dessa estratégia, no espaço B2B e B2C, é a oferta de centros de demonstração, próprios ou de terceiros, em que os clientes interagem com os produtos em diversos ambientes realistas. Muitos aplicativos de software foram posicionados dessa forma, por importantes integradores de sistemas, que geralmente operam com o apoio de aplicativos e de soluções complementares. Ao coinvestir nesses recursos, o fornecedor expõe seus produtos em contextos simulados, desenvolvidos por especialistas, enquanto os integradores de sistemas exibem suas credenciais de ponta, na expectativa de conseguirem contratos de instalação com clientes que vivenciaram as oportunidades e os casos de negócio. Tratamos em detalhes de modelos de remuneração funcionais, como são denominadas essas estratégias de gestão de conflitos, no Capítulo 22; os insights lá fornecidos se aplicam a qualquer setor que se defronte com esse desafio.

CANAIS DE CONSUMO: MAIS DO QUE APENAS VAREJO E *E-TAILER* (VAREJO ELETRÔNICO)

Os consumidores agora exercem mais controle sobre suas compras do que nunca: desde onde e como captam suas informações até os produtos que compram, o preço que estão dispostos a pagar, onde preferem comprar e o que escolhem para compartilhar sobre suas experiências de propriedade, eles são hoje muito mais o centro da atenção de todos: fabricantes, distribuidores e varejistas. Hoje, qualquer pessoa que esteja pensando em comprar alguma coisa tem acesso a algumas ferramentas poderosas. Vamos considerar o exemplo de um smartphone:

- Ao clicar num mouse, ao tocar num touchpad, ou mesmo ao arrastar um dedo, podemos acessar informações detalhadas sobre qualquer aspecto do smartphone: especificações, vídeos de aberturas de embalagem, quem o comprou e o que acharam.

- Podemos comparar preços – em todo o mundo, se usarmos o Google Translator – ou ver tendências de preços por ponto de venda nas últimas semanas.

- Também é possível escolher onde comprar, verificar os níveis de estoque dos telefones e optar por fechar o negócio de imediato, *on-line*, para entrega rápida (tão rápido quanto uma hora), ou resolver visitar uma loja para tocar no produto, senti-lo e comparar diferentes opções de nossa lista de preferências.

- Mesmo parados diante do telefone numa prateleira, podemos visitar outros lugares, *on-line*, e comprar o mesmo item, considerando a resposta de outros compradores às perguntas de compradores potenciais, suas experiências com o atendimento aos clientes, ou pedir a opinião de amigos sobre os diferentes modelos.

- Depois de tomar a decisão, podemos escolher entre comprar diretamente o telefone ou assinar um contrato mensal de pagamento pelo uso, que nos permite aproveitar todos os benefícios da versão mais recente, conforme nossas especificações, sem nenhum pagamento antecipado.

- Podemos escolher entre receber o telefone em casa, ou em uma determinada loja, em uma rede de pontos de retirada, ou até, em alguns casos, diretamente em nossas mãos.

- Podemos compartilhar nossa satisfação com a nova compra, instantaneamente, com nossos amigos no Facebook ou Instagram, e receber informações sobre outros produtos, como estojos e fones de ouvido, que complementam ou melhoram a utilidade do produto.

- Ao começarmos a usar o produto, é possível gravar vídeos de nossa experiência, inclusive sobre como consertá-lo, por conta própria (ou, ao contrário, saber como outros usuários resolveram seus problemas com o aparelho).

- E ainda temos condições de expressar nossa opinião e espalhá-la por todo o globo, com um único toque ou clique.

Se os consumidores, hoje, se sentem superpoderosos com tudo isso, também os canais de consumo passaram por mudanças drásticas. Durante muitos anos, o acesso ao mercado pelos consumidores foi dominado pelas grandes cadeias de lojas de varejo. A escolha de canais era fácil – de massa, multiespecialista ou especializado – e as regras do jogo eram bem-estabelecidas: sortimentos definidos, negociações de preços, taxas de inserção, comunicação e demonstrações pagas, entrega inflexível... e, talvez, alguma troca de dados do consumidor. O varejo *on-line* foi a primeira onda de ruptura desse modelo, fornecendo uma rota alternativa de custo mais baixo para o mercado; o acréscimo de informações amplas e difusas e a inclusão de mídias sociais ao mix contribuiu para o aumento da complexidade. Sua estratégia de distribuição ao consumidor agora precisa responder a algumas perguntas muito diferentes:

- O que estamos fazendo para manter o diálogo com nossos consumidores e clientes, durante toda a jornada de nossos produtos: quem, exatamente, são eles; como estão descobrindo os nossos produtos; o que estão comprando; onde estão comprando; e como estão extraindo valor do uso de nossos produtos?

- De que maneira podemos influenciar os meios pelos quais nossos consumidores se informam sobre nossos produtos e ofertas?

- Onde preferimos que nossos consumidores comprem? Qual é o papel das lojas em nosso mix: *on-line* e *off-line*? Que outros canais exigimos que mantenham um diálogo efetivo com nossos consumidores?

- Quanto devemos investir em lojas, como veículo de marketing? Qual deve ser o nosso modelo de remuneração para os varejistas que diminuíram o tráfego de clientes, auferem pouco lucro com os nossos produtos, mas fazem um trabalho fantástico, como vitrine de nossas ofertas? Como gerimos nossos preços em meio a tantos canais variados?

- Como engajar e capacitar as equipes de *millenials* das lojas, em constante rotatividade, para que expliquem e promovam os benefícios de comprar e usar os nossos produtos?

- Como responder à demanda por modelos de *pay-as-you-go* e que papel o nosso canal deve desempenhar na entrega deles?

➤ Que recursos de logística devem ser alavancados para gerenciar as complexidades de entrega e devoluções em mãos, no nível máximo de capacidade?

➤ Como coordenar nossas respostas a problemas de atendimento ao cliente e de devolução de compras, em nossas próprias operações e em cadeias de suprimento de parceiros?

➤ Como gerenciar as mídias sociais, com e através de nossos parceiros de canal, para maximizar o efeito líquido de promoções e minimizar os danos à marca?

Com os consumidores, agora, na condição de autênticos soberanos, sua estratégia *omnichannel* precisa abranger muito mais do que múltiplos canais de compra. No Capítulo 22, fornecemos insights e exemplos de como adotar uma abordagem de canal eficaz para o consumidor.

CANAIS COMERCIAIS E ECOSSISTEMAS

Uma das principais características dos espaços B2B de hoje é que os produtos e serviços raramente são vendidos como itens ou negócios avulsos. A natureza das empresas, como clientes, é que as necessidades delas requerem soluções customizadas mais complexas, com algum tipo de integração das ofertas de vários fornecedores.

Eis um exemplo de como isso funciona: dependências de varejo que exigem segurança no local. Uma solução típica envolveria o fornecimento e instalação de vários tipos de câmeras de circuito fechado de TV, uma sobre cada caixa registradora, para gravar a atividade por ocasião de cada pagamento, além de outras câmeras distribuídas pela loja, depósitos, áreas de entrega e vias de entrada e saída de clientes. Todas essas câmeras precisam estar conectadas a algum tipo de rede interna de monitoramento e gravação, integradas com a rede de caixas e com o sistema de alarme, e, por fim, ligadas a uma rede externa, para rastreamento e gravação do entorno e para visualização a qualquer momento. Tudo isso precisa de manutenção, de serviços, e de atualização periódica; além de talvez, no início, exigir um financiamento. Há muitas partes fixas e móveis, e essa é uma solução relativamente simples.

Soluções de qualquer complexidade geralmente necessitam de um ecossistema completo para entregar toda a proposta de valor ao cliente a um custo razoável. Sob a perspectiva de uma estratégia de distribuição, um primeiro passo essencial é mapear os ecossistemas disponíveis, idealmente sob a perspectiva do cliente. Os *players* do ecossistema serão o conjunto de provedores de serviços, integradores de soluções (que montam todos os diferentes elementos, numa solução sob medida, personalizadas para cada cliente, e coordenam todos os fornecedores e distribuidores, para que ofereçam os respectivos componentes, nas especificações certas, de modo que cada parte e o todo trabalhem como um sistema), especificadores, consultores etc.

Alguns *players* do ecossistema influenciarão as marcas compradas, outros se empenharão simplesmente em obter os menores custos de fornecimento, e ainda outros integrarão e instalarão a solução. O desafio para o fornecedor é encontrar os *players* no ecossistema que oferecerão rotas econômicas para o mercado, como parte de suas atribuições, comunicando a proposta de valor da marca ao cliente final. A marca forte pode gerar uma força de atração que puxará (*pull*) produtos e serviços do ecossistema, porque os clientes finais os exigem. James Hardie, fornecedor de placas cimentícias para casas, adotou essa estratégia com tanta eficácia que efetivamente forçou os *players* do ecossistema a atuarem como seus canais para o mercado ou correriam o risco de serem excluídos de uma fatia substancial do mercado. Outros fornecedores talvez concluam que simplesmente precisam oferecer suas propostas de valor aos integradores de serviços, salientando ao extremo a facilidade de instalação, a compatibilidade universal com outros componentes e o alto retorno do investimento sobre o capital de giro. Essa pode ser considerada uma estratégia de distribuição *push* (empurrar) e, se bem empregada, pode nivelar a competição para um *player* de nicho menor, ao lado de marcas gigantes.

Recentemente, o pensamento ecossistêmico se tornou abordagem essencial no manejo do desafio complexo de garantir acesso, alcance e cobertura do mercado, com custo eficiente. No Capítulo 19 e na Parte Quatro, fornecemos mais insights e exemplos sobre como adotar essa abordagem.

CANAIS DA *GIG ECONOMY* (ECONOMIA *GIG*)

O termo economia *gig* se refere a mercados de trabalho caracterizados pela prevalência de contratos de trabalho de curto prazo ou autônomo, em oposição a trabalho permanente. Os exemplos incluem o serviço de táxi Uber, aluguel de quartos ou hospedagem pelo Airbnb, entrega de refeições Deliveroo, muitos serviços de courier, lojas e restaurantes *pop-up* [temporários] etc. Para cada uma dessas marcas centrais, há muitos *players* semelhantes, que podem operar em bases mais localizadas.

Olhe de perto e você verá que muitos dos novos *players* da economia *gig* estão exercendo função de distribuição, melhorando o acesso ao mercado para fornecedores, e aumentando as escolhas e a conveniência para os consumidores. Em muitos casos, esses *players* são plataformas que oferecem muitas das utilidades de um mercado ou distribuidor virtual, juntando clientes e fornecedores, por meio de interfaces intuitivas, imediatas e eficientes. E alcançaram o sucesso suprindo necessidades mal atendidas ou não atendidas:

- Deliveroo, Just Eat e UberEATS expandem o mercado, possibilitando que os consumidores saboreiem qualquer tipo de culinária em casa (não apenas as que normalmente oferecem refeições para entrega ou para viagem).

- A Uber reduz o custo de um serviço de táxi, ao mesmo tempo que remove muitos dos problemas de sempre: encontrar um táxi numa área pouco movimentada, não saber quanto tempo esperará, pagar em dinheiro, decidir o valor da gorjeta, conseguir recibo, superar más experiências, e até escolher o padrão de táxi almejado.

- A Airbnb oferece quartos e residências atraentes, a uma fração do custo dos hotéis ou apart-hotéis convencionais, frequentemente em localidades muito atraentes, com acomodações de qualidade, que estariam além das faixas de preços de muitos clientes. Também há alternativas sofisticadas, como o Onefinestay.com, e outras mais populares, como o Couchsurfing.com.

▶ Igualmente disruptiva, embora um pouco diferente quanto ao tipo de mercado (mais regulado), é a TransferWise, serviço de transferência *peer-to-peer*, lançado em 2011. Seus dois fundadores estonianos, que sofriam, ambos, com altas taxas cobradas pelos bancos, na transferência de fundos para o exterior, perceberam a oportunidade de providenciar transferências internacionais... evitando-as! Associando um algoritmo que detecta e combina transferências em direções opostas a técnicas de mercado disruptivas, uma mensagem de transparência e à promessa de repassar a economia para os consumidores, a TransferWise conquistou posição vencedora contra os distribuidores tradicionais de transferências de câmbio – os bancos. A empresa hoje serve a mais de dois milhões de clientes, que transferem um total de £1 bilhão por mês, em mais de 750 "rotas" cambiais diferentes, expandindo recentemente as suas ofertas para incluir contas correntes "sem fronteiras".

Na maioria dos casos, esses novos *players* estão instigando os novos fornecedores a entrar no mercado. A Deliveroo converteu muitos restaurantes sofisticados em fornecedores de refeições para viagem ou entrega que, antes, nunca teriam aderido a esse tipo de negócio complexo e potencialmente depreciativo da marca. Agora, a empresa pode aumentar sua visibilidade, reforçar a percepção da marca e gerar receita, mesmo fora do horário nobre, o que complementa as ofertas de sua atividade central de servir jantares em suas próprias dependências. A Uber atraiu centenas de motoristas para serviços de táxi, permitindo que escolham os próprios horários e propiciando oportunidades de renda suplementar. A Airbnb também estimulou a oferta de quartos e residências disponíveis para o setor de viagem e hospedagem, criando todo um novo mercado.

As lojas *pop-up* (temporárias) e os *food trucks* eram fenômenos ocasionais, presentes apenas em eventos ou shows. Não esperavam encontrar público fora dessas ocasiões ou localidades de alto tráfego, até que as mídias sociais, os *apps* e o acesso universal à internet os capacitou a divulgar seus pontos, ofertas e avaliações aos clientes potenciais. E, assim, geram propaganda boca a boca, em minutos.

Como no caso de qualquer jogada disruptiva, os *players* históricos do mercado estão fazendo barulho e cooptando as autoridades regulatórias, para regular algumas ou todas as práticas disruptivas, ditas ilegais. Em muitos países, Uber, Deliveroo e outros sustentam o argumento de que os motoristas são autônomos, evitando o salário mínimo, as férias remuneradas e outros encargos trabalhistas, componentes críticos de sua capacidade de cobrar um preço inferior aos dos concorrentes. Às vezes ganham, às vezes perdem. Nem todos os *players* da economia *gig* acertam sempre, deixando fileiras de clientes frustrados e decepcionados, com reservas canceladas (ou golpes), refeições perdidas, e entregas ou retiradas esquecidas. No entanto, os *players* históricos do mercado devem aceitar que a economia *gig* é uma ameaça real, capaz de criar toda uma nova espécie de concorrentes, que alavancam o poder de acesso ao mercado e que são difíceis de enfrentar, com uma estratégia de distribuição tradicional. Um dos setores mais afetados pela economia *gig* é o de hotéis, restaurantes e *catering*; outro ramo com graves perdas é o de viagens. No Capítulo 24, vemos como esses grandes do mercado estão reagindo, explorando seus canais de vendas e marketing, e suas propostas de valor, de acesso direto ao consumidor.

Muitas outras tendências afetarão qualquer que seja o setor em que você atue, e são grandes as chances de que muitas das mudanças mais significativas incluam dinâmicas de canal de vendas e marketing. Mesmo que, de início, a situação não pareça enquadrar-se nessa probabilidade, convém percorrer essa breve lista antes de subestimar o novo normal, como tendência temporária. Um "sim" a qualquer pergunta significa que ela afetará a sua estratégia de distribuição:

- Essa tendência vai afetar meus clientes, mudando as expectativas ou os comportamentos de compra deles?

- Essas mudanças vão impactar no ecossistema que determina o meu acesso ao mercado?

- Surgirão novos *players* capazes de se engajar com os meus clientes ou influenciar suas preferências?

- Atuarão os atuais *players* de maneira diferente no mercado (p. ex., deslocando-se para canais mais diretos ou para canais mais indiretos)?

- Meus clientes usarão novas mídias, novas plataformas, novos *apps*, novos locais ou novos *players*?

- Os meus clientes vão querer consumir funcionalidades de diferentes maneiras, pagar por elas de diferentes maneiras, ou alterar seus padrões de consumo de alguma maneira?

Frequentemente, a orientação sobre como desenvolver a resposta da estratégia de distribuição se situará em outro setor de atividade, que já enfrentou desafios semelhantes aos que talvez também venham a afetá-lo. Recomendamos que você leia a Parte Quatro deste livro como recurso estratégico para lidar com essa situação.

Como no caso de qualquer jogada disruptiva, os **players** **históricos do mercado** estão **fazendo barulho** e **cooptando as autoridades regulatórias**, para regular algumas ou todas as **práticas disruptivas, ditas ilegais**.

Como no caso de qualquer
jogada disruptiva, os players
históricos do mercado
estão fazendo barulho e
cooptando as autoridades
regulatórias, para regular
algumas ou todas as práticas
disruptivas, ditas ilegais.

PARTE DOIS

DISTRIBUIDORES, ATACADISTAS E INTERMEDIÁRIOS

CAPÍTULO 4

O PAPEL DO DISTRIBUIDOR PARA OS CANAIS DE VENDAS E MARKETING

DISTRIBUIDORES, ATACADISTAS E INTERMEDIÁRIOS

Para os propósitos deste livro, vamos considerar os distribuidores, os atacadistas e outros intermediários de "primeiro nível" como *players* que exercem as mesmas funções; e, certamente, em termos de modelo de negócio, eles, de fato, *fazem* as mesmas coisas. O distribuidor é um intermediário que presta serviços ao último nível, o que atende o cliente usuário final; por exemplo, o atacadista *cash and carry*, que atende a pequenos varejistas independentes; ou o comerciante de produtos de construção (distribuidor), que vende material a trabalhadores da construção civil, como encanadores, pedreiros, ladrilheiros e eletricistas etc.; ou os distribuidores de tecnologia abrangente, que atendem a milhares de revendedores e varejistas de computação e eletrônica. Daí decorre que os distribuidores, como os estamos definindo, são encontrados apenas em modelos de distribuição de dois níveis (ou de três), e vale considerar seus papéis em termos tanto dos clientes quanto dos fornecedores.

O PAPEL DO CLIENTE - FUNÇÕES PRINCIPAIS

Para os clientes, os distribuidores exercem numerosas funções importantes, muitas das quais são aspectos de atuar como *one-stop shop* para os clientes (último nível) de comerciantes independentes menores, revendedores, varejistas e assim por diante. Esses *players* de último nível não têm condições de lidar com a complexidade e os custos de adquirir seus produtos de centenas de fornecedores, que fazem suas próprias ofertas aos clientes finais. É mais eficiente dirigir-se diretamente a um número restrito de distribuidores, com os quais podem estabelecer relacionamentos comerciais, para atender à maioria das suas necessidades. Os distribuidores, por seu turno, podem prestar numerosos serviços, aproveitando suas próprias vantagens de escala, seja como parte integrante de suas principais ofertas, seja na condição de serviços independentes, a que os clientes podem recorrer (ver Quadro 4.1).

Lembre-se de que a função de *one-stop shop* não significa, necessariamente, que o cliente compra centenas de itens diferentes ao mesmo tempo. Com efeito, em numerosas indústrias, o número de itens de linhas diferentes, comprados numa única ocasião ou numa única fatura, é de mais ou menos dois (por exemplo, tijolos e argamassa, não dois tijolos). O sentido de *one-stop shop* aqui é que o cliente espera ser capaz de ir ao distribuidor em busca de qualquer coisa e comprar tudo, sem precisar encomendar por falta de estoque. O cliente tende a pesquisar preço e disponibilidade, equilibrando conveniência e custo. Atributo básico na função do distribuidor é a capacidade de fornecer produtos sob demanda, a qualquer hora e em qualquer lugar, evitando ou minimizando o ônus do estoque para os clientes. Tipicamente, o distribuidor oferece muitos milhares de SKUs (*stock-keeping units* – unidades de manutenção de estoque), para prometer disponibilidade universal de praticamente todos os produtos "padrão" e até de alguns produtos fora do padrão. Por exemplo, distribuidores de autopeças mantêm muitos milhares de tipos de peças disponíveis para entrega em 24 horas a oficinas de manutenção e postos de serviço, inclusive algumas que talvez estejam fora de produção há muitos anos.

QUADRO 4.1 Serviços básicos e opcionais oferecidos por distribuidores aos clientes

OFERTA BÁSICA TÍPICA	SERVIÇOS OPCIONAIS TÍPICOS
▸ *One-stop shop* – variedade e disponibilidade	▸ Fornecimento de produtos ▸ Pedidos sob demanda (*back-to-back ordering*) ▸ Logística de suprimento simplificada
▸ *Bulk breaking* (carga fracionada)	▸ Estoque consignado ▸ Reembalagem

OFERTA BÁSICA TÍPICA	SERVIÇOS OPCIONAIS TÍPICOS
▶ Crédito	▶ Crédito ampliado e financiamento de projeto
▶ Suporte técnico de primeiro nível (pré-vendas)	▶ Suporte técnico de segundo nível (pós-venda) – atuando efetivamente como provedor de apoio terceirizado ▶ Treinamento técnico
▶ Logística – entrega	▶ Logística – *drop shipment* (entrega direta) do fornecedor para o cliente final
▶ Consolidação de pedidos	▶ Gestão de projetos – coordenar a atuação de vários fornecedores e transportar para vários locais
▶ Informações complementares sobre o produto	▶ Serviços de marketing – atuar efetivamente como provedor terceirizado

Implícita na oferta do distribuidor, também se encontra uma proposta de valor, tanto para o cliente do distribuidor quanto para o fornecedor do distribuidor – *breaking bulk*. A maioria dos distribuidores fraciona a carga, em volumes menores, mais compatíveis com as quantidades consumidas pelo cliente final, como caixas com garrafas na distribuição de vinho e outras bebidas alcóolicas. Grande parte dos distribuidores vende muito pouco como um genuíno "atacadista", isto é, em grandes volumes. Parcela considerável do estoque dos distribuidores é vendida em unidades ou pares, na medida em que os clientes dos distribuidores efetivamente operam continuamente nos volumes demandados pelos clientes finais, como indivíduos. Essa tendência efetivamente varia entre os setores de atividade, mas, como os revendedores e comerciantes não querem manter estoques, a não ser os de suprimentos essenciais, a capacidade de comprar em quantidades de varejo é considerada aspecto essencial da oferta do distribuidor.

O fornecimento de crédito é benefício básico, que capacita os clientes a adquirirem, armazenarem e ajustarem os produtos, sem precisar financiar com recursos próprios todo o estoque e recebíveis de clientes finais. Essa liquidez frequentemente se multiplica em um mercado com comerciantes e revendedores se abastecendo em três ou mais distribuidores, para maximizar os recursos de crédito disponíveis.

O distribuidor usa o mercado local e o tino comercial para definir limites de crédito sensatos e diluir o risco de créditos de liquidação duvidosa entre milhares de relacionamentos comerciais.

A maioria dos distribuidores oferece algum nível de apoio técnico, geralmente na pré-venda e, portanto, gratuito. Esse apoio é parte integrante das vendas em processo, especialmente para novos produtos e inovações tecnológicas, e é muito variável, de respostas a perguntas simples, como "Basta isso ou é preciso acrescentar outros componentes sistêmicos?", até configurações sofisticadas em indústrias de tecnologia de ponta. Esse atributo pode ser ampliado e incluir suporte pós-venda para a solução de problemas referentes a erros de fornecimento ou a questões de configuração. Como extensão das vendas para o último nível do canal, os distribuidores frequentemente oferecerão informações colaterais sobre o produto, a serem usadas pelo comerciante na venda de novos produtos para o cliente final, além de apoio no processo total de comunicação de marketing.

Diferentes indústrias e mercados adotam diferentes padrões para o fornecimento de logística de entrega. Em alguns setores, os distribuidores talvez a ofereçam de graça; em outros, os distribuidores podem cobrar para entregas abaixo de uma quantidade mínima; e, por vezes, os distribuidores podem exigir que o cliente providencie a entrega. Quando o distribuidor está sem estoque ou não tem determinado item, ele o encomenda ao fornecedor e entrega ao cliente ao recebê-lo. Tipicamente, à medida que os setores amadurecem, os custos se tornam mais transparentes e, assim, a cobrança pela entrega é apresentada separadamente do preço do produto básico. Os distribuidores raramente conhecem o verdadeiro custo de entrega, e os adicionais por cobrança de entrega tendem a ser arbitrários, com o único objetivo de conscientizar os clientes. Em estreita conexão com esse processo encontra-se a consolidação de pedidos, permitindo que os clientes minimizem seus custos de entrega, esperando até que todo o pedido, envolvendo diferentes produtos, de vários fornecedores, esteja pronto para o embarque.

Todos os elementos acima (com a possível exceção de cobranças por entrega) estão embutidos no preço do produto. Todos os serviços opcionais adicionais, que podem ser oferecidos, vão além dessa proposta básica, e, portanto, são cobrados à parte do preço, seja como custo do serviço, acrescido ao preço básico, ou como itens do custo de transação discriminado. Esses serviços tipicamente surgem aos poucos, à medida que o setor amadurece e a margem da proposta de valor básica fica cada vez mais estreita, levando o distribuidor a descobrir novas fontes de lucro. As mesmas pressões competitivas se aplicam aos níveis finais, que procuram eliminar quaisquer atividades que não sejam essenciais para a diferenciação, e recorrem ao distribuidor para oferecer essas funções, via terceirização, aproveitando seus recursos de escala e profundidade. Esse processo pode estar relacionado ao fornecimento do produto, como o estoque consignado (ver boxe) de produtos especializados, ou com a gestão do projeto de múltiplos embarques complexos, por vários fornecedores, para diferentes localidades, ou com a logística de *drop shipments*, ou estoque na fonte, em que o distribuidor entrega diretamente para o cliente final, em nome do último nível. Tudo isso pode ser ampliado para incluir documentação de embalagem e entrega, inclusive faturamento, que parece ser do *player* de último nível, reduzindo situações onerosas de pontos de manuseio e de atividades de cadeia de fornecimento. Se o distribuidor for eficiente, as economias podem ser compartilhadas entre o distribuidor, o *player* de último nível e o cliente, por meio de preços mais baixos.

ESTOQUE EM CONSIGNAÇÃO

Nos mercados em desenvolvimento, com dificuldades de capital, geralmente se recorre ao estoque em consignação para financiar a ampliação e o aprofundamento do mercado. Por exemplo, nos anos imediatamente depois da queda do Muro de Berlim, muitas empresas se apressaram em garantir *market share*, numa situação de "invasão comercial". Muitas empresas norte-americanas e europeias usaram estoque consignado para financiar distribuidores, encher as prateleiras e bloquear o acesso de concorrentes. A BAT, por exemplo, assumiu o risco de constituir um estoque consignado para um distribuidor, na Croácia, Brodokomerc. Esse risco, considerando a natureza instável do mercado, foi duplamente surpreendente, pois o acordo para operar o estoque consignado não fazia nenhuma referência a quem era responsável por eventuais créditos de liquidação duvidosa! Este é um bom exemplo de uma abordagem positiva de correr riscos, para garantir acesso ao mercado nos primeiros estágios do seu desenvolvimento.

Serviços customizados, que não são parte integrante das transações, incluem captação de novos fornecedores e produtos, além de marketing terceirizado, em que o distribuidor atua como provedor de serviços de marketing para os *players* de último nível, que não querem executar internamente, com recursos próprios, essa atividade. Isso capacita o último nível a realizar operações de marketing mais intensivas, em determinadas épocas do ano, sem a necessidade de manter despesas gerais em outras épocas. Também possibilita que o último nível acesse competências de marketing especializadas, mais profundas, que seriam injustificáveis com os atuais níveis de vendas. Em setores técnicos, essas atividades podem mesclar-se com o fornecimento de apoio técnico de segundo nível, pós-venda, que, mais uma vez, o último nível talvez não tenha condições de executar *in-house*, com recursos próprios, mas pode terceirizar para o distribuidor.

O PAPEL DO FORNECEDOR

Os distribuidores podem exercer ampla variedade de funções para os fornecedores, como descrevemos abaixo, dependendo da maturidade da categoria de produto, do estágio do ciclo de vida do produto, do *market share* do fornecedor e da densidade do último nível do sistema de distribuição. Mas, em todos os casos, o papel principal do distribuidor é como rota do fornecedor para o mercado e, no exercício dessa função, a sua eficácia será crucial para o fornecedor que procura atingir um segmento ou todo o mercado.

◢ Modelos alternativos

A variedade dos tipos de distribuidor pode ser caracterizada em termos do respectivo modelo de negócio (ver Figura 4.1):

FIGURA 4.1 Espectro de distribuidores, definidos pelo modelo de negócio

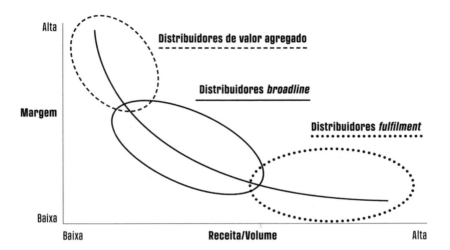

> **Distribuidores de valor agregado:** esses distribuidores focam em produtos cuja distribuição é limitada, isto é, poucos ou apenas um distribuidor operam no mercado. Essa situação pode resultar das dimensões reduzidas do mercado, de os fornecedores serem novos no mercado, ou de a tecnologia dos produtos estar ainda em estágio inicial do ciclo de adoção. Em cada caso, o fornecedor quer que o distribuidor seja altamente proativo no recrutamento e no desenvolvimento de *players* especializados de último nível, capazes de alcançar os segmentos corretos de mercado. Desenvolvimento do mercado é a principal oferta dos distribuidores ao fornecedor. O distribuidor é incumbido de criar a demanda para o produto, por meio de marketing e de atividades de vendas proativas, que podem incluir treinamento amplo para os *players* de canal de último nível, venda conjunta e a oferta de extenso apoio técnico de pré-vendas. Para fazer tudo isso, o distribuidor precisa investir o próprio tempo e recursos no domínio pleno do produto, sob as perspectivas técnica e de marketing. Todo esse trabalho não é barato; portanto, o distribuidor espera ter uma margem alta, para compensar os seus investimentos em cada venda e pelo fato de, a princípio, os volumes de vendas serem relativamente baixos.

- **Distribuidores *broadline*:** como sugere o nome, esses distribuidores fornecem cobertura do mercado convencional, em termos de faixa do produto oferecido e proporção do mercado atendido. O acesso ao mercado é sua oferta básica ao fornecedor, cobrindo a maioria ou todos os canais a serem alcançados pelo fornecedor, por meio de relações comerciais tradicionais e de ferramentas de marketing e de comunicação tradicionais (catálogos, mala direta, websites), com taxas de resposta comprovadas. Geralmente, vários distribuidores competem no mercado, com preços mais competitivos e levando a margens mais baixas. Os fornecedores devem pagar pela inclusão nas ferramentas de marketing e pela operação das promoções de vendas, já que esses custos não podem ser absorvidos pelas margens de comercialização normais. Como resultado, os líderes em *market share* tendem a ser mais bem servidos pelos distribuidores *broadline*, já que a sua escala de negócios garante alta visibilidade e *share of mind* entre as vendas e as equipes de marketing do distribuidor. Algumas marcas, porém, irão mais longe e podem buscar maior influência nos recursos do distribuidor, financiando um gerente de produto exclusivo, por exemplo. Os fornecedores menores talvez precisem trabalhar com mais afinco para garantir foco suficiente em seus produtos, inclusive oferecendo a um distribuidor direitos de distribuição exclusivos, de modo a concentrar o interesse do distribuidor. Com o gradual amadurecimento do mercado, a combinação de negócios entre os distribuidores *broadline* reduz o número de *players* disponíveis para os fornecedores, aumentando o poder dos distribuidores de arrancar descontos e abatimentos dos fornecedores (nas conferências setoriais, é interessante observar se os distribuidores estão paparicando os fornecedores ou vice-versa!).

- **Distribuidores *fulfilment*:** esses distribuidores operam em mercados em que os produtos são "comprados", em vez de "vendidos", como produtos *aftermarket*, ou de reposição, e consumíveis. Não há necessidade de marketing na venda desses produtos, e a compra é orientada pelo preço, disponibilidade e conveniência. Na verdade, esses distribuidores são fontes de logística para o fornecedor, que assumirão todas as tarefas para promover a percepção da marca e a preferência pelo cliente final. Como as margens são muito baixas, o distribuidor trabalha com grandes volumes e alta eficiência operacional, fazendo o possível para eliminar atividades e complexidades desnecessárias. Com margens minúsculas, o distribuidor precisa de volumes massivos para cobrir sua infraestrutura e seus custos operacionais. Os pedidos são cada vez mais recebidos via site em vez de *call centers* e os depósitos são operações centralizadas muito automatizadas. Como esses distribuidores se diferenciam de empresas de logística pura, como FedEx ou UPS? De duas maneiras: primeiro, assumem o risco do estoque, equilibrando demanda e oferta com suas competências em gestão de estoques; segundo, assumem o risco de crédito, explorando seu conhecimento do mercado local. Os fornecedores podem remunerar os distribuidores *fulfilment* por meio da margem bruta ou, mais recentemente, negociando uma taxa por transação, uma vez que o custo de distribuição tende a ser o mesmo, qualquer que seja o preço de venda. Isso garante que os itens mais baratos não sejam subsidiados pelos itens mais caros, como aconteceria com a margem comercial.

O PAPEL DO FORNECEDOR - FUNÇÕES PRINCIPAIS

Com a descrição acima, dos diferentes modelos de distribuição, podemos ver que são duas as funções básicas que os distribuidores executam para os fornecedores: geração de demanda e *supply fulfilment*. Outras funções são fornecer informações de mercado e servir como *front office* terceirizado, ou linha de frente, representando o fornecedor em um território ou em serviços de garantia e apoio ao último nível terceirizado, ou mesmo ao cliente final, em certas circunstâncias.

À medida que, cada vez mais, deslocam o foco para as atividades básicas, os fornecedores passam a recorrer aos distribuidores como parceiros lógicos, aos quais é possível transferir atividades não diferenciadoras. Como essas atividades, em si, têm diversos perfis de investimento, custo e margem, os distribuidores estão segmentando os seus negócios, para oferecer serviços especializados de diferentes divisões. Isso os capacita a alinhar seus preços e modelos de negócio e a evitar subsídios cruzados de serviços, tornando-se mais competitivos.

A natureza desses serviços varia entre os setores; alguns exemplos típicos constam do Quadro 4.2:

QUADRO 4.2 Ofertas principais típicas e serviços opcionais dos distribuidores aos fornecedores

OFERTA PRINCIPAL TÍPICA	SERVIÇOS ESPECIALIZADOS TÍPICOS
▶ Geração de demanda • Recrutamento de canal • Contas de canal e banco de dados • Mobilização de fundos de marketing • Gestão de preços especiais • Vendas *outbound* e *inbound* • Correspondências comuns de marketing • Campanhas de vendas (*spiff*) • Conferências para o canal • Treinamento do canal • Financiamento do canal mediante concessão de crédito • Gestão do produto *in-market* (regionalizada) • Suporte técnico de linha de frente	▶ Geração de demanda • Gestão de contas do canal • Gestão de programas • Gestão de fundos cooperativos • Financiamento e ofertas de crédito especiais do canal • Marketing para o cliente final e programas de geração de *leads* • Serviços de conferências e exposições
▶ *Supply fulfilment* • *Bulking breaking* • Logística *outbound* • Logística reversa • Risco de crédito do canal	▶ *Supply fulfilment* • Estoques consignados • Estoques gerenciados para o vendedor • Armazenamento de estoque para o vendedor
▶ Informação do mercado • Relatórios de vendas • Inteligência do canal	▶ Informação do mercado • Pesquisa de canal • Pesquisa com o cliente final
▶ Serviços terceirizados	▶ Serviços terceirizados • Gestão de garantia • Operações de assistência técnica • Suporte técnico de segundo nível e pós-venda • Representação *in-market* (regional) • Registro e proteção de marca comercial

Observe que muitas das atividades listadas como "Oferta principal típica" são cobradas como complemento, além da margem comercial ou desconto do distribuidor, especialmente informações sobre vendas diretas e participação em incentivos para as equipes de vendas, além de materiais de marketing e catálogos. Em muitos distribuidores, a função de marketing é um centro de lucro, atraindo fundos dos fornecedores para o desenvolvimento de marketing, mediante a oferta de ferramentas e atividades de marketing inovadoras.

Dependendo do produto ou do território, o distribuidor pode desempenhar papel decisivo na geração de demanda, desenvolvendo ativamente a capacidade de percepção e de venda entre os seus clientes diretos, os quais, por sua vez, impulsionam as vendas para os clientes finais. Tipicamente, os fornecedores negociam metas de vendas por um ano, e recompensam os distribuidores, oferecendo-lhes níveis mais altos de desconto por volume ou remunerando-os pelos resultados, mediante descontos ou outros incentivos, por superarem a meta.

Os fornecedores podem ter ampla faixa de produtos para distribuição, que variam de poucas dezenas de SKUs a muitos milhares. Tipicamente, os volumes de vendas desses produtos estão sujeitos à Lei de Pareto, isto é, 20% dos SKUs geram 80% da receita. Por motivos de margem e de serviço aos clientes, os fornecedores esperam que o distribuidor assuma toda a faixa de produtos, ou uma proporção significativa do total, para garantir *supply fulfiment*. Os contratos podem especificar os níveis de estoque de cada tipo de produto ou estipular uma taxa ou incentivo para a estocagem de parte deles. Em muitos casos, é do interesse do distribuidor manter algum estoque, pois os custos não compensados de um pedido em atraso de um único item de estoque podem superar os custos de estocagem.

Ao atuar como fornecedor de, talvez, milhares de clientes locais, o distribuidor assume o risco de crédito dessas vendas, o que exige excelente controle de crédito e notável tino de mercado, para minimizar a exposição e o custo de créditos de liquidação duvidosa. Isso é muito importante para o fornecedor que, do contrário, assumiria o custo da gestão de crédito, assim como o risco de créditos de inadimplência.

Para gerenciar seus canais, os fornecedores precisam de boas informações sobre as vendas e os níveis de estoque dos distribuidores, e devem estar dispostos a pagar por essas informações. Essa remuneração está incluída na margem ou é elemento explícito do desconto. Essa última abordagem permite que o fornecedor retire a margem no caso de determinado distribuidor não fornecer as informações de qualidade adequada ou no formato certo. Em indústrias maduras, essas informações são fornecidas com periodicidade semanal ou diária, por links EDI [*electronic data interchange* – intercâmbio eletrônico de dados] ou relatórios automáticos por internet. Essas informações de mercado podem ser ampliadas com outros dados, como atividades dos concorrentes, relatórios de aquisição de clientes, relatórios de perda de vendas e assim por diante.

O distribuidor também atua, em maior ou menor extensão, como *front office* terceirizado do fornecedor, exercendo a função de desenvolvimento do canal: recrutando novos parceiros ou o representante local ou territorial do fornecedor, e prestando serviços como suporte na garantia e no pré ou pós-venda. Todas essas funções são definidas por contrato e podem ser objeto de intensas negociações, cujos resultados geralmente refletem o equilíbrio de poder relativo entre o fornecedor e o distribuidor. A remuneração do distribuidor é embutida na margem ou é paga na forma de taxas específicas por atividade. Em alguns casos, a taxa dependerá, no todo ou em parte, do feedback dos clientes sobre o nível e a qualidade dos serviços.

COMO A DISTRIBUIÇÃO MELHORA O MODELO DE NEGÓCIO DO FORNECEDOR

O modelo de distribuição, se bem executado, pode oferecer benefícios substanciais para o fornecedor, em termos de eficiências na estrutura de custos e de alavancagem do balanço patrimonial (ver Figura 4.2). Sempre nos surpreendemos como essas vantagens econômicas são mal compreendidas nos níveis mais altos até dos fornecedores mais sofisticados. Ouvimos constantemente queixas da maneira como "estamos dando margem para os distribuidores" ou como "esse nível extra (de distribuição) nos afasta ainda mais do mercado ou dos sinais de demanda". Todavia, nos projetos que empreendemos para decidir se a distribuição devia ser internalizada ou externalizada, ficou claro como é importante definir com clareza todo o modelo e a estratégia de negócio.

FIGURA 4.2 Impacto da distribuição sobre o modelo de negócio do fornecedor

O aspecto mais bem compreendido desse *business case* são as eficiências da estrutura de custos interna. Isso inclui a equação de alavancagem simples, decorrente dos maiores volumes geridos pelos distribuidores. Um único fornecedor lidando com sua própria distribuição pode amortizar os custos somente sobre seus próprios volumes. Os distribuidores podem diluir seus custos em volumes maiores, de centenas ou milhares de fornecedores, gerando economias de escala significativas. Aspecto menos bem compreendido é o de que, ao trabalhar com distribuidores, o fornecedor pode converter o que seriam seus próprios custos fixos internos (depreciação do ativo imobilizado e folha de pagamento) em custos variáveis (a margem paga ao distribuidor). A infraestrutura de distribuição exige investimentos substanciais em depósitos, prateleiras, sistemas de gestão, equipamentos de logística, frotas de entrega, assim como folha de pagamento substancial para a operação de todo esse aparato. O fornecedor pode pagar por tudo isso "à medida que avança", usando distribuidores terceirizados, e até participar dos benefícios de escala, oriundos dos maiores volumes com que operam os distribuidores, à medida que amplia suas atividades, se souber negociar com eficácia.

Na maioria dos mercados estabelecidos, os distribuidores aceleram o *time-to-market* para os fornecedores que entram no mercado ou que lançam novos produtos ou categorias. Eles já mantêm relacionamentos com parceiros relevantes de último nível ou são capazes de conquistá-los.

O fornecedor pode simplesmente entrar nessa rota para o mercado, impulsionando as vendas e o lucro.

A alavancagem do balanço patrimonial é um aspecto bastante pouco compreendido pelos fornecedores. A melhor maneira de esclarecer esse ponto é considerar o que aconteceria se um modelo de distribuição terceirizado, de eficácia comprovada, fosse interiorizado pela empresa. Analisamos essa hipótese para uma empresa global de produtos de consumo e concluímos que haveria um impacto extraordinário de bilhões de dólares no fluxo de caixa, que destruiria seus resultados. Por quê? Porque os distribuidores estabelecidos mantêm estoques de bilhões de dólares e financiam outros bilhões em crédito para o último nível. Isso excede em muito os balanços a receber dos distribuidores. Trazer para a empresa essas operações implicaria incluir esses ativos no balanço do fornecedor – acarretando uma saída de caixa massiva, menor retorno sobre o capital e lucro por ação, e infligiria outros horrores aos relatórios contábeis, que o diretor financeiro mal poderia conceber em seus piores pesadelos. A realidade é que trabalhar até com uns poucos distribuidores oferece ao fornecedor acesso ao poder do balanço coletivo, alavancando o poder de seu próprio balanço isolado. Além disso, o fornecedor precisa operar apenas uma pequena função de crédito, lidando apenas com pequena quantidade de distribuidores, com excelente conceito creditício. Esses distribuidores são especialistas em gerenciar a função de crédito para dezenas de milhares de pequenos clientes de último nível e arcam com o risco de inadimplência caso não consigam gerir o risco de crédito. O fornecedor que internalizasse a distribuição precisaria reforçar substancialmente a sua capacidade e assumir o risco de créditos de liquidação duvidosa, desafio que, de modo algum, entusiasma o diretor financeiro.

Cada caso é diferente e haverá situações em que a distribuição *in-house* faz mais sentido econômico do que sair a campo em busca de distribuidores terceirizados. Entretanto, as análises estratégicas e empresariais que executamos ao longo dos anos sempre demonstraram que o caso de negócio em favor da distribuição por terceiros é convincente, sobretudo quando plenamente desenvolvido.

[...] ao trabalhar com distribuidores, o **fornecedor** pode **converter** o que seriam **seus próprios custos fixos internos** (depreciação do ativo imobilizado e folha de pagamento) **em custos variáveis** (a margem paga ao distribuidor).

CAPÍTULO 5

COMO FUNCIONA O MODELO DE NEGÓCIO DO DISTRIBUIDOR

O QUE QUEREMOS DIZER POR MODELO DE NEGÓCIO?

Em todo este livro, falamos frequentemente em modelos de negócio; portanto, é melhor explicar o que queremos dizer com o termo "modelo de negócio". Modelo de negócio é a maneira como uma empresa ganha dinheiro com as suas atividades. É a expressão financeira do papel, posicionamento, estratégia e execução do plano de negócio de um *player* específico, num setor específico. É o resultado financeiro lógico da estrutura econômica do setor e de sua infraestrutura de distribuição. O modelo de negócio é ao mesmo tempo estático – na forma de certas estruturas de custos, margens, rotatividade do capital – e dinâmico – na maneira como os custos se comportam, os principais índices mudam com o crescimento, ou as margens se transformam sob competição crescente. Portanto, o modelo de negócio de, por exemplo, um distribuidor de material hidráulico tem certas semelhanças previsíveis e algumas diferenças esperadas em comparação com o de um distribuidor de produtos de computação, e outras similaridades e disparidades prováveis em comparação com o de um distribuidor de partituras ou de artigos de confeitaria. Essas mesmas afirmações se aplicam a diferentes *players* do mesmo ecossistema de canal, com seus papéis, equilíbrio de poder, e estratégia determinando onde e como obterão lucro, onde precisarão aplicar capital, e qual será a escala desses dois fatores em relação ao tamanho do negócio em curso.

Nesta e na próxima parte, mostraremos a conexão entre essas forças e o impacto que elas exercem sobre a estrutura do modelo de negócio. Nós o ajudaremos a compreender as restrições inerentes e as *trade-offs* contínuas com que lidam os gestores de cada modelo de negócio. Também mostraremos as maneiras de melhorar o desempenho de negócio de cada tipo de *player*, esteja você gerenciando as operações deles ou negociando com eles. Seja como for, essas restrições também são oportunidades. Por exemplo, muitos varejistas não têm condições de manter grandes estoques em suas dependências, em razão de restrições de tamanho ou de custo (instalações de varejo atraentes também impõem aluguéis assustadores). Um fornecedor empreendedor, com logística de distribuição eficiente, pode fornecer *just-in-time* ou gerenciar o estoque para o varejista, conquistando maior *market share* do que o de outros fornecedores sem essa capacidade. O varejista sabe que não pode ficar sem estoque, e abrirá mão de algumas exigências de melhor margem em troca da garantia de pleno reabastecimento de suas prateleiras. A capacidade de equilibrar esses dois aspectos – ou quantificá-los – talvez pareça não ter nada a ver com vendas ou marketing, mas terá impacto muito mais duradouro sobre o negócio conjunto das partes do que a oferta de uma promoção de curto prazo, para aumentar as vendas.

Vamos ensiná-los a pescar, por assim dizer, em vez de oferecer o peixe. Vamos mostrar os principais tipos de peixe, isto é, os modelos de negócios dominantes e suas características inerentes; mais no intuito de torná-lo um pescador de mão-cheia. Assim, você será capaz de avaliar a situação de qualquer modelo de negócio, em qualquer sistema de distribuição, em qualquer mercado, de qualquer ponto de vista (como gestor, comprador ou vendedor), estimar os problemas e as oportunidades existentes, e identificar a estratégia que melhor o ajudará a alcançar seus objetivos.

Não pretendemos ensiná-lo a interpretar balanços nem demonstrações do resultado do exercício, tampouco queremos explicar o conceito de depreciação... embora esperemos que você esteja mais familiarizado com essas ideias ao terminar a leitura deste livro. Nós o ajudaremos a compreender:

- Por que a gestão do capital de giro é fundamental para os distribuidores.

- Como lidar com as demandas de mais margem pelos varejistas ou distribuidores, se você for um líder de marca.

> Como conseguir de um fornecedor os recursos que você realmente precisa para alcançar suas próprias metas de crescimento.

> Como aumentar sua participação nos negócios de um parceiro, mesmo se eles alegarem que você não é tão lucrativo quanto os seus concorrentes.

> Como se destacar num sistema de distribuição, se o seu *market share* for minúsculo.

> Como ter a certeza de estar alocando recursos escassos entre os canais que gerarão os mais altos retornos.

> Como aumentar a sua alavancagem sobre os parceiros, que nem mesmo vendem ou distribuem os seus produtos, mas cujas recomendações são críticas para a preferência do cliente.

O PAPEL DEFINE O MODELO DE NEGÓCIO

Os papéis exercidos pelo distribuidor tanto para os clientes quanto para os fornecedores definem o modelo de negócio do distribuidor e suas principais características. A primeira dessas características é que o modelo de negócio do distribuidor é intensivo em capital, movido pela necessidade de manter estoque e financiar o crédito concedido ao cliente, menos qualquer crédito recebido do fornecedor. A segunda é que, ao ser basicamente um negócio de alto volume e de baixo valor agregado, o distribuidor opera com margens estreitas e, assim, precisa manter as despesas gerais baixas. Trata-se de um modelo de negócio desafiador, que exige a capacidade de gerenciar a lucratividade e a eficiência dos ativos, ou seja, de alcançar alta produtividade.

Vamos dar uma olhada em um conjunto de demonstrações financeiras típicas de um distribuidor, para ver tudo isso em ação (Figura 5.1). Talvez seja o caso de anotar os valores, pois usaremos esses números em toda esta parte do livro. A primeira coisa a observar é que o balanço, à direita, apresenta três números principais:

1 Estoques (produtos armazenados para revenda);

2 Contas a receber (oriundas de vendas a crédito aos clientes); e

3 Contas a pagar (resultantes de compras a crédito dos fornecedores).

FIGURA 5.1 Demonstrações financeiras do distribuidor ABC Co

Receita com vendas	19.316
Custo das vendas	18.308
Lucro bruto	**1.008**
Despesas gerais	952
Lucro operacional	**56**
Juros	12
Lucro antes dos impostos	**44**
Impostos	16
Lucro líquido	**28**

DEMONSTRAÇÃO DO RESULTADO DO EXERCÍCIO (em milhões)

Ativo fixo	423
Ativo circulante	
Estoque	1.408
Contas a receber	1.897
Caixa	401
Total do ativo circulante	**3.706**
Passivo circulante	
Contas as pagar	1.550
Outros	764
Total do passivo circulante	**2.314**
Valor líquido do ativo circulante	**1.392**
Passivo não circulante	59
Ativos líquidos	**1.756**
Fundos de acionistas	**1.756**

BALANÇO PATRIMONIAL (em milhões)

Esses três itens são os elementos constitutivos do capital de giro (estoque mais contas a receber menos contas a pagar). O balanço patrimonial mostra a situação da entidade em determinado momento no tempo; portanto, efetivamente, está mostrando uma foto do ciclo do capital de giro, congelando a ação. Os outros itens, como ativo imobilizado (terrenos, edifícios, sistemas de armazenamento, sistemas de TI etc.) e outros valores são relativamente imateriais. Trata-se, na essência, do total líquido dos itens do capital de giro, que determina o valor do capital que o distribuidor precisa levantar para financiar o negócio. É um ato de equilíbrio delicado; se for insuficiente, o distribuidor fica sem estoque ou não pode pagar os fornecedores no vencimento, enquanto espera o pagamento dos clientes; se for excessivo, o custo do capital compromete a lucratividade do negócio.

O LUCRO É UM NÚMERO MUITO PEQUENO ENTRE DOIS NÚMEROS MUITO GRANDES

Olhando para a demonstração do resultado, no lado esquerdo da Figura 5.1, percebemos como as margens podem ser estreitas em alguns setores de distribuição. O lucro bruto é a diferença entre o que o distribuidor paga aos fornecedores pela compra dos produtos (= custo das vendas) e o que o distribuidor recebe dos clientes pela venda dos produtos (= Receita com vendas). É um número muito pequeno entre dois números muito grandes. O distribuidor deve pagar com o lucro bruto todas as despesas gerais e os juros; o que sobra é o lucro líquido – número ainda menor em comparação com dois grandes números, Receita com vendas e custo das vendas. Depois da dedução dos tributos sobre o lucro (assumindo que haja lucro), o que sobra está disponível para ser pago como dividendo ou ser retido como reserva, para financiar o aumento do capital de giro (necessário, se o distribuidor pretender crescer no período subsequente).

A situação fica ainda mais interessante quando você compara o lucro bruto auferido no ano, de $1.008m, do nosso exemplo, com o capital de giro de $1.755m (= $1.408m + $1.897m – $1.550m). Isso significa que o nosso distribuidor mobilizou mais de $1,75 bilhão durante um ano para ganhar pouco mais de $1 bilhão de lucro bruto... e $44 milhões de lucro líquido. Parece muito a ser investido para pouco retorno. O menor contratempo nas compras, digamos, alguns itens cujo valor precisa ser diminuído pois não estão vendendo, ou alguns créditos ruins, afetará o lucro e poderá convertê-lo em prejuízo.

A GESTÃO DO CAPITAL DE GIRO É UM ATO DE EQUILÍBRIO

Esse equilíbrio entre lucratividade e capital de giro é central para o modelo de negócio do distribuidor. Cada um dos tipos de distribuidor já descritos (que agregam valor, *broadline* e *fulfilment*) tem um ponto de equilíbrio que é o adequado no contexto de sua proposta de valor e modelo de negócio. Todos estão lutando para aumentar as margens e reduzir o capital de giro, ao mesmo tempo que oferecem a melhor faixa de produtos e a maior disponibilidade em estoque para atender a seus clientes no mercado. O papel dos gerentes de produto no distribuidor é crítico e seus incentivos devem estar associados *tanto* à margem *quanto* à gestão do capital de giro ou, pelo menos, do estoque.

O distribuidor inteligente sabe que a gestão da margem é crítica para o seu sucesso, e usa uma abordagem de portfólio para combinar produtos de giro rápido e margem baixa com produtos de giro lento e margem alta. Mesmo melhorias minúsculas na margem provocam grande impacto no lucro operacional. O desafio é equilibrar a faixa de produto e a profundidade do estoque com o que os clientes estão demandando, e as reivindicações dos fornecedores com o que faz sentido financeiramente. A regra 80/20 se aplica a todos os aspectos da distribuição, com 20% dos produtos respondendo por 80% dos volumes, mas outros 20% *diferentes* podem responder por 80% do lucro. Para complicar a situação, os distribuidores são vulneráveis às ofertas dos fornecedores e aceitam caminhões extras de produtos em seus depósitos, em troca de um aumento no desconto (geralmente no fim de cada trimestre ou do exercício fiscal da empresa). Esses descontos geralmente parecem atraentes, mas como o negócio está sendo oferecido a todos os distribuidores do mercado, qualquer vantagem de custo geralmente acaba sendo repassada para o cliente, como incentivo para garantir que o estoque extra saia do depósito. O resultado líquido geralmente consiste em clientes e fornecedores felizes, mas, raramente, em aumento significativo no lucro dos distribuidores, com as vendas extras pressionando ainda mais sua infraestrutura. Os distribuidores, porém, não têm condições de ficar fora do mercado em itens de altos volumes, o que geralmente os leva a sentir que não têm escolha a não ser aceitar o desconto extra (e volume adicional) para proteger sua posição no mercado e sua base de clientes.

Controlar as despesas gerais é igualmente importante, com muitos dos custos sendo essencialmente fixos por natureza, isto é, não variam diretamente em linha com os volumes de vendas. Os distribuidores em busca de crescimento precisam programar cuidadosamente seus investimentos em aumento de capacidade, para evitar antecipar-se demais ao crescimento das vendas e aumentar os custos fixos sem geração de receita suficiente para cobri-los. Essa situação pode ser mais traiçoeira com sistemas de TI, que parecem demorar anos para entregar a produtividade prometida, do que para armazéns, que podem ser construídos em menos de um ano. Cada vez mais, os distribuidores estão buscando maneiras de tornar seus custos mais variáveis, terceirizando parte de sua infraestrutura básica, inclusive transporte, armazenamento e até centrais de atendimento de vendas. Cada um desses fatores envolve *trade-offs* entre os benefícios da melhoria da flexibilidade dos custos, com a redução dos custos variáveis, e o risco de perda de controle, com impacto negativo sobre a satisfação dos clientes. Outro desafio é direcionar mais vendas para portais de internet, reduzindo os custos de captação de pedidos, mas perdendo a chance de *up-sell* ou *cross-sell* para o cliente ou a oportunidade de reagir ao preço baixo de um concorrente para preservar um cliente valioso.

Para os distribuidores, a gestão do capital de giro tem tudo a ver com reconhecer que estão lidando com um recurso finito e caro – o capital. O dinheiro amarrado ao produto "A" não pode ser investido no produto "Z". O crédito concedido a um cliente não pode ser destinado a outro cliente até sua liquidação. Os limites de crédito do fornecedor, uma vez usados, precisam ser pagos antes de encomendar mais produtos. Para crescer, o distribuidor precisa aumentar seu capital de giro para financiar o maior volume de operações ou acelerar o ciclo de caixa ou ciclo financeiro: o dinheiro pago aos fornecedores por estoques que são vendidos a clientes a crédito e que acabam pagando por eles. Os distribuidores que não se preparam para o crescimento descobrem que sua situação de caixa se deteriora rapidamente, apesar do aumento das vendas e do lucro. Denominada, geralmente, *overtrading*, essa situação de insuficiência de capital de giro tem sido mais problemática para os distribuidores do que a queda nas vendas. A velocidade com que isso acontece é surpreendente. Considerando as demonstrações financeiras da ABC Co, acima, um aumento de 20% no volume de vendas exigiria aumento semelhante no capital de giro, o que, em termos de caixa, significa $351m (isto é, $1.755m x 20%), quase eliminando o saldo de caixa de $401m, que ficaria reduzido a $46m. Outro aumento de 20% no ano seguinte demandaria um saque a descoberto de quase $400m (isto é, depois de um acréscimo de $351m x 120% = $421m). Portanto, em apenas dois anos, a ABC Co teria convertido o saldo de caixa de $400m em saque a descoberto da mesma quantia. Mesmo que a ABC Co aplicasse todo o lucro líquido, em dois anos consecutivos, para financiar o capital de giro, a redução do saque a descoberto seria insignificante: $28m x 120% = $34m (no ano um), mais $33m x 120% = $40m (no ano dois), chegando ao total de $74m. Isso é menos de 10% da variação de $800m no saldo de caixa, e presume nenhum desembolso para a substituição de ativos imobilizados ou para pagamento de passivos não circulantes etc.

Para aumentar o seu capital, o distribuidor precisa reter mais lucros (se é que gerou algum), contrair mais empréstimos, ou recorrer aos acionistas para que aumentem seus investimentos na empresa. Tanto os emprestadores quanto os investidores farão perguntas incisivas sobre o plano de negócio e sobre a capacidade do distribuidor de servir o investimento (pagar juros ou dividendos) e de amortizar o principal dos empréstimos ou aumentar o valor do capital dos acionistas. Qualquer investidor vai querer saber que tipo de retorno ele ou ela obterá com o investimento. Em nosso exemplo acima, o lucro líquido de $44m é o retorno gerado em um ano sobre o capital investido de $1.756m, que corresponde aproximadamente a 2,5%, um pouco abaixo da taxa oferecida por depósitos a curto prazo. Em termos puramente financeiros, a ABC Co teria dificuldade em conseguir alto preço de venda do negócio para os investidores originais, se viesse a ser vendida com esse nível de lucratividade no presente. (Talvez conseguisse algum prêmio pelo posicionamento em algum mercado estratégico.)

A alternativa é acelerar o ciclo de capital de giro, ou seja, apertar o crédito para os clientes, reduzir os níveis de estoque, ou pedir aos fornecedores aumento dos prazos e/ou dos limites de crédito. Cada uma dessas hipóteses tem implicações para os principais relacionamentos comerciais do distribuidor e pode entrar em conflito com suas ambições de crescimento. No cômputo geral, o distribuidor tem um modelo de negócios difícil, que exige excepcional controle gerencial contínuo, assim como estratégia de negócio clara e posicionamento bem-definido no mercado.

AS MÉTRICAS QUE IMPORTAM E COMO GERIR COM ELAS

As métricas relevantes para o distribuidor refletem a maneira como o modelo de negócio funciona; e as referentes a margens, capital de giro e produtividade (que combinam margem e capital de giro) são bastante importantes. Dedicamos um capítulo específico a cada um desses tipos de métricas (Capítulo 6 – Margens e lucratividade; Capítulo 7 – Capital de giro; e Capítulo 8 – Produtividade), explicando como e por que os distribuidores devem usar esses tipos de métricas para gerenciar o negócio. No Capítulo 9, mostramos como avaliar a sustentabilidade – ou a saúde do negócio no longo prazo – de um distribuidor e apresentamos um modelo ou *dashboard* (painel de controle) para monitorar todo o negócio. Finalmente, no Capítulo 10, focamos no desafio de gerenciar o crescimento e mostramos como definir o nível de crescimento seguro para o distribuidor, sem incorrer em *overtrading*.

CAPÍTULO 6

GERINDO OS DISTRIBUIDORES – MARGENS E LUCRATIVIDADE

MÚLTIPLAS MARGENS

O primeiro ponto a observar sobre as margens é que, embora o conceito básico seja medir o lucro do negócio, tantos são os critérios de calcular a margem quantos são os distribuidores, principalmente quando medidos no âmbito interno. Mesmo com as normas nacionais e internacionais de contabilidade, ainda há muito espaço para o exercício de julgamentos sobre o que deve ser incluído no cálculo da margem. Portanto, nunca presuma que é possível comparar margens entre distribuidores (ou entre quaisquer empresas), sem primeiro perguntar o que está e não está incluído. Até o contador mais qualificado não deveria hesitar em perguntar: "Como você está calculando as suas margens?". Logo, tampouco você deve ficar em dúvida. Vamos começar com os tipos básicos de margem, e o que eles indicam.

MARGEM BRUTA E VALOR AGREGADO

A margem bruta é a medida do valor agregado pelo distribuidor, pois é o cálculo mais exato da diferença entre o preço pago aos fornecedores e o preço recebido dos clientes. Quanto mais alta for a margem bruta, maior será o valor agregado pelo distribuidor. Na ABC Co, o distribuidor do nosso exemplo da Figura 5.1, a margem bruta é $1.008m/$19.316m x 100, igual a 5,22%. Vários são os pontos a observar, mesmo nessa simples métrica:

> A Receita com vendas e o custo das vendas não devem incluir os tributos sobre as vendas.

MARGEM BRUTA (%)

$$\text{Margem bruta (\%)} = \frac{\text{Receita com vendas} - \text{Custo das vendas}}{\text{Receita com vendas}} \times 100$$

- O custo das vendas, também denominado custo dos produtos vendidos, inclui todos os custos incorridos para deixar o produto em estado e condições para a venda. Portanto, incluirá os custos de transporte para o distribuidor, mas *não* os custos de transporte para o cliente.

- O custo das vendas inclui qualquer trabalho feito no produto, como teste, processamento, configuração, montagem e embalagem. Se esses custos forem internos do distribuidor, deve abranger a justa alocação dos custos de mão de obra e das despesas gerais.

- Quaisquer descontos, abatimentos ou outras reduções de preço recebidas dos fornecedores devem reduzir o custo das vendas e, portanto, aumentar a margem bruta.

- Os custos de baixa de estoque por obsolescência, faltas ou perdas, deterioração, e assim por diante devem ser adicionados ao custo das vendas, reduzindo a margem, assim que a perda é reconhecida.

- As despesas com as vendas do produto ou com comissões de vendas não são incluídas no custo das vendas, mas os descontos concedidos aos clientes devem ser deduzidos da Receita com vendas.

- Os descontos por pagamento à vista recebidos dos fornecedores geralmente não são deduzidos do custo das vendas, nem os concedidos aos clientes são deduzidos da Receita com vendas. Contudo, em algumas indústrias, esses descontos são tão significativos que se tornaram parte do mecanismo de desconto normal usado pelos fornecedores e são deduzidos do custo das vendas para evidenciar melhor a realidade.

Observe também que a margem bruta é o lucro bruto expresso como porcentagem das vendas. Se fosse mostrado como porcentagem do custo das vendas, seria um *mark-up* (no nosso exemplo, é 5,51%, isto é, $1.008m/$18.308m). Não é incomum, ao conversar com distribuidores, encontrar os termos margem bruta e *mark-up* usados, erroneamente, como sinônimos; portanto, não assuma que o termo foi usado corretamente – pergunte o critério de cálculo das margens que estão sendo apresentadas.

As margens brutas podem ser aplicadas a toda a empresa, como acabamos de fazer com a ABC Co, assim como para SKUs, linhas e categorias de produtos, fornecedores, divisões da empresa, clientes e segmentos de clientes. Não importa que sejam calculadas para o ano ou para as operações de um dia, desde que as vendas e o custo das vendas se apliquem ao mesmo período.

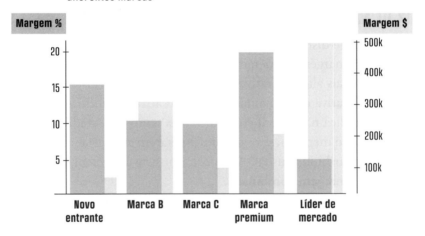

FIGURA 6.1 Comparação da margem bruta % e da margem bruta $, obtida em diferentes marcas

Um ponto a considerar é que as porcentagens podem ser mencionadas ou interpretadas de maneira equivocada, porque não dão ideia do tamanho do negócio. Por exemplo, o que é melhor: margem bruta de 12% ou de 7%? Bem, se a margem de 12% for gerada pelo produto A, com vendas de $1.000, e a margem de 7% foi gerada pelo produto B, com vendas de $5.000, o distribuidor teria conseguido um lucro bruto (ou "margem em moeda") de apenas $120 com o produto A, mas $350 com o produto B. Isso talvez pareça óbvio, mas é um ponto crítico negligenciado com frequência. Sua importância decorre do fato de as despesas gerais da maioria dos distribuidores serem, de modo geral, em grande parte fixas, impondo a necessidade de produzir um mínimo de lucro bruto para que a empresa apresente lucro operacional. Ao gerenciar o seu modelo de negócio, os distribuidores precisam ficar atentos para incentivar os gerentes de produtos apenas com base na margem bruta, na forma de porcentagem, como medida do lucro, como mostra o gráfico da Figura 6.1. Abandonar o líder de mercado e focar no novo entrante pode drenar $500.000 do lucro bruto, perda que as vendas de outras marcas dificilmente compensariam, uma vez que relativamente poucos clientes mudariam de fornecedor. Muitos distribuidores globais, na tentativa de aumentar a margem bruta, focaram em produtos com margens mais elevadas, às expensas de produtos tradicionais, de alto volume e baixa margem. Em consequência, o lucro bruto total, em valores absolutos, caiu, e, em um caso, acarretou prejuízo operacional durante vários meses, antes da reversão da situação.

MIX DE MARGEM OU MARGEM COMBINADA

No caso de distribuidores que lidam com líderes de marca em um mercado, as margens tenderão a ser mais baixas, mas os volumes costumam ser mais altos, se estiverem recebendo parcela justa do total da marca. A tentativa de aumentar as margens abandonando as principais marcas prejudica não só o lucro bruto, mas também a credibilidade do distribuidor no mercado, se os clientes esperarem encontrar as principais marcas no distribuidor usual. A resposta consiste em gerenciar o mix de margem, ou margem combinada.

Veja o exemplo apresentado na Tabela 6.1. A margem combinada desses produtos é 7,6% ($34.900/$461.000). As opções disponíveis para o distribuidor melhorar a margem combinada são:

- Reduzir as vendas dos produtos D e E, cujas margens são inferiores à margem combinada, mas isso poria em risco a margem em moeda, ou lucro bruto. Esses dois produtos respondem por $21.900 do lucro bruto total, quase dois terços do lucro bruto total de $34.900.

- Aumentar as vendas dos produtos A, B e C, o que também aumentaria o lucro bruto total, além de fortalecer a margem combinada.

▶ Acrescentar ao mix um produto de margem mais elevada, o que diluiria o impacto dos produtos existentes na margem combinada e a aumentaria, desde que a margem bruta do novo produto fosse superior a 7,6%.

▶ Aumentar os preços de venda dos produtos ou negociar melhor os descontos concedidos pelos fornecedores.

TABELA 6.1 Exemplo de cálculo de margem combinada

Produto	Preço de venda	Preço de custo	Margem bruta	Lucro bruto por unidade	Volume	Receita com vendas	Lucro bruto
A	$500	$450	10,0%	$50	100	$50.000	$5.000
B	$400	$352	12,0%	$48	50	$20.000	$2.400
C	$350	$322	8,0%	$28	200	$70.000	$5.600
D	$300	$279	7,0%	$21	500	$150.000	$10.500
E	$180	$168	7,0%	$12	950	$171.000	$11.400
Total			7,6%			$461.000	$34.900

Na prática, muitos distribuidores podem, com frequência, aumentar os preços dos produtos de baixo volume, por não serem produtos que servem de *benchmark* de preços. Um exemplo famoso do setor de TI é a alta margem que o distribuidor obtém com o estojo de transporte do laptop em comparação com a margem do laptop, a ponto de o acessório gerar lucro bruto superior ao do produto principal. Mesmo entre categorias de produtos, alguns itens de estoque são menos sensíveis ao preço do que outros, podendo ser aumentados sem impactar os volumes de vendas. Diferenciais de preços inteligentes dentro de uma categoria e entre categorias são denominados "precificação de portfólio", possibilitando que o distribuidor alcance a margem combinada que quiser, mediante a sintonia contínua dos preços e o esforço constante para promover vendas cruzadas com itens de alto volume, que são precificados para impulsionar o volume e atender à demanda dos consumidores.

Pequenas melhorias nos preços e nos volumes dos produtos A, B e C de nosso exemplo podem gerar nova margem combinada de 8,7%, em comparação com 7,6% (ver Tabela 6.2). Observe que não só a margem bruta percentual aumentou, mas também a receita cresceu 8% e a margem bruta subiu quase 25%. Infelizmente, às vezes, só depois de uma crise o distribuidor se convence a fazer esses tipos de manobras com a estratégia de preços, mas há muito a ganhar com experiências de mudanças de preços, ao se identificarem os produtos que suportam preços mais altos e os que não. As recompensas potenciais justificam que se assumam, com prudência, riscos controlados. Se os efeitos sobre os volumes forem negativos, é possível ajustar rapidamente os preços, de volta a níveis mais adequados. Bons gerentes de produtos devem ser capazes de identificar a maioria dos produtos e itens de estoque seguros, capazes de suportar aumentos de preços, mas, para isso, é necessário excelente coordenação com as equipes de vendas, de modo a acelerar as vendas cruzadas, para manter ou aumentar os volumes nos itens certos.

TABELA 6.2 Novo cálculo da margem combinada

Produto	Preço de venda	Preço de custo	Margem bruta	Lucro bruto por unidade	Volume	Receita com vendas	Lucro bruto
A	$525	$450	14,0%	$75	120	$63.000	$9.000
B	$420	$352	16,0%	$68	70	$29.400	$4.760
C	$355	$322	9,0%	$33	240	$85.200	$7.920
D	$300	$279	7,0%	$21	500	$150.000	$10.500
E	$180	$168	7,0%	$12	950	$171.000	$11.400
Total			8,7%			$498.600	$43.580

A gestão das vendas é crucial para a gestão da margem do distribuidor, e requer atenção e monitoramento constantes. Na maioria dos distribuidores, vários são os descontos que podem ser oferecidos pelos vendedores, para influenciar o tamanho do pedido, a fidelidade, ou o poder de compra do cliente, assim como para se defender de determinados concorrentes ou para reforçar promoções em curso. Os vendedores mais espertos podem encontrar com facilidade maneiras de explorar esses recursos, para maior vantagem dos clientes, de modo a maximizar as suas vendas. O pessoal de vendas dos distribuidores não vê um aumento de 1% a 2% no desconto como grande contribuição para os seus objetivos de margem. Essa mentalidade pode ser muito prejudicial para a economia do modelo de negócio do distribuidor. Vamos contextualizar esse 1% de desconto. Para o distribuidor que tenha margem bruta de, digamos, 8% e margem líquida de 1% sobre as vendas, esse desconto adicional reduz a margem bruta para 7% e elimina a margem líquida. Como já salientamos, o lucro é um número pequeno entre dois números grandes; logo, uma pequena redução na linha de vendas (sem qualquer impacto no custo das vendas) exerce grande impacto sobre a linha do lucro – em nosso exemplo, 100% do lucro líquido! Os vendedores precisam se conscientizar disso, ao negociar os "pequenos" arremates de qualquer venda.

Uma maneira como os distribuidores tentam gerenciar esse processo é garantir que o preço mínimo ou *low ball* (bola baixa) no preço seja ainda lucrativo, para que até o vendedor mais agressivo não possa dar tanto desconto a ponto de chegar a um prejuízo. Em inúmeros distribuidores que analisamos, o impacto dessa política é gerar um gráfico de volume do percentual da margem bruta como o da Figura 6.2. Esse gráfico mostra as receitas com vendas fechadas a cada nível de margem bruta, em faixas de meio ponto percentual. Assim, por exemplo, $300.000 de Receita com vendas foram fechadas com margem bruta entre 4,5% e 5%. A *low ball* é a margem bruta mais baixa que a equipe de vendas pode chegar ao fazer uma venda, aplicando todos os descontos permitidos, de acordo com as normas internas. Essa margem deve ser possível somente nas vendas para o melhor cliente do distribuidor, que compra seus produtos em oferta, num único grande pedido, alegando que consegue preço melhor de um concorrente... evidentemente, uma situação muito rara. Mas veja o que mostra a análise de um caso real. As vendas geram mais receita nessa margem "mínima", ou seja, nesse nível máximo de desconto, do que em qualquer outra margem. Em vez de piso, a *low ball* tornou-se o propulsor que acelera a maioria das vendas. Qual é a consequência disso para a margem combinada? Ela tende a encolher para 4,5%. Pior ainda, algumas vendas, acima de $100.000, foram fechadas abaixo da *low ball*, algo que nem mesmo deveria ser possível, de acordo com as próprias regras do distribuidor.

A lição é clara: os vendedores descobrirão maneiras de contornar as regras, se houver alguma venda a ser fechada. Análises regulares desse tipo são indispensáveis para monitorar e controlar a situação.

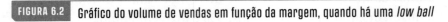

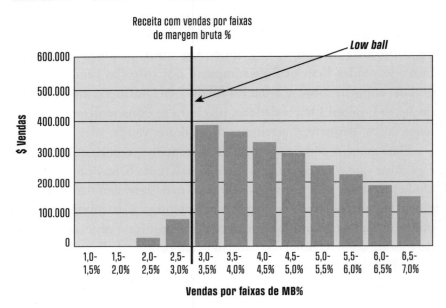

O interessante é que a ponta direita do gráfico, que não se vê na Figura 6.2, geralmente mostra alguns bolsões de vendas, fechadas a margens brutas muito altas. As investigações sobre essas vendas, em termos de que produtos foram vendidos a que clientes, podem revelar alguns nichos de oportunidades interessantes, a serem desenvolvidos em atividades de negócios mais amplas. De fato, assumir a perspectiva do cliente geralmente projeta um quadro de oportunidades para melhorar a maneira como se aplicam os descontos de modo a melhorar as margens. A Figura 6.3 mostra clientes classificados da esquerda para a direita, por volumes de vendas (eixo da esquerda) e as margens obtidas com eles (eixo da direita).

Aplicar as normas convencionais de oferecer os melhores descontos aos melhores clientes sugeriria que a curva da margem deveria inclinar-se suavemente para cima, à direita, numa imagem reflexa

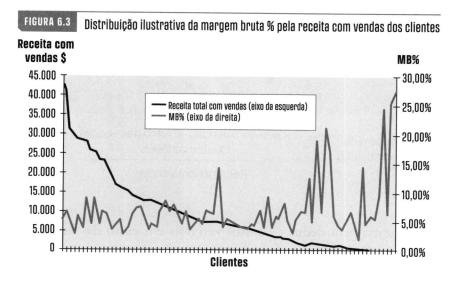

FIGURA 6.3 Distribuição ilustrativa da margem bruta % pela receita com vendas dos clientes

da curva de Receita com vendas. Ao contrário, o que descobrimos (com base num caso real), é que alguns clientes, na ponta direita do gráfico, com os menores níveis de negócios, entregam margens tão baixas quanto as dos melhores clientes do distribuidor. Alguns desses mergulhos podem ser provocados pelos tipos de produtos comprados, mas, sob investigação, o padrão aleatório das margens se associa muito mais ao padrão aleatório dos descontos concedidos aos clientes pelos vendedores. Também sugere que o distribuidor não estava fazendo o suficiente para cuidar dos melhores clientes.

MARGEM DE CONTRIBUIÇÃO

Até agora, focamos na margem bruta, mas como explicar o fato de alguns produtos exigirem muito mais apoio pré-venda, levarem mais tempo para vender, exigirem mais manuseio ou gerarem nível mais alto de devolução e envolverem logística reversa dispendiosa? Ou que alguns clientes demandem mais gestão de conta, precisem que o transporte percorra vários pontos de entrega, questionem todas as faturas e peçam o dobro do prazo de pagamento normal? Esses clientes podem gerar as mesmas margens brutas de outros que não se comportem dessa maneira, mas eles, por certo, não propiciam o mesmo nível de lucratividade para o distribuidor. A medida que considera o impacto desses fatores sobre a lucratividade é a margem de contribuição.

MARGEM DE CONTRIBUIÇÃO

$$\text{Margem de contribuição (\%)} = \frac{\text{Receita com vendas} - \text{Custo das vendas} - \text{Custos variáveis}}{\text{Receita com vendas}} \times 100$$

Essa margem deduz os custos variáveis e o custo das vendas de modo a refletir todos os fatores mencionados anteriormente. Como não há uma lista definitiva dos itens que compõem os custos variáveis, não há como comparar a margem de contribuição entre diferentes distribuidores. Cabe a cada distribuidor definir quais os custos a serem deduzidos. Alguns distribuidores calculam uma série de margens de contribuição, repassando a demonstração do resultado, para considerar fatores, custos e economias adicionais ("margem de contribuição 1, margem de contribuição 2, margem de contribuição 3"), que serão usadas em diversas análises. Para atribuir custos a produtos ou a clientes específicos, os distribuidores usam algum tipo de algoritmo ou mecanismo de alocação, o que significa que as margens de contribuição são menos exatas do que a margem bruta. Por exemplo, pode ser fácil alocar as comissões de vendas pagas à equipe de vendas ou os abatimentos e concessões oferecidos pelos fornecedores a determinados produtos, mas talvez seja mais difícil alocar as despesas de pré-venda ou de devoluções.

Já salientamos o fato de que as marcas líderes do mercado tendem a ter margem bruta mais baixa, mas também exigem menos atividades de marketing e vendas pelo distribuidor do que uma nova marca com a qual o distribuidor ainda esteja consolidando a presença no mercado. A margem de contribuição é uma maneira de quantificar esse impacto, se ela incluir alguma alocação de despesas de vendas e marketing. Os bons distribuidores efetuam análises de contribuição frequentes para diferentes cortes do negócio, por categoria de produto, por fornecedor, por cliente ou por segmento de cliente. Tipicamente, essas análises mostram que as contribuições dos melhores segmentos são 20% superiores à média e que as contribuições dos piores segmentos são 20% inferiores à média. Essa amplitude de 40% é significativa, e os distribuidores mais espertos usam esse insight para decidir sobre mix de produtos, fornecedores e clientes e para identificar as oportunidades de sintonia fina das contribuições auferidas.

DEMITA O SEU MAIOR CLIENTE

A necessidade de compreender os aspectos econômicos dos diferentes clientes e segmentos de clientes de um distribuidor ficou muito clara no caso de um distribuidor que vendia bem, mas tinha dificuldade em gerar lucro operacional. O fluxo de caixa estava afundando e era preciso fazer alguma coisa para salvar a empresa.

A análise da contribuição por cliente mostrou que o maior cliente do distribuidor, que respondia por mais de 25% das vendas, estava, de fato, gerando contribuição negativa. Em outras palavras, o distribuidor estava pagando pelo privilégio de atender o maior cliente – maneira nada saudável de dirigir o negócio.

Identificados os geradores de custo que estavam impactando na contribuição (prazos e limites de crédito, vários pontos de entrega, apoio pré-vendas), sugeriu-se ao cliente que mudasse suas exigências ou assumisse esses custos. As negociações foram difíceis, mas a persistência da equipe gerencial do distribuidor foi reforçada pela consciência de que aquela situação inviabilizaria o negócio. O cliente se recusou a aceitar os novos termos, mas o distribuidor não cedeu, e rompeu as relações comerciais. Os recursos de vendas, gestão e outros, até então dedicados ao maior cliente, foram rapidamente realocados para o desenvolvimento de outros clientes mais lucrativos e para a identificação de novos clientes promissores. Em um mês, a lucratividade do distribuidor melhorou e o dinheiro voltou a fluir para o negócio. Pondo a cereja no bolo, o cliente demitido voltou ao distribuidor, apresentando pedidos de produtos com volumes mais baixos e margens mais altas, que ele estava tendo dificuldades de conseguir

> de forma confiável em outros lugares, o que o tornou um dos clientes mais lucrativos do distribuidor. Foi uma lição salutar, mas a ficha só caiu depois de uma crise de fluxo de caixa, que empurrou a equipe gerencial para a ação.

É vital para o distribuidor adotar a perspectiva do cliente e compreender os aspectos econômicos dos diferentes clientes e segmentos. Com muita frequência, as situações se mantêm inalteradas por inércia, porque o distribuidor não faz análises periódicas ou tem medo de perder negócios ao endurecer com clientes pouco lucrativos. As análises rigorosas mostram como essa acomodação pode ser cara e mostram que é comum os melhores clientes subsidiarem os piores, pondo em risco o sucesso a longo prazo. Os custos diferenciais de atendimento aos clientes podem ser classificados sob vários títulos:

> **Custos orientados por marketing:** gestão de relacionamentos; subsídios e auxílios; programas (p. ex., de fidelidade)

> **Custos orientados por vendas:** descontos e abatimentos; promoções; tempo dos vendedores; ciclo de vendas e taxas de conversão; canais de vendas.

> **Custos orientados por transações:** complexidade e tamanho dos pedidos.

> **Custos de logística:** pontos de entrega; devoluções.

> **Custos orientados por estoque:** níveis de estoque; mix de produtos.

> **Custos financeiros:** limites de crédito; prazos de pagamento.

O mapeamento gráfico desses fatores produz algo parecido com a Figura 6.4, que oferece um perfil completo do custo de atender um cliente ou segmento. A comparação desses gráficos entre clientes

FIGURA 6.4 Perfil de custo de atender um cliente ou um segmento de clientes

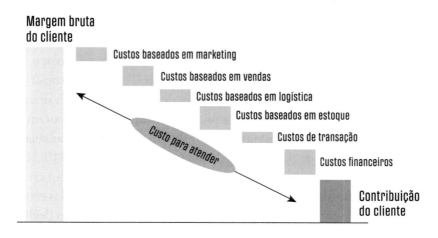

(ou entre segmentos) revelará os gastos mais diferenciados a serem gerenciados. Os clientes com alto custo de atendimento podem ser incentivados a reduzir os próprios custos que impõem ao distribuidor, como, por exemplo, mediante um desconto para dispensar vendedores exclusivos e aceitar vendedores não exclusivos, ou, melhor ainda, fazer os pedidos *on-line*. Uma alternativa é oferecer descontos por pedidos médios menos frequentes, mas com um valor médio superior. Sem dúvida, esses descontos devem ser inferiores aos custos já incorridos, mas os clientes mudarão de comportamento por incentivos muito pequenos, ou até por penalidades. A maioria dos distribuidores definirá um tamanho mínimo para os pedidos ou cobrará à parte por vários pontos de entrega.

Advertência: alguns distribuidores se empolgaram com as ferramentas de análise e instalaram sistemas completos de custeio baseado em atividade (*Activity-Based Costing* – ABC), para alocar todos os custos do negócio. O teste a aplicar é: você será capaz de medir o gerador de custos – por exemplo, o número de pontos de entrega? E será que ele varia muito por cliente ou produto? Se você não puder responder afirmativamente a ambas as perguntas, não se preocupe em alocar o custo. Será perda de tempo e só servirá para aumentar a complexidade e confusão, em vez de esclarecer e inspirar.

A margem de contribuição considera os custos variáveis na estrutura de custos, deixando de lado os custos fixos, que devem ser inferiores à contribuição, para que o negócio gere lucro líquido. Custos fixos são aqueles que não variam diretamente com o volume. Não são realmente fixos, evidentemente, mas, no curto prazo, são relativamente fixos e, por certo, não são afetados por vendas incrementais. Tendem a associar-se à infraestrutura, como depósitos, instalações de armazenagem, ou sistemas de TI, *call centers* e folha de pagamento. Os distribuidores monitoram sua estrutura de custos, comparando itens individuais ou o total das vendas. Em nosso exemplo da ABC Co, as despesas gerais são $952m/$19.316m ou 4,9%. Com o passar do tempo, à medida que o distribuidor cresce, é provável que essa porcentagem diminua, em consequência das economias de escala. Em alguns setores, que estão experimentando declínio do preço médio de vendas, como no caso dos setores de alta tecnologia ou de telecomunicações, que às vezes chegam a cair 40% em um ano, a receita estável ocultará ou disfarçará o aumento significativo nos volumes, pressionando a estrutura de custos. O aumento de atividade acarretará mais pedidos, mais seleção e embalagens, mais faturamento etc., gerando, porém, a mesma receita, em decorrência dos preços menores. Os distribuidores que enfrentam esse desafio recorrem a práticas de *up-sell* ou *cross-sell* com os clientes, induzindo-os, respectivamente, a comprar itens de preços mais elevados ou a ampliar o pedido com itens adicionais, além do original, para compensar o efeito dos preços em queda. Duas métricas importantes, usadas pelos distribuidores para rastrear sua eficácia, são o tamanho médio dos pedidos e o custo médio de processamento dos pedidos. Ambos são importantes geradores de custo, pois até pequenos aumentos no tamanho médio dos pedidos e pequenas reduções nos custos por pedido processado exercem grande impacto positivo sobre o resultado financeiro.

MARGEM LÍQUIDA E MARGEM OPERACIONAL

A melhor medida da lucratividade total de um distribuidor é a margem líquida, que mostra o lucro do negócio como porcentagem das vendas. Como no caso da margem bruta, é preciso ter cuidado para verificar exatamente que margem líquida está sendo usada. Como há várias linhas de lucro na demonstração do resultado (lucro operacional, lucro antes dos impostos, lucro depois dos impostos), cada um deles pode ser usado para calcular margens. Internamente, as equipes gerenciais focam na margem operacional, por entenderem que os custos dos juros (*interest costs*), que não são deduzidos na apuração dessa margem, não são atribuição deles, pois a estrutura de capital da empresa é imposta a eles. No entanto, a equipe executiva pode focar na margem líquida antes do imposto e confrontá-la com os padrões dos concorrentes ou do setor. O imposto é ignorado nessa margem, uma vez que as discricionariedades do sistema tributário podem distorcer a imagem real da empresa, que deixa de refletir o resultado das operações. Todas essas margens são calculadas como porcentagem da Receita com vendas. No exemplo da ABC Co, a margem operacional é:

Lucro operacional de $56m/Receita com vendas de $19.316m = 0,28%

e a margem líquida é:

Lucro antes dos impostos de $44m/Receita com vendas de $19.316m = 0,23%

MARGEM OPERACIONAL (%)

$$\text{Margem operacional \%} = \frac{\text{Receita com vendas} - \text{Custo das vendas} - \text{Despesas gerais}}{\text{Receita com vendas}} \times 100$$

MARGEM LÍQUIDA (%)

$$\text{Margem líquida \%} = \frac{\text{Receita com vendas} - \text{Custo das vendas} - \text{Despesas gerais} - \text{Juros}}{\text{Receita com vendas}} \times 100$$

Quando o distribuidor é parte de um grupo empresarial, a gestão do conjunto de operações, como empresa, focará na margem líquida antes do imposto como medida da lucratividade de cada gerência operacional. A gestão tributária será tarefa da administração da empresa. Em alguns grupos, a função de tesouraria também é centralizada, o que, efetivamente, remove das gerências de operações a responsabilidade pela estrutura de financiamento do negócio. Todavia, o custo de capital obtido pela função de tesouraria deve ser aplicado ao capital empregado no negócio de cada operação. Os distribuidores são negócios intensivos em capital, e o controle das necessidades de capital de cada operação é tipicamente uma atribuição das gerências operacionais. Ficaríamos muito desconfiados de qualquer gerência de operações de um distribuidor que focasse apenas na margem operacional e se eximisse do resultado financeiro e da margem líquida antes dos impostos. Certamente, as mudanças no custo de capital e nas taxas de juros serão fatores no nível das receitas e despesas financeiras; fator muito mais relevante, porém, será a necessidade de capital em nível operacional, o que depende essencialmente das gerências de operações, como veremos no próximo capítulo.

A ABC Co está efetivamente operando no *break-even*, ou ponto de equilíbrio, com margem operacional antes do resultado financeiro de 0,28% e margem líquida de 0,23%. *Break-even* é o ponto em que o volume de operações gera margem bruta suficiente apenas para cobrir as despesas gerais (ou, mais exatamente, margem de contribuição suficiente para cobrir os custos fixos) e, portanto, não está gerando nem lucro nem prejuízo. Essa situação, em si, não é boa; mas, se o resultado do ano anterior tiver sido prejuízo, trazer o negócio de volta para o *break-even* pode ser uma grande realização. O problema de operar no *break-even* ou próximo dele é que qualquer contratempo nas operações, qualquer ligeira mudança no mercado ou até pequenas variações na taxa de juros podem empurrar a empresa para o vermelho. É uma posição precária e, sem lucro, o negócio não gera capital suficiente para crescer e se afastar do *break-even*. Como as despesas gerais são relativamente baixas nos distribuidores, de pouco adianta cortar as despesas gerais para gerar lucro. Portanto, o aumento das vendas e a melhoria da margem são as únicas estratégias eficazes para superar o *break-even*. A ABC enfrentará um desafio difícil no ano seguinte.

Os investidores de um distribuidor independente usarão a margem líquida depois do imposto, ou lucro líquido, como principal métrica, pois eles só participam desse lucro distribuível depois da dedução dos impostos sobre o lucro. Esses investidores esperam que os gestores da empresa incluam a minimização dos custos tributários entre seus deveres fiduciários para com os acionistas. Como investidores, vão comparar os retornos depois dos impostos sobre os seus investimentos no distribuidor com outras oportunidades de investimento.

Como mostramos, a margem líquida é, geralmente uma porcentagem muito pequena da Receita com vendas e pode ser muito influenciada por mudanças na margem bruta. As despesas gerais dos distribuidores são relativamente estáveis e, como pequena porcentagem da Receita com vendas, flutuações na estrutura de custos não têm impacto tão dramático sobre a margem líquida. No longo prazo, espera-se que a administração garanta que o crescimento das vendas alimente o lucro bruto com mais rapidez do que se infiltra para as despesas gerais. Esse desempenho é mais fácil em setores maduros, onde os preços são relativamente estáveis, mas pode ser extremamente difícil em setores em rápido crescimento e em empresas de alta tecnologia, em que os preços médios de venda estão permanentemente em queda.

CAPÍTULO 7

GERINDO OS DISTRIBUIDORES – CAPITAL DE GIRO

GESTÃO DO CAPITAL DE GIRO

Capital de giro é um excelente termo descritivo do capital associado ao ciclo comercial de um distribuidor, entre a compra do estoque e o recebimento das vendas. Representa o capital necessário para financiar o ciclo de caixa ou ciclo financeiro, isto é, o tempo decorrido entre as saídas de caixa para pagamento das compras e as entradas de caixa pelo recebimento das vendas, e inclui o período em que os produtos ficam no estoque. Quanto menor for o ciclo de caixa, menor será a necessidade de capital de giro. "Capital de giro" é, porém, um termo confuso, porque "capital" geralmente se aplica a *fonte* de recursos, e, nesse contexto, está descrevendo uma *aplicação* de recursos.

Gerenciar os três componentes do ciclo de capital de giro é de extrema importância para o distribuidor, tanto individualmente quanto como sistema, e toda a ênfase se concentra no tempo. A velocidade com que o distribuidor converte capital de giro em caixa, obtendo margem com a venda do produto, determina a necessidade de caixa para financiar as operações. Portanto, todas as métricas da gestão do capital de giro convertem valores financeiros em dias – quantos dias o estoque fica nos registros da empresa, quantos dias os clientes demoram para pagar as vendas, e quantos dias o distribuidor demora para pagar as compras. Reunindo tudo isso, você sabe quantos dias são necessários para o caixa do distribuidor percorrer o ciclo de capital de giro (ver Figura 7.1).

FIGURA 7.1 Ciclo do capital de giro

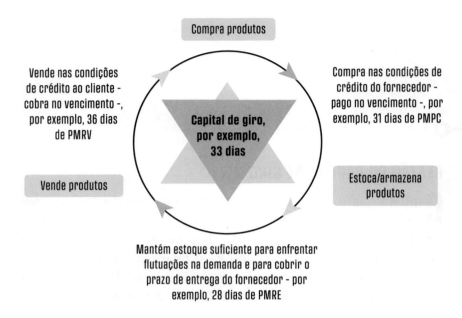

CRÉDITO DO FORNECEDOR

Considerando cada um dos componentes, o tempo decorrido para pagar os fornecedores é conhecido como **prazo médio de pagamento das compras** (PMPC). É obtido pelo saldo médio de contas a pagar dividido pelo custo das vendas, como fração do ano.

PRAZO MÉDIO DE PAGAMENTO DAS COMPRAS (PMPC)

$$PMPC = \frac{\text{Contas a pagar}}{\text{Custo das vendas}} \times 365 \text{ dias}$$

Tecnicamente, contas a pagar decorre de compras a crédito; logo, o cálculo deve usar contas a pagar dividido por compras. No entanto, como o valor das compras não é evidenciado nas demonstrações financeiras disponíveis para o público, usa-se geralmente custo das vendas como valor aproximado de compras. Na prática, como os níveis de estoque e o valor agregado às compras são mais ou menos estáveis, a diferença entre compras e custo das vendas não variará muito. Em nosso exemplo da ABC Co, o PMPC é:

➤ Contas a pagar de $1.550m/Custo das vendas de $18.308m x 365 dias = 31 dias

Como interpretar esse resultado? Geralmente comparando-o com os padrões de crédito oferecidos pelos fornecedores, que, em geral, são de 30 dias, ou cotejando-o com as condições de crédito de períodos anteriores, para ver se o distribuidor está melhorando ou piorando. Nesse caso, a ABC Co parece estar pagando aos fornecedores quase exatamente conforme os padrões vigentes, embora, claro, esse resultado seja um número médio, com maior ou menor amplitude de variação. Alguns fornecedores oferecem descontos atraentes para pagamento imediato, que justificam a compra à vista, reduzindo o prazo médio de pagamento das compras, enquanto outros fornecedores serão tão dependentes do distribuidor para acesso ao mercado que oferecerão condições de crédito e prazos de pagamento de até 90 dias, ou mais. As variações regionais também são significativas, com prazos mais longos no sul da Europa, por exemplo. Os distribuidores usam todas as táticas protelatórias usuais para justificar atrasos de pagamento, de modo a alongar os prazos de crédito; e o prazo médio de pagamento das compras geralmente será o resultado de uma luta de poder entre os departamentos financeiros do distribuidor e dos fornecedores.

ESTOQUE

Depois de comprados, os produtos ficam no estoque do distribuidor, para serem vendidos aos clientes. O tempo que as compras permanecem no estoque é conhecido como prazo médio de renovação dos estoques (PMRE), ou prazo de estocagem, e é calculado de maneira semelhante ao PMPC:

PRAZO MÉDIO DE RENOVAÇÃO DOS ESTOQUES (PMRE)

$$PMRE = \frac{Estoque}{Custo\ das\ vendas} \times 365\ dias$$

Observe que se usa o custo das vendas, já que tanto estoque quanto custo das vendas são avaliados pelo custo, ao passo que a Receita com vendas incluiria uma margem sobre o produto, e, assim, distorceria o resultado. No nosso exemplo, o PMRE, ou prazo de estocagem, da ABC Co é:

Estoque de $1.408m/Custo das vendas de $18.308m x 365 dias = 28 dias

Isso significa que, em média, o estoque permanece pouco menos de um mês no depósito do distribuidor. Isso é bom ou ruim? Bem, depende da natureza dos produtos. Se forem produtos perecíveis, como frutas ou bolos confeitados, é realmente péssimo! Se forem produtos eletrônicos ou dispositivos de computação, provavelmente seria aceitável, embora arriscado, pois os preços de produtos de alta tecnologia podem cair rapidamente. Se forem barras de aço ou de latão, tubos, canos, conectores etc., talvez até seja razoável. Os distribuidores mantêm estoques para garantir aos clientes a disponibilidade imediata dos produtos. Se a demanda for relativamente estável e o prazo de entrega dos fornecedores for curto, os distribuidores precisarão manter níveis de estoque apenas suficientes para cobrir as vendas durante o prazo de entrega, acrescidos de certa margem de segurança, perfazendo um total de, digamos, 10 dias de estoque. Todavia, como a entrega é uma atividade dispendiosa, os fornecedores preferem entregar quantidades maiores, para minimizar os custos de transporte e para transferir o ônus de *breaking bulk* e de armazenamento para o distribuidor. Se os produtos se movimentarem em grandes volumes, os níveis de estoque não aumentarão; mas se os itens forem de movimentação mais lenta, o distribuidor ficará com três ou mais meses de estoque desses produtos.

SERÁ QUE CONVÉM ACEITAR O DESCONTO DO FORNECEDOR PARA PAGAMENTO À VISTA?

Muitos fornecedores oferecerão condições de crédito do tipo "2% em 15, ou total em 45", ou seja, você paga em 15 dias, com desconto de 2%, ou em 45 dias, sem desconto. Será esse um bom negócio, a ser aceito?

À primeira vista, a proposta parece interessante, pois você receberá um desconto de 2%, para pagar com antecedência de 30 dias, o que equivale a uma taxa de juros anual de 24,3% (2 x 365/30), provavelmente superior à que você paga em qualquer empréstimo. Contudo, há dois outros fatores a serem considerados: o mercado e o impacto no capital de giro.

Em termos de mercado, esse desconto para pagamento imediato talvez seja, de fato, um desconto comercial disfarçado, se todos os seus concorrentes estiverem aceitando, de modo a reduzir os preços para os *players* comerciais de último nível. Com efeito, você não tem escolha, a não ser pagar antecipado e aproveitar o desconto, para também oferecer preços competitivos. Nesse caso, temos visto distribuidores que tratam o desconto como parte da margem bruta, por considerarem que não têm escolha e não podem encará-lo como questão financeira, mas simplesmente como questão de preço.

Em termos de capital de giro, ao pagar antecipado, você está, efetivamente, extraindo 30 dias do capital de giro do negócio, e, se tiver restrições de capital, os custos talvez sejam muito mais altos do que parecem à primeira vista. Na verdade, você está restringindo o nível de vendas do negócio em 30 dias de operações. Que margem de contribuição poderia ser obtida com isso? Se estiver gerando, digamos, 10% de margem de contribuição sobre as vendas dos produtos desse fornecedor, de $3,65m, outros 30 dias de vendas gerariam uma contribuição de $30.000 ($3,65m x 30/365 x 10%). O valor anual do desconto para pagamento à vista é $65.700 ($3,65m x 90% x 2%); portanto, ainda conviria aceitar o incentivo para pagamento à vista. Mas, se a sua margem de contribuição for de 20%, olhe de novo...

o valor de 30 dias de perda de vendas é $60.000 e o valor anual do desconto para pagamento à vista é $58.400 ($3,65m x 80% x 2%); portanto, a perda de vendas é superior, embora, no caso de diferença tão pequena, outros fatores podem entrar em cena.

Lição vital a ser aprendida é que as médias podem ocultar grandes variações; portanto, o PMRE de 28 dias da ABC Co pode incluir produtos que permanecem poucos dias no estoque e outros que ficam no estoque por mais de um ano. Muitos distribuidores operam sistemas sofisticados de gestão de produtos para controlar os níveis de estoque e combinar a profundidade do estoque com a movimentação do volume. Para determinar os níveis de estoque a serem alcançados, esses sistemas empregam alguns parâmetros importantes, como volume (ou *run rate* ou *rate of sale*), apoio de marketing ao produto, volatilidade da demanda, prazo de entrega (*order-to-delivery*) dos fornecedores, pedido mínimo, e confiabilidade do fornecimento.

Outro fator a ser considerado é onde o produto se situa no ciclo de vida. No começo do ciclo de vida, o distribuidor pode "assumir uma posição" no produto, de modo a garantir plena disponibilidade para atender à demanda, quando o produto se firmar. Mais para o fim do ciclo de vida, o distribuidor pode diminuir ou liquidar o estoque, para não ficar com produtos obsoletos.

Tipicamente, o estoque é classificado em categorias de "A" a "E", em que "A" representa bens de consumo de rápida movimentação (BCRM), com reabastecimento diário ou duas vezes por semana, de modo que o PMRE se mantenha na casa de um dígito. "Bs" seriam os produtos que se movimentam com menos rapidez, sendo reabastecidos a cada semana ou 10 dias; e assim por diante. Os "Es" serão itens de manutenção e peças sobressalentes, estocadas pelo distribuidor para atender aos clientes (atividade em que deve ter alta margem, como remuneração pelo serviço prestado). Um dos muitos atos de equilíbrio a serem praticados pelo distribuidor é o mix de produtos na faixa de "A" a "E", na medida em que essa será a maneira de gerenciar os PMREs para minimizar o investimento, de um lado, e o risco de falta de estoque, de outro. Outra complexidade é a sazonalidade, que leva os distribuidores a aumentarem os estoques antes do pico da estação e a reduzir os estoques à medida que a temporada se aproxima do fim. Ao julgar os PMREs adequados, é importante considerar a data de apresentação das demonstrações financeiras em relação ao perfil sazonal. Geralmente, o fim do ano fiscal dos distribuidores coincide com o fim da alta temporada, para que apresentem balanços patrimoniais com baixos níveis de estoque, como indicador de boa gestão.

Alguns distribuidores estreitam a abrangência de seus modelos de negócio, estocando, por exemplo, apenas os bens de consumo de rápida movimentação (BCRM) em seu setor de atividade, evitando os produtos mais arriscados e de menor giro. Em materiais de escritório, alguns distribuidores vendem apenas papel, suprimentos de impressão e itens de consumo, procurando competir em preço contra as conveniências *one-stop* dos distribuidores *broadline*, baseados em catálogos. Esses distribuidores especializados trabalham com margens mais estreitas, mas não incorrem nos custos de baixa de estoque, de grandes depósitos e de sistemas complexos, e podem explorar os descontos por volume e os incentivos por eficiência logística oferecidos pelos fornecedores.

Mesmo com os sistemas sofisticados de gestão de estoque, a Lei de Pareto incide intensamente sobre o estoque, com 20% dos produtos respondendo por 80% do volume. Isso pode significar que grande parte do estoque é representada por 80% dos produtos, que respondem por apenas 20% das vendas. No próximo capítulo, sobre medição da produtividade, você aprenderá a julgar se um produto justifica o investimento em estoque. Para muitos distribuidores, o efeito do acréscimo constante de novos produtos e fornecedores ao portfólio inocula uma espécie de lento mal-estar no perfil do estoque, a ser detectada apenas por uma auditoria periódica, para reduzir o PMRE.

CRÉDITO DO CLIENTE

Quando os produtos são vendidos a crédito e são baixados do estoque, o valor da venda é lançado em contas a receber. O tempo que os clientes levam para pagar a venda é denominado prazo médio de recebimento das vendas – PMRV, ou prazo de venda. É calculado pelo saldo médio de contas a receber dividido pela Receita com vendas, como fração do ano.

PRAZO MÉDIO DE RECEBIMENTO DAS VENDAS (PMRV)

$$PMRV = \frac{\text{Contas a receber}}{\text{Receita com vendas}} \times 365 \text{ dias}$$

Usa-se vendas no numerador e no denominador, uma vez que os valores se baseiam no preço de venda. Em nosso exemplo da ABC Co, o PMRV é:

▶ Contas a receber de $1.897m/vendas de $19.316m x 365 = 36 dias

Isso significa que, em média, os clientes estão levando pouco mais de cinco semanas para pagar pelos produtos. Como no caso do PMPC, esse número deve ser comparado com os termos aplicáveis. Nesse caso, o padrão das condições de crédito aos clientes. Na prática, diferentes clientes desfrutam de diferentes condições de crédito, dependendo de sua importância, antecedentes, conceito creditício e práticas de mercado. Alguns clientes talvez tenham de pagar à vista, na colocação do pedido; por isso, parte das vendas não gerarão contas a receber. Se, porém, as condições de crédito forem de 30 dias, a ABC Co deve estar tendo algum trabalho para receber o dinheiro, uma vez que alguns clientes devem estar atrasando ou questionando a venda.

DETERMINANTES DOS NÍVEIS DE ESTOQUE

Os níveis de estoque das empresas são determinados não só pelos "padrões setoriais". Com muita frequência, também são

> influenciados por diferenças culturais e pela maturidade do mercado. Em alguns países, como Turquia, e, em menor grau, Grécia, a alta inflação histórica e a desvalorização cambial exerceram forte influência sobre a maneira de abordar o estoque. Ainda hoje, na Turquia, muito depois do fim da hiperinflação, os distribuidores turcos mantêm estoques muito maiores do que os seus pares alemães e britânicos, por exemplo. Nas indústrias de lubrificantes e produtos químicos, não é raro que os distribuidores mantenham de seis a nove meses de estoque, enquanto no Reino Unido um distribuidor semelhante desses produtos manterá, tipicamente, de seis semanas a dois meses de estoque.
>
> A maturidade do mercado geralmente aumenta a pressão sobre as empresas para controlar os custos, em consequência do estreitamento das margens. Sob a pressão dos preços e da concorrência, as empresas reagem com o controle do mais visível gerador de custos: níveis de estoque. Essa redução é impulsionada pelo investimento dos fornecedores em tecnologias cada vez mais sofisticadas de cadeia de suprimentos, que proporcionam padrões de segurança e de serviços até então oferecidos apenas por altos níveis de estoque. Os níveis de estoque, em muitos setores maduros, estão agora em torno da metade do que eram dez anos atrás, com a consequente redução de custos, mas com o inevitável aumento do risco de ruptura do negócio, se a logística de transporte for afetada por fatores climáticos, greves ou guinadas inesperadas na demanda (por exemplo, se um produto de repente brilhar sob os holofotes, como quando Delia Smith recomendou o uso de *cranberry* em um de seus programas de culinária, transmitido em rede nacional, esvaziando as prateleiras das lojas em questão de horas).

Como no caso do PMPC, é útil rastrear o PMRV no tempo, para garantir que a função de controle de crédito não esteja derrapando ou que não ocorra alguma mudança relevante no mix total do esquema de crédito que esteja provocando algum aumento nos investimentos do distribuidor em crédito aos clientes.

PMRV EM NEGÓCIOS SAZONAIS

Em alguns setores, nos quais as vendas variam significativamente de um mês para outro, como moda ou jardinagem, uma maneira mais exata de calcular o PMRV é o método de "contagem regressiva". Por exemplo:

Contas a receber em 31 de dezembro: $480.000
Vendas mensais: dezembro: $385.000 (mês com 31 dias)
    novembro: $325.000 (mês com 30 dias)

Assume-se que o saldo de contas a receber seja composto de todas as vendas de dezembro (31 dias), o que deixa $95.000 (isto é, $480.000 – $385.000) provenientes das vendas de novembro. Isso representa nove dias das vendas de novembro, ou seja: $95.000/$325.000 x 30 dias. Portanto, o PMRV total é 40 dias, ou seja, 31 dias de dezembro mais 9 dias de novembro.

CICLO DO CAPITAL DE GIRO

A combinação desses três prazos dá o ciclo do capital de giro: PMRE + PMRV – PMPC. No caso da ABC Co, o ciclo do capital de giro é PMRE de 28 dias mais PMRV de 36 dias menos PMPC de 31 dias, ou seja, 33 dias. Isso significa que a ABC Co demora 33 dias para reciclar o caixa no capital de giro e retornar ao caixa. Outra maneira de abordar a questão é verificar a rotatividade do capital de giro no ano. No caso da ABC Co, o cálculo é 365 dias/33 dias, que dá 11 vezes por ano.

ROTATIVIDADE DO CAPITAL DE GIRO

$$\text{Ciclo do capital de giro} = \frac{365 \text{ dias}}{\text{Dias de capital de giro}}$$

Quanto maior for a rotatividade do capital de giro, menos caixa será necessário para financiar o ciclo do capital de giro e mais eficiente será o distribuidor. Pequenas melhorias nos componentes do capital de giro podem levar a mudanças significativas na eficiência total do distribuidor e reduzir o caixa necessário para financiar o negócio. O boxe "Destravando o caixa" mostra como o processo funciona.

Já mencionamos que alguns distribuidores operam um modelo de negócio de menor abrangência para manter baixo nível de estoques. Já vimos distribuidores que exploram o foco em altos volumes, com poucos fornecedores, para negociar prazos de crédito de 60 dias, e até de 75 dias. Isso os capacita a operar com capital de giro negativo: PMRE de 20 dias mais PMRV de 35 dias menos PMPC de 75 dias, o que resulta em capital de giro de *menos* 20 dias. O que isso significa? Significa que o distribuidor dispõe de caixa adicional equivalente a 20 dias de vendas, folga que às vezes é denominada "caixa flutuante", *cash float* ou *float* de caixa. Quanto mais o negócio cresce, mais caixa ele mantém nas contas bancárias. Ao aplicar esses recursos no mercado financeiro a taxas de juros razoáveis, o distribuidor pode obter bons rendimentos ou reduzir os preços para aumentar sua competitividade e atrair mais negócios. Essa opção está disponível para qualquer distribuidor que tenha poder para negociar condições de crédito vantajosas e, assim, usar os fornecedores para efetivamente financiar estoques e contas a receber. Como vimos, quanto mais baixo for o capital de giro, mais eficiente será o distribuidor e mais ele poderá crescer, sem necessitar de financiamento adicional.

A gestão eficaz do capital de giro é competência essencial para o distribuidor. Como vimos, ela influencia no montante de capital de giro necessário no negócio e, consequentemente, na capacidade do distribuidor de financiar o próprio crescimento sem levantar mais capital ou contrair mais empréstimos. Tipicamente, nos distribuidores, a gestão contínua dos três indicadores analisados neste capítulo são atribuições de diferentes departamentos ou funções: o PMRV é gerenciado pela equipe de controle de crédito; o PMPC, pela equipe de compras; e o PMRE, pelos gerentes de produto. Cada uma dessas funções pode ser incentivada para melhorar o desempenho dessas métricas, embora seja preciso prudência para evitar os efeitos da lei das consequências não intencionais.

DESTRAVANDO O CAIXA

Considere um distribuidor com vendas de $20m e custo das vendas de $19m, cujos perfis de capital de giro original e melhorado sejam os apresentados na Tabela 7.1. Ao melhorar cada componente do capital de giro em cinco dias, a redução no capital de giro é de 15 dias (de 60 para 45 dias). Isso significa que o investimento em capital de giro cai de $3,25m para $2,45m, uma redução de $0,8m. Essa melhoria é muito importante em um negócio com vendas de $20m.

TABELA 7.1 Exemplo de perfis de capital de giro

CAPITAL DE GIRO	PERFIL INICIAL Dias	PERFIL INICIAL $ Valor	PERFIL MELHORADO Dias	PERFIL MELHORADO $ Valor
PMRE	40	2,08m	35	1,82m
PMRV	45	2,47m	40	2,19m
PMPC	-25	-1,30m	-30	-1,56m
Ciclo do CG (dias)	60	3,25m	45	2,45m
Rotatividade do CG	6 vezes por ano		8 vezes por ano	

Se esse distribuidor estiver em busca de crescimento, mas estiver com falta de caixa sob o perfil inicial de capital de giro, ele destravará o caixa para reinvestir em capital de giro no ciclo mais rápido:

$0,8m de caixa livre x 8 giros por ano => $6,4m extra, aumentando as vendas para $26,4m.

O crescimento foi de quase 40% e toda essa expansão pode ser financiada sem aumento de capital próprio nem de novos empréstimos. Se o distribuidor não estiver em busca de crescimento, mas tentando evitar uma crise de caixa, o dinheiro destravado apareceria nas contas bancárias em 45 dias, mantendo os bancos à distância!

Nenhuma dessas métricas deve ser empurrada além de certo limite ou faixa. Por exemplo, tentar reduzir o PMRV para as condições de crédito mais rigorosas enxugaria muitos dos negócios do distribuidor e os clientes leais se ressentiriam de um comportamento de cobrança rigoroso demais, o que os levaria a procurar outros fornecedores. No entanto, incentivos para manter o PMRV nas proximidades de um *benchmark* razoável podem ser eficazes se aplicados por uma equipe de crédito esperta e tarimbada. As mesmas considerações se aplicam ao PMPC, em que alguns fornecedores importantes devem ser pagos com pontualidade. Mas, como nem todos os fornecedores são iguais, negociar a ampliação do prazo de pagamento com fornecedores menos importantes pode ser muito útil. Veremos como lidar com os gerentes de produto no próximo capítulo, pois eles precisam equilibrar as prioridades de "ganho e giro" em todo o seu portfólio, em conjunto.

No entanto, todas as métricas de capital de giro são estruturadas pelas escolhas estratégicas feitas pela equipe gerencial do distribuidor. Os mercados e os segmentos de clientes escolhidos determinarão os requisitos dos produtos e as condições de crédito. Por exemplo, muitos distribuidores preferem atender aos maiores e melhores *players* de último nível; mas aqui a competição é, geralmente, mais intensa, o que talvez dificulte a adoção de uma política de crédito mais agressiva, pelo receio de perder esses clientes premium. Já os distribuidores que focam em *players* "B" e "C" talvez concluam que podem obter melhores margens e efetivamente cobrar preços mais altos com esses *players*, para os quais outras fontes de crédito não estejam disponíveis. Com esse posicionamento, o distribuidor tem mais chances de aplicar práticas de controle de crédito mais assertivas, reduzindo o PMRC e diminuindo o risco de créditos ruins. Outros distribuidores talvez optem por *players* de último nível, que sirvam ao setor público, situação em que a oferta de liquidez ao canal pode ser importante arma competitiva. Essa estratégia, porém, significará que o PMRC será muito mais alto do que para os *players* que atendem ao setor comercial. Ela também pode impactar o PMRE, na medida em que o setor público geralmente é mais exigente em termos de disponibilidade de suprimentos. Da mesma maneira, as escolhas estratégicas quanto a distribuir apenas marcas importantes, bem-conhecidas, ou focar em marcas novas e emergentes determinará a extensão do crédito que o distribuidor obterá de sua base de fornecedores.

CAPÍTULO 8

GERINDO OS DISTRIBUIDORES – PRODUTIVIDADE

GANHO E GIRO

Até agora, tratamos de métricas que ajudam os distribuidores a gerenciar a lucratividade e o capital de giro do negócio, separadamente, mas há várias métricas importantes que combinam ambos os aspectos num único indicador. Essas métricas, às vezes denominadas indicadores de produtividade, reúnem os aspectos de "ganho" e "giro" de toda a empresa, assim como de produtos, categorias, fornecedores e clientes individuais.

A mais simples dessas métricas é retorno da margem bruta sobre o investimento em estoque (RMBSIE):

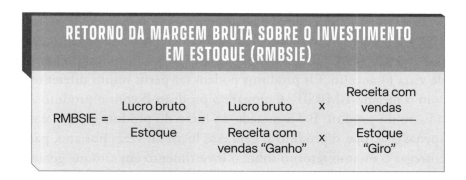

Essa métrica, que pode ser expressa como valor monetário ou como porcentagem, se multiplicada por 100, mostra o valor do lucro bruto gerado por ano, por dólar investido em estoques. No caso da ABC Co, o RMBSIE é:

➤ Lucro bruto de $1.008m/estoque de $1.408m = $0,72 por $ ou 72%.

Esse resultado precisa de contexto para ser interpretado; por exemplo, os números médios para o setor de atividade, mas, pela maioria dos *benchmarks*, é provável que ele seja baixo. Como já dissemos, na ABC Co o lucro bruto (lucro) era baixo e a rotação do estoque (giro) era média. Alguns exemplos esclarecerão melhor (ver Tabela 8.1).

TABELA 8.1 Exemplo de combinações "ganho" e "giro" de produtos

EX.	VENDAS	LUCRO BRUTO	ESTOQUE	"GANHO"	"GIRO"	RMBSIE %	RMBSIE $
A	15.000	1.500	1.500	10%	10x	100%	$1,00
B	25.000	1.250	1.250	5%	20x	100%	$1,00
C	20.000	2.400	1.667	12%	12x	144%	$1,44
D	25.000	2.500	1.500	10%	17x	170%	$1,70

O produto A gerou lucro bruto de $1 para cada $1 investido em estoque no ano. Esse resultado foi alcançado com lucro bruto ("Ganho") de 10% e índice Receita com vendas sobre estoques ("Giro") de 10 vezes por ano. É o que os distribuidores denominam RMBSIE de 100; e a regra prática, muito geral, adotada na maioria dos setores é que o produto precisa de RMBSIE de 100 para se justificar do ponto de vista financeiro. Os produtos podem ter perfis muito diferentes, com o mesmo RMBSIE. Compare o produto B com o produto A: o lucro do produto B é a metade do lucro do produto A, que é de apenas 5%, mas o produto B gera esse lucro 20 vezes por ano, para entregar o mesmo retorno sobre o investimento em estoque gerado pelo produto A.

Todos os distribuidores têm produtos com vários perfis, desde produtos com lucro baixo e giro rápido até produtos com lucro alto e giro lento. Observe como pequenas melhorias em ambos os fatores se multiplicam para gerar um RMBSIE muito atraente, como é o caso do produto C, comparado com o produto A. O produto C tem margem e giro ligeiramente melhores do que os do produto A, mas o produto C gera RMBSIE quase 50% superior ao do produto A. Esse efeito é significativo, já que o distribuidor consegue ter lucro bruto muito mais alto com o produto C do que com o produto A, diferença que leva o produto C a exercer impacto muito maior sobre o lucro operacional. No entanto, é possível que, como o produto C está girando mais rápido que o produto A, ele esteja gerando mais transações, e, portanto, permaneça menos tempo no depósito.

A maioria dos distribuidores tem um ritmo normal de negócio, e 80% dos seus produtos se encaixam numa faixa razoável de ganho e giro. Os produtos que ficam fora dessa faixa distorcem todo o modelo de negócio e dificultam a sintonia do negócio pelos gestores. Os distribuidores podem aumentar a produtividade e a eficiência do capital, estabelecendo um limiar mínimo para o RMBSIE, e, em seguida, eliminando todos os produtos abaixo desse limite ou melhorando o ganho e/ou o giro deles. Por definição, esses produtos têm margem baixa e giro lento, mas os gerentes de produtos tendem a desenvolver argumentos tortuosos, do tipo "completa a faixa do produto" ou "reforça credibilidade da categoria", para não abandonar esses itens insatisfatórios. Essas desculpas até podem fazer sentido, mas não são justificativas para preservar produtos de margem baixa ou de giro lento. Se esses produtos forem mantidos, por motivos de atendimento e confiança, é justo pedir que esse benefício para os clientes seja remunerado com aumento da margem. Geralmente, é mais fácil e mais barato melhorar a margem desses produtos, aumentando o preço, do que acelerando o giro via vendas.

A razão de o RMBSIE ser uma métrica tão importante é a possibilidade de ser aplicada em toda a empresa, desde um SKU avulso até todo um grupo de linha de produto, categoria, fornecedor, e assim por diante, inclusive à empresa em si, como um todo. Por isso, é métrica de desempenho ideal para gerentes de produtos, ao abranger ambas as dimensões da função desses gestores, num indicador único e intuitivo e, desmembrando os aspectos de "ganho" e "giro", facilitar a identificação das ações necessárias para melhorar o desempenho do negócio. Ela é usada, em geral, para direcionar e incentivar os gerentes de produtos.

RETORNO DA MARGEM DE CONTRIBUIÇÃO SOBRE O INVESTIMENTO EM ESTOQUES

Um refinamento a ser adotado, se possível, é substituir a *margem bruta* pela *margem de contribuição* para calcular o retorno da margem de contribuição sobre o investimento em estoques (RMCSIE):

$$\text{RMCSIE} = \frac{\text{Margem de contribuição}}{\text{Estoque}} = \frac{\text{Margem de contribuição}}{\text{Receita com vendas "Ganho"}} \times \frac{\text{Receita com vendas}}{\text{Estoque "Giro"}}$$

Essa segunda métrica é mais eficaz que a anterior pelas mesmas razões de a margem de contribuição ser preferível ao lucro bruto como indicador de desempenho, ou seja, considerar todos os custos e despesas diretos, atribuíveis diretamente ao produto. Em geral, os gestores devem usar lucros e margens de contribuição em vez de lucros e margens brutos ao tomar decisões sobre que produtos promover ou a que produtos destinar recursos escassos de capital, por entre categorias e linhas de produto.

Prosseguindo com o tema de usar as características de ganho e giro dos produtos, os gerentes de produto podem traçar o perfil de todo um portfólio em comparação com as médias da categoria usando volumes e margens de contribuição (Figura 8.1). Neste gráfico (extraído de um caso real, mas simplificado), cada traço representa um único SKU. Os eixos estão posicionados nas médias das categorias. Os produtos com margens de contribuição e volumes de vendas acima da média são denominados *winners* (vencedores), por motivos óbvios, e tendem a ser relativamente poucos os que exibem lucro alto e giro rápido. Os produtos com lucro baixo e giro rápido são denominados *traffic builders* (geradores de tráfego), pois tendem a ser as marcas fortes, que os clientes compram em volumes, mas que exigem dos distribuidores a concessão de descontos agressivos, para competir no mercado e servem como sinal de posicionamento de preço.

FIGURA 8.1 Portfólio de produtos, descritos em termos de características de "ganho" e "giro"

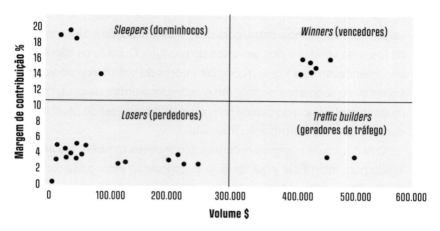

Os produtos mais interessantes são os *sleepers* (dorminhocos), que geram margens de contribuição altas, mas vendem em volumes relativamente baixos. Alguns desses produtos podem ser itens do tipo serviços, que são comprados em vez de vendidos. Todavia, é possível que alguns desses produtos estejam no começo do ciclo de vida e sejam menos dominantes no mercado, o que os torna passíveis de responder a estímulos de venda. É provável que os fornecedores desses produtos compartilhem o objetivo de acelerar o crescimento das vendas e financiar esforços de vendas e marketing, protegendo as próprias margens de contribuição dos distribuidores. As reais oportunidades consistem em descobrir maneiras de conectar os *traffic builders* aos *sleepers*, já que, geralmente, a relação entre eles é muito pobre. Uma análise das faturas de vendas ou das vendas por cliente mostrará a taxa de conexão. Considerando que, em média, o número de linhas de uma fatura de vendas de um distribuidor, ou seja, o número de diferentes SKUs, é inferior a duas, em muitos setores, é fácil ver que a taxa de conexão é baixa. Os distribuidores que oferecem incentivos e educação à força de vendas para melhorar as taxas de conexão constatam melhorias significativas na lucratividade, na medida em que os *traffic builders* são explorados com eficácia.

GESTÃO ATIVA DE PORTFÓLIO

Um distribuidor converteu a análise de portfólio em disciplina de gestão ativa, associando os segmentos denominados BMWs (*winners*), Fords (*traffic builders*), Ferraris (*sleepers*) e Ladas (*losers*) às cores verde, azul, vermelho e cinza, para despertar a atenção e o interesse da força de vendas e dos gerentes de produto. Quando os clientes encomendavam produtos, o código de cores do sistema de pedidos salientava o segmento do produto e estimulava uma conversa, para mudar a preferência do cliente ou promover o *cross-sell* de produtos com margem de contribuição mais alta.

O histórico de compras recentes dos clientes também era analisado para identificar aqueles cuja contribuição estava abaixo da média. Campanhas de gestão de contas foram promovidas para compreender todas as necessidades dos clientes de altos volumes e certificar-se de que eles estavam cientes de toda a variedade de produtos disponíveis. O sistema de entrada de pedidos foi programado para destacar os clientes de baixos volumes, cujas compras eram exclusivamente *traffic builders*. Quando esses clientes telefonavam para perguntar sobre preços e disponibilidade, eram estimulados, via *cross-sell*, a adquirir outros *winners* e *sleepers*. Se essas táticas não surtissem efeito sobre os perfis de compras, os preços dos *traffic builders* para esses clientes eram aumentados. O distribuidor partia da suposição de que, se o cliente estava comprando apenas *traffic builders*, era provável que estivesse recorrendo a outro distribuidor para adquirir o restante de seus produtos e, portanto, não devia ser retido.

No curso de seis meses, o distribuidor conseguiu melhorar sua margem de contribuição em mais de 30% e reduzir o capital de giro em 20%, ao mesmo tempo que aumentava as vendas. Para tanto, recorreu a uma combinação de incentivos e treinamento, para a força de vendas e para os gerentes de produto, a fim de implementar a nova abordagem, assim como novos programas de TI. O retorno sobre esses investimentos foi excelente.

O último grupo de produtos é denominado *losers* (perdedores), na medida em que congestionam e retardam o desempenho da empresa, com volumes pequenos e contribuições baixas. Os gerentes de produtos devem analisar esses produtos pelo menos a cada três meses, e aumentar os seus preços e contribuições ou removê-los da categoria, de modo a liberar caixa para produtos de mais alto desempenho. A simples eliminação desses produtos exercerá impacto marcante sobre a contribuição média obtida. Ver o boxe "Gestão ativa de portfólio", que oferece um exemplo de como um distribuidor aplicou essa abordagem.

RETORNO SOBRE O CAPITAL DE GIRO

As duas métricas de produtividade RMBSIE e RMCSIE são importantes, porque podem ser usadas dentro da empresa, mas consideram somente o componente "estoque" do capital de giro. Para otimizar o modelo de negócio, é preciso usar métricas que incluam os outros dois elementos do capital de giro – contas a receber e contas a pagar:

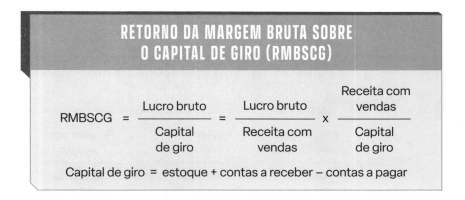

No caso do distribuidor ABC Co, o RMBSCG é:

Lucro bruto de $1.008m/Capital de giro de $1.755m = 57,43%

Em geral, esse resultado se encaixaria exatamente em desempenho médio, como a métrica RMBSIE da mesma empresa, mas poderia ser melhorado pela boa gestão do PMRV.

Essa talvez seja a melhor métrica para os gerentes de produto, mas requer bons sistemas de TI, para atribuir todos os elementos do capital de giro à categoria. Na falta desse recurso, alguns trabalhos periódicos em planilha eletrônica revelarão a produtividade de uma categoria em comparação com outras. O capital de giro é sempre escasso nos distribuidores, e deve ser alocado aos produtos e categorias capazes de gerar o melhor retorno. Monitorar o desempeno do RMBSCG de uma categoria ao longo do tempo é excelente maneira de direcionar e incentivar o desempenho dos gerentes de produto, na medida em que requer a sintonia-fina do equilíbrio entre as características de ganho e giro de talvez centenas de produtos da categoria. Como ocorre com qualquer métrica, na forma de índice ou quociente, o RMBSCG não indica a escala do negócio; por isso, deve ser usado em combinação com volumes de vendas e valores monetários.

A versão final dessa métrica é o retorno da margem de contribuição sobre o capital de giro (RMCSCG), que substitui o lucro bruto pelo lucro ou margem de contribuição, mas os dois indicadores são basicamente os mesmos, sob todos os outros aspectos:

RETORNO DA MARGEM DE CONTRIBUIÇÃO SOBRE O CAPITAL DE GIRO (RMCSCG)

$$\text{RMCSCG} = \frac{\text{Margem de contribuição}}{\text{Capital de giro}} = \frac{\text{Margem de contribuição}}{\text{Receita com vendas}} \times \frac{\text{Receita com vendas}}{\text{Capital de giro}}$$

A métrica do RMCSCG é provavelmente o melhor indicador avulso do desempenho de um distribuidor no curto prazo, na medida em que inclui todos os custos e despesas diretamente atribuíveis a produtos e a clientes, e abrange o ciclo completo do capital de giro. Também é, talvez, o melhor guia para melhorar a produtividade do fornecedor, pois envolve todas as dimensões do desempenho econômico.

RETORNO SOBRE O INVESTIMENTO NA MARCA - OUTRO NOME PARA RMCSCG

Alguns distribuidores e seus fornecedores usam o termo "retorno sobre o investimento na marca", em vez de RMCSCG, como termo um pouco mais conciso e incisivo. Usando o mesmo modelo, é possível comparar os resultados de determinada marca entre distribuidores (ou dentro de um único distribuidor), o que pode ser muito revelador (ver Figuras 8.2 a 8.5).

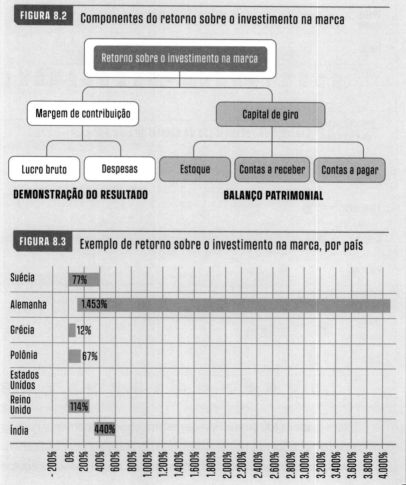

FIGURA 8.2 Componentes do retorno sobre o investimento na marca

FIGURA 8.3 Exemplo de retorno sobre o investimento na marca, por país

Suécia	77%
Alemanha	1.453%
Grécia	12%
Polônia	67%
Estados Unidos	
Reino Unido	114%
Índia	440%

Gerindo os distribuidores - produtividade

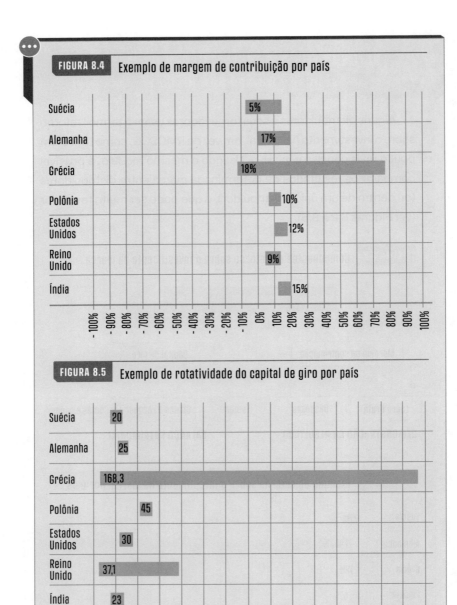

FIGURA 8.4 Exemplo de margem de contribuição por país

FIGURA 8.5 Exemplo de rotatividade do capital de giro por país

Esses gráficos (de uma empresa real) mostram exatamente como o mesmo fornecedor está atuando em relação aos seus principais distribuidores, nos mercados internacionais. Ao fazer essa análise, a equipe de gestão internacional do fornecedor foi capaz de colocar o foco de seus gerentes de contas, atuando em campo, nas questões certas, com metas adequadas. Até então, vinham adotando um *benchmark* para todos os mercados internacionais, com pouca credibilidade.

Sondando ainda mais fundo, o fornecedor investigou o nível de desempenho das suas duas principais marcas, em termos de retorno sobre o investimento na marca, em seus principais distribuidores, e de como se comparavam com as marcas dos concorrentes (ver Figura 8.6). A análise mostrou que, embora suas duas marcas se comparassem favoravelmente com as métricas gerais do distribuidor, o fornecedor estava apresentando desempenho inferior ao dos concorrentes na categoria. Análises subsequentes mostraram que a própria média do fornecedor mascarava desempenho heterogêneo entre suas próprias marcas A e B. A marca A está nitidamente abaixo de qualquer *benchmark* e precisa ser transformada ou eliminada. A boa notícia é que a marca B supera as marcas concorrentes e pode ser usada para ancorar o relacionamento com os distribuidores, enquanto se soluciona o problema da marca A.

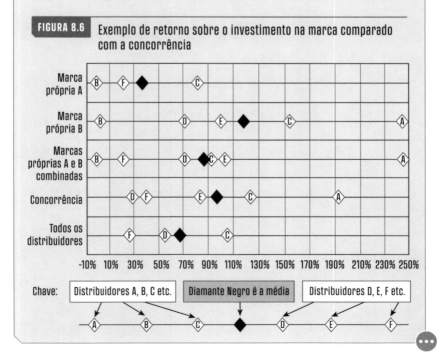

FIGURA 8.6 Exemplo de retorno sobre o investimento na marca comparado com a concorrência

Neste exemplo real, o fornecedor foi o primeiro a executar esse tipo de análise e conseguiu convencer os seus distribuidores a agir conforme suas recomendações. Muitos distribuidores não estavam cientes de como atuavam para eles as marcas que distribuíam e ficaram muito impressionados com um fornecedor capaz de mostrar como melhorar seu desempenho nos negócios.

A **métrica do RMCSCG** [...] é, talvez, **o melhor guia para melhorar a produtividade** do fornecedor, pois envolve **todas as dimensões do desempenho econômico**.

CAPÍTULO 9

GERINDO OS DISTRIBUIDORES – SUSTENTABILIDADE

SUSTENTABILIDADE - SAÚDE DO NEGÓCIO A LONGO PRAZO

Considerando que o modelo de negócio do fornecedor consiste basicamente em movimentar produtos com o máximo de rapidez e lucratividade, focamos nas métricas que ajudam a monitorar esses aspectos do desempenho do negócio. No curto prazo, isso é tudo o que importa, mas também é necessário considerar outros aspectos importantes para o longo prazo do negócio, que incluem ativo imobilizado e passivo não circulante, como empréstimos, além da estrutura de capital da empresa. Esses fatores são relevantes quando se trata de mensurar o desempenho dos gestores em gerar bons retornos sobre os ativos pelos quais são responsáveis ou sobre o capital que foi confiado a eles.

RETORNO SOBRE O ATIVO LÍQUIDO E RETORNO SOBRE O CAPITAL EMPREGADO

Duas métricas semelhantes são usadas para rastrear o desempenho total do negócio: retorno sobre o ativo líquido (RSAL) e retorno sobre capital empregado (RSCE). Vamos ver o RSAL primeiro:

RETORNO SOBRE O ATIVO LÍQUIDO (RSAL)

$$RSAL = \frac{\text{Lucro operacional}}{\text{Caixa + Capital de giro + Ativo imobilizado}}$$

O RSAL mede o retorno sobre os ativos aplicados nas operações; portanto, é útil quando aplicado às unidades de negócio, subsidiárias ou divisões do distribuidor, em que os ativos podem ser alocados com clareza, assim como a toda a empresa. No caso da ABC Co, o RSAL é:

$$\frac{\text{Lucro operacional de \$56m}}{\text{(caixa de \$401m + CG de \$1.755m + AI de \$423m)}} = 2{,}2\%$$

Isso é péssimo, pois o retorno é de apenas 2% sobre ativo operacional líquido superior a $2,5 bilhões. Ou os gestores estão dormindo no trabalho ou há alguma coisa muito errada no modelo de negócio. Talvez os concorrentes tenham encontrado maneiras de reduzir os custos ou sejam muito mais eficientes na gestão do capital de giro. Seria interessante comparar as características de ganho e giro do distribuidor com as dos concorrentes, para verificar onde as desvantagens são maiores. Vamos ver se o uso do capital é melhor, com base no RSCE:

RETORNO SOBRE O CAPITAL EMPREGADO (RSCE)

$$\text{RSCE} = \frac{\text{Lucro antes dos impostos}}{\text{Ativos totais – Passivos não onerosos}}$$

O RSCE da ABC Co é:

$$\frac{\text{Lucro antes dos impostos de \$44m}}{\text{Fundo de acionistas (\textit{shareholder's fund}) de \$1.756m}} = 2{,}5\%$$

Embora um pouco melhor, esse resultado é o que os investidores comparariam com outras oportunidades de investimento, e, na maioria das economias, um retorno de 2,5% seria bem inferior ao oferecido pela simples aplicação do dinheiro em títulos ou em fundos de investimento de renda fixa.

A Tabela 9.1 lista um conjunto de indicadores de desempenho para uma amostra de distribuidores de diferentes setores, mostrando que muito poucos geram retorno sobre o capital acima de 20%, taxa que se esperaria para compensar o risco inerente ao negócio.

TABELA 9.1 Retornos sobre o capital para distribuidores de diferentes setores

SETOR E DISTRIBUIDOR	MARGEM BRUTA	MARGEM OPERACIONAL	MARGEM LÍQUIDA (ANTES DOS IMPOSTOS)	RETORNO SOBRE O CAPITAL EMPREGADO
MATERIAIS DE CONSTRUÇÃO				
Travis Perkins	N/D	1,6%	0,2%	0,4%
Boise Cascade	13%	1,8%	1,1%	3,8%
Wolseley	29%	4,6%	2,8%	9,2%
PRODUTOS QUÍMICOS				
Ashland	32%	6,5%	-1,3%	-0,8%
AM Castle & Co	23%	-9,5%	7,1%	-26,6%
PRODUTOS ELETRÔNICOS				
Arrow Electronics	13%	3,6%	2,2%	7,3%
Avnet	13%	3,1%	1,5%	4,2%
Electrocomponents	43%	6,1%	8,8%	13,8%
TECNOLOGIA DA INFORMAÇÃO				
ScanSource	10%	2,4%	1,8%	6,5%
Tech Data	5%	1,1%	0,7%	5,5%
PRODUTOS FARMACÊUTICOS E DE SAÚDE				
Henry Schein	28%	6,7%	4,8%	14,3%
AmerisourceBergen Corp	3%	1,2%	0,8%	13,1%
McKesson Corp	6%	3,6%	2,7%	24,0%
Cardinal Health	5%	1,8%	1,0%	9,4%
SUPRIMENTOS DE ESCRITÓRIO E PRODUTOS PARA EMPRESAS				
Spicers	21%	1,1%	0,4%	1,1%
Weyerhaeuser	23%	15,0%	7,7%	2,6%

Gerindo os distribuidores - sustentabilidade

SETOR E DISTRIBUIDOR	MARGEM BRUTA	MARGEM OPERACIONAL	MARGEM LÍQUIDA (ANTES DOS IMPOSTOS)	RETORNO SOBRE O CAPITAL EMPREGADO
MULTISSETORIAL				
Genuine Parts Co	30%	6,9%	4,4%	15,7%
SERVIÇOS FINANCEIROS				
Charles Schwab	N/D	39,9%	25,6%	10,8%
TD Ameritrade	N/D	39,1%	24,9%	11,9%
VIAGENS				
Flight Centre	N/D	11,9%	7,6%	14,3%
Corporate Travel Management	N/D	23,0%	17,2%	16,8%

RETORNO SOBRE O CAPITAL INVESTIDO

Agora, a coisa fica um pouco mais complicada. Alguns dos maiores e mais sofisticados distribuidores do mundo usam o retorno sobre o capital investido como métrica mais adequada para definir metas e incentivos gerenciais:

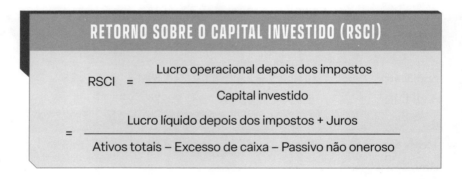

Essa métrica foca nos componentes operacionais do modelo de negócio e os associa à parcela relevante do fundo dos acionistas. Observe que o numerador é o lucro operacional depois dos impostos (às vezes denominado NOPAT, ou *net operating profit after tax*), ou seja, embora use um resultado depois dos impostos, os juros não deviam ter sido deduzidos. Eis como seria essa métrica para a ABC Co:

Lucro operacional depois dos impostos ($40m) =
Lucro líquido depois dos impostos ($28m) + Juros de ($12m)

Capital investido ($1.414m) = Total de ativos ($4.129m) – Excesso de caixa ($401m) – Passivo não oneroso ($2.314m).

Isso dá um RSCI de $40m/$1.414m = 2,8%. Como interpretar esse número que, sem dúvida, parece muito melhor que o RSAL ou o RSCE? O teste do RSCI é se ele é maior que o custo médio ponderado do capital (CMPC), que mostra se a equipe gerencial criou valor com o capital investido, alocado no ano. Veja o CMPC como os juros pagos sobre o capital investido, a uma taxa ajustada pelo risco do negócio. O processo é mais complexo do que parece à primeira vista, porque o capital total é uma mistura de capital próprio (patrimônio líquido) e de capital de terceiros (passivo exigível), e o cálculo do CMPC é atividade especializada. O CMPC de uma *startup*, com um novo modelo de negócio, seria mais alto do que o de um distribuidor já estabelecido, com modelo de negócio comprovado, com a mesma composição de dívida e patrimônio líquido. Portanto, a conclusão é a seguinte:

RSCI > CMPC ➤ a administração criou valor

CSCI < CMPC ➤ a administração destruiu valor

Em outras palavras, os gestores devem mostrar que são capazes de gerar melhor retorno com seu modelo de negócio do que os investimentos disponíveis no mercado financeiro, e os mercados financeiros são exatamente as fontes a que recorrem os maiores distribuidores, a fim de atender às suas necessidades de financiamentos multibilionários, por meio de emissões de ações ou de obrigações, para explorar o mercado de ações ou para levantar empréstimos. Como vimos no começo desta parte do livro, os distribuidores geralmente absorvem muito capital, e quanto maior for o distribuidor, maior será a necessidade de capital. Portanto, faz sentido para a equipe executiva do distribuidor garantir que seus subordinados diretos, incumbidos das subsidiárias operacionais, nos respectivos mercados, sejam avaliados e recompensados pela capacidade de aumentar o RSCI.

O argumento para a adoção do RSCI também se aplica a distribuidores menores, sejam eles companhias abertas cotadas nas bolsas de valores, ou empresas de capital fechado. Em todos os tipos e portes de distribuidores, a equipe gerencial deve ser recompensada pela criação de valor acima do custo do capital alocado ao negócio. É preciso ter cuidado, porém, com a maneira como as equipes gerenciais são incentivadas, uma vez que o RSCI é vulnerável a otimização no curto prazo. Um enfoque desequilibrado pode encorajar os gestores a ignorarem oportunidades de crescimento e a comprometer a criação de valor no longo prazo. Além disso, como já enfatizamos, as métricas percentuais, como o RSCI, ignoram a escala do negócio e as dimensões em moeda da criação ou destruição de valor.

CRIAÇÃO DE VALOR

O conceito de criação de valor é robusto e muito intuitivo (embora a matemática por trás de alguns de seus cálculos possa ser um tanto técnica). Criação de valor exige que as equipes gerenciais não só gerem lucro, mas também que o lucro seja superior ao custo do capital posto sob sua gestão. Como vimos no RSCI, é possível determinar se a equipe gerencial está criando ou destruindo valor, em comparação com o CMPC.

A métrica de criação de valor (CV), também conhecida como valor econômico adicionado, VEA (*economic value added* – EVA), adota esse conceito, mas atribui um valor monetário, que o torna mais intuitivo do que uma porcentagem e reflete a escala do negócio. Essa versão também tem a vantagem de ser aplicável a componentes gerenciais do negócio, como veremos mais adiante. Vamos começar com a métrica básica de criação de valor:

> **CRIAÇÃO DE VALOR (CV)**
>
> CV = Lucro operacional depois dos impostos –
> (Capital investido x CMPC)

Para calcular a criação de valor pela ABC Co, precisamos saber o CMPC, algo que geralmente é possível apenas para companhias abertas, mas as taxas dessas empresas que fazem emissões públicas de capital e de dívida podem ser usadas como diretrizes para empresas de capital fechado (talvez com um acréscimo pelo risco adicional). Considerando um CMPC de 6,2%, como média setorial, e os valores de lucro operacional e de capital investido já calculados, temos:

Lucro operacional depois dos impostos de $40m – (capital investido de $1.414m x 6,2%) = destruição de valor de $48m

Não se trata de grande quantia, considerando a escala do negócio (com vendas de quase $20 bilhões), mas é um número negativo, ou seja, algum valor foi destruído. Em outras palavras, os gestores foram incapazes de gerar lucro acima do custo de oportunidade do capital investido, resultado que é consistente com o que foi sugerido pelas métricas RSAL, RSCE e RSCI.

Há evidências suficientes para demonstrar que CV é a métrica de desempenho que se associa mais estreitamente com a geração de riqueza para os acionistas ao longo do tempo. Essa métrica pode ser usada para direcionar e recompensar os gestores do negócio e, com efeito, fornece um modelo único para medir e orientar o desempenho dos gerentes também de áreas funcionais. Com um bom programa de treinamento e ferramentas úteis, os gestores podem usar essa métrica em suas decisões diárias, na medida em que compreendem como cada parte do modelo de negócio influencia a criação ou destruição de valor, usando a "árvore" de criação de valor, que interliga os elementos que já analisamos. A árvore de CV é como um mapa do modelo de negócio, mostrando como interagem todas as diferentes dinâmicas. Todas as decisões tomadas na empresa impactarão o desempenho do negócio, e a árvore de CV mostra como esses efeitos se infiltram por toda a organização, impactando todo o processo de criação ou destruição de valor.

A Figura 9.1 mostra a árvore de criação de valor da ABC Co. À direita de cada um dos números referentes a lucro encontra-se a margem relacionada, como porcentagem da Receita com vendas (p. ex., ao lado do lucro bruto de $1.008m encontra-se a margem bruta de 5,2%). À direita de cada um dos elementos do capital de giro vê-se o respectivo equivalente em dias (p. ex., ao lado de contas a receber de $1.897m encontra-se o PMRV de 36 dias). A melhor maneira de compreender a importância dessa árvore de CV é observar o efeito das mudanças avançar em ondas impactantes até RSCI e CV. Se considerarmos o desempenho da ABC Co no ano seguinte (ano 2), é possível comparar os dois anos e avaliar as mudanças.

No ano 2, a ABC Co conseguiu promover o crescimento do negócio num mercado difícil; daí a concessão de descontos agressivos, que transparecem em margem bruta mais baixa. No entanto, no lado positivo, a equipe gerencial apertou o controle das despesas gerais e melhorou um pouco a gestão do capital de giro.

A Figura 9.2 mostra o balanço patrimonial e a demonstração do resultado no formato tradicional. O que aconteceu com as principais métricas do negócio? Essas mudanças significam que o negócio criou ou destruiu valor no ano 2 (Figura 9.3)? Começando no alto da árvore, vemos que a ABC Co efetivamente criou valor de $2m, no ano 2, enquanto destruiu valor de nada menos que $48m no ano 1. Embora se trate de quantia pequena no contexto da escala do negócio, é um avanço considerável. Que mudanças contribuíram para essa realização? Descendo a árvore, o RSCI melhorou drasticamente, de diminutos 2,8% para significativos 6,4% (mais alto que o CMPC, o que explica a criação de valor). Essa é a consequência de dobrar o Lucro Operacional depois dos impostos de 0,2% para 0,4%, sobre base menor de capital investido.

Ao trabalhar com ambos os elementos ao mesmo tempo, a equipe gerencial efetivamente multiplicou as melhorias no modelo de negócio. Se a equipe gerencial tivesse apenas melhorado o lucro operacional depois dos impostos com a mesma base de capital investido, o RSCI seria de 5,5%, ainda inferior ao CMPC, e a ABC Co teria sofrido outro ano de destruição de valor. Essa é uma lição importante: os gestores precisaram fazer a sintonia fina do seu desempenho, em termos *tanto* de lucratividade *quanto* de gestão do capital, para criar valor. Melhorar apenas um dos lados do modelo de negócio em si não teria sido suficiente.

A chave para reduzir o capital investido foi a melhoria do PMPC, ou prazo a pagar. Os dois dias adicionais no prazo médio de pagamento das compras aos fornecedores deslocou dos acionistas para os fornecedores o ônus de financiar o aumento do capital de giro. (Observe que essa melhoria pode ter sido o resultado de negociar melhores condições ou de mudar o mix dos fornecedores, em vez de apenas atrasar o pagamento.) Além disso, o aumento de um dia no PMRE e no PMRV reduziu a necessidade total de capital de giro, com melhoria total de quatro dias. Mas será que quatro dias são realmente tão significativos? No caso desse distribuidor, equivale a $230m, que representa grande parte da redução do capital investido. Isso demonstra o poder da lógica de usar o capital investido nessas métricas, uma vez que, embora a ABC tenha aumentado o seu ativo operacional líquido no balanço patrimonial, ano após ano, o capital investido nas operações comerciais diminuiu, graças ao manejo habilidoso do modelo de negócio.

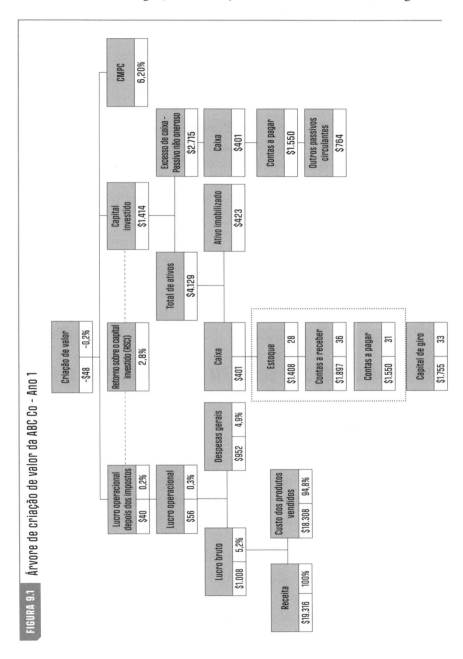

FIGURA 9.1 Árvore de criação de valor da ABC Co - Ano 1

FIGURA 9.2 Balanço patrimonial e demonstração do resultado da ABC Co - Ano 2 comparado com Ano 1

	Ano 1	Ano 2
Receita com vendas	19.316	21.248
Custo dos produtos vendidos	18.308	20.158
Lucro bruto	**1.008**	**1.090**
Despesas gerais	952	980
Lucro operacional	**56**	**110**
Juros	12	24
Lucro antes dos impostos	**44**	**86**
Impostos	16	32
Lucro líquido	**28**	**54**

DEMONSTRAÇÃO DO RESULTADO (em milhões)

	Ano 1	Ano 2
Ativo fixo	**423**	**434**
Ativo circulante		
Estoque	1.408	1.492
Contas a receber	1.897	2.011
Caixa	401	376
Total do ativo circulante	**3.706**	**3.879**
Passivo circulante		
Contas a pagar	1.550	1.814
Outros	764	902
Total do passivo circulante	**2.314**	**2.716**
Valor líquido dos ativos	**1.392**	**1.163**
Passivo não circulante	59	75
Total de ativos	**1.756**	**1.522**
Fundo de acionistas	**1.756**	**1.522**

BALANÇO PATRIMONIAL (em milhões)

GERINDO A CRIAÇÃO DE VALOR EM BASES OPERACIONAIS

Criação de valor é excelente métrica total, mas como os gerentes operacionais a aplicarão na prática? Em nível muito básico, todo gestor deve ser capaz de considerar as implicações de suas decisões, sob a perspectiva de demonstração do resultado e do balanço patrimonial, de modo a impulsionar a criação de valor. A alta administração exerce papel fundamental aqui, ao comunicar para baixo e para os lados os principais geradores de valor em que deve se concentrar a gestão operacional.

Entretanto, fornecedores e distribuidores mais sofisticados estão encarando a criação de valor no nível de cada cliente, e os distribuidores estão olhando para a criação de valor em seu próprio negócio pelos principais fornecedores, cujos produtos eles distribuem. A maioria das empresas pode medir a lucratividade do cliente (ou

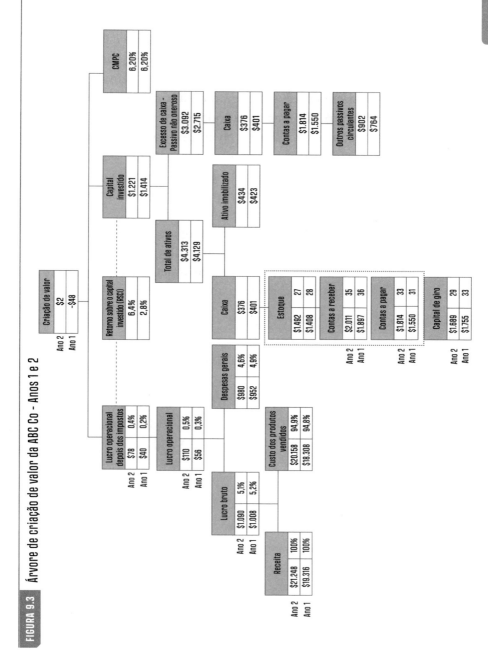

FIGURA 9.3 Árvore de criação de valor da ABC Co - Anos 1 e 2

Gerindo os distribuidores - sustentabilidade

do fornecedor), em nível de margem bruta, e muitas vão além, considerando também a margem de contribuição. Agora, algumas empresas estão alocando seus principais ativos e passivos de capital de giro entre os clientes, e até incluindo o impacto de seus itens de ativo imobilizado, como sistemas de distribuição e utilização da fábrica (por exemplo, um cliente que faz os pedidos com base em previsões injetará eficiência em toda a fábrica, em comparação com os clientes que fazem pedidos com grandes flutuações, distorcendo as operações da fábrica). Ao considerar todos esses elementos na métrica de criação de valor e ao aplicar o custo de capital em seu próprio negócio, é possível verificar se determinado cliente ou fornecedor está criando ou destruindo valor. A Figura 9.4 mostra um exemplo real da análise dos clientes por um distribuidor. O tamanho de cada círculo representa a quantia correspondente à criação de valor, e cada um foi posicionado nos eixos de margem de contribuição e de custo de atender, que são os dois geradores de valor básicos. As setas e os círculos pontilhados representam os objetivos do distribuidor para cada cliente. As implicações da análise mostradas na figura são:

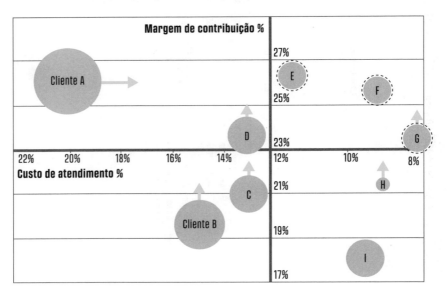

FIGURA 9.4 Análise ilustrativa da criação de valor por diferentes clientes, mapeada em eixos de margem de contribuição e custo do atendimento

> O cliente A é o que está criando mais valor, com sua margem de contribuição substancial, superando o alto custo de atendimento. A equipe de conta que cuida desse cliente será incumbida de tratar dos geradores de custo de atender, no próximo ano, e de deslocar o cliente para a direita, o que deve aumentar a criação de valor para o distribuidor. Ao compartilhar as recompensas geradas, tanto o cliente quanto o distribuidor se beneficiarão.

> O cliente B, em contraste, está criando valor com seu baixo custo de atendimento, mas precisa melhorar a margem de contribuição gerada.

> Os clientes E, F e G estão todos em excelentes posições: margem de contribuição alta, custo de atendimento baixo, apenas precisando crescer, com G possivelmente aumentando sua margem de contribuição.

Cada equipe de conta será incumbida de se aprofundar para compreender os fatores que impulsionam a posição e o tamanho do círculo de seus clientes no gráfico, e, então, associar-se com os clientes para melhorar, na direção necessária. Reuniões regulares de todas as equipes de conta, de maneira integrada, serão úteis para compartilhar as melhores práticas e os insights proveitosos para todos os participantes. Esse tipo de análise pode parecer difícil, demorado e dispendioso, mas, de fato, todas essas dificuldades se manifestam com mais intensidade apenas na primeira vez. Depois do desenvolvimento de algoritmos para a distribuição de custos e receitas e da definição de *feeds* de dados dos sistemas de informação da empresa, os modelos de análise podem ser rodados praticamente a qualquer hora. Provavelmente não fará sentido repetir a análise com mais frequência do que a cada trimestre, uma vez que as mudanças necessárias para causar impacto podem ser significativas e envolver vários trimestres de planejamento e implementação. Por certo, o distribuidor que gerenciar seus relacionamentos estratégicos com base na criação de valor estará em vantagem competitiva, na medida em que conduzir a conversa em termos de reais geradores de valor, cuja melhoria beneficiará a ambas as partes. É um jogo muito diferente da tradicional abordagem de confrontação, em que ambos os lados disputam as mesmas coisas, quase sempre margens minguantes.

CAPÍTULO 10

GERINDO OS DISTRIBUIDORES – CRESCIMENTO

A DINÂMICA DO CRESCIMENTO

A gestão do crescimento nos distribuidores é um desafio gerencial árduo, porque as centenas de decisões diárias referentes a compras, precificação, vendas e estocagem afetam as margens e os custos que compõem a demonstração do resultado. Como vimos, há muito pouco espaço para deslizes – uns dois pontos de redução das margens e uns dois pontos de aumento dos custos são suficientes para converter lucro em prejuízo. O contexto do mercado desempenha papel relevante nas dificuldades de gestão do crescimento, porque uma coisa é crescer com o mercado e outra coisa muito diferente é lutar com os concorrentes por *market share*, para crescer mais rápido que o mercado. O desafio é ainda mais sério quando o esforço de crescimento ocorre em um mercado em retração.

Superar esses desafios requer algum tipo de vantagem competitiva, como exclusividade do produto; mais publicidade e promoção (ou mais eficazes); melhores preços, serviços e disponibilidade; e entregas mais ágeis. Como cada uma dessas vantagens competitivas envolve custos, quais são as vantagens resultantes do crescimento mais do que suficientes para compensar esses custos? Que economias de escala o distribuidor pode obter? Dois são os principais benefícios possíveis: eficiências de estrutura de custo e eficiências de capital de giro. Há, porém, um limite: crescimento requer aumento do capital de giro, algo que absorve caixa. Com que velocidade o distribuidor pode crescer sem gerar *overtrading* e ficar sem caixa? Começamos com o cálculo dos limites para, então, ver como alcançar as economias de escala.

A FÓRMULA DA TAXA DE CRESCIMENTO COM FINANCIAMENTO INTERNO

Já vimos como o tamanho do distribuidor e a eficiência da gestão do capital de giro determinam quanto dinheiro é necessário para financiar a empresa. Os mesmos princípios se aplicam à determinação do nível de crescimento que o distribuidor pode financiar com os próprios recursos internos – o que é denominado capacidade de crescimento potencial:

> **CAPACIDADE DE CRESCIMENTO POTENCIAL %**
> **(TAXA DE CRESCIMENTO COM FINANCIAMENTO INTERNO)**
>
> CCP% = Margem líquida depois dos impostos
> x Rotatividade da capital de giro

Em outras palavras, assumindo que o distribuidor esteja tentando maximizar seu crescimento, ele aplicará todo o lucro que estiver gerando para financiar a necessidade de aumento do capital de giro. Isso pressupõe que nenhum dividendo será pago com o lucro líquido, depois do imposto, que será retido na totalidade, e adicionado à reserva de lucros para expansão, no balanço patrimonial, para aumento adicional do fundo dos acionistas. O distribuidor, evidentemente, pode preferir aplicar o capital de outra maneira, como comprar ativos imobilizados, mas, aqui, estamos procurando a taxa de crescimento máxima teórica. Isso significa que todo o aumento de capital é investido em capital de giro para sustentar o aumento das vendas. A rotatividade do capital de giro é o número de vezes em que o capital é usado por ano (isto é, Receita com vendas dividida pelo capital de giro). Portanto, multiplicar o capital adicional pela rotatividade do capital de giro mostra o aumento da Receita com vendas possível. A aplicação da fórmula à ABC Co (ano 1) resulta no seguinte:

$$\text{Margem líquida depois dos impostos de 0,15\%} \times \text{Rotatividade do capital de giro de 11 vezes} = 1,6\%$$

Ou seja, a ABC Co pode crescer a uma taxa de 1,6% no ano 2, com recursos próprios e com o mesmo modelo de negócio. Se crescer mais rápido do que isso, os saldos de caixa não serão suficientes, acarretando a necessidade de saque a descoberto, de aumento de empréstimos, ou ambas as situações. Se, com base na Figura 9.2, sabemos que as vendas no ano 2 foram efetivamente 9% mais altas que no ano 1, como a ABC Co conseguiu esse resultado? Duas foram as causas: primeiro, melhorou a rotatividade do capital de giro de 11 para 12,6 (365 dias/29 dias). Isso aumentou ligeiramente a capacidade de crescimento para 1,9% (margem líquida de 0,15% x 12,6 giros). Segundo, possibilitou a redução dos saldos de caixa (absorvidos pelo capital de giro), de $401m para $232m. Essa diferença de $169m foi usada em parte para aumentar o ativo imobilizado (líquido do aumento no passivo não circulante) e o resto ($152m) também foi reciclado pela rotatividade do capital de giro de 12,6 vezes, para financiar o aumento da Receita com vendas em $1.915m, ou 9% da Receita com vendas do ano 1.

Em outras palavras, como sua capacidade de crescimento potencial era tão baixa ao fim do ano 1, a ABC Co teve de raspar suas reservas de caixa para financiar o crescimento alcançado. Isso será bom por uns dois anos, mas nenhum distribuidor dispõe de caixa inesgotável no balanço patrimonial. O caixa vai zerar depois de uns dois anos, e essa fonte de financiamento do crescimento não mais estará disponível. Em muitos setores, os maiores distribuidores se tornaram companhias abertas, com acesso aos mercados de capitais para financiar o crescimento orgânico e o crescimento via aquisições. O preço de explorar os mercados de capitais são os altos custos de observância das exigências legais e regulatórias e de atendimento ao escrutínio contínuo pelo público investidor e pelos profissionais de mercado, que exigem os mais altos padrões de gestão para otimizar o modelo de negócio. Os retornos gerados pela ABC Co não seriam considerados adequados ou satisfatórios, com o RSCI abaixo do CMPC e o RSCE inferior às taxas oferecidas pelos bancos em aplicações financeiras conservadoras. Se a ABC Co quiser crescer nos próximos anos, terá de continuar melhorando o modelo de negócios, sobretudo a lucratividade líquida. Talvez o crescimento contribua para o aumento da lucratividade, quando as economias de escala começarem a produzir efeito.

ECONOMIAS DE ESCALA - LUCRATIVIDADE

Com base em evidências consideráveis, as atividades de um distribuidor se beneficiam com as economias de escala, na medida em que os custos fixos se diluem em volumes maiores. Alguns dos custos dos distribuidores variam diretamente com a Receita com vendas – o que os contadores denominam "custos variáveis" – como comissões de vendas. No entanto, os custos, na maioria, são fixos, termo equivocado para custos escalonados. Praticamente, todos os sistemas de TI, armazenamento, logística, gestão de produtos e marketing são custos que aumentam de forma escalonada, à medida que se investe em ampliação de capacidade. A chave para realizar economias de escala é certificar-se de que a capacidade está sendo plenamente utilizada, antes de incorrer em custos adicionais para aumentar a capacidade. Mesmo um atraso de seis meses no aumento da capacidade são seis meses de operação na ou próximo da capacidade máxima, que é onde se situam as economias de escala.

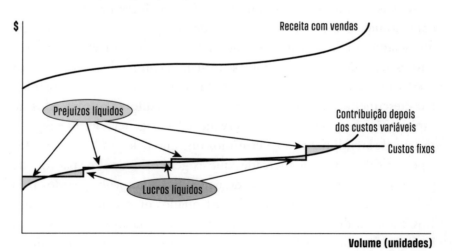

FIGURA 10.1 Perfil de como a margem de contribuição e os custos fixos interagem à medida que a Receita com vendas aumenta

Veja a Figura 10.1, que mostra o aumento escalonado dos custos fixos, para acompanhar o aumento dos volumes, em comparação com o acréscimo suave da contribuição da Receita com vendas, depois da dedução dos custos variáveis. A interação desses dois perfis é a geração alternada de prejuízos líquidos e de lucros líquidos, à medida que a contribuição fica acima dos custos fixos e depois é superada quando os custos fixos aumentam de novo. Este exemplo, que é a versão simplificada da experiência de um distribuidor real, sugere um modelo de negócio que está flutuando acima e abaixo do *break-even*. Sempre que o negócio parece estar entrando na zona de lucro, com o crescimento da Receita com vendas, a administração investe em aumento da capacidade e incorre em custos fixos adicionais, que reverte o resultado para prejuízo. Veja o que poderia ocorrer se os gestores operassem o negócio com uma estratégia de postergação de investimentos, como mostra a Figura 10.2.

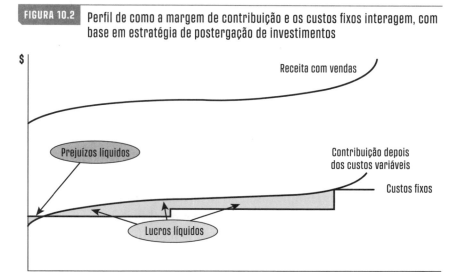

FIGURA 10.2 Perfil de como a margem de contribuição e os custos fixos interagem, com base em estratégia de postergação de investimentos

Tirando o período inicial, o negócio se mantém lucrativo, com os mesmos aumentos escalonados nos custos fixos. A chave para essa estratégia é a postergação dos investimentos, que aumentam os custos fixos até *depois* de o crescimento da receita ter empurrado a receita acima do novo nível de custos fixos. Isso significa que o negócio talvez precise funcionar sob estresse, durante algum tempo, na medida em que opera perto da capacidade ao longo de alguns meses ou anos, mas os gestores precisam encarar essa situação como meio de gerar retornos sobre os investimentos anteriores. A maioria dos times gerenciais tende naturalmente a focar no futuro, construindo o caso de negócio para o crescimento e o aumento dos investimentos. Nos distribuidores, porém, os times gerenciais precisam focar também no passado, para cumprir as promessas de melhoria dos retornos. Essa é uma estratégia vital no modelo de negócio de baixa margem líquida, que caracteriza a maioria dos distribuidores. Vimos saltos drásticos na lucratividade líquida, de menos de 1% para mais de 2,25% da Receita com vendas, por meio da operação disciplinada da estratégia de postergação dos investimentos.

Para tanto, os gestores precisam ter boa percepção estratégica da rapidez com que o mercado está mudando, previsão robusta da velocidade com que o distribuidor pode crescer, e determinação para promover o equilíbrio certo. Levar essa estratégia longe demais pode deixar o distribuidor em uma situação de desvantagem competitiva, em consequência de investimentos insuficientes, que talvez demore anos para se recuperar, por causa dos efeitos negativos sobre as experiências dos clientes.

Talvez a área mais difícil para alcançar o equilíbrio certo seja a atualização de importantes sistemas de TI, com prazos de execução longos, implementação complexa e impactos iniciais negativos sobre a produtividade. Em alguns casos, vimos mais mudanças de posição entre os três ou quatro maiores *players* de distribuição em um mercado, resultantes de seus sucessos e fracassos relativos na implementação de sistemas integrados complexos, do que de qualquer outra diferença em suas propostas de preço, disponibilidade e nível de serviço.

Curiosamente, as equipes gerenciais acham que podem aprender lições importantes com a operação de seus negócios sob o estresse de trabalhar na ou perto da plena capacidade. Descobrirão quais membros do time avançam sob alta pressão, e quais deixam o desempenho cair. Em geral, inovações valiosas são desenvolvidas para capacitar o negócio a ir mais longe com os atuais recursos e capacidades, acelerando um pouco a rotação do estoque, alocando os recursos com mais cuidado para os melhores fornecedores, categorias de produtos e clientes, e abandonando mais cedo produtos e categorias com desempenho insatisfatório. Vimos a agilização de processos pelas equipes de gestão de pedidos, estoques e produtos, à medida que trabalham para a eliminação de atividades que desperdiçam o próprio tempo, em esforços para aliviar a pressão.

No entanto, a gestão precisa ser capaz de reconhecer os sintomas de *burnout* e garantir que o novo investimento ou capacidade adicional está em curso, antes que as pressões revertam o alto desempenho. Além disso, os gestores precisam julgar o esforço que será exigido pelo investimento, em termos de gestão da mudança. Já mencionamos o impacto resultante de implementações e atualizações de sistemas, que geralmente impõem enorme sobrecarga sobre as equipes de processos. Os benefícios desses investimentos geralmente decorrem do fato de exigirem mudanças fundamentais nos processos, com curvas de aprendizado acentuadas, acompanhadas de deslocamentos da carga de trabalho dos times de *back office* para os times de *front office*. A mudança de sistemas e processos e a continuidade das operações em plena capacidade não é recomendável, e podem ser comparadas com a substituição dos motores de um A380 em pleno voo!

De fato, gerenciar a dinâmica do crescimento pode ser como um exercício contínuo de gestão da mudança, e, em geral, os aspectos humanos mais "suaves" da mudança são os mais difíceis de conduzir. Um dos fatores críticos de sucesso na gestão da mudança é incutir a compreensão profunda do modelo de negócio e o impacto planejado da mudança nas pessoas diretamente afetadas. Testemunhamos muitos exemplos de times passando por mudanças significativas em suas funções e práticas de trabalho, sem realmente compreender os objetivos. Do mesmo modo, presenciamos os benefícios de envolver essas mesmas pessoas na exploração de maneiras para alcançar as mudanças de desempenho necessárias e para desenvolver tanto o compromisso com a mudança quanto as ideias e inovações adicionais somente através de pessoas que têm experiência em primeira mão. Pessoas sempre são fator crítico na realização de economias de escala, e esclarecer bem suas funções para conseguir as melhorias na empresa geralmente produzirá melhores resultados do que a simples "gestão por números".

ECONOMIAS DE ESCALA - GESTÃO DO CAPITAL DE GIRO

Há algumas vantagens significativas em gerenciar o capital de giro na condução de operações em escala mais ampla. No inventário, o estoque de segurança pode representar proporção menor das necessidades totais, na medida em que os distribuidores maiores se beneficiam da prioridade no reabastecimento pelos fornecedores. Nas linhas de produto A e B (as de altos volumes), os pedidos de grandes distribuidores envolverão uma ou mais cargas de caminhão, o que facilita e acelera a programação dos fornecedores. Esses fatores se combinam para capacitar o distribuidor maior a operar com índices de Receita com vendas sobre estoques, outra maneira de dizer que o distribuidor pode operar com índices de giro de estoques mais altos, com risco de falta de estoque igual ou inferior.

Ao gerenciar todos os elementos do capital de giro, o aumento da escala aumenta a probabilidade de que os investimentos em TI e em sistemas operacionais se paguem e ofereçam retorno compensador. Por exemplo, só os maiores distribuidores podem oferecer retorno em operações *warehouse in the dark*. Essas são instalações altamente automatizadas, em que a armazenagem e a separação do produto são feitas por robôs (sem necessidade de acender as luzes) comandados por algoritmos sofisticados, que decidem onde colocar cada SKU, de acordo com a frequência e os volumes a serem apanhados. Esses sistemas avaliam continuamente quando convém remanejar SKUs à medida que aumenta ou diminui a demanda por eles, baseados na memória de computador em vez de sistemas de organização de layout. (Imagine o caos se 30 empilhadeiras trabalhassem num depósito que fosse reorganizado várias vezes por semana – isso é exatamente o que faz um sistema de robótica.) Também é possível mobilizar outros sistemas para aumentar a eficiência do controle e gestão de crédito e do faturamento, de modo a melhorar a gestão de contas a receber. Sistemas equivalentes podem produzir resultados semelhantes, na gestão de contas a pagar, assegurando o recebimento de faturas e recibos, a maximização dos limites de crédito e o aproveitamento completo das promoções.

Esses sistemas são investimentos de capital elevados, que só se justificam se amortizados em negócios de centenas de milhões de dólares, mas que são capazes de gerar eficiências significativas em giro do capital de giro. Esses sistemas não suprem completamente a necessidade de julgamento humano e de experiência gerencial. Vimos várias situações em que a falta dessas competências humanas anulou os benefícios de grandes investimentos. Por exemplo, o poder desses sistemas pode tentar o distribuidor a aumentar o número de fornecedores, linhas de produtos e SKUs, como parte do esforço para promover o crescimento. Entretanto, cada SKU a mais acarreta uma dimensão de custo e de capital de giro, que dilui as eficiências totais do modelo de negócio do distribuidor. Em nossos projetos, uma das primeiras áreas em que podemos encontrar vitórias rápidas é eliminar os 10% inferiores de produtos e fornecedores. Assim é possível liberar capital de giro e outros recursos, que seriam remobilizados com mais eficácia para os *sleepers* e os *winners* já analisados.

O número de locais em que o distribuidor mantém estoques é outro fator que pode solapar a escala financeira. Cada local de estoque separado multiplica o número de estoques de segurança necessários, e pode tornar o maior distribuidor pouco mais eficiente do que o *player* local, de tamanho equivalente. Há uma mudança constante no equilíbrio de custos entre transporte e armazenamento, que se reflete na tendência para centralizar ou localizar operações de distribuição a qualquer momento. Esse é um cálculo complexo, mas o distribuidor em busca de crescimento deve estar ciente de que o uso de locais adicionais é importante trampolim em sua estratégia de crescimento. Precisamos de evidências convincentes de que as vendas não podem ser servidas por uma localidade central, antes de admitir mais um ponto de estoque a ser acrescentado às operações do distribuidor. Os fornecedores estão atentos aos custos em que incorrem ao atender a vários pontos de entrega e onerarão financeiramente o distribuidor se tiverem de deixar seus produtos em mais de uma localidade de distribuição.

RISCOS DO CRESCIMENTO - DESECONOMIAS DE ESCALA

O crescimento traz suas próprias complexidades, que podem transformar-se em deseconomias de escala. Essas se relacionam com a coordenação e controle de uma operação, que está manejando milhões ou até bilhões de transações individuais. A complexidade, ainda por cima, pode ocultar problemas no distribuidor, que o estão retardando. Respostas a questões-chave, como que clientes e que produtos estão entregando os melhores retornos, tornam-se vagas, ocultas na massa de dados e informações sobre milhares de produtos e clientes. São necessários níveis de gestores para coordenar os times dentro de limites de controle aceitáveis. Cada acréscimo de SKU, produto, linha de produto, fornecedor, cliente, segmento de cliente, oferta de serviço e localidade adiciona outra dimensão de complexidade, assim como crescimento incremental.

Os gestores de distribuidores que cresceram com sucesso mantêm o foco nos aspectos básicos do modelo de negócio. Eles usam as métricas de que tratamos nesta parte do livro e se certificam de que cada um de seus subordinados compreende como as suas ações podem afetar o desempenho do modelo de negócio. O êxito na distribuição decorre da compreensão da dinâmica de dirigir um negócio em que o lucro é um número pequeno entre dois números muito grandes e em que a gestão do ganho e do giro são igualmente importantes.

O **crescimento** traz suas próprias complexidades, que podem transformar-se em **deseconomias de escala**. Essas se relacionam com a **coordenação e controle de uma operação**, que está manejando milhões ou até bilhões de transações individuais.

CAPÍTULO 11

COMPREENDENDO O CENÁRIO DA DISTRIBUIÇÃO

INTRODUÇÃO

Em todos os setores, os fornecedores são desafiados a definir seu modelo *go-to-market* ótimo – capaz de maximizar o acesso ao mercado ao menor custo e de usar os parceiros de distribuição mais ágeis, dispostos a sustentar a construção da marca e capazes de executar os planos estratégicos e táticos. Uma das muitas decisões a serem tomadas no processo de busca desse nirvana de canal é determinar o número e a combinação certa de distribuidores para o fornecedor. Os primeiros passos para a solução desses problemas são compreender o panorama de distribuição e desenvolver uma visão esclarecida de como esse cenário pode evoluir no médio prazo. O cenário de distribuição mapeia os distribuidores relevantes, em termos de marcas, volumes e categorias trabalhadas, assim como os parceiros e segmentos de último nível envolvidos, idealmente com os respectivos volumes. Essa abordagem define as capacidades desses distribuidores em marketing, vendas, logística, finanças e operações, e avalia seus níveis prováveis de engajamento e compatibilidade com a intenção estratégica do fornecedor.

Como vimos nos capítulos anteriores, só porque o fornecedor se propõe a negociar com o distribuidor não garante reciprocidade e retribuição pelo distribuidor. Será necessário apresentar uma proposta de valor convincente para garantir o acesso ao mercado, através dos melhores distribuidores, e parte dessa proposta será uma resposta bem-formulada à seguinte indagação: "Quantos e que outros distribuidores serão escolhidos?". Embora não seja possível fornecer um guia definitivo para abordar essas questões, em todos os setores e situações, podemos sugerir alguns padrões razoavelmente consistentes na maneira como evoluem os cenários de distribuição.

EVOLUÇÃO TÍPICA DO CENÁRIO

Tipicamente, a razão de ser dos distribuidores é cumprir os requisitos de capacidade dos principais fornecedores e suprir as necessidades do último nível para atender o mercado. Depois que os volumes das principais categorias de produtos forem suficientes para propiciar economias de escala, surgem os distribuidores. E assim ocorre com a chegada de *players* oriundos de setores ou categorias adjacentes ou de *players* de altos volumes, de último nível, que talvez já estejam atendendo a *players* menores e se dispõem a reforçar o foco na distribuição. Quando o lado da oferta do setor é relativamente concentrado, os distribuidores também tendem a ser pouco numerosos.

Os fornecedores preferem lidar com menos distribuidores, capazes de garantir acesso ao mercado, em todos os segmentos que pretendem atingir. Essa tendência é impulsionada pela necessidade de garantir negócios suficientes, em cada distribuidor, capazes de motivar, no distribuidor, altos níveis de foco e atenção, nas marcas e produtos do fornecedor. Por exemplo, se um fornecedor tem cerca de 15% de *market share* e trabalha com oito distribuidores, cada distribuidor fica com menos de 2% do mercado, e, como as frações não são iguais, alguns distribuidores talvez tenham bem menos de 1%. Nesses níveis de negócio, nenhum dos distribuidores tratará o fornecedor como parceiro estratégico e não atribuirá muitos recursos, foco de vendas, atenção de marketing ou interesse gerencial para ele. No entanto, se o fornecedor se limitar a três distribuidores, por exemplo, cada distribuidor terá algo em torno de 5% de *market share*. Talvez o fornecedor consiga acessar o grosso do mercado, por meio desses três distribuidores, mas não alcançará alguns dos *players* de último nível mais especializados. As opções são encontrar um distribuidor especializado, alocar esses segmentos unicamente a um dos três distribuidores (com suporte, para garantir que eles alcancem essa parte do mercado) ou atender a esses *players* diretamente (o que pode ser ou não ser uma opção economicamente viável). Pode ser útil se houver produtos especializados para essa parte do mercado, produtos que podem se restringir a apenas a um distribuidor, que esteja focado no segmento. Sem isso, o fornecedor talvez precise direcionar clientes específicos para esse distribuidor e adotar alguns critérios de credenciamento para qualificar esse distribuidor a atender a esses clientes (como exigir gestão do produto ou recursos de vendas exclusivos).

É raro que um fornecedor trabalhe com um único distribuidor, já que essa decisão de fato concentra poder de relacionamento considerável nesse parceiro. Nessa hipótese, o fornecedor passaria a depender inteiramente do desempenho do distribuidor exclusivo, em termos de penetração no mercado e volume de vendas – situação pouco confortável. Um distribuidor exclusivo também pode cometer abusos de poder, estabelecendo preços de último nível, compatíveis com os seus objetivos de margem, mas talvez conflitantes com as metas de volume do fornecedor. A indicação de dois distribuidores melhorará substancialmente a capacidade do fornecedor de mantê-los alinhados e de oferecer aos parceiros de último nível uma cadeia de suprimentos mais robusta. Designar três distribuidores melhora ainda mais a situação e talvez proteja o fornecedor da perda de foco ou do mau desempenho de um dos distribuidores. Os outros dois distribuidores podem manter a rotina, enquanto se resolve a situação ou um novo distribuidor é indicado.

À medida que o negócio cresce e se segmenta, atraindo novos distribuidores, o fornecedor precisará gerenciar seu acesso ao mercado, certificando-se de que está trabalhando sempre com os melhores distribuidores, capazes de gerar crescimento, prestar serviços ágeis de último nível e gerenciar a capacidade de negócios esperada. De tempos em tempos, os fornecedores precisarão aprimorar o grupo de distribuidores, eliminando os de mau desempenho e contratando outros que demonstraram maior potencial. Esse processo não depende exclusivamente dos fornecedores, na medida em que os distribuidores podem fazer escolhas estratégicas quanto aos segmentos de último nível a serem atendidos ou às categorias de produto a serem incluídas em seus catálogos, o que pode conflitar com as intenções do fornecedor. Talvez ocorram atividades de fusões e aquisições (F&A), possivelmente afetando dois dos distribuidores constituídos pelo fornecedor. Se a questão não for abordada deliberadamente, o fornecedor concluirá que parcela muito grande de seu acesso ao mercado está concentrada nas mãos da nova entidade, resultante da fusão ou aquisição, empenhando-se em nomear novo distribuidor. Não é incomum que o fornecedor tenha conhecimento da possível dinâmica de F&A no mercado e se movimente para influenciar o resultado, adequando-o aos seus próprios objetivos, interferindo nas conversas e ameaçando não renovar os contratos de distribuição, se as partes contrariarem os seus objetivos de fornecedor. A maioria dos contratos de distribuição contém uma cláusula de rescisão, na hipótese de mudança no controle societário do distribuidor, para que essas ameaças não sejam vãs.

A combinação de negócios no nível do distribuidor tende a acelerar quando o crescimento do setor desacelera, as margens caem ou as categorias e últimos níveis se subsegmentam, aumentando a complexidade do negócio e destruindo as economias de escala em curso, nos atuais volumes. A essa altura, talvez ocorra aumento da especialização entre os atuais distribuidores, na tentativa de aumentar as margens, por meio de uma estratégia de foco, e talvez mediante a compra de parcelas relevantes dos negócios de outros distribuidores. Os fornecedores acham que esse processo se alinha com as suas próprias estratégias, ao possibilitar que tenham distribuidores com massa crítica para alcançar os principais segmentos do mercado. Alternativamente, talvez concluam que os seus distribuidores estão agora concentrados demais e que um ou mais distribuidores adicionais são necessários para garantir que nenhum *player* esteja com o chicote nas mãos.

O fornecedor deverá manter-se atento ao cenário de distribuição, para compreender as capacidades oferecidas por cada um de seus distribuidores e a extensão e intensidade com que os distribuidores se diferenciam entre si. Com os distribuidores construindo plataformas e automatizando processos para permitir que o último nível configure, especifique, verifique disponibilidades etc., o último nível pode limitar-se aos poucos distribuidores capazes de atender às suas necessidades.

Esteja preparado para situações em que os parceiros de distribuição se queixam constantemente de que o fornecedor está com "excesso de distribuição", como expressão do desejo de que os fornecedores limitem o número de distribuidores que competem uns com os outros pelos volumes de cada fornecedor. Com base em nossa experiência, essa acusação é inevitável sempre que o fornecedor tem mais de um distribuidor!

A **combinação de negócios** no nível do **distribuidor tende a acelerar** quando o **crescimento do setor desacelera**, as **margens caem** ou as **categorias e últimos níveis se subsegmentam**, aumentando a complexidade do negócio e destruindo as economias de escala em curso, nos atuais volumes.

CAPÍTULO 12

COMO EXTRAIR O MELHOR DA ESTRATÉGIA DE DISTRIBUIÇÃO

CONSTRUINDO E ALAVANCANDO PARCERIAS DE DISTRIBUIÇÃO

Como importante rota para o mercado, a distribuição oferece acesso ao nível final de parceiros (revendedores, varejistas etc.), que abastecem o mercado de usuários finais. Cada distribuidor representa um relacionamento estratégico, que se consolida ao longo do tempo, para transformar-se em parceria genuína. Muitos fornecedores usam o termo "cliente" quando pensam e falam em seus distribuidores. Achamos que isso é um equívoco, na medida em que simplifica demais o intercâmbio de valor entre fornecedor e distribuidor – qualquer fornecedor que considere concluído o trabalho, ao entregar os produtos aos distribuidores, não os manterá por muito tempo. É essencial adotar uma mentalidade de *sell-through* (vender por meio de) em vez de *sell-to* (vender para). Ambos os *players* participam do processo de movimentar os produtos para o nível final. Na verdade, o fornecedor quer mais do que acesso ao mercado: o fornecedor quer que o distribuidor o ajude a construir as vendas, desenvolver a consciência da marca, aumentar o *market share* e incutir seu posicionamento nos parceiros de último nível. Ele precisa que o distribuidor foque nos produtos do fornecedor e promova a venda desses produtos por meio de qualquer combinação de educação de mercado, gestão de produtos, marketing, promoção e vendas competitivas. Talvez o fornecedor também queira que o distribuidor assuma em seu nome uma ou mais das atividades mencionadas no Capítulo 4. O fornecedor precisa construir relacionamentos profundos com os seus distribuidores, para realizar todos esses objetivos e promover o crescimento mútuo de ambas as empresas. Embora a importância do alinhamento possa parecer óbvia nessa missão, a construção do relacionamento exige que o fornecedor pense com abertura e amplitude sobre todos os aspectos do relacionamento comercial a ser desenvolvido com os distribuidores.

Para o distribuidor, o fornecedor e os seus produtos não são nem de longe interessantes em si mesmos. O distribuidor os vê, simplesmente, como meios para atingir os seus objetivos estratégicos e comerciais, ganhando e girando produtos para criar valor. Os atributos importantes do produto, na visão do cliente final, só são relevantes para o distribuidor na proporção em que o convencem de que a demanda do cliente será mais alta pelos seus produtos do que por produtos equivalentes do seu concorrente. Em outras palavras, a melhor ratoeira só é melhor para o distribuidor se os clientes quiserem mais. Mesmo que você não tenha a melhor ratoeira, você ainda pode ser o fornecedor de ratoeiras preferido do distribuidor, se o convencer de que ganhará mais dinheiro negociando com você. Isso pode ser possível porque, como fornecedor, você está disposto a gastar mais para estimular a percepção da marca pelo cliente, o que levará a receitas maiores; ou porque possibilita que o distribuidor consiga margens brutas mais altas; ou talvez porque esteja preparado para financiar um vendedor dedicado no time do distribuidor. Outras vantagens a serem oferecidas ao distribuidor são estoque em consignação ou prazo de pagamento maior, de modo que o distribuidor não precise investir em capital de giro para vender os seus produtos; ou quem sabe pode conceder condições de distribuição exclusivas, para que ele não precise competir com outros distribuidores. Talvez você chegue ao mercado através do "canal", e não tenha força de vendas direta para competir pelo mesmo negócio, gerando conflito de canal. Talvez você se comprometa com o modelo, para que o investidor saiba que qualquer investimento feito no negócio não será desperdiçado. Qualquer uma dessas propostas será muito eficaz em convencer o distribuidor a estocar e promover a sua marca e os seus produtos. Todas elas, porém, acarretarão custos para você, como fornecedor. É preciso garantir que cada centavo investido no relacionamento seja valorizado pelo distribuidor. Isso é essencial: você está vendendo um relacionamento comercial; está vendendo a sua proposta de valor para o canal de distribuição; não está vendendo os seus produtos.

O PROCESSO DE ENGAJAMENTO

Todos os bons relacionamentos comerciais começam com a compreensão da outra parte. É preciso dedicar tempo e esforço para descobrir as necessidades do parceiro. Quais são os objetivos comerciais dele? Que objetivo é o maior desafio para ele? Quais são seus pontos fracos? Que ameaças e fraquezas o ameaçam (e ele as reconhece)? Essas perguntas só são válidas se você quiser ser incluído na listagem ou fazer negócio com o distribuidor. Elas são a primeira fase do seu processo de engajamento (ver Figura 12.1).

FIGURA 12.1 Processo de engajamento do distribuidor

É essencial compreender e analisar a estratégia do parceiro de distribuição com quem você tem a intenção de trabalhar. É preciso posicionar o seu relacionamento nesse contexto, mostrando como pode ajudá-lo a alcançar os objetivos dele. Vimos numerosos fornecedores perdendo tempo, por não captar esse ponto simples e atuar com base nele, como, por exemplo:

- Fornecedores que baseiam seus argumentos de vendas em capacitar o distribuidor a ampliar suas faixas de produtos, no momento em que o distribuidor declara a intenção de racionalizá-las e oferecer o melhor a seus clientes;

- Fornecedores que focam em volumes de vendas (de seus produtos de baixa margem) quando o distribuidor está lutando para superar o *break-even*;

> Fornecedores que não mencionam seus produtos mais sofisticados, embora pudessem melhorar as margens do distribuidor;

> Fornecedores que se referem apenas de passagem à enorme campanha de marketing que estão planejando, direcionada para usuários finais;

> Distribuidores que enfrentam restrições de capital, em busca de crescimento, que não compreendem a oferta de ampliação de crédito do fornecedor, como parte de seus termos e condições;

> Fornecedores que enterram nas entrelinhas dos contratos quaisquer condições favoráveis aos distribuidores, como proteção de preços (que resguardam o distribuidor caso o fornecedor reduza os preços) em setores de rápido crescimento.

A maioria dos distribuidores quer compartilhar as intenções e a estratégia que pretendem alcançar. Bem questionados pelos fornecedores, os distribuidores revelarão onde se sentem vulneráveis ou sob pressão: que clientes estão transferindo os negócios para outros distribuidores, que categorias não estão crescendo com a rapidez necessária, que produtos não estão gerando as margens esperadas, que mercados o distribuidor pretende atacar ou desenvolver em seguida. Também é possível descobrir que fornecedores estão comprometendo seu relacionamento com o distribuidor, aumentando o conflito de canal (com vendas diretas, por exemplo) ou incluindo novos distribuidores no mesmo território.

ESTUDO DE CASO - EDRINGTON

No final da década de 1980, o Edrington Group (na época, Robertson and Baxter) procurava um distribuidor para a sua marca premium de *scotch single* malt Glengoyne, na França. O Edrington sabia que a Taittinger, importante casa de champanhe e distribuidora de vinhos e bebidas alcoólicas, havia perdido, recentemente, a distribuição da Glenmorangie. Para a Taittinger, o Glengoyne seria gerador de

> margem e acréscimo importante ao catálogo. O Edrington, porém, não era o único pretendente ao poder de distribuição da Taittinger, e precisava ter a certeza de que venceria os outros concorrentes. O Edrington Group logo soube que a principal carência e desejo da Taittinger era um scotch blend de alta qualidade, como a sua marca *private-label* (marca de distribuidor), que seria importante gerador de caixa. Na época, os fornecedores de *private-label* eram, na maioria, produtores de marcas baratas, de baixa qualidade, para supermercados, incapazes de oferecer a qualidade exigida pela Taittinger. O Edrington Group, então, desenvolveu rapidamente uma proposta para fornecer à Taittinger, o Defender Scotch, produto de qualidade, como parte de uma proposta ampla de direitos de distribuição, incluindo a distribuição do malte Glengoyne pela Taittinger, que foi aceita.
>
> O Edrington Group analisou com sucesso a estratégia e as necessidades do distribuidor, identificou a oportunidade de associar a Taittinger aos seus interesses, desenvolveu a estratégia de produzir o Defender, e vendeu ao distribuidor um negócio que atendia às necessidades totais dele, em vez de discutir isoladamente os preços e volumes de um produto.

Os insights resultantes do diálogo estratégico devem servir como fundamentos da sua resposta. Você agora sabe como posicionar a sua própria estratégia e estabelecer as suas conexões em termos de mercados, oportunidades e objetivos comuns. Deve pensar nos objetivos empresariais do distribuidor como os cabides em que pendura seu *business case* personalizado. Cada objetivo representa uma oportunidade potencial para fazerem negócios juntos. Quais são os seus investimentos e iniciativas compatíveis com essa oportunidade e como criariam valor para o distribuidor? Você está abrindo novos espaços de mercado, desenvolvendo novos tipos de canal, gerando novas oportunidades de serviço? Está gerando impulso de mercado que aumentará os volumes ou promoverá alguma forma de diferenciação, que melhorará as margens? Consegue oferecer estratégia de distribuição mais atraente (menos distribuidores) do que a dos concorrentes? Vai reduzir as necessidades de estoque ou baixará o custo de venda do distribuidor? Todas essas propostas podem interessar ao distribuidor, mas é importante compará-las com o cabide dos objetivos do distribuidor e certificar-se de que são relevantes.

Para as oportunidades adequadas, desenvolva a estratégia e as táticas de seu plano de relacionamento. Esse é o ponto em que a maioria dos fornecedores se sai bem. É importante ter a certeza de que a estratégia e as táticas contribuem para os objetivos do distribuidor. Esse é o ponto em que a maioria dos distribuidores se sai mal. Ouvimos tudo sobre o que farão, nada sobre como se encaixam nos objetivos do distribuidor.

Agora você está em condições de preparar e vender o seu *business case*. Aqui se incluem os aspectos estratégicos e comerciais. Até os distribuidores mais táticos precisam saber se devem encará-lo como alguém que simplesmente oferece um negócio ou como alguém com quem podem formar parceria, durante um período mais longo, para alcançar os seus objetivos. Mostre ao distribuidor que você sabe em quais objetivos de negócio é possível ajudá-lo e em quais métricas de desempenho é possível movimentar o ponteiro. Use o modelo de negócio do distribuidor como um *checklist* em sua preparação, marque o impacto de suas propostas, como, por exemplo, na Figura 12.2. Observe que o fornecedor alega ser capaz de ajudar o distribuidor em oito métricas, que podem ser melhoradas com o acréscimo de sua linha de produtos. Todavia, usar todas essas métricas na venda do seu *business case* inundaria a conversa com jargão financeiro. Em vez disso, selecione uma ou duas métricas consideradas mais importantes pela equipe gerencial do distribuidor e elabore com base nelas os argumentos mais convincentes. A equipe gerencial da ABC Co ficaria impressionada com um fornecedor que mostrasse como melhorar o retorno sobre o capital investido, sua métrica prioritária, especialmente se essa for a métrica com maior peso no plano de bônus.

FIGURA 12.2 Exemplo do impacto do acréscimo de uma linha de produto no modelo de negócio do distribuidor

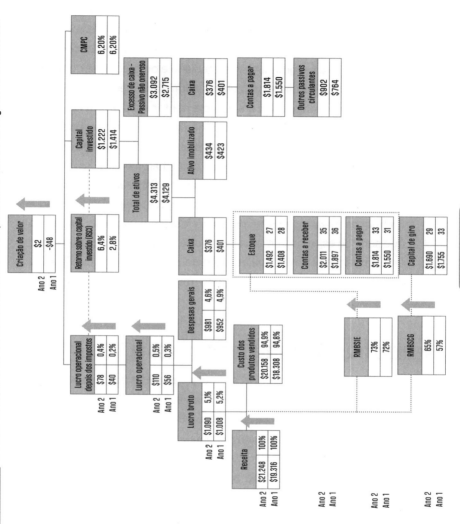

> ### ESTUDO DE CASO - UNIROYAL
>
> A marca de pneus Uniroyal já foi distribuída na Itália por uma rede de 22 distribuidores regionais. A Uniroyal era marca premium, competindo com a Pirelli e Michelin, enquanto outras marcas não tão conhecidas vendiam nos segmentos intermediário e de preços de combate. Como todos os distribuidores eram multimarca, eles precisavam de marcas bem-conhecidas para complementar suas ofertas nos dois segmentos mais baixos. A administração da Uniroyal reconheceu uma oportunidade de conquistar fatia desproporcional do tempo, energia e recursos do distribuidor. Adquiriram uma marca barata, sem nome, e a rotularam como Uniroyal para vender aos distribuidores, deixando de fora os concorrentes de preços baixos e altos volumes do mercado. Embora as margens desses produtos fossem muito mais baixas do que seria de esperar da marca Uniroyal, a empresa conquistou maior fatia nas receitas do distribuidor, reforçou sua posição na distribuição e protegeu seus produtos de margem mais alta.

GERINDO O RELACIONAMENTO COM A CONTA

A maioria dos distribuidores espera manter relacionamentos duradouros com os seus fornecedores. Eles sabem que é alto o custo de mudar importantes fornecedores, e só rescindirão se a parceria realmente se romper, em termos comerciais e pessoais. É enorme, porém, a diferença entre ser um importante parceiro estratégico, explorando toda a capacidade de acesso ao mercado do distribuidor, e ser apenas um fornecedor complementar, mal recebendo a atenção do gerente da categoria. Alguns fornecedores recebem atenção simplesmente em virtude de seu *market share*, mas, sem um gerente de contas ativo, mesmo o fornecedor mais estratégico pode desperdiçar o potencial do relacionamento. Fornecedores menores são capazes de se diferenciar significativamente pela qualidade do seu gerente de contas no distribuidor. Para tanto são necessárias muitas competências, inclusive as de vendas multinível, construção de relacionamentos e assim por diante.

O principal diferenciador, no entanto, é a concentração intensa na dinâmica comercial do relacionamento, baseada na compreensão das principais métricas que importam para o distribuidor e alimentada pela boa percepção de como essas métricas se manifestam no dia a dia das operações.

A gestão do relacionamento com um distribuidor é um desafio de gestão de portfólio. Alguns produtos ou linhas de produtos entregarão volumes; outros, crescimento; e ainda outros, altas margens (ver *winners*, *losers*, *sleepers* e *traffic builders*, no Capítulo 8). A chave aqui é posicionar os produtos para gerar as métricas que são capazes de impactar positivamente. Você nunca conseguirá que um produto com grande *market share* entregue boas margens brutas, porque ele será distribuído em ampla escala e frequentemente será usado para sinalizar o próprio posicionamento de preço do distribuidor (isto é, que o preço é competitivo). No entanto, ele atrairá tráfego e, trabalhando juntos, é possível desenvolver estratégias para melhorar a taxa de conexão com produtos de alta margem (admita a hipótese de gerar tráfego para um fornecedor complementar não competitivo, se necessário).

Nos relacionamentos estratégicos entre fornecedor e distribuidor, é útil aplicar o que é conhecido como modelo *reverse bow-tie* (gravata-borboleta reversa), ou *diamond* (diamante), a fim de alcançar

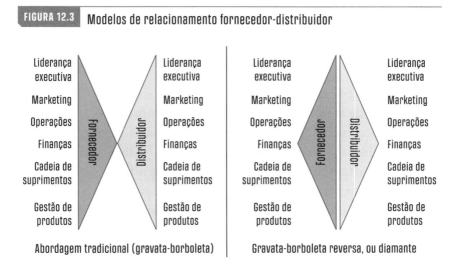

FIGURA 12.3 Modelos de relacionamento fornecedor-distribuidor

o grau de alinhamento necessário para criar reais benefícios econômicos mútuos. Veja a Figura 12.3, que mostra as maneiras como duas organizações podem se alinhar: à esquerda está o modelo tradicional, parecendo uma gravata-borboleta, em que tudo é canalizado, através dos dois pontos de contato básicos (os respectivos gerentes de conta), envolvendo o risco muito alto de gargalos e desinformações. À direita, está o modelo de gravata-borboleta reversa, em que a função dos gerentes de conta é coordenar o alinhamento das principais funções nas duas organizações, de modo que o operacional converse com o operacional, cadeia de suprimentos com cadeia de suprimentos etc. Os gerentes de conta atuam como facilitadores e coordenadores, garantindo que os principais tópicos em ambos os lados estejam sendo tratados pelas pessoas certas, intervindo apenas quando necessário.

DESENVOLVENDO *BUSINESS CASES* CONVINCENTES

Nada substitui a elaboração sob medida dos seus argumentos de negócio para a situação única com que se defronta o distribuidor e a sua própria posição. Algumas regras práticas vão permitir que você saia na frente.

Se você for líder de *market share*

A liderança de mercado pode aplicar-se tanto ao fornecedor como marca quanto a um produto ou linha de produto. Vários são os elementos do *business case* que normalmente se aplicam a essa situação:

> Concentrar-se nas margens brutas em termos de caixa (MB$s) que um líder de *market share* gerará, mesmo nos produtos com margem bruta percentual (MB%s) relativamente baixa, com o alto nível de vendas unitárias. Insista em que essas MB$s "monetizáveis" são importantes para cobrir proporção significativa dos custos fixos e despesas gerais do distribuidor. Esse argumento talvez não seja muito contundente com o comprador de categoria, cujas métricas de desempenho incluem metas de MB%s, mas, como líder de *market share*, você deve ter bom relacionamento com a

alta gestão do distribuidor, onde será reconhecido que esse é um argumento válido.

- Deslocar o foco das margens brutas para as margens de contribuição (% e $). Como marca importante na categoria, o custo de vender o seu produto será mais baixo do que o de uma marca menos notória. Os canais de comércio se beneficiarão com as suas atividades de marketing para o cliente final e com os pedidos de produtos familiares do distribuidor, exigindo muito pouco tempo de vendas e esforço de marketing. Isso deve se refletir na margem de contribuição nocional (ou conceitual), se não, efetivamente, na maneira como qualquer distribuidor mede suas margens de contribuição. Do mesmo modo, os volumes maiores de marcas e produtos bem-conhecidos têm tipicamente custos de transporte mais baixos, sob uma perspectiva logística, e geram custos de devolução mais baixos, assim como custos de logística reversa (caros) associados também menores. Os mesmos argumentos de negócio se estendem a suporte pré e pós-venda, com os canais de comércio fazendo pouco ou nenhum pedido de ajuda em relação a produtos com que estão muito familiarizados. Mesmo os custos de lançamento de novos produtos serão amortizados em volumes mais altos, reduzindo a níveis desprezíveis as despesas com vendas unitárias.

- Deslocar o foco do retorno sobre vendas para retorno sobre ativos/capital. Os altos volumes dos líderes de mercado geralmente significam que os giros de seus ativos são bons, gerando retornos sobre o capital de giro acima da média. Essa é a métrica com a combinação crítica de "ganho" e "giro", de qualquer distribuidor. Os produtos que dominam as receitas de uma categoria precisam gerar esses resultados em métricas de ativo/capital para o distribuidor. Muitos distribuidores estabelecem algum tipo de meta de giro para os seus gerentes de categoria, e, cada vez mais, estão definindo metas baseadas em métricas de retorno sobre o capital de giro.

Esses três elementos constituem a espinha dorsal de seu *business case* com o distribuidor; portanto, antes de partir para a apresentação da proposta, é preciso fazer o dever de casa. Analise o desempenho do seu portfólio de produtos, com base nas métricas que o distribuidor usa hoje e nas métricas que você quer que ele use. Prepare-se para responder às seguintes perguntas:

- Em cada categoria, os nossos produtos estão impulsionando ou retardando as principais métricas?

- No todo, as nossas marcas são motores ou freios do modelo de negócio do distribuidor?

- Qual é o valor da MB$ (ou contribuição $) que a nossa marca está gerando para o distribuidor, e que proporção de seus custos fixos e despesas gerais ela representa?

- Podemos mostrar que a contribuição de nossos produtos é melhor que as nossas margens brutas?

- Que evidências podemos fornecer do nível de vendas e margens conectadas resultantes do tráfego gerado por nossa marca?

- Com que velocidade os nossos produtos estão se movimentando por meio do distribuidor? Seremos capazes de gerar taxa de retorno sobre o capital de giro superior à média?

- Quais são nossas métricas "problemáticas" e quais são as nossas métricas "estrelas"?

- Que métricas importam para a alta e média gestão do nosso distribuidor?

Se você for fornecedor menor ou recém-chegado numa categoria

Os fornecedores menores geralmente lutam para conquistar a atenção da alta administração do distribuidor; portanto, precisam se concentrar no gerente de categoria e mostrar como podem prestar bons serviços para ajudar a atingir as métricas que importam nesse nível:

- Focar na MB%. Tipicamente, como fornecedor menor, a distribuição dos seus produtos será menos ampla e você procurará o único ou os poucos distribuidores que se disporão a fazer mais para criar um mercado para os seus produtos. Os gerentes de categoria dos seus distribuidores estarão lutando para atingir as metas de MB% e uma maneira possível de alcançá-las é aumentar a proporção de produtos com margens mais altas nas vendas... como os seus. Poucos distribuidores são proativos a esse respeito e a gestão ativa de contas será bem recebida se aumentar as margens, pondo alguns dos seus principais produtos em evidência. Até as pequenas verbas de marketing que você aplicar terão impacto significativo, se forem miradas cuidadosamente nos produtos de mais alta margem do seu portfólio, gerando receitas para ambas as partes. A maioria das categorias terá um ou dois líderes de *market share*, com os quais o distribuidor gera margens muito pequenas, o que o leva a terceiras e quartas marcas para compor as margens desejadas. Para tanto, o distribuidor precisa vender essas marcas de segundo nível em volumes suficientes para melhorar a margem combinada da categoria. Essa é a sua oportunidade. Enfatize o grau de exclusividade que você deu ao distribuidor (plena ou quase) nos seus produtos, para que ele se beneficie diretamente com todas as suas despesas de marketing para o usuário final e para o último nível. Reforce o suporte de venda cruzada para as marcas de último nível e forneça evidências de que os seus produtos são de baixo custo para vender e dar suporte. Se você for muito pequeno, talvez precise focar em uma parte do canal de último nível e concentrar o seu marketing (além de direcionar os esforços do distribuidor) para ganhar tração.

- Enfatizar a taxa de crescimento, sobretudo em termos de porcentagem. Todo gerente de categoria procura crescimento em sua categoria e, partindo de uma base pequena, será mais fácil para você demonstrar taxas de crescimento relativamente altas.

> Salientar as oportunidades de *cross-selling* (venda cruzada). A maioria dos distribuidores ganha mais dinheiro com acessórios do que com os produtos principais aos quais estão ligados. Mas quantos acessórios eles vendem por produto principal? Geralmente, menos do que 1 em 50. Por certo, nem todas as vendas serão para usuários finais que querem acessórios, mas vimos numerosos distribuidores identificarem e explorarem oportunidades muito lucrativas de *cross-selling*. O seu papel como fornecedor é ajudar o distribuidor a descobrir o potencial de conectar os seus produtos aos *traffic builders* e criar alguns incentivos de força de vendas e de canal comercial em torno dessas propostas.

RESUMO DA PARTE DOIS

Os distribuidores são a principal rota de acesso aos mercados, em muitos setores. Embora pareçam exercer apenas poucas funções básicas, como *breaking bulk* (fracionamento), facilidades de crédito e oferta de conveniência *one-stop* (tudo em um só lugar) aos canais de comércio, a presença difusa dos distribuidores em mercados emergentes e em mercados maduros é o atestado do valor que entregam.

O modelo de negócio do distribuidor é altamente complexo e difícil, com margens muito pequenas e volumes massivos, em meio a dezenas de milhares de SKUs, cada um impondo decisões sobre níveis de estoque e quantidades de pedidos. Ainda por cima, o distribuidor precisa certificar-se de que vende somente para clientes confiáveis e, então, garantir que paguem no vencimento. Também precisa encontrar produtos desejados pelos canais de último nível e, por fim, conseguir as melhores condições possíveis dos fornecedores, para que seus custos de marketing e vendas sejam cobertos em grande parte pelos fundos de marketing desses fornecedores. Ao fazer tudo isso, o distribuidor precisa criar mais valor do que os seus investidores ganhariam em investimentos de risco equivalente.

Tradicionalmente, a administração do distribuidor controla o negócio, desdobrando o modelo de negócio em seus elementos "ganho" e "giro", mas são as métricas combinadas (como RMBSIE e RMBSCG) que revelam a verdadeira produtividade financeira dos produtos, categorias e segmentos de clientes. Os gestores mais sofisticados estão aplicando os princípios de criação de valor para medir e motivar as equipes a se concentrar nas alavancas de valor do negócio.

Os fornecedores que efetivamente procuram se engajar com os distribuidores precisam desenvolver uma visão global da estratégia dos parceiros e reconhecer que, como fornecedores, estão vendendo um modelo de negócio completo. Esse modelo precisa gerar resultados positivos para a economia do distribuidor. O fornecedor vitorioso será capaz de analisar onde é possível entregar vantagem comercial ao distribuidor e apresentar o *business case* capaz de atrair mais recursos do distribuidor. O prêmio para esses fornecedores que acertam é a exploração da rota mais econômica para o mercado, capaz de construir e sustentar *market share* lucrativo ao longo de numerosos canais de último nível.

PARTE TRÊS

GERINDO CANAIS DE MARKETING E VENDAS DE ÚLTIMO NÍVEL

CAPÍTULO 13

PAPÉIS DOS *PLAYERS* DE CANAL DE ÚLTIMO NÍVEL

OS *PLAYERS* DE CANAL DE ÚLTIMO NÍVEL

Embora o termo genérico "*players* de canal de último nível" talvez não signifique nada para você, esta parte do livro foca nos *players* que interagem com o cliente final. Essa interação pode ocorrer em qualquer condição, inclusive no fornecimento direto do produto, como no caso de revendedores ou varejistas, assim como de todo o aparato de provedores de serviços, que instalam, configuram ou integram produtos para o cliente final. Também inclui os *players* que não tocam no produto de modo algum, mas que podem exercer influência importante na escolha do cliente, como arquitetos que especificam as instalações, móveis e utensílios, em nova casa ou edifício, ou o contador que recomenda um pacote de contabilidade para uma pequena empresa.

Cada setor de atividade usa sua própria linguagem para designar diferentes tipos de *players*, refletindo a tradição, a função ou simplesmente o jargão do setor. O Quadro 13.1 mostra apenas uma pequena seleção dos tipos de *players*, por setor, que estamos tratando nesta parte do livro, para ajudá-lo a identificar aqueles em que você talvez esteja interessado.

Mesmo com base nessa pequena listagem, é possível constatar que é enorme a variedade de tipos de *players*, que podem variar em tamanho, como um microempreendedor individual, uma pequena ou média empresa (PME) e empresas globais. Apesar dessa grande variedade, é surpreendente o alto grau de semelhança em termos de funções ou atividades que esses tipos de parceiros executam nas cadeias de suprimento. Em razão dessas similaridades, os modelos de negócio também refletem algumas características comuns.

Alguns *players* são extremamente especializados, e você verá que seus negócios são simplesmente uma versão muito pura de um dos modelos que exploraremos. Muitos dos *players*, em qualquer setor, são, até certo ponto, híbridos, para atender às demandas e expectativas dos clientes. Por exemplo, lojas que vendem sistemas de som e alarmes para automóveis descobriram que precisam instalar uma área de serviço (geralmente ao lado ou no fundo da loja) para ajustar os sistemas às características dos veículos, para vender esses produtos *aftermarket*, como peças sobressalentes, acessórios e componentes para automóveis. Essa situação também ocorre no mundo dos negócios, onde muitas empresas não têm competências especializadas para instalar e configurar novos sistemas de comunicação unificados.

Essa necessidade de customizar, instalar e integrar produtos é um dos principais fatores da função dos canais de comércio de último nível, vendendo para consumidores (B2C) ou para empresas (B2B). Depois da instalação, a maioria dos produtos e sistemas precisa de manutenção, serviços, consertos e atualizações. Poucos produtos, além dos bens de consumo de rápida movimentação (BCRM), podem ser vendidos como itens avulsos.

O aspecto comum que estabelecemos sobre o canal de comércio de último nível é desempenhar função capacitadora vital no processo de vendas, com suas competências e expertise em fazer o produto funcionar para o cliente final, isto é, convertê-lo em solução para as necessidades do cliente. Vamos analisar o papel deles com mais detalhes, para que, não importa o setor, seja possível identificar suas implicações para gerenciar ou para trabalhar com esses negócios.

OS PAPÉIS POSSÍVEIS DOS *PLAYERS* DE CANAL DE ÚLTIMO NÍVEL

Ponto crítico a ser observado sobre os *players* de canal de último nível é que eles exercem funções diferentes para cada um dos outros componentes do ecossistema em que atuam. Por exemplo, para um cliente empresarial de pequeno ou médio porte (vamos chamá-lo de "Acme Widgets"), seu provedor de TI ("Advanced Computing Co") pode ser um provedor de soluções. A Advanced Computing Co ajuda a definir a combinação de servidores, computadores, dispositivos de

QUADRO 13.1 Tipos de *players* de canal de último nível, por setor

SETOR	CANAIS DE COMÉRCIO DE ÚLTIMO NÍVEL	ATIVIDADES TÍPICAS
Automotivo – carros, peças de reposição, itens de consumo (óleo, detergente para para-brisa, pneus, acessórios, aspiradores etc.)	• Revendedores • Oficinas • Lojas de conserto especializadas • Loja de acessórios e varejo para carros • Estacionamentos	• Vende, presta serviços e faz a manutenção de carros, bicicletas, vans, caminhões • Presta serviços e conserta carros, bicicletas, vans, caminhões • Fornece, troca e regula pneus, descargas, freios, embreagens etc. • Fornece (e, talvez, troque e regule) peças sobressalentes, acessórios e itens de consumo • Fornece itens de consumo, algumas peças genéricas e produtos de limpeza
Tecnologia de informação e telecomunicações – hardware, software, componentes, computadores etc.	• Revendedores, vendedores, revendedores ao público e corporativos, fornecedores de software independentes (vendem hardware em que o software roda) • Vendedores que agregam valor, revendedores que agregam valor, provedores de soluções, provedores de serviços, integradores de sistemas	• Vende e conserta computadores, software, telefones etc. • Instala, monta e configura sistemas de TI e telecom, talvez usando seu próprio software ou soluções especializadas • Especifica, projeta, instala e integra soluções complexas de TI e/ou telecom
Materiais de construção – janelas, canos e tubos, torneiras, interruptores, *boilers*, aquecedores, alarmes, madeiras, tintas, vidros, ferramentas, roupas especiais etc.	• Profissionais em geral (como encanadores, carpinteiros, decoradores, vidraceiros, eletricistas, engenheiros de aquecimento etc.) Profissionais especializados (como instaladores de janelas, instaladores de cozinhas, instaladores de alarmes etc.) • Mega Stores DIY (*do-it-yourself*, faça você mesmo) • Ferragens e outras lojas especializadas	• Fornece e regula produtos ou sistemas novos ou de reposição, faz a manutenção e conserta instalações existentes • Projeta, instala e integra janelas, cozinhas, sistemas de alarme etc. • Fornece ampla variedade de produtos • Orienta na escolha e fornece produtos, pode fornecer ou intermediar serviços de instalação

Papéis dos *players* de canal de último nível

armazenamento, comutadores e outros equipamentos que a Acme precisa para operar o escritório, redes, e-mail, sistemas contábeis, aplicativos de gestão e assim por diante. Cada vez que a Microsoft atualiza o seu sistema operacional, a Advanced orienta a Acme sobre se faz sentido fazer a atualização ou partir para a nuvem, e então instala e integra os sistemas para que funcionem de maneira integrada. A Advanced também pode prestar serviços de apoio e soluções de problemas, no dia a dia. Talvez a Advanced tenha desenvolvido o relacionamento com a Acme, para começar, oferecendo software de controle da produção especializado com base nos produtos de banco de dados da Oracle. Assim, a Advanced Computing Co é, ao mesmo tempo:

- Defensora do cliente para a Acme Widgets;

- Provedora de soluções para a Acme Widgets;

- Prestadora de serviços para a Acme Widgets;

- Revendedora de vários fornecedores de hardware, como Hewlett-Packard, IBM e Cisco;

- Revendedora que agrega valor para a Microsoft;

- Fornecedora de software independente para a Oracle;

- Parceira influenciadora para o fornecedor de software de contabilidade.

Em outro exemplo, o Sr. e a Sra. Smith decidem fazer uma obra no apartamento, para criar mais um quarto com banheiro. Contratam a Easy Lofts para fazer a obra e escolhem os equipamentos hidráulicos. A Easy Lofts faz as plantas e desenhos, e elabora o projeto de construção. Encomenda três janelas especiais para o apartamento, encanamentos e aquecedores, e subcontrata as instalações hidráulicas para um especialista, Pipes and Co. A Pipes and Co diz ao Sr. e à Sra. Smith que os equipamentos hidráulicos escolhidos não são adequados e recomenda uma alternativa, aceita pelo casal. Também indica o exaustor e outros equipamentos e materiais compatíveis, com as especificações oficiais de construção civil, que são instalados pela Easy Lofts. Assim, a Easy Lofts atua como:

- Empreiteira principal para o Sr. e a Sra. Smith;

- Especificadora para os fornecedores de janelas, encanamentos e aquecedores;

- Instaladora ou revendedora para os fornecedores de janelas, encanamentos e aquecedores;

- Empreiteira principal para a Pipes and Co;

- Revendedora de madeira, placas de gesso, pisos, revestimentos, tintas etc.

A Pipes and Co foi:

- Especificadora de equipamentos para chuveiro e banheiro;

- Instaladora ou revendedora de equipamentos para chuveiro e banheiro;

- Influenciadora de fornecedores de exaustores e conduítes.

Em segundo plano, há um ou mais comerciantes de materiais de construção, que forneceram madeira, placas de gesso, pisos, revestimentos, tintas etc., e equipamentos para chuveiro e banheiro, como distribuidores de primeiro nível para os fornecedores desses produtos.

Para desbravar a complexidade resultante dos diferentes rótulos usados em cada setor, vamos sugerir alguns papéis genéricos, que você deve reconhecer e aplicar, qualquer que seja a terminologia usada pelo seu setor. Achamos que há cinco papéis distintos (ver Figura 13.1) a serem desempenhados pelos parceiros de canal comercial de último nível:

1. **Extensão do fornecedor:** basicamente, executa algum tipo de atividade terceirizada, geralmente gerenciando processos de logística

ou *back office*. O parceiro pode assumir parte do risco do negócio na atividade, como fornecer seguro de crédito financeiro para grandes compras de bens de capital, ou simplesmente ser remunerado por atividades operacionais, como frete ou logística.

FIGURA 13.1 Papéis de *players* de canal de último nível

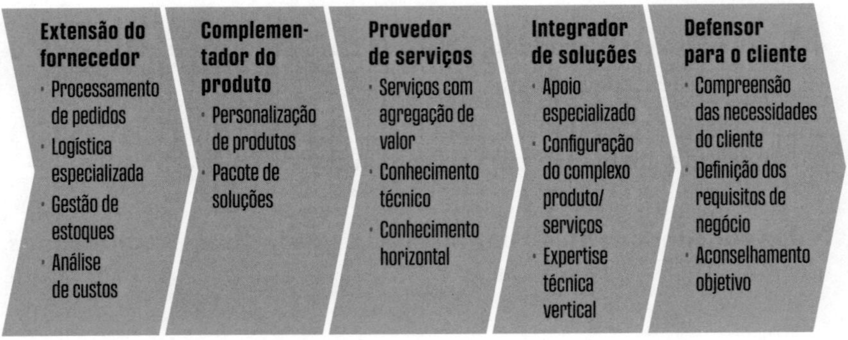

Extensão do fornecedor	Complementador do produto	Provedor de serviços	Integrador de soluções	Defensor para o cliente
· Processamento de pedidos · Logística especializada · Gestão de estoques · Análise de custos	· Personalização de produtos · Pacote de soluções	· Serviços com agregação de valor · Conhecimento técnico · Conhecimento horizontal	· Apoio especializado · Configuração do complexo produto/serviços · Expertise técnica vertical	· Compreensão das necessidades do cliente · Definição dos requisitos de negócio · Aconselhamento objetivo

❷ Completador do produto: agrega certo grau de customização ao produto do fornecedor, para clientes individuais ou para segmentos de clientes. O papel de complementador do produto pode ser tão simples quanto abrir a embalagem e adicionar um tipo local de cabo de energia ou manuais no idioma local, antes de expedir o produto para o cliente final.

❸ Provedor de serviços: presta um ou mais tipos de uma ampla gama de serviços, como design, suporte pré e pós-venda, instalação, configuração no local, manutenção, financiamento, e assim por diante. Dependendo do produto, o serviço prestado pode ser mínimo, como ajudar a selecionar o produto certo para as necessidades do cliente, até atividades fundamentais, como construir a base da estrutura para as janelas e portas pré-fabricadas, vendidas pelo fornecedor. Tendemos a caracterizar o provedor de serviços em termos "horizontais", ou seja, suas competências e capacidades se relacionam com o produto, não com o cliente. Isso é o contrário do...

❹ Integrador de soluções: que parte das ideias e conhecimentos do cliente (competências verticais) para oferecer uma solução para as necessidades exclusivas dele. Um grande integrador de soluções pode abranger ampla variedade de tipos de clientes, talvez com diferentes divisões ou seções dentro da empresa, enquanto um pequeno integrador pode especializar-se em apenas um tipo de cliente. A diferença básica entre o provedor de serviços e o integrador de solução é a orientação de cada um, com este último geralmente ajudando o cliente a integrar vários produtos e serviços (pense em um empreiteiro construindo uma nova linha de produção na atual fábrica do cliente), enquanto o provedor de serviços garante a eficácia e o encaixe de seus produtos específicos (como eletricistas instalando os sistemas de controle e os armadores montando as esteiras rolantes e os postos de operação). O provedor de serviços garante o funcionamento dos produtos, de acordo com as especificações; o integrador de soluções garante o funcionamento da solução total, conforme os objetivos do cliente.

5. **Defensor para o cliente:** função cujo impacto é proporcional às competências e conhecimentos necessários para especificar e selecionar soluções. É papel cada vez mais especializado e, portanto, cada vez mais intermitente. Exemplos dessa atividade são consultor financeiro independente (CFI), que ajuda os clientes a escolherem o melhor seguro de vida e plano de pensão mais compatíveis com os seus objetivos financeiros e tolerância ao risco; os consultores estratégicos, que ajudam os clientes a selecionarem os melhores sistemas de TI para apoiarem sua estratégia de negócios; o médico, que prescreve o melhor produto farmacêutico para uma doença; e os contadores, que recomendam o melhor pacote contábil para pequenas empresas.

Você deve ter detectado que há uma mudança de tendência ao longo desses papéis, desde a orientação total para o fornecedor, na extensão do fornecedor, até a orientação total para o cliente, no defensor para o cliente. Essa transformação tem muita relação com os modelos de negócio associados a esses papéis. Essas funções podem ser consideradas em termos de cadeia de valor do conhecimento ou de competências centrais indispensáveis para ser eficaz na função (ver Figura 13.2).

Na maioria dos setores, os parceiros podem desempenhar vários desses papéis, sem problemas, e, em alguns casos, todos esses papéis, à exceção de um deles – o conflito de interesses seria grande demais na combinação de ambos os extremos dessa cadeia de valor em um único *player*. Na maioria das vezes, a divisão acontece entre: 1) o complementador do produto e o provedor de serviços, situação em que o papel do provedor de serviços está, essencialmente, "do lado do cliente"; ou 2) o provedor de serviços e o integrador de soluções, situação em que o papel do provedor de serviços está "do lado do fornecedor".

Observe que, mesmo na primeira dessas situações, como, por exemplo, uma oficina de automóveis, onde o provedor de serviços está trabalhando para dar ao cliente as peças certas, ao preço justo, é muito interessante para o fornecedor treinar e apoiar o provedor de serviços na instalação correta dos seus produtos. O fornecedor inteligente quer garantir que o provedor de serviços conheça sua faixa de produtos e saiba como eles se diferenciam dos produtos dos concorrentes. O fornecedor talvez até queira oferecer o treinamento necessário, sem especificação de marca, para que o provedor de serviços se torne um mecânico competente, na tentativa de conquistar *share of mind* (fatia da mente) e, com isso, *share of recommendation* (fatia de recomendação).

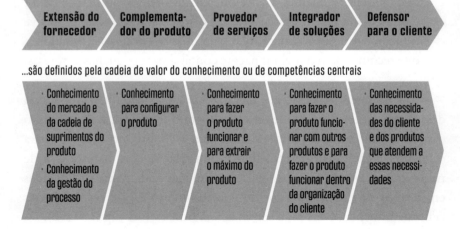

FIGURA 13.2 Papéis de último nível, definidos em termos de rede de conhecimento ou de competências centrais

As grandes empresas farmacêuticas procuram influenciar os médicos que prescrevem medicamentos, com seminários sobre as técnicas de tratamento mais recentes, para, por exemplo, trombose cardiovascular.

ADEQUANDO OS PAPÉIS DO CANAL AOS *PLAYERS* DO CANAL

À medida que exploramos cada papel, você provavelmente perceberá que é capaz de rapidamente associar os papéis aos tipos de parceiros do seu setor. Prepare-se para descobrir que o cliente desempenha alguns dos papéis dos parceiros; o que é ainda mais comum no contexto B2B. Por exemplo, no setor de pequenas e médias empresas, poucos sistemas de informação estão realmente integrados. Os clientes devem descobrir por conta própria os sistemas de que precisam (atuam como defensores de si próprios) e raramente conseguem o melhor pelo que pagam. Alguns revendedores de computador reconheceram a oportunidade e se posicionaram para exercer a função de defensor para o cliente e de integrador de soluções, geralmente selecionando determinado segmento de clientes em que podem se especializar. As duas estruturas de mercado se parecem um pouco com as apresentadas na Figura 13.3.

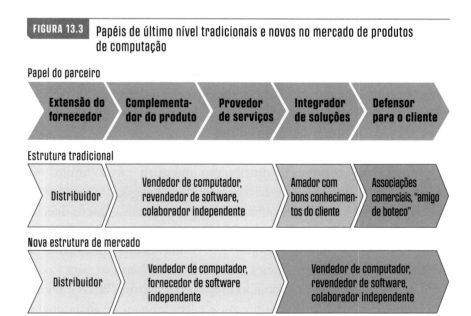

FIGURA 13.3 Papéis de último nível tradicionais e novos no mercado de produtos de computação

Em muitas indústrias, os *players* de canal tiveram de "mudar de lado" (do lado do fornecedor para o lado do cliente) para sobreviver. À medida que o setor cresce e amadurece, duas coisas acontecem: o número de provedores de serviços se multiplica e os clientes começam a demandar muito mais integração, em troca de sua fidelidade. O provedor de serviços se vê preso no meio, com margens declinantes, no que se transformou em quase serviços comoditizados, sentindo-se sem habilidades para competir pelo trabalho mais sofisticado, demandado pelos clientes. O provedor de serviços se tornou líder de preço em serviços comoditizados (por meio de eficiências de escala) ou "mudou de lado" e se especializou o suficiente para ser capaz de impor ao cliente remuneração por trabalho de integração, com valor agregado mais alto, isto é, tornando-se integrador de soluções. A remuneração passa a ser toda ou em grande parte determinada pelo cliente, por meio de negociações sobre o escopo do trabalho e o grau de expertise necessário.

DIFERENTES PAPÉIS IMPÕEM DIFERENTES MODELOS DE REMUNERAÇÃO

Embora, no final das contas, toda a remuneração de último nível seja paga pelo cliente final, a estrutura dos papéis dos parceiros em um setor talvez pareça se chocar com esse fato óbvio. Veja o exemplo de "desconto comercial", em que um fornecedor concede ao canal de comércio um desconto em sua tabela de preços para os clientes finais. Muitos fornecedores operam no programa "Preferred Partner Programme" (Programa de Parceiros Preferenciais), em que os parceiros que atendem a certos critérios têm acesso a descontos diretos e indiretos (como nível mais alto de apoio pré-vendas), inacessíveis para outros parceiros.

Em grandes estruturas de distribuição, nas quais, talvez, muitos milhares de *players* de canal comercial competem por negócios, com poucas diferenças entre eles, esses descontos comerciais se tornam a base da diferenciação. *Players* maiores, que oferecem descontos comerciais mais generosos (propiciados pelos volumes maiores), têm condições de repassar parte do desconto ao cliente final – prática conhecida como "repassar para a ponta" – e ganhar negócios, oferecendo preços mais baixos. *Players* menores são incapazes de chegar a esses preços, e talvez tenham de abandonar o fornecedor, por ele ser antieconômico. Observe que toda a ênfase dessa conversa sobre remuneração é entre o *player* comercial e o fornecedor.

Os fornecedores concluíram que essa situação, se deixada à solta, danificará a rede de distribuição, eliminando quase todos os parceiros induzidos pelo preço. Em consequência, destrói-se a capacidade desses parceiros de lançar novos produtos e de introduzir seus produtos em segmentos especializados do mercado. A reação tem sido dificultar para o canal comercial passar o desconto para a rua ou abandonar a política de volumes, e reconhecer habilidades e competências confiáveis como base dos descontos.

A abordagem típica para fazer com que o desconto comercial "fique" no canal (como margem) tem sido tornar parte ou a totalidade do desconto incerto, de forma que o comerciante não corra o risco de dar muito desconto, caso não vença a concorrência. Às vezes são denominados descontos "caixa preta" (*black box*), porque são formas de os fornecedores criarem incerteza:

➤ Oferecendo o desconto de canal comercial na forma de abatimento, ou *back-end margin*, em vez de embuti-lo no preço como *front-end margin*. O abatimento precisa ser conquistado, atingindo-se algumas metas durante um período (anual, semestral, trimestral etc.). Assim, a não ser que a meta seja atingida, o *player* de canal não pode ter a certeza de ter conseguido o abatimento. Essas metas podem ser volumes de vendas, mas também podem ser níveis de satisfação do cliente final ou avaliações de qualidade.

➤ Concedendo bônus ao fim de um período comercial. Esses bônus podem ser anunciados com antecedência, com um conjunto de regras, ou somente no encerramento do período, como "recompensa" pelo desempenho excepcional. É preciso tomar cuidado para não tornar o bônus previsível demais, senão o parceiro começará a considerar o bônus esperado no cálculo do preço de ponta para o cliente ou consumidor final.

➤ Classificando os parceiros com base no desempenho no período e oferecendo diferentes descontos para cada nível. O desempenho pode ser definido de muitas maneiras, além de volume de vendas, como contas abertas ou avaliações de qualidade e satisfação do cliente. Antes do fim do período, os parceiros não saberão em que nível foram incluídos, não tendo condições de conceder descontos mais altos.

É no modelo de reconhecimento que o fornecedor remunera o último nível, para investir nas competências e capacidades necessárias à implementação de soluções (propiciando, assim, a venda de seus produtos). Em setores de baixa tecnologia, o reconhecimento pode aplicar-se a fatores como conformidade com as diretrizes operacionais, das normas de saúde e segurança, das qualificações técnicas básicas, da aceitação das práticas de negócios de associações comerciais etc. Mesmo os produtos mais simples se beneficiarão com o treinamento das equipes de vendas e das equipes de instalação em como vender e instalar o produto. Nos setores de alta tecnologia, a necessidade de credenciamento é mais óbvia. A Cisco assumiu a liderança no setor de TI identificando umas poucas capacidades estratégicas (networking, comunicações unificadas etc.) que permitem aos parceiros obterem descontos comerciais em produtos relevantes, desde que tenham o número necessário de engenheiros treinados, para se qualificarem no programa de parceiros escalonados. Isso significa que tamanho não significava mais, automaticamente, qualquer vantagem de preço, e possibilitou que a Cisco promovesse o seu canal como o mais bem qualificado para atender às necessidades dos clientes.

A abordagem alternativa a esses modelos é pagar por funções ou atividades executadas pelo último nível. Na forma mais básica, pode ser simplesmente que o fornecedor pague um desconto extra de 0,5% ou 1% pelo recebimento de dados sobre vendas, reportando com algum nível definido os detalhes sobre o cliente final. Em alguns setores, essa abordagem evoluiu para abranger muitas funções e níveis de desempenho, numa mistura com estruturas de desconto mais tradicionais, como se vê no boxe a seguir.

PAGAMENTO POR FUNÇÃO

Durante muitos anos, uma importante distribuidora de filmes e entretenimento doméstico compensou seus parceiros de canal na Alemanha, Reino Unido e Espanha, concedendo descontos e abatimentos, com base inteiramente em volumes de vendas, o que era feito na forma de descontos na fatura ou de abatimentos no fim do mês, do trimestre ou do ano. Embora o distribuidor tivesse tentado convencer os parceiros de canal a executarem uma série de atividades, empenhando o máximo de sua capacidade, a empresa não tinha mecanismo para reconhecer e recompensar esse desempenho.

Até que o distribuidor tomou a iniciativa ousada de mudar sua abordagem e decidiu realocar a remuneração disponível, pagando aos parceiros por atividades isoladas, com base na capacidade dos parceiros de produzir resultados em quatro dimensões: mix, PDV (ponto de venda), contato com o consumidor e eficiência do negócio, além do modelo básico de remuneração (ver Figura 13.4):

FIGURA 13.4 Exemplo de estrutura de remuneração, seguindo um modelo de "pagamento por função"

MIX	PDV (PONTO DE VENDA)	CONTATO COM O CONSUMIDOR	EFICIÊNCIA DO NEGÓCIO
	Planograma do local		
Extensão e profundidade do mix	PDV (ponto de venda), apresentação e exposição	Marketing para o consumidor (anúncios, folhetos, promoções)	Pedidos e logística
Títulos novos vs. fundo de catálogo	Espaço dedicado (*shop-in-shop*, ou loja dentro da loja)	Dados das vendas EPOS (ticket médio, número de itens etc.)	Devoluções e suporte
Disponibilidade do mix	Mídia na loja	Capacidade multicanal (web, catálogo, loja)	Perdas e furtos

| Metas de volume |
| Condições de crédito |
| Contrato direto ou indireto |

| Pagamento por função |
| Fatores higiênicos |
| Excluído dos termos e condições (T&Cs) |

Papéis dos *players* de canal de último nível

- Mesmo mantidas, as metas de volume foram flexibilizadas, para refletir o desempenho de cada parceiro, em vez de ser uma porcentagem fixa não atingida.

- Outros elementos, como merchandising, apresentação dos produtos e exposições no ponto de venda, seriam recompensados na base de pagamento por função.

- Algumas atividades, como marketing para o consumidor, continuariam fora dos termos e condições normais e seriam pagas com verbas discricionárias de marketing, que foram alocadas com base no mérito da atividade.

- O último grupo de atividades, fatores higiênicos, foi considerado tão fundamental para o papel do distribuidor que nenhuma remuneração foi oferecida, e nem seria necessário.

O efeito dessa abordagem foi propiciar ao distribuidor de filmes e entretenimento doméstico muito mais controle sobre seus canais, remunerando-os pelo que quer que eles façam, e eliminando a remuneração de parceiros que simplesmente optam por não exercer seu papel. Esses tipos híbridos de esquemas de remuneração serão cada vez mais comuns, à medida que os holofotes focam cada vez mais em garantir que todas as despesas de distribuição estejam contribuindo para o desempenho do negócio.

No entanto, mesmo essa abordagem ainda posiciona toda a negociação sobre remuneração entre o fornecedor e o parceiro comercial, com a exclusão do cliente. Por que isso? A resposta consiste, basicamente, no fato de que o fornecedor precisa do canal de último nível para "completar" a sua oferta. O último nível está suprindo todas as necessidades que já salientamos, disponibilizando o produto quando os clientes querem, onde querem, configurado como querem, funcionando como querem, em sua empresa ou residência. Essas atividades têm um custo e o fornecedor reconhece que deve remunerar o canal por executar o trabalho essencial de levar seus produtos para o mercado; por isso, podemos esperar que o fornecedor defina de alguma maneira essa parte da remuneração. No entanto, essa não é a oferta completa que o canal de último nível leva ao cliente. Cada venda é um projeto e, nessas condições, o cliente deve definir o escopo dos serviços específicos que espera do canal de último nível.

E se o cliente não souber o que pedir? Por exemplo, será que você sabe que serviços devem ser executados no seu carro na revisão de dois anos? Aqui, o fornecedor (Ford, Nissan, GM etc.) entra em ação e define os serviços a serem executados 24 meses depois da compra, ou quando o veículo tiver rodado 30.000 quilômetros, e encoraja suas concessionárias a cobrarem o preço recomendado. Assim, o que temos é o esquema de remuneração apresentado na Figura 13.5. No alto da figura, estão os papéis já conhecidos, a serem executados pelos parceiros. Abaixo, o modelo de negócio mostra a progressão de atividades relacionadas com o fornecedor, estipuladas por contratos entre o fornecedor e o canal comercial, para atividades definidas pelo cliente, em que este procura terceirizar o trabalho e o risco para garantir certo nível de desempenho. O preço pago pelo cliente é diretamente proporcional ao valor e ao desempenho recebido ou risco evitado. Prosseguindo com o nosso exemplo do carro, você paga mais numa concessionária franqueada ou autorizada do que na oficina da esquina, porque sabe que o pessoal que trabalha no seu carro no revendedor está tecnicamente atualizado sobre o seu modelo e, se surgir algum problema depois do serviço, você pode levar o carro de volta ao revendedor e esperar que solucionem a questão, sem fazer perguntas. Também pode ter a certeza de que a garantia não será invalidada. O carro será devolvido pronto e você terá direito ao uso de um carro substituto, enquanto o seu estiver na oficina autorizada. Você, o cliente, está pagando por tudo isso, e, se não gostar, pode ir para outra concessionária. Em algum momento da vida do carro, porém, as suas necessidades de desempenho e gestão do risco podem mudar. O dono de um carro mais velho precisa de alguém nas imediações, que esteja disponível, logo ali na esquina, para dar a partida no carro na primeira manhã gelada de inverno, sem esperar duas semanas de antecedência para fazer um agendamento. Esse é um requisito de desempenho diferente e envolve preços diferentes.

Observe que agora o cliente controla a equação valor/compensação, como mostra a parte inferior da Figura 13.5, com o fornecedor pagando pelas atividades a serem executadas pelo canal e o cliente definindo os pacotes personalizados de oferta de valor e gestão de risco.

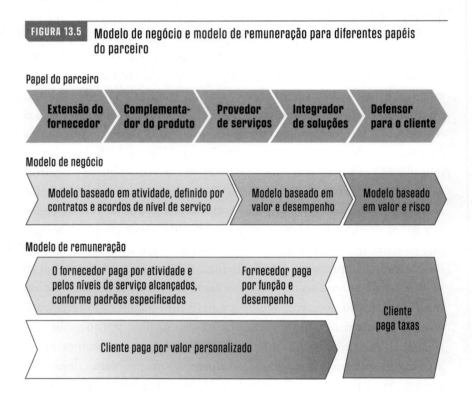

FIGURA 13.5 Modelo de negócio e modelo de remuneração para diferentes papéis do parceiro

◢ Defensores para o cliente e *players sell-with*

Já falamos neste capítulo sobre o papel dos *players sell-with*, sobretudo como defensores do cliente. Essa terminologia é usada, evidentemente, por fornecedores, ao definir o papel de levar produtos ao mercado. Como sugere o nome, esses *players* não manuseiam o produto nem interferem na movimentação física dele do fornecedor para o cliente, trabalho que é feito pelos *players sell-through*. Entretanto, esses *players sell-with* podem ser cruciais para o processo de vendas, em alguns setores. É o que ocorre nas situações em que os clientes estão mal equipados ou até são incapazes de definir o que querem. Deve-se raciocinar como sendo uma compra técnica, e o raciocínio se aplica a vendas tanto para empresas quanto para consumidores. Arquitetos e designers de interiores especificam os produtos e a marca a serem instalados em seus projetos. Os consultores de TI especificam a arquitetura do hardware e do software, mais adequada às necessidades da empresa, e, frequentemente, são incumbidos de especificar os produtos e definir as marcas, compatíveis com a arquitetura especificada.

Portanto, se o parceiro *sell-with* não "toca" no produto, como funciona o seu modelo de negócio? Na figura 13.5, indicamos que o cliente paga taxas, que é o modelo de remuneração dominante, porque foi o cliente que iniciou o processo de compra e procurou o *player* que, na opinião dele, conhece melhor as suas necessidades e disponibilidades. Essa situação cria um desafio para o fornecedor, que agora depende do defensor para o cliente para reconhecer e especificar ou recomendar seus produtos, em comparação com os dos concorrentes. A abertura dos fornecedores é propiciada pela necessidade do defensor para o cliente de certificar-se de que conhece as melhores alternativas, as novas tecnologias e materiais etc., e de assegurar-se de que é capaz de identificar as soluções mais aptas a resolver certos problemas. Assim, a porta está aberta para que fornecedores confiáveis informem e esclareçam os defensores para o cliente, e os fornecedores devem gerenciar esses relacionamentos exatamente da mesma maneira como fazem com um importante cliente *sell-through*. Isso significa que o fornecedor deve programar reuniões regulares, promover discussões sobre os projetos em andamento e sobre os clientes potenciais, e gerar forte fluxo de informação, na forma preferida pelo defensor para o cliente. Também é importante que se empenhe ao máximo para se posicionar em lugar de destaque na mente do defensor para o cliente, como o melhor e como fonte profícua de soluções para problemas técnicos.

Tudo isso influencia o comportamento de parceiros *sell-with*, mas será que o fornecedor pode ir mais longe e recompensar o defensor para o cliente, para influenciar comercialmente as recomendações? É preciso cautela para não comprometer o defensor para o cliente e deixá-lo em situação de conflito de interesses (ver o estudo de caso sobre o setor de serviços financeiros). Tendo em mente que a recompensa pode ser financeira e não financeira, a resposta é quase certamente sim.

Estratégias mais comuns para isso consistem em fornecer recursos valiosos aos defensores para o cliente, como:

- Ajuda técnica, demonstrações e produtos "extras", que capacitem o defensor a fazer o seu trabalho a baixo custo;

- Treinamento que vai além do simples conhecimento do produto, e atenuem os custos para o defensor;

- Intermediar apresentações e *leads*, obtidos por meio do próprio networking, marketing e atividades de vendas do fornecedor;

- Conferências e outros eventos, em localidades atraentes, que sirvam como oportunidades de recompensa e motivação para o pessoal do defensor para o cliente, sem custos para o seu próprio negócio.

Em alguns setores, os fornecedores ofereceram remuneração direta por apresentações e referências que propiciaram vendas. Aqui, são enormes as dificuldades para medir o grau de influência do parceiro *sell-with*, e até para atribuir uma venda a ele, se o influenciador já não for um relacionamento em curso.

ESTUDO DE CASO - SETOR DE SERVIÇOS FINANCEIROS - QUEM REMUNERA O ÚLTIMO NÍVEL?

O setor de serviços financeiros é um caso interessante, com muitos assessores financeiros (isto é, o canal comercial) trabalhando para o cliente, mas sendo remunerados com comissões pagas pelos fornecedores (as empresas de fundos de pensão e de seguro de vida) sobre os produtos recomendados e vendidos pelos assessores. Há muito tempo isso é visto como uma situação sujeita a abusos, pois existe, claramente, um conflito de interesses inerente. Alguns assessores resolveram esse conflito atuando somente quando remunerados por taxas pagas pelos clientes. Outros se associaram com exclusividade,

> ostensivamente, somente a fornecedores que, na opinião deles, oferecem os melhores produtos – a remuneração assume a forma de comissão sobre os produtos que recomendam. Os clientes mais sofisticados preferem pagar comissões a um consultor financeiro independente pois precisam de conselhos sólidos e esperam obter produtos de ampla variedade de fornecedores. Contudo, não são os clientes menos sofisticados que mais precisam de orientação financeira? Sim, provavelmente, mas esses clientes relutam em pagar por esse serviço. Eles efetivamente pagam por essa assessoria, mas, como a cobrança vem embutida no preço total do produto, acreditam que a orientação é gratuita. Em consequência, muita gente fica horrorizada ao tentar sair de uma apólice de seguro ou de um plano de previdência e constatar que grande parte do dinheiro que pagou nos primeiros 18 meses se destinou a comissões, e que o saldo é muito inferior à soma das contribuições. Só que é um pouco tarde para descobrir o preço da assessoria financeira recebida.

APLICANDO ESSE MODELO AO SEU SETOR OU CANAL

Talvez você ache os termos "provedor de serviços" ou "integrador de soluções" difíceis de aplicar aos tipos específicos de *players* de canal com que estamos familiarizados, e talvez pareça um pouco forçado descrever os ofícios clássicos de encanador ou instalador de cozinhas etc., nesses termos. Não desanime. Lembre-se de que essas são descrições de *funções*, não descrições de *players*, e estão sendo consideradas, deliberadamente, no contexto do cliente, não do fornecedor. Com base em nossa experiência, é muito útil pensar em termos dessas funções na medida em que elas podem ajudar os fornecedores a esclarecerem suas estratégias de canal ou seus modelos *go-to-market*. Com efeito, a Hewlett-Packard reformulou completamente o modelo de distribuição europeu de seus computadores e impressoras com base nesse modelo, e, ao fazê-lo, melhorou sua posição de mercado e sua eficiência de distribuição.

CAPÍTULO 14

COMO O MODELO DE NEGÓCIO TRABALHA PARA OS *PLAYERS* DE CANAL DE ÚLTIMO NÍVEL

O PAPEL DEFINE O MODELO DE NEGÓCIO

Como vimos no capítulo anterior, o modelo de negócio de um *player* de canal comercial de último nível geralmente abrange um mix de revenda de produtos e de prestação de serviços. Esse mix pode variar muito, desde *players* em que a prestação de serviços é quase nada, como proporção das vendas, até *players* em que a prestação de serviços representa até 100% da Receita com vendas, sem qualquer revenda de produtos.

Tipicamente, a proporção de serviços aumenta à medida que você se desloca da esquerda para a direita, na faixa de tipos de parceiros apresentada na Figura 14.1. Isso reflete o maior valor agregado e a maior proporção de customização das ofertas, indispensáveis para ser competitivo e eficaz em cada papel. Analisaremos as implicações disso mais adiante, neste capítulo.

A tendência geral em muitos setores, à medida que amadurecem, é que os *players* de canal de último nível aumentem gradualmente a proporção de suas vendas oriundas de serviços. Há várias razões para isso:

- À medida que os mercados amadurecem e as taxas de crescimento desaceleram, os *players* de último nível passam a competir entre si com mais intensidade, em busca do crescimento. Eles concluem que a prestação de serviços é a base para o aumento da diferenciação.

- A maior diferenciação tende a gerar margens mais altas, oriundas de serviços.

> A revenda de produtos, embutida numa proposta de serviços, pode gerar margens mais altas do que apenas a revenda de produtos, sem o complemento de serviços.

> Muitos tipos de serviço não precisam de muito capital, o que facilita o crescimento com base de capital limitada.

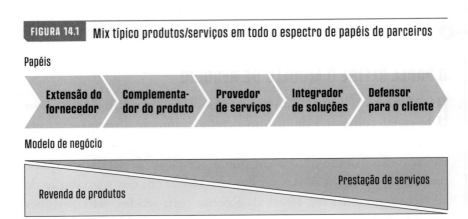

FIGURA 14.1 Mix típico produtos/serviços em todo o espectro de papéis de parceiros

Embora poucos desses *players*, ao gerenciar o negócio, dividam o modelo de negócio em "produtos" e "serviços", é útil focar exclusivamente no modelo de negócio de serviços nesta parte do livro, para compreender seus desafios especiais, que são muito diferentes daqueles do modelo de produtos.

MODELOS DE NEGÓCIO DE PRESTAÇÃO DE SERVIÇOS - PESSOAS E PLATAFORMAS

Para compreender o modelo de negócio de serviços, é útil considerar dois tipos básicos: modelo baseado em pessoas e modelo baseado em plataforma. No primeiro tipo, o provedor de serviços usa seu tempo e competências em atividades como configurar, instalar, servir, consertar, aconselhar, treinar, gerenciar e muitas outras. No segundo tipo, o provedor de serviços constrói uma plataforma que capacita o cliente a viajar, fazer refeições, alojar-se, acessar informações, receber conteúdo, fazer ou atualizar reservas, executar transações, mudar perfis de consumo (adicionar um usuário, ampliar a funcionalidade), diagnosticar problemas e executar muitas outras atividades. Comuns a ambos esses modelos, de pessoas e de plataformas, encontram-se numerosos atributos, que diferem em muito do modelo de negócio de produtos.

- **Sensibilidade ao volume:** os modelos de negócio baseados em pessoas e baseados em plataformas dependem de uma estrutura de custos em grande parte fixa, em curto e em médio prazo (em longo prazo, todos os custos são variáveis). São custos que devem ser pagos por semana ou mês.

- **Dimensão temporal da capacidade:** a maioria dos serviços consome capacidade no momento da prestação, gerando a necessidade de gerenciar a utilização da capacidade. O tempo das pessoas, assentos ou espaços não vendidos, largura de banda etc., não podem ser inventariados para corresponder à demanda; portanto, a demanda deve ser gerenciada para se adequar à oferta.

- **Entrega de valor baseada em contrato:** a unidade de venda é geralmente um contrato com grande número de variáveis, todas capazes de afetar o prazo de entrega, o custo e a qualidade, exigindo processos sofisticados de controle, contabilidade e bilhetagem, para garantir que o valor entregue se converta em receita.

Nos capítulos seguintes desta parte, analisamos como esses atributos são gerenciados e alavancados de forma diferente, por provedores de serviços baseados em pessoas e provedores de serviços baseados em plataformas. O resultado total é que os modelos de negócio refletem arquiteturas um tanto diferentes, conforme resumido abaixo.

ATRIBUTOS ESPECIAIS DO MODELO DE NEGÓCIO DE SERVIÇOS BASEADO EM PESSOAS

A lógica da abordagem da árvore para desenvolver um modelo de negócio pode ser aplicada ao modelo de serviços exatamente como é aplicada ao modelo de produtos, que analisamos em profundidade na Parte Dois, quando examinamos o nível do distribuidor. A Figura 14.2 mostra o modelo de serviços baseado em pessoas, com os seus motores, ou *drivers*, primários. Você pode ver que a estrutura central do modelo de serviços baseado em pessoas é a igual à estrutura central do modelo de produtos, com o RSCE e o RSCI sendo alimentados à esquerda pelas margens e despesas gerais e à direita pelo capital de giro. O que não fica claro de imediato é a dinâmica de como receitas, custos e margens se comportam, à medida que o negócio se expande. O fator mais significativo é que o custo das vendas é relativamente fixo,

FIGURA 14.2 Geradores do modelo de negócio baseado em pessoas

QUADRO 14.1 Expectativas conflitantes dos *stakeholders* do provedor de serviços

DIMENSÃO DO TRABALHO	EXPECTATIVAS DAS PESSOAS	EXPECTATIVAS DO CLIENTE	EXPECTATIVAS DO PROVEDOR DE SERVIÇOS
Equivalência entre experiência e requisitos	Trabalho variado, que ofereça novos desafios e oportunidades de desenvolvimento pessoal, para aumentar o "capital pessoal". Não querem fazer o mesmo trabalho o tempo todo.	Pessoas altamente experientes e qualificadas, que executaram o mesmo tipo de trabalho muitas vezes, capazes de sempre apresentar resultados impecáveis.	Conhecimento suficiente para entregar o trabalho no prazo, cumprir o orçamento e seguir as especificações de qualidade, sem excesso de qualificação que onere os custos nem falta de experiência que demande supervisão específica e concessões à curva de experiência.
Programação	Trabalho contínuo, sem muitas pressões para cumprimento de prazos. Tempo disponível para férias, conforme as conveniências familiares etc.	O mais rápido possível, com previsão de prazo suficiente para assinatura do cliente. Recursos suficientes para cumprir prazos, sem prorrogações.	Trabalho contínuo, em tempo integral, durante o prazo previsto, sem inatividade nem paralisações.
Continuidade do *staff*	Período razoável trabalhando para um cliente e oportunidades de trabalhar para clientes maiores e mais prestigiosos. Oportunidades de participar da elaboração de propostas para novos trabalhos em novos clientes.	Baixa rotatividade da equipe, sem necessidade de novas instruções a novatos e com o mínimo de dispersão dos demais membros. Compreensão das expectativas dos clientes, sem explicitação e repetição. Sem distrações ou faltas.	Flexibilidade para rodízio de pessoas entre funções e atribuições, para garantir a melhor compatibilidade entre indivíduos e tarefas. Disposição para alocar os melhores operadores aos clientes mais valiosos ou de maior risco. Capacidade de escalar as melhores pessoas para a preparação de propostas para novos projetos e clientes.

porque abrange custos de pessoas (principalmente dos empregados), e ocorrerá não importa o volume de vendas. Nos Capítulos 15 e 16, mergulharemos nos detalhes desse processo, mostrando como ele impacta a mensuração e o rastreamento das margens nesse contexto.

A gestão de pessoas, porém, não é um simples jogo de números. As pessoas são difíceis de gerenciar e esperam que seus gestores prestem atenção à variedade e ao mix de suas experiências de trabalho, equilíbrio vida/trabalho, moral, treinamento e desenvolvimento, e que ofereçam oportunidades de progresso na carreira etc. De muitas maneiras, as demandas das pessoas responsáveis pela prestação de serviços entram em choque com as demandas dos clientes, e até com as do próprio provedor de serviços (ver Quadro 14.1).

Cada vez que o provedor de serviços gera uma oportunidade para conquistar um novo cliente, uma proposta para um novo negócio ou o início de um novo projeto, é necessário equilibrar essas demandas potencialmente conflitantes na maneira como aloca o pessoal a contratos e clientes. Cada decisão específica pode favorecer um dos três *stakeholders* em detrimento dos outros dois, porém, com o passar do tempo, é preciso manter um equilíbrio justo. É muito fácil para gestores fracos sucumbir às "rodas que rangem" e ceder às pressões do cliente mais exigente, do gestor mais estridente ou do membro de equipe mais descontente. Uma gerência forte exige a capacidade de avaliar as dimensões do valor duradouro do cliente para a empresa, do desenvolvimento das capacidades da equipe de serviços, e do gerenciamento de oportunidades de carreira para os membros da equipe. Os gestores também devem ser capazes de explicar os fundamentos de suas decisões e de convencer os *stakeholders* de suas razões e méritos. Tudo isso exige competências socioemocionais, capacidade de gestão de equipes, e habilidades de comunicação e vendas de todas as partes envolvidas, para decidir e persuadir sobre distribuição de recursos e programação de decisões.

Os grandes provedores de serviços investem intensamente nas ferramentas de gestão de pessoas, para garantir que todos os membros da equipe participem de programas de treinamento e desenvolvimento, recebam feedback contínuo e avaliações periódicas, e tenham remuneração e benefícios à altura de suas qualificações e desempenho, para darem o melhor de si e construírem a carreira profissional no provedor de serviços. Em troca, o provedor de serviços passa a contar com uma equipe competente, leal e motivada, experiente em prestação de serviços aos clientes e familiarizada com as ofertas e diferenciais do provedor de serviços, sempre dispostos a se superar quando necessário. Os melhores provedores de serviços dispõem de sistemas adequados para monitorar o desempenho, identificar os bons e maus operadores, e enfrentar os problemas com antecedência. Bons sistemas de gestão de talentos garantirão a prontidão da equipe, a profundidade e a relevância das competências individuais, e a expressão oportuna de suas preferências pessoais.

Quanto mais alto for o nível de excelência do provedor de serviços, maior será a sua capacidade de reter e desenvolver equipes integradas de alto desempenho. A saída de uma única pessoa, ou, pior ainda, de um grupo de especialistas experientes pode ser catastrófica para o provedor de serviços, e, frequentemente, acarretam deserções de clientes e evasão de profissionais, talvez para concorrentes diretos. As substituições serão demoradas, se forem possíveis, e o treinamento dos substitutos poderá demorar até um ano para que os novatos dominem os métodos únicos do provedor de serviços e apresentem o mesmo desempenho dos substituídos. Tudo isso será extremamente oneroso para o provedor de serviços, que deve encarar essas despesas como investimentos a serem protegidos e otimizados para gerarem o retorno esperado. Mesmo quando oferecem serviços básicos, esses negócios sentirão o impacto da rotatividade elevada, na medida em que afetará o serviço aos clientes, a estabilidade das equipes e os níveis de competência que as capacitam a manejar os numerosos problemas que surgem na prestação de serviços.

ATRIBUTOS ESPECIAIS DO MODELO DE NEGÓCIO DE SERVIÇOS BASEADO EM PLATAFORMAS

O modelo de prestação de serviços baseado em plataforma tem várias semelhanças com o modelo de prestação de serviços baseado em pessoas, com alta dependência nas competências técnicas do pessoal e com uma versão mais extrema da estrutura rígida de custos. A diferença é que as competências técnicas são exploradas para o desenho, execução e evolução da plataforma que entrega os serviços. A Figura 14.3 mostra a árvore lógica do modelo de serviços baseado em plataforma.

FIGURA 14.3 Geradores do modelo de negócio baseado em plataforma

Uma das principais características do modelo de serviços baseado em plataforma é que toda a plataforma precisa ser construída e testada antes de ser lançada no mercado. Essa característica contrasta com o modelo de serviços baseado em pessoas, em que é possível partir para a ação, em termos de negócios, com uma única pessoa. As implicações dessa característica para o modelo de serviços baseado em plataforma é a necessidade de um investimento de capital substancial na plataforma antes da obtenção da primeira receita de venda. Dependendo do custo de aquisição do cliente, pode ocorrer um período de fluxo de caixa negativo em que as despesas gerais de operação e de aquisição do cliente superam qualquer geração de caixa inicial. Esse problema é exacerbado se a plataforma fornecer serviços que são remunerados com base no consumo (*pay-as-you-go*) ou em contrato anual.

Em paralelo, um dos aspectos mais interessantes do modelo de serviços baseado em plataforma é que, frequentemente, o trabalho é transferido para o cliente. Estes se dispõem a perder tempo preenchendo formulários *on-line*, pesquisando melhores negócios, montando os próprios pacotes (por exemplo, voos, hotéis e aluguel de carros, em vez de contratar agentes de viagem para fazer isso), configurando os próprios relatórios, especificando os próprios produtos mediante seleção de opções, programação dos prazos e locais de entrega. Os clientes já mostraram que estão dispostos a fazer esse trabalho, em troca dos benefícios de conveniência, agilidade, flexibilidade e controle.

CAPÍTULO 15

GERINDO *PLAYERS* DE CANAL DE ÚLTIMO NÍVEL – VENDAS E UTILIZAÇÃO

MODELO DE NEGÓCIO DE SERVIÇOS BASEADO EM PESSOAS

◢ Reconhecimento da receita

O nível da Receita com vendas em qualquer semana ou mês exerce impacto crítico sobre a lucratividade geral de um provedor de serviços baseado em pessoas, considerando que grande parte de seus custos são fixos. Contudo, a questão de o que constitui receita, ou melhor, quando reconhecê-la, é muito mais complicada do que para um negócio de produto.

O registro do reconhecimento de vendas ou receita em um negócio de serviço é, surpreendentemente, uma das áreas mais subjetivas nas demonstrações financeiras de um provedor de serviços, muito suscetível a abusos e manipulações. Por que essa área é tão complicada? Vamos olhar para a XYZ Co e fazer algumas perguntas.

A XYZ Co tem três tipos de fluxos de receita:

❶ Grandes contratos, com várias fases, dispersas por períodos de até 15 meses;

❷ Pequenos contratos que, tipicamente, se estendem por cerca de três meses; e

❸ Contratos de serviço, suporte e manutenção com prazos fixos.

Agora, no caso de grandes contratos, quando considerar que a venda foi efetuada?

A Quando o cliente se compromete com o contrato?

B Quando o cliente assina o contrato?

C Quando o primeiro consultor chega no local do cliente?

D Ao fim do primeiro mês de trabalho?

E Quando o trabalho do primeiro mês é aceito pelo cliente?

F Quando o trabalho do primeiro mês é pago pelo cliente?

G Ao fim de todo o trabalho?

H Quando todo o trabalho é aceito pelo cliente?

I Quando todo o trabalho é pago pelo cliente?

Essas opções foram apresentadas numa sequência que os contadores diriam que ia da mais "agressiva" no alto para a mais "prudente" embaixo. Poucas pessoas se sentiriam à vontade reconhecendo toda ou até parte da receita de um contrato no momento A, assim como poucas achariam que a empresa deveria esperar até o ponto I para contabilizar qualquer receita. Quinze meses é o que os contadores denominam contrato a "longo prazo" e, conforme as normas internacionais de contabilidade, a receita e o lucro devem ser reconhecidos à medida que o trabalho é executado, *desde que o resultado possa ser avaliado com grau de certeza razoável.* Em termos simples, significa que as opções D e E são os pontos mais aceitos de reconhecimento da receita, dependendo das práticas da XYZ Co. Observe as palavras em itálico, ou seja, a XYZ Co, à medida que reconhece a receita, deve acompanhar a execução do contrato e certificar-se de que não terá de contabilizar prejuízo ao fim dele. Caso pareça provável um lucro inferior ao previsto, ou até prejuízo, é necessário reduzir o lucro contabilizado, de forma correspondente.

As práticas de reconhecimento da receita dependerão até certo ponto do rigor com que a XYZ Co controla seus contratos e da maneira como registra a atividade de seu pessoal faturável (isto é, as pessoas que trabalham para clientes para gerar receita). Dos serviços mais complexos e sofisticados (*high-end*) aos mais simples (*low-end*) do espectro de serviços, usam-se quadros de horários (*timesheets*) para alocar as horas de trabalho a contratos específicos. Ampliando-se essas *timesheets* com as taxas de faturamento de cada pessoa da equipe obtém-se a "receita bruta" a ser reconhecida. Considerando as palavras em itálico, isso significa que deve-se confrontar o progresso do contrato com as horas cobradas e julgar a proporção a ser reconhecida como vendas no período. Os mesmos princípios se aplicam a contratos pequenos, embora aqui haja menos espaço para erros e, talvez, seja aceitável reconhecer a Receita com base no prazo total do contrato e no período transcorrido, para simplificar as coisas.

O terceiro tipo de receita é de contratos de serviços a prazo fixo, de suporte e de manutenção. Esses contratos podem ser a custo fixo ou variável ou uma mistura dos dois, com elementos fixos ou variáveis. O contrato a preço fixo é, efetivamente, como uma apólice de seguro para o cliente, em que o preço do contrato é o prêmio do seguro, e a XYZ Co assume o risco do número de "requerimentos" ou "chamadas" que terá de atender. Baixo número de chamadas resultará em lucro robusto e alto número de chamadas pode gerar prejuízo para a XYZ Co. Tipicamente, os provedores de serviços dividem o preço do contrato pelo prazo em meses e lançam o quociente como receita mensal. Os custos são contabilizados no mês em que ocorreram. No total de contratos e meses, a situação se dilui e resulta em uma receita justa. O provedor de serviços só deveria ajustar a abordagem se houver algo diferente.

◢ Visibilidade do funil de vendas

Considerando a natureza dos serviços, quase todos os prestadores fazem as vendas antes do lançamento das receitas. Como vimos acima, ciclos de venda longos exigem que os provedores de serviços façam as vendas com a maior antecedência possível do lançamento das receitas. Essa visibilidade da receita, o funil de vendas, é fator crítico de sucesso, e o provedor de serviços deve ser capaz de medi-lo com eficácia e consistência. A ferramenta disponível mais eficaz para o provedor de serviços medir o funil de vendas é a programação da receita, expressa e visível, por período, semanal ou mensal. A Tabela 15.1 mostra um exemplo do funil de vendas. Observe que a data em que se está vendo o funil de vendas é meados de julho; por isso, a programação de vendas mostra vendas efetivas (em $000s) para os primeiros seis meses do ano e uma projeção atualizada das vendas em cada um dos meses da segunda metade do ano. É fundamental que o funil de vendas seja atualizado de maneira contínua, conforme os eventos, isto é, sempre que se confirmar a efetivação ou cancelamento de uma venda.

No exemplo, as vendas ficaram à frente do plano de negócio nos primeiros seis meses (por isso é que os números "a converter" estão sombreados e negativos). No entanto, em meados de julho, ainda é preciso conquistar negócios para o restante do mês ($5.000) e garantir valores mensais ainda maiores a serem vendidos nos cinco meses seguintes, até o fim do ano. Isso é muito comum para os provedores de serviços com, digamos, ciclo de vendas de um mês, mas, evidentemente, seria mais preocupante se o ciclo de vendas fosse, por exemplo, de três meses – a não ser, obviamente, que houvesse muitos negócios a serem fechados.

O funil de vendas a seguir é denominado Categoria 1, que, para esse provedor de serviços em especial, significa vendas confirmadas (que ainda podem ser canceladas, mesmo depois da confirmação). A Categoria 2 é de trabalhos que já foram propostos ou cotados, com o respectivo documento de proposta ou cotação apresentado ao cliente potencial. A Categoria 3 denota oportunidades que a equipe de vendas já identificou e que espera serem objeto de proposta ou cotação. Para qualificar a Categoria 3, o provedor de serviços decidiu que precisa quantificar o valor provável e estimar a programação provável do trabalho. Para o cálculo do funil, com base nesses números, geralmente se aplica alguma variação desta fórmula:

FUNIL DE VENDAS

$$\text{Funil de vendas} = \frac{\text{Vendas registradas mais probabilidade de vendas esperadas}}{\text{Meta de vendas média mensal}}$$

TABELA 15.1 Exemplo de um controle de pedidos de um funil de vendas

PROGRAMAÇÃO DE VENDAS - CATEGORIA 1

ANO EM CURSO

Setor	Cliente	Descrição	Trabalho n.º	Jan	Fev	Mar	Abr	Maio	Jun	Jul	Ago	Set	Out	Nov	Dez	Total
Auto	ABC Co	Projeto técnico	ABC 342	11	10	10	10	10	10							61
Manf	DEF Co	Projeto estratégico	DEF001	22	22	10	16									70
Ret	GHI Co	Projeto de investigação	GHI233		25	17	17	15	5							79
Ret	GHI Co	Segunda fase	GHI234					5	15	15	15	15	15	15	15	110
Auto	JKL Inc	Projeto técnico	JKL040					30	20	25	25	30	35	30	5	200
Manf	MNO Co	Projeto técnico	MNO002	10	15	15	15	15	15	15	15	15				130
Airl	PQR Co	Projeto estratégico	PQR027			15	15	15	15	15	15	15				105
Com	STU Co	Projeto de investigação	STU004	25	25	20	10	5								85
Com	WXY Co	Projeto técnico	WXY112													0

Total CAT 1	68	97	87	83	95	80	75	70	75	50	45	20	840

Business plan	65	75	75	75	75	75	75	80	80	80	80	80	915
A converter	-3	-22	-12	-8	-20	-5	5	10	5	30	35	60	75

Gerindo *players* de canal de último nível - vendas e utilização

Cabe ao provedor de serviços definir o rigor com que aplicará o teste de probabilidade. Olhando para os números atuais na programação, o funil de vendas pode ser resumido como no Quadro 15.2. Comparando isso com a meta de vendas mensais média de $80.000, como se vê no plano de negócio (para o período de agosto a dezembro), o funil de vendas é de 4,6 meses (quer dizer, $369.000/$80.000).

TABELA 15.2 Resumo ilustrado do pipeline de vendas

Agosto Cat 1	$70.000	
Setembro Cat 1	$75.000	
Outubro Cat 1	$50.000	
Novembro Cat 1	$45.000	
Dezembro Cat 1	$20.000	
Total Cat 1		$260.000
Cat 2 ponderada (Probabilidade total)		$109.000
Cat 3 (ignorada por ser muito incerta)		$0
Total de vendas registradas mais probabilidade de vendas esperadas		$369.000

Isso é bom ou ruim? O primeiro fator a considerar na avaliação desse funil de vendas é o ciclo de vendas típico. Se essa empresa demora apenas um mês para converter *leads* em vendas, um funil de quase cinco meses é excelente. Por outro lado, se o ciclo de vendas típico for de seis meses, as coisas não estão assim tão boas. Como podemos ver na Categoria 1, há, ainda, vendas de $75.000 a serem fechadas nos próximos cinco meses, para atingir o plano de negócio para todo o ano. Olhando para a Categoria 2, a probabilidade ponderada de propostas futuras é de apenas $109.000, que, embora superior a $75.000, sugere que ainda há o risco de a empresa não cumprir o plano de negócio, a não ser que suas premissas de probabilidade sejam extremamente exatas. Embora o número geral do funil (4,6 meses) seja útil, é preciso ser cuidadoso ao usá-lo, uma vez que ele supersimplifica grosseiramente a situação. Provavelmente mais relevante é como o funil de vendas está mudando com o tempo. Se estiver aumentando, esse resultado sem dúvida é bom, mas o aumento talvez não esteja sendo impulsionado por vendas a curto prazo; por isso as receitas imediatas ainda podem sofrer uma queda. Se o funil de vendas estiver diminuindo, é preciso fazer alguma coisa com urgência para gerar oportunidades de fechar mais contratos. Se o funil de vendas estiver encurtando, o problema é realmente sério. Nesse caso, o dever dos gestores é rever todo o perfil da programação de vendas semanalmente, ou até com mais frequência, e olhar o número do funil de vendas apenas como uma métrica geral a ser considerada.

Para mostrar como isso funciona, usaremos o exemplo da XYZ Co, provedora de serviços baseados em pessoas, com uma árvore de criação de valor como a mostrada na Figura 15.1. As vendas no ano em curso dobraram em relação ao ano anterior, o que parece um resultado incrível. Mas, e isso é um grande "mas", seu funil de vendas caiu de seis meses, no ano anterior, para dois meses, no atual, um verdadeiro colapso. Como isso aconteceu? Será que é mesmo verdade? Infelizmente, também esse exemplo é uma ilustração real de um dos maiores problemas enfrentados pelos provedores de serviços: "fartura e escassez". Quando provedores de serviços (sobretudo os pequenos) conseguem alguns grandes projetos, ficam totalmente focados na execução e na entrega, e tiram os olhos do funil de vendas. Essa situação geralmente piora pelo fato de que o processo de apresentação de propostas para novos negócios exige tempo do pessoal faturável de alto nível para analisar o projeto, preparar as partes técnicas da documentação da proposta e estimar o custo do trabalho. Quando você dedica todos os recursos disponíveis à execução do projeto em curso, não sobram meios para angariar novos projetos. Em grandes provedores de serviços, com equipes de vendas exclusivas, esse desafio pode ser superado com mais facilidade, mas nos provedores de serviços pequenos, o esforço de vendas geralmente é encabeçado por um ou mais dos fundadores/executivos principais, que atuam no *front* técnico e, portanto, estão muito envolvidos em vendas e em execução. Quando esses pequenos provedores de serviços conquistam um ou mais contratos, o funil de vendas pode disparar, de repente, para seis ou até nove meses. Essa situação provoca um suspiro de alívio em toda a empresa, na suposição de que as vendas já estão garantidas durante algum tempo, e toda a atenção se desvia para a entrega desses grandes novos projetos. Porém, não é fácil ligar e desligar a atividade de vendas e, quando desacelerada, é difícil voltar a acelerar. Como veremos em outras métricas, a XYZ Co está se defrontando com muitos outros desafios, resultantes da duplicação do volume de negócios, que estão dispersando o foco da empresa, até então concentrada no funil de vendas.

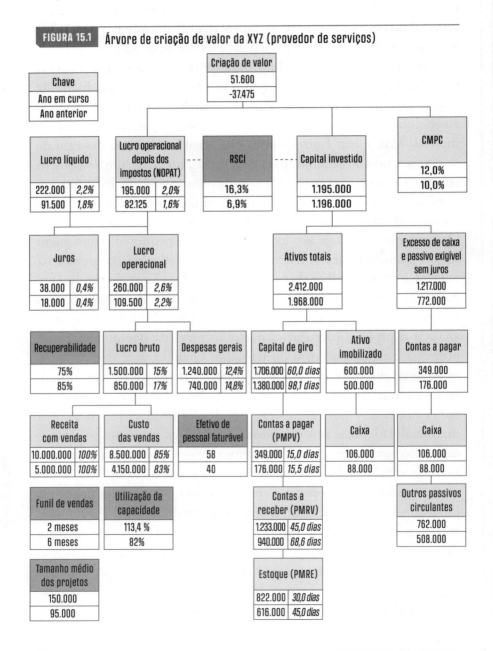

FIGURA 15.1 Árvore de criação de valor da XYZ (provedor de serviços)

Impacto da capacidade e da utilização na receita

Além do problema da gestão da demanda, o provedor de serviços precisa gerenciar com a mesma atenção o lado da oferta, isto é, os próprios recursos do provedor de serviços. O fator crítico de sucesso é a utilização plena dos recursos, durante tanto tempo quanto possível, maximizando a receita gerada por cada pessoa, sem exagerar e sem exigir demais delas.

Gerenciar a utilização da capacidade requer muitas *trade-offs*, principalmente entre capacidade a curto prazo e médio prazo, pessoal permanente e pessoal terceirizado, competências internas e externas, e planos de recrutamento agressivos e moderados. A curto prazo, o lado da oferta envolve desafios constantes. Aí se incluem:

- Doença e faltas de pessoal-chave.

- Rotatividade de pessoal, com a perda de competências e recursos especializados.

- Sobrecarga nos projetos em curso, exigindo tempo adicional do pessoal-chave.

- Terceirizados que não cumprem os compromissos.

- Pessoal com pouca experiência ou com excesso de qualificação como únicos recursos disponíveis, impactando a qualidade ou o custo de entrega.

Qualquer um desses fatores pode influenciar a capacidade dos provedores de serviços e a disponibilidade dos principais recursos que, se faltarem, não poderão gerar receita. O planejamento da capacidade e da utilização exige boa compreensão das diferentes competências técnicas e experiências, assim como das necessidades de cada cliente. Isso significa que os grandes provedores de serviços devem ser capazes de classificar e manter um banco de dados das competências de cada pessoa, de modo a possibilitar a identificação e alocação dos recursos disponíveis, quando surgirem novos projetos ou necessidades de clientes.

O planejamento da capacidade para o longo prazo, ou seja, para os próximos um ou dois anos, a fim de suprir o plano de negócio para aumento da receita, exige alguma visão estratégica. As decisões devem basear-se numa visão esclarecida dos serviços, ofertas, competências e recursos necessários, à medida que mudam as exigências do mercado e dos clientes. O provedor de serviços precisa definir como reter o seu diferencial e deve compreender as competências que o sustentam. Também é preciso definir como recrutar pessoal externo ou desenvolver pessoal interno, com base no grau de especialização do provedor de serviços. O planejamento da capacidade deve levar em conta os prazos para recrutamento e treinamento, considerando a disponibilidade de competências no mercado.

Os provedores de serviços sempre têm a tentação de aumentar o efetivo de pessoal assim que veem o crescimento da demanda e a melhoria do funil de vendas. A questão aqui é quando e como expandir o pool de recursos para compatibilizá-lo com os objetivos de receita e lucratividade. Ao tomar essas decisões, as principais considerações são:

- Quantas pessoas deverão ser substituídas por causa da rotatividade de pessoal?

- Que competências especializadas terão aumento ou diminuição da demanda?

- Que novos serviços ou ofertas estamos planejando lançar?

- Quantos novos tipos de competências, com que profundidade de experiência, serão necessárias para prestar nossos serviços com os níveis de qualidade adequados?

- Qual o grau de confiança que temos em nossas premissas sobre crescimento e mudanças na demanda?

- Até que ponto são sazonais ou voláteis nossos padrões de demanda?

- Qual é o equilíbrio certo entre competências generalistas ou especializadas?

> Que competências são críticas para a nossa diferenciação e até que ponto devem ser protegidas?

> Que competências devemos terceirizar e quais devemos recrutar?

> Até que ponto somos experientes na gestão dos tipos de competências de que precisamos?

As pessoas, ou, mais especificamente, as suas horas, são a unidade de produção de um negócio de serviços; portanto, é natural querer ampliar a base de recursos, pois é o que sustenta a capacidade de aumentar a receita. Entretanto, ocorre um real efeito catraca no aumento do efetivo pessoal, ou seja, talvez sejam necessários três meses para recrutar, recepcionar e preparar novos recursos produtivos, mas, depois do acréscimo, surgirão barreiras legais e humanas para remover o excesso de pessoal, caso o aumento da demanda não se confirme ou se reduza. As sobras de produtos podem ser vendidas para gerar caixa (ainda que com margens baixas ou negativas), mas o excesso de pessoas tende a envolver muitos meses de custos de pessoal improdutivo e os impactos mais suaves do moral baixo, do pessoal insatisfeito e dos efeitos colaterais sobre a qualidade e as relações com os clientes. Qualquer decisão de aumentar a capacidade do provedor de serviços é quase sempre uma decisão a longo prazo, e não deve ser tomada simplesmente para resolver problemas de falta de pessoal a curto prazo.

Gerenciando a utilização de pessoal

Diferentes provedores de serviços adotarão diferentes maneiras de calcular a utilização, mas, na maioria dos casos, estarão mais ou menos de acordo em relação ao seguinte:

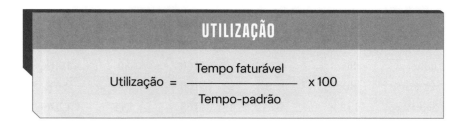

Tempo faturável é o tempo dedicado ao trabalho referente a contratos ou a projetos com clientes, geralmente monitorados com base em um quadro de horários (*timesheet*) do pessoal faturável, associados a projetos específicos de clientes. Tempo-padrão é o número de horas ou dias em que o pessoal faturável deve estar disponível para trabalhar no período relevante.

Por exemplo, o trabalhador em tempo integral trabalhará 52 semanas por ano, menos, digamos, quatro semanas de férias e duas semanas de feriados = 46 semanas, ou 230 dias úteis, ou 1.840 horas, em jornadas de 8 horas. Algumas empresas talvez considerem nesse cálculo uma estimativa de ausências por doença ou para treinamento, reduzindo ainda mais o tempo-padrão. A maioria das empresas *não* inclui horas extras nesse tempo-padrão, em face das implicações culturais negativas daí decorrentes – os empregados, na maioria, querem compreender como se calcula e se aplica a utilização, e não ficarão satisfeitos ao constatar a inclusão de horas extras no cálculo.

A utilização é um número sensível, por ser usado com frequência na avaliação do desempenho das pessoas e dos times, e na avaliação dos níveis de produtividade dos trabalhadores. Portanto, ao calcular a utilização em bases mensais, as deduções comuns de férias e feriados devem ser removidas do denominador. Esse é um cálculo que deve ser feito a cada mês, usando o "mês atual", como mostra o exemplo da Tabela 15.3.

TABELA 15.3 Exemplo do cálculo de utilização

MÊS	HORAS FATURÁVEIS	HORAS PERDIDAS POR FÉRIAS E FERIADOS	HORAS-PADRÃO	HORAS-PADRÃO AJUSTADAS	UTILIZAÇÃO
	A	B	C	D = (C - B)	E = A/D
Janeiro	160	0	160	160	100%
Fevereiro	160	8	152	146	110%
Julho	80	80	160	80	100%
Agosto	80	0	160	160	50%
Setembro	172	24	168	144	120%

Portanto, mesmo que esse indivíduo tenha tirado duas semanas de férias em julho, sua utilização será mostrada como 100% no período em que ele estava disponível para trabalhar. Observe que, em fevereiro e setembro, a utilização dessa pessoa foi de 100%, o que significa simplesmente que as horas trabalhadas em contratos com clientes foram superiores ao padrão, o que indica um alto nível de produtividade, algo que é bom para a lucratividade do provedor de serviços.

Em alguns serviços mais sofisticados, o provedor de serviços remunerará o seu pessoal de alto nível com um salário fixo, sem horas extras (que efetivamente são incluídas no nível de remuneração do trabalhador). Nessas empresas, a alta utilização se traduz em superlucros, porque as horas referentes a mais de 100% de utilização são receitas sem custo.

O cálculo se aplica a grupos de pessoas, times, divisões etc., assim como a indivíduos. Basta agregar o total de horas de cada pessoa faturável e calcular com base nos números agregados. Em nosso exemplo da árvore CV do provedor de serviços (Figura 15.1), a XYZ Co está mostrando utilização de 82% no ano anterior e de 113% no ano atual. O que achamos desses números? O aumento da produtividade é sempre positivo? Essa métrica poderia ser aumentada ainda mais? Considerando que, aqui, estamos lidando com pessoas, o nível de utilização sustentável no tempo, sem queda na qualidade, maior incidência de *burnout* e aumento na rotatividade de pessoal está sujeito a limites naturais.

Durante vários meses, o padrão de faturamento de um indivíduo pode assumir a forma da Figura 15.2. Observe que o empregado não tem o mesmo número de horas/dias por mês. Dezembro e janeiro sofrem as consequências dos feriados sazonais, e fevereiro é conhecido no comércio como um "mês curto". Geralmente, como regra prática muito grosseira, os níveis de utilização devem ser mantidos na faixa de 85% a 115%. Menos de 85% significa baixa receita por pessoa faturável, com o efeito repercussão em termos de lucratividade. Níveis sustentáveis muito acima de 115% tendem a gerar problemas de qualidade, com o passar do tempo, em consequência do cansaço ou *burnout*, em trabalho sujeito a excesso de demanda intelectual ou física, o que resultará, no final das contas, em evasão de profissionais, aumentando as taxas de rotatividade.

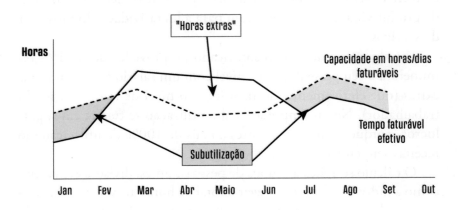

FIGURA 15.2 Exemplo de padrão de utilização de pessoal durante um ano

Como todas as métricas, um número sozinho não conta toda a história. Uma das chaves do sucesso em um negócio de serviços é encontrar maneiras de pôr as pessoas para trabalhar, durante períodos de tempo mais longos, sem distração. Dessa maneira, todas as horas, de todas as semanas, de todos os meses, durante vários meses são faturáveis. Tudo o que as pessoas fazem para encher os dias, quando não estão ocupadas, como administrar a vida pessoal, atualizar-se em relação aos avanços tecnológicos ou setoriais etc., de alguma maneira é espremido e incluído nas horas faturáveis.

◢ O tamanho médio dos projetos/contratos induz a utilização

A maneira, em si, mais eficaz de alcançar o nirvana do provedor de serviços, de mobilizar muitas pessoas, em tempo integral, em projetos para um único cliente, é vender grandes projetos ou contratos. Não só isso, mas cada projeto tende a ter certo nível de "despesas gerais", em termos de esforço de vendas e negociação, configuração e arremate do projeto, gestão do projeto e assim por diante, o que deve ser repetido em cada projeto avulso. Vender menos projetos maiores reduz essas

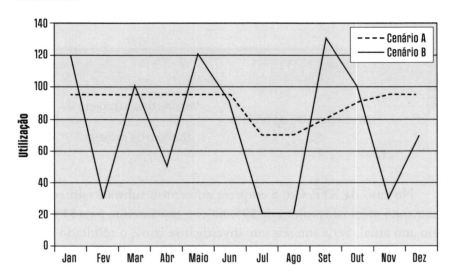

FIGURA 15.3 Comparação da utilização, em dois cenários de tamanho de projeto

despesas gerais como proporção da receita, aumentando a produtividade e as margens, como mostra a Figura 15.3.

No cenário A (linha tracejada), nosso trabalhador é alocado em tempo integral a um único grande projeto, até o fim de junho, tira férias em julho e então dá novo pique em outro grande projeto, de agosto em diante. No cenário B (linha sólida), outro trabalhador é mobilizado para numerosos projetos menores, de um mês ou menos, alguns muito intensos e outros que não exigem, de modo algum, o mesmo tempo. Projetos menores raramente se encaixam um atrás do outro com exatidão, o que significa a existência de intervalos entre os projetos, com utilização zero, derrubando a média geral. Nesse exemplo, o trabalhador no cenário A é 22% mais produtivo (maior utilização) do que o trabalhador no cenário B, embora não tenha trabalhado nem uma hora extra, em comparação com as mais de 100 horas extras do pobre trabalhador do cenário B.

Provedores de serviços inteligentes aprenderam a lição de que projetos maiores impulsionam a produtividade e as margens, e exploram essas vantagens para aumentar suas chances de conquistar grandes projetos. O tamanho médio dos projetos/contratos é bom indicador de até que ponto o provedor de serviços está se dando bem na melhoria dessa métrica de "eficácia", ao longo do tempo:

TAMANHO MÉDIO DO PROJETO

$$\text{Tamanho médio do projeto} = \frac{\text{Vendas totais (projetos)}}{\text{Número de projetos}}$$

No caso da XYZ Co, a empresa aumentou substancialmente seu tamanho médio de projeto, de $95.000, no ano anterior, para $150.000, no ano atual. Seria interessante investigar se isso é o resultado do aumento da maioria de seus projetos ou se é o efeito de um único contrato enorme, que distorce o panorama geral. Quando acontece essa segunda hipótese, o grande projeto geralmente suga todos os melhores recursos, consome a atenção exclusiva da alta gestão e prejudica outros projetos e clientes, impactando negativamente as vendas a mais longo prazo. Como já vimos, a equipe gerencial desviou os olhos do funil de vendas, e, agora, achamos que talvez tenham esticado demais o negócio, com o crescimento da utilização até o teto dos níveis sustentáveis e com o aumento em 60% do tamanho médio dos projetos, em um ano. Afinal, essa duplicação das vendas de um ano para o outro talvez não tenha sido um feito tão notável...

MODELO DE NEGÓCIO DE SERVIÇOS BASEADO EM PLATAFORMAS

◢ Sensibilidade ao volume

O modelo baseado em plataformas é como o modelo baseado em pessoas em sua sensibilidade ao volume: sua estrutura de custos é, em grande parte, fixa, por natureza, significando que sua lucratividade depende inteiramente dos níveis de receita. Hotéis, companhias aéreas, frotas de carros de aluguel são exemplos desse modelo, com as principais métricas de utilização, como ocupação, fatores de carga e uso, respectivamente, determinando a lucratividade. Como a plataforma é construída para gerar economias de escala, a taxa de crescimento nos níveis de receita é muito importante. Quanto mais rápido for o aumento da receita, mais rápido o *break-even* será alcançado e a geração de lucro operacional positivo. A sazonalidade desempenha papel importante nesse processo, já que a capacidade da plataforma não pode ser reduzida para acompanhar os volumes sazonais, razão pela qual uma alta estação especialmente boa ou má pode exercer impacto significativo sobre lucratividade anual. Muitas companhias aéreas incorrem em prejuízo operacional nos primeiros meses do ano e confiam no segundo semestre para virar a situação e entregar um ano lucrativo, no todo. Mau tempo, greves e outros contratempos na segunda metade do ano exercerão impacto negativo maior do que no primeiro semestre.

Onde os modelos baseados em plataforma geralmente levam alguma vantagem sobre os modelos baseados em pessoas é na flexibilidade de aumentar a capacidade à medida que os volumes crescem, sobretudo se forem plataformas tecnológicas (provedores de serviços de internet – ISPs, TV a cabo ou satélite, aplicativos na nuvem etc.), e menos se forem plataformas baseadas em ativos de capital, como companhias aéreas ou hotéis, onde os tempos de retorno podem ser mais longos.

◢ Retenção de clientes e crescimento

Considerando essa dependência em relação à receita, os provedores de serviços baseados em plataformas trabalham duro para reter clientes, por meio de uma variedade de estratégias, como contratos, acordos de nível de serviço (SLAs), penalidades por cancelamento, equipes exclusivas para manter clientes que ameaçam ir embora, e incentivos ou recompensas para clientes pela fidelidade ou por indicarem novos clientes.

Contratos e acordos de nível de serviço visam equilibrar a troca de valor entre provedor de serviços e cliente, comprometendo o provedor de serviços a entregar níveis de serviço definidos durante o período do contrato, em troca do compromisso do cliente de usar o serviço durante um período fixo. Para demonstrar o compromisso com o contrato ou acordo de serviço, é comum que se estipulem penalidades para qualquer um dos lados que não cumpra sua parte. O provedor de serviços deve reembolsar o cliente na hipótese de inadimplência na prestação de algum serviço ou na entrega de algum serviço abaixo dos níveis estabelecidos, e são aplicadas penalidades por cancelamento, se o cliente quiser rescindir o contrato antes do fim do prazo contratual. A aplicação dessas cláusulas significa que o relacionamento se rompeu ou corre o risco de se extinguir. Elas geralmente não salvam o relacionamento, mas procuram mitigar o impacto econômico da ruptura. É muito melhor oferecer uma cenoura do que um porrete.

Recompensas e incentivos pela fidelidade do cliente são a maneira positiva de reter e aumentar o volume de clientes. Exploramos os esquemas de estímulo à fidelidade do cliente nos setores de turismo e hospedagem no Capítulo 24, e os leitores, na maioria, por certo serão membros de um desses esquemas. A principal característica econômica é que o provedor de serviços procura converter seu excesso de capacidade que, do contrário, seria ociosa, em recompensas para os clientes, com custo marginal mínimo. Por exemplo, os voos gratuitos oferecidos aos clientes leais são selecionados com todo o cuidado para não canibalizar assentos geradores de receita. Os hotéis oferecem condições de hospedagem melhores, *se disponíveis*; as locadoras de carros oferecem aos clientes preferenciais a opção de escolher um veículo melhor, fora da linha dos carros disponíveis (você até pode conseguir o seu conversível a qualquer hora... exceto no verão).

As plataformas estão adotando estratégias mais sutis para estimular os clientes a usá-las mais, explorando o FOMO – **F**ear **O**f **M**issing **O**ut –, o "medo de perder oportunidades". E despertam esse sentimento contando histórias de como outros clientes estão usando a capacidade e a funcionalidade mais alta da plataforma em proveito próprio: vídeos sugestivos, mostrando um grupo de clientes como você divertindo-se a valer na praia, no shopping ou numa viagem, ao mesmo tempo que acompanha os jogos do seu time ou os episódios de sua série favorita, com um narrador dizendo: "Você sabia que pode acessar os seus canais a cabo no seu smartphone ou tablet, se fizer um upgrade no seu contrato de serviços)?". As plataformas de companhias aéreas ou de viagens o convidam para explorar destinos e fazer reservas para todo o período de férias, inclusive de aventuras radicais, tudo na plataforma, com ênfase no tempo que você economizará e na conveniência de fazer tudo em um único site.

Os provedores de serviços baseados em plataformas buscam aumentar a "aderência" de suas plataformas, oferecendo experiências relevantes e engajadoras, conveniência de compra, acesso e uso, e redução da necessidade de consultar provedores alternativos. Todo o modelo de negócio se baseia em altos volumes geradores de receita, na fidelidade de clientes duradouros e na garantia de que suas plataformas dispendiosas estão operando em níveis de utilização muito altos, durante tanto tempo quanto possível.

CAPÍTULO 16

GERINDO *PLAYERS* DE CANAL DE ÚLTIMO NÍVEL – MARGEM BRUTA E RECUPERABILIDADE

MODELO DE NEGÓCIO DE SERVIÇOS BASEADO EM PESSOAS

◢ Calculando a margem bruta

Um dos principais geradores do aumento na prestação de serviços por canais de comércio de último nível é o potencial de obter margens mais altas do que as produzidas somente pela revenda de produtos. Todavia, o risco de má gestão das margens também é mais alto, em consequência da pouca compreensão de como medir as margens em negócios de serviços. No Capítulo 14, mostramos como o custo das vendas é praticamente fixo nos negócios em que os serviços são prestados por pessoal próprio, com salários fixos (ou seja, não por pessoal terceirizado). Isso significa que, à medida que as vendas flutuam, também as margens bruta e líquida oscilam, ou, no jargão dos economistas, a receita marginal se torna lucro marginal. Em outras palavras, depois que o negócio ultrapassa o *break-even*, os $100.000 de aumento das vendas vão direto para o resultado final, como lucro bruto ou lucro líquido. Embora se trate, até certo ponto, de uma simplificação, o exemplo é uma representação exata da dinâmica das margens, num negócio em que o custo das vendas é fixo. Isso significa que, se os gestores cuidam das vendas, também estão cuidando das margens e da lucratividade do negócio.

Assim sendo, como conversar sobre margens mais altas em serviços, se elas são totalmente geradas pelas vendas? Os fundamentos econômicos que descrevemos acima são úteis para compreender a dinâmica do modelo de negócio como um todo, mas não para gerenciar o negócio no dia a dia. Imagine que você seja o vendedor que trouxe aquela venda mais recente, de $100.000, em um único contrato, que levará a empresa bem acima do *break-even*. Qual foi a margem desse contrato? Claro, não dissemos que foi de 100%? Quero bônus! Veja, se você reivindicar o seu bônus nessa base, não será muito popular entre os outros membros da equipe de vendas, que também angariaram contratos consideráveis e relevantes para alcançar o *break-even* no período. Será que todos eles realmente geraram margens negativas em suas vendas? Claro que não. A resposta se situa no que os contadores denominam "custeio total", em vez de "custeio marginal". No custeio total, os recursos consumidos por um contrato são lançados contra a respectiva Receita com vendas, da mesma maneira como o custo dos produtos vendidos é confrontado com a Receita com vendas dos produtos. Dessa maneira, todo contrato fechado gera margem bruta positiva (assumindo que o preço tenha sido superior ao custo dos recursos necessários), e as margens de diferentes projetos podem ser comparadas nas mesmas bases.

Observe que, nessa abordagem contábil, um provedor de serviços poderia vender quatro projetos em um período, todos com margem bruta considerável, e ainda ter prejuízo. Veja o exemplo mostrado na Tabela 16.1, de um provedor de serviços com custo total de pessoal faturável de $600.000. A linha principal é, sem dúvida, "recursos não utilizados", às vezes denominada "recursos não alocados". Esse é o custo do pessoal que, no período, não foi alocado a nenhum projeto. Na gestão do provedor de serviços, é fundamental compreender o impacto de recursos não utilizados sobre a lucratividade total, assim como saber como maximizar a lucratividade dos projetos vendidos.

TABELA 16.1 Exemplo da lucratividade total de um projeto/contrato

CONTRATO	RECEITA COM VENDAS	CUSTO DAS VENDAS	LUCRO BRUTO	MARGEM BRUTA
A	$100.000	$50.000	$50.000	50%
B	$150.000	$90.000	$60.000	40%
C	$50.000	$20.000	$30.000	60%
D	$200.000	$120.000	$80.000	40%
Recursos não utilizados		$320.000	-$320.000	
Total	$500.000	$600.000	-$100.000	-20%

Para um analista externo, não é fácil dizer o que está acontecendo no modelo de negócio de um provedor de serviços, por causa das diferentes maneiras de contabilizar os recursos não utilizados. Três são as alternativas:

1. Tratar o custo de todo o pessoal faturável como custo das vendas, independentemente da utilização.

2. Não lançar custo de pessoal como custo das vendas, e mostrá-lo todo como despesas gerais.

3. Tratar o tempo "usado" do pessoal faturável como custo das vendas e deixar os recursos não utilizados como despesas gerais.

Compare as contas das três empresas apresentadas na Tabela 16.2. Todas elas alcançaram o mesmo nível de vendas e de lucratividade líquida. A empresa A adotou a primeira das três opções de contabilização, tratando todo o custo dos recursos faturáveis como custo das vendas, o que resultou em baixa margem bruta.

A empresa B adotou a segunda opção de contabilização, tratando todos os custos de pessoal como despesas gerais, o que realmente conferiu margens com aparência mais saudável. A empresa C assumiu a terceira opção, lançando o custo do tempo necessário para obter as vendas como custo das vendas, o que deixou um saldo de recursos não utilizados em despesas gerais. Nenhuma dessas escolhas está errada; os contadores, porém, preferirão a terceira opção, já que ela segue um dos princípios centrais de aproximar o máximo possível despesas e receitas.

Recuperabilidade

Fator-chave que afeta a lucratividade de um negócio de serviços baseado em pessoas é a recuperabilidade. Trata-se, basicamente, da proporção dos recursos plenamente precificados, consumidos por um contrato ou projeto, que o cliente concorda em pagar:

TABELA 16.2 Tratamentos contábeis alternativos dos custos de pessoas

	Co A	Co B	Co C
Receita com vendas	1.000	1.000	1.000
Custo das vendas	300	300	300
Custo das vendas com pessoas	400	0	250
Lucro bruto	**300**	**700**	**450**
Margem bruta	30%	70%	45%
Despesas gerais	200	200	200
Salários	0	400	150
Lucro operacional	**100**	**100**	**100**
Margem operacional	10%	10%	10%

RECUPERABILIDADE

$$\text{Recuperabilidade} = \frac{\text{Preço contratual final pago pelo cliente}}{\text{Recursos totais usados} \times \text{Preços-padrão}}$$

"Preço contratual final pago pelo cliente" equivale à linha de vendas na demonstração do resultado e reflete o que se concordou, originalmente, quando o contrato foi assinado, mais as alterações decididas posteriormente, à medida que o projeto ou contrato avançava. "Recursos totais usados" são o tempo do pessoal interno e de terceiros, contratados para cumprir o contrato. "Preços-padrão" são os preços-alvo que o provedor de serviços estabeleceu para cada um dos recursos, para atingir a margem a ser obtida. Esses detalhes podem ser ou não ser visíveis para o cliente, dependendo do setor, das práticas ou das próprias políticas do provedor de serviços. Para muitos provedores de serviços, são ferramentas de precificação interna para definir um preço inicial, na estimativa ou na cotação para um projeto, com ou sem desconto, a critério do provedor de serviços.

No caso da XYZ Co, a recuperabilidade escorregou de 85%, no ano anterior, para 75%, no ano atual. É um pouco como aumentar o desconto de 15% para 25%, e, nesses termos, é, sem dúvida, uma mudança preocupante no modelo de negócio, algo a ser investigado imediatamente. Sabemos que a empresa dobrou exatamente as suas vendas (que equivalem ao preço contratual final pago pelo cliente em todos os seus projetos), ano a ano; mas como a taxa de recuperabilidade caiu, a XYZ Co teve de aumentar os recursos usados para entregar esses projetos, isto é, 200% x 85/75 = 226%. Esse número representa a quantidade de trabalho adicional mobilizado no ano atual em comparação com o ano anterior.

Vamos ver como a empresa tentou enfrentar essa situação, no lado da oferta:

- O efetivo de pessoal faturável passou de 40 para 58, um aumento de 45%, mas como se distribuiu ao longo do ano, essa distribuição representa, em média, um aumento de capacidade de 22,5%.

- A utilização subiu de 82% para 113%, aumento de 37%.

- Combinadas, essas duas variações resultaram em aumento total da capacidade interna implementada de 168% (122,5% x 137%)

Como a XYZ Co conseguiu entregar 226% de trabalho extra, com aumento de 168% na capacidade, uma diferença de 58%? A explicação mais provável é que tenha usado terceirizados, e, embora essa solução tenha fechado a lacuna em capacidade, também deu origem a outros problemas. Os terceirizados quase sempre custam mais por hora ou por dia do que o pessoal interno, e esse custo adicional se manifesta em custos de vendas mais altos, o que reduz a margem bruta. Mesmo os melhores e os mais dedicados trabalhadores terceirizados demorarão para completar a curva de aprendizado das metodologias internas do provedor de serviços e adotar o estilo da casa de fazer as coisas, consumindo mais tempo e recursos do que os empregados experientes. Também há o risco de os terceirizados não se comprometerem tanto com o projeto quanto o pessoal interno, cujas perspectivas de carreira estão associadas ao sucesso do provedor de serviços, e a principal vítima dessa situação pode ser a qualidade.

Portanto, parece que a XYZ Co perseguiu o objetivo de crescimento conquistando projetos maiores, mas pagou caro em termos de aumento dos custos fixos, danos à recuperabilidade, redução da margem bruta e se distraindo em termos de preservação de um bom funil de vendas. É possível que esteja caminhando para o desastre, na medida em que agora tem 58 pessoas na folha de pagamento, mas apenas dois meses de vendas registradas. Você pode apostar que os gestores não estão dormindo bem, supondo que sejam capazes de ler o modelo de negócios tão bem quanto você, agora.

◢ Melhorando as margens baseadas em pessoas

Quais são as margens brutas típicas que podem ser obtidas em serviços? Como uma aproximação muito grosseira, os serviços *low-end* (mais simples), procuram multiplicar os custos de pessoal (isto é, incluindo impostos, seguros etc.) por um fator de 3, e os serviços *high-end* (mais sofisticados), por um fator de 5. Isso significa margens (excluindo o custo de recursos não utilizados) de 33% para serviços *low-end* e de 80% para serviços *high-end*. Amplitude muito grande, mas que reflete o potencial de entregar valor para os clientes, assim como o grau de competição pelos serviços específicos em oferta. Observe que esses fatores são usados para definir "preços", ou taxas para precificar contratos, e que a situação do mercado local, extensão do funil de vendas, sazonalidade e nível de recursos não utilizados sempre influenciarão as taxas finais alcançadas na prática.

Quanto mais diferenciado for o serviço, maior será a margem potencial a ser obtida. Serviços profissionais domésticos, como encanadores, eletricistas, decoradores etc., se beneficiaram recentemente com a melhoria das margens, à medida que seus clientes, com pouco tempo e muito dinheiro, se dispõem cada vez mais a pagar bem a trabalhadores confiáveis e competentes, que deixam a casa limpa e executam trabalhos técnicos cada vez mais sofisticados. Encanadores especializados em instalar banheiros luxuosos completos, com lavatórios, duchas, espelhos etc., podem cobrar caro, depois de ganhar fama e acumular referências. Do mesmo modo, encanadores dispostos a prestar serviços a qualquer hora do dia ou noite, desentupindo ralos, podem cobrar altas taxas de urgência, mas somente para "compras sob estresse", ou serviços de emergência. Não terão condições de cobrar as mesmas taxas por trabalhos de manutenção e instalação, a não ser que atuem em áreas com poucos profissionais disponíveis, para atender à demanda do dia a dia.

Exemplos semelhantes podem ser encontrados em outros setores de serviços, para consumidores ou para clientes comerciais. A aplicação do modelo de tipos de provedores de serviços ajuda a definir um padrão para os tipos de margens obtidas, com base no papel exercido na cadeia de suprimentos e no nível de valor entregue (ver Figura 16.1).

FIGURA 16.1 Margens brutas típicas de provedores de serviços, por papel exercido

Papéis

Modelo de negócio

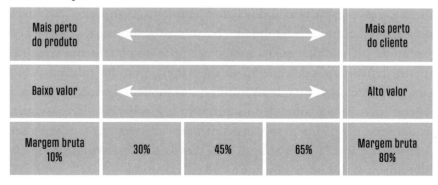

Isso deve ser visto como um guia muito incompleto para mirar margens de modelos de negócio de serviços, mas pode ajudá-lo a avaliar se o papel pretendido para um provedor de serviços está sendo confirmado pelas margens. Conforme a nossa experiência, a maioria dos provedores de serviços se superestima, supondo que desempenham pelo menos um papel à direita de onde realmente estão, na sequência desse modelo, e as margens de fato obtidas expõem esse autoengano. Embora o avanço para a direita pareça ser a melhor movimentação possível, grandes são os desafios reais para chegar lá, como vimos no Capítulo 13. Em termos de modelo de negócio, essas altas margens são acompanhadas por maiores riscos de perda da especialização com o passar do tempo, de redução do número de clientes e oportunidades que demandam competências especializadas, e de que o provedor de serviços precise de mais tempo para manter-se atualizado e comunicar suas capacidades *high-end* por meio de *thought leadership* (liderança de pensamento). Por outro lado, a ponta de baixa margem do espectro precisa manter níveis de utilização extremamente altos, para cobrir os custos e gerar lucro líquido.

MODELO DE NEGÓCIO DE SERVIÇOS BASEADO EM PLATAFORMAS

Gestão da capacidade e entrega

As principais características dos serviços baseados em plataformas são disponibilidade instantânea e constante (isto é, 24/7), agilidade, conveniência, consistência, flexibilidade e funcionamento ininterrupto (*uptime*). É necessário planejamento contínuo e minucioso para garantir que a plataforma seja capaz de corresponder, consistentemente, a essas expectativas do cliente, enquanto cumpre os requisitos do negócio, como escalabilidade, baixo custo, robustez, segurança e gestão de picos de carga. As margens brutas da plataforma são altamente dependentes da capacidade de manejar grandes volumes, com custos operacionais marginais mínimos. O modelo de negócio passará a gerar lucro operacional depois que as margens brutas ultrapassarem as despesas gerais. As despesas gerais mais substanciais tendem a ser a amortização e a depreciação dos custos de desenvolvimento da plataforma e dos custos de aquisição de clientes.

É difícil estimar os níveis de volume, as taxas de ampliação e os custos de aquisição de clientes. Qualquer subestimação dessas premissas imporá a necessidade de readaptar a plataforma durante o período de escalada, empreendimento muito difícil. Por outro lado, qualquer superestimação implicará aumento dos custos de depreciação e amortização, com o risco de reverter a margem bruta. Algumas das principais considerações a serem incluídas no planejamento da capacidade são:

> **Volumes processados (receitas, transações, clientes):** no total, por hora, por segmento etc. Além de impulsionar as métricas tradicionais de receita e margem bruta, as métricas de volume são fundamentais para avaliar o grau de utilização da infraestrutura, possibilitando o aumento (ou redução) da capacidade, à frente da curva de demanda, se necessário.

> **Comportamento de navegação do cliente:** através de quais páginas os clientes costumam entrar no site (nem sempre a *home page*, e, frequentemente, páginas de chegada especiais, que são desenhadas para atrair *click-throughs* de promoções e campanhas), de que páginas vieram (por tipo), quanto tempo os clientes passaram no site, que páginas visitaram etc.

> **Comportamento de compra do cliente:** ticket médio, proporção de compras em promoções ou em campanhas específicas, uso de códigos de resgate, métodos de pagamento, frequência de visitas, intervalo entre visitas, e muitos outros aspectos relevantes para cada negócio específico.

> *Downtime* **(inatividade):** tempo de indisponibilidade do serviço para os usuários e clientes, especialmente se resultar de algum apagão ou falha, sem *back-up* adequado. Os sistemas sofisticados podem identificar clientes ou grupos de clientes específicos, afetados pelo *downtime*, e calcular o custo em termos de perda financeira ou de impacto sobre o cliente. No caso de grandes usuários, apagões inesperados, como o que a British Airways sofreu em 2017, podem

realmente prejudicar a marca e afetar a lealdade dos clientes, mesmo dos que não foram afetados diretamente.

> **Taxa de sucesso/fracasso das transações com clientes:** em que estágios do processo de transação se perdeu o cliente. Embora às vezes resultantes de problemas técnicos (que são rastreados), uma das maiores frustrações dos serviços *on-line* é o abandono do processo no meio do caminho. As causas podem ser irritação do usuário por cobranças inesperadas, no final do processo (como encargos no cartão de crédito, taxas de reserva etc.) ou pedido de informações pessoais demais, sinalizações confusas, mau desenho do site ou simplesmente a descoberta de melhor oferta pelo cliente.

> **Tempo de processamento da transação:** ou demoras e velocidades de conexão em regiões ou horários congestionados – esses são fatores que podem estrangular volumes ou aumentar as taxas de fracasso em transações.

É possível ver que muitas dessas métricas são semelhantes às do modelo de serviços baseado em pessoas, porque o modelo de serviços baseado em plataformas replica o padrão de capacidade que gera as mais altas margens, ao operar perto do limite de sua capacidade. Com efeito, as métricas de *downtime*, fracasso de transações, demoras de processamento e velocidades de conexão medem, em conjunto, os geradores de recuperabilidade *on-line*.

Melhorando as margens baseadas em plataformas

Depois de conquistar clientes e mantê-los engajados por tempo suficiente para completar uma transação, o provedor da plataforma enfrenta o desafio de impulsionar as margens. Cinco são os principais geradores de margem baseadas em plataforma com que se pode trabalhar:

① Migração para cima, partindo da proposta inicial: encorajar os clientes a considerarem propostas que oferecem mais valor e geram maiores margens pressupõe competências avançadas em vendas, em ambientes presenciais ou em contatos por telefone. Alcançar esse resultado em plataformas *on-line* também requer competências avançadas em merchandising. A maioria das técnicas aplica algum tipo de FOMO – **F**ear **O**f **M**issing **O**ut –, o "medo de perder oportunidades", e muitos sites, agora, possibilitam comparações de três ou mais propostas, envolvendo todas as variáveis. Tudo isso ajuda os clientes a conhecerem o que ganham com serviços mais caros. As propostas de seguro geralmente oferecem algum tipo de escala "Bom, Melhor, Ótimo", levando os clientes a considerarem os riscos de simplesmente escolherem a opção "Bom". Esta opção pode prever o reembolso apenas do valor depreciado de um bem segurado, em vez do custo de substituição como na opção "Melhor", e as pessoas podem pedir o reembolso do custo de quaisquer bens correspondentes se um elemento de um pacote estiver sinistrado no âmbito da opção "Ótimo". A plataforma precisa percorrer a linha tênue entre empurrar gentilmente o cliente para a opção de margem mais alta, sem assustá-lo com restrições orçamentárias, ou levá-lo a se sentir manipulado.

❷ Attach rates (taxas de adesão): é possível aumentar as margens substancialmente, se os custos de aquisição de clientes forem amortizados em múltiplas compras, sobretudo se formarem um único pacote. Muitas plataformas oferecem sugestões aos clientes, com base no comportamento de compra de outros clientes, encorajando o acréscimo de seguro do conteúdo, junto com o seguro da casa, por exemplo, ou oferecendo apoio para um conjunto completo de aplicativos de software, em vez de apenas um. Isso precisa ser feito de maneira que seja considerada relevante pelo cliente e que permita a escolha clara de aceitar ou recusar. Algumas empresas aéreas de baixo custo sofreram má publicidade pela técnica de incluir automaticamente ao cliente vários tipos de seguro não desejados e outros acréscimos, exigindo recusa expressa pelo cliente.

❸ Renovação e valor vitalício: muitos serviços são vendidos com validade de um ano, exigindo que o cliente renove a assinatura. A renovação automática da assinatura é geralmente proibida por lei, a não ser que seja necessária para evitar lapsos graves, em serviços do tipo seguro de carro. Assim, provedores de serviços baseados em plataformas precisam garantir que desenvolveram processos e ferramentas para minimizar o risco de atrofia do cliente por apatia. Eles precisam gerenciar ativamente as taxas de renovação, analisando as razões das taxas decrescentes e promovendo programas para combater as causas básicas. Uma das maiores causas das taxas de renovação baixas é o conflito entre ofertas de aquisição necessárias para atrair novos clientes e o senso de valor dos clientes leais. Como você se sente quando o seu provedor de banda larga oferece aos novos clientes uma assinatura introdutória gratuita ou a preços reduzidos, que não está disponível para você, como cliente tradicional? Esse conflito pode ser reduzido pela adoção de uma abordagem bem-definida de valor vitalício do cliente, ou segmento de cliente, ao longo da vida esperada do relacionamento com o cliente. Esse modelo considera o custo de aquisição, retenção e entrega do serviço, em comparação com as receitas obtidas durante o mesmo período.

4. **Confiabilidade da plataforma, taxas de contenção, desenvolvimento de produtos, segurança:** cada um desses atributos técnicos pode influenciar as margens, envolvendo *trade-offs* entre o custo da prestação e as percepções de valor pelo cliente. Todos eles exigem investimentos pelo provedor de serviços; soluções excessivamente engenhosas, porém, impulsionam os custos com poucos ganhos de percepção de valor, enquanto soluções mais simples comprometem a qualidade dos serviços. A taxa de contenção se refere ao número de usuários disputando os serviços da plataforma: mais clientes significa mais disputa ou contenção, e o risco de respostas mais lentas, por exemplo. Sob a perspectiva do provedor de serviços, altas taxas de contenção significam alta utilização, mas se o nível dos serviços for afetado, a tendência pode converter-se rapidamente em excesso de clientes. As boas margens dependem da capacidade de otimizar a equação custo-valor, com alta utilização, mas abaixo do ponto em que a qualidade dos serviços começa a declinar.

5 Custo de aquisição de clientes: geralmente, quanto mais valiosos e dispendiosos forem os serviços prestados, maior será o custo de aquisição de clientes. A modelagem do valor vitalício do cliente ajuda a determinar quanto pode ser gasto com a aquisição de clientes, sem incluir os custos de prestação de serviços e os níveis de margem esperados. Contudo, a grande incógnita do modelo é a extensão esperada do relacionamento com o cliente. Os bancos de varejo notoriamente se beneficiam de relacionamentos com os clientes mais duradouros do que a maioria dos casamentos. Por outro lado, a maioria dos provedores de serviços de internet e de redes móveis descobre que seus clientes mudam de provedor quase todos os anos, ou a cada dois, no máximo, o que nitidamente sobrecarrega a verba disponível para a aquisição de clientes. Entretanto, muitas plataformas exigem altos volumes de clientes para operar acima do *break-even* (e gerar qualquer tipo de margem); por isso, são forçadas a adotar estratégias agressivas de aquisição de clientes, para garantir esses volumes.

Considerando esses desafios, o provedor de serviços baseado em plataformas representa um modelo de negócio potencialmente de alto risco. Envolve alto nível de investimentos antecipados para construir a plataforma e capacidade de equilibrar as variáveis no modelo de valor vitalício do cliente. Como a regra prática é atingir o *break-even* em não mais do que um ano, admite-se período muito longo com fluxo de caixa negativo. Um ano é tempo suficiente para um novo concorrente entrar no mercado com propostas mais atraentes, que poderiam atrair clientes, talvez no momento em que o modelo começa a sair do vermelho (assumindo que os clientes continuem com o fornecedor durante o período contratado). Tudo isso significa que a maioria dos provedores de serviços baseados em plataformas tende a ser entidades bem-financiadas, capazes de superar o período inicial de crescimento e sustentar quaisquer choques financeiros na subida.

CAPÍTULO 17

GERENCIANDO *PLAYERS* DE CANAL DE ÚLTIMO NÍVEL – GESTÃO DO CAPITAL DE GIRO

O CICLO *CASH-TO-CASH*

Vamos ver os elementos do ciclo do capital de giro de um negócio de serviços: crédito dos fornecedores, estoque/trabalho em andamento (*work-in-progress*) e crédito aos clientes. Esses elementos são diretamente comparáveis aos do ciclo do capital de giro de um negócio de produtos, de que tratamos no Capítulo 7, mas com algumas diferenças muito significativas, que refletem a natureza de uma empresa de serviços.

Na maioria das empresas de serviços, há poucos ativos e passivos no balanço patrimonial que não compõem o ciclo *cash-to-cash*, ou capital de giro do negócio. Você até pode encontrar uma exceção ocasional – uma empresa de serviços tradicional, altamente lucrativa, talvez queira investir parte do capital acumulado num imóvel, para abrigar suas instalações de trabalho, que diríamos se encaixar em outro modelo de negócio totalmente diferente, que não tem nada a ver com a operação de uma empresa de serviços. Com efeito, até se poderia argumentar que essa é uma manobra arriscada, na medida em que o negócio pode crescer mais do que o esperado. Um *call center* pode investir em sistemas de TI para fazer suas chamadas e controlar seus roteiros de televendas, mas, geralmente, esses são itens pequenos no balanço patrimonial.

MODELO DE NEGÓCIO DE SERVIÇOS BASEADO EM PESSOAS

O verdadeiro investimento necessário para manter a sustentabilidade duradoura de uma empresa de serviços baseada em pessoas é capital de giro suficiente para pagar pontualmente o pessoal próprio e o terceirizado (e os fornecedores de "despesas gerais"), ao mesmo tempo que conta com o pagamento pontual pelos clientes. Em um provedor de serviços bem gerenciado, o nível de capital de giro é relativamente pequeno, comparado com o de um negócio de produtos de tamanho equivalente. Em um provedor de serviços mal gerenciado, o nível do capital de giro pode disparar para alturas assustadoras, chegando a níveis que superam em muito o de uma empresa de produtos.

O ciclo começa com a venda de um contrato, em que se definem as principais características do negócio, inclusive as fases do trabalho, a programação de faturamento, e as condições de crédito. Muitos provedores de serviços operam um sistema de contabilidade de projeto em que a cada contrato é atribuída uma conta de projeto, com um único número ou identificador, para ajudar na acumulação de despesas e receitas. Depois de aberta essa conta, nela são lançados os custos de tempo e trabalho, como trabalho em progresso não faturado. O maior item será o custo do tempo do pessoal próprio (usando *timesheets*) e do pessoal terceirizado (usando faturas ou *timesheets*). O pessoal próprio e o pessoal terceirizado, em grande parte, esperam ser remunerados mensalmente, mediante depósitos bancários. Muitos provedores de serviços seguem normas contábeis sobre contratos a longo prazo, para reconhecer os elementos do lucro atribuíveis ao projeto, à medida que avançam os trabalhos. Em pontos do projeto, combinados pelas partes, o provedor de serviços fatura ao cliente pelo trabalho realizado no período, ou por uma quantia predeterminada, como 33% do contrato, o que efetivamente remove essa quantia de trabalho em progresso não faturado e a lança em contas a receber de clientes. Ao fim do período de crédito acertado no contrato ou sempre que o cliente decidir, a fatura é paga e o provedor de serviços recebe o depósito em sua conta bancária.

Vamos, agora, para o balanço patrimonial e ver como a XYZ Co está gerenciando o ciclo *cash-to-cash* e se ela será capaz de resistir à tempestade, até que mais contratos entrem na programação de vendas (para mais explicações sobre os principais índices usados nesta seção, ver Capítulo 7). A Figura 17.1 mostra o ciclo *cash-to-cash* da XYZ Co, no ano atual.

FIGURA 17.1 Ciclo *cash-to-cash* da XYZ Co no ano atual

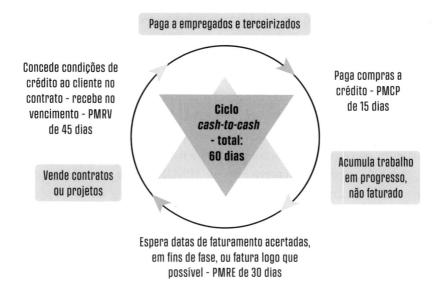

Esse ciclo *cash-to-cash* é bom ou ruim? A XYZ Co melhorou o controle sobre o capital de giro? No todo, o ciclo do capital de giro é agora de 60 dias, ou dois meses, o que, geralmente, é considerado o *benchmark* para provedores de serviços baseado em pessoas – "um mês para faturar e um mês para receber", é a regra prática ouvida com frequência. Isso se compara com 98,1 dias no ano anterior, redução superior a um mês, o que, em geral, é considerado ruim. Para contextualizar, se a XYZ Co não tivesse conseguido nenhuma melhoria em seu ciclo do capital de giro, ela precisaria de outro $1m de caixa no negócio, a esta altura (os 38,1 dias adicionais: 365 dias x $10m em vendas). Considerando que a empresa tem capital empregado total de $1,45m, talvez fosse difícil levantar essa quantia! Nenhum banco concederia um empréstimo ou saque a descoberto desse valor; por isso é que a XYZ Co foi ousada e reduziu tanto o ciclo do capital de giro.

Melhorando o capital de giro

A XYZ poderia reduzir ainda mais o capital de giro? Vamos analisar cada elemento e verificar qual é o espaço para ganhos.

Em contas a pagar, a XYZ Co está conseguindo crédito de 15 dias, uma vez que está pagando seus trabalhadores e terceirizados, contratados para atender a demanda, ao fim de cada mês. Alguns fornecedores de suprimentos, contabilizados como despesas gerais, talvez concordem em ampliar as condições de pagamento, mas muitos deles são serviços de utilidade pública e provedores de serviços, com os quais é pequeno o poder de barganha. Talvez a empresa seja capaz de negociar condições de crédito mais longas com os terceirizados, se forem empresas, mas os trabalhadores autônomos ou por conta própria não aceitarão alongar os prazos de recebimento. Portanto, parece haver pouco espaço para melhorias na métrica PMCP.

A XYZ Co tem 30 dias em estoque (PMRE), ou seja, cada contrato, em média, acumula um mês de atividades, antes de ser faturado aos clientes. Será que esse prazo pode ser reduzido? Há duas maneiras de melhorar essa métrica, dependendo das competências da empresa em gestão e em negociação e da maneira como os contratos foram redigidos. Se a XYZ Co negociar que o trabalho em progresso, referente aos contratos, pode ser faturado ao fim de cada mês, ela transferirá o saldo de estoque/trabalho em progresso para contas a receber, antes do fechamento contábil do mês. Dessa maneira, praticamente não haverá estoques no fim do mês. Se não conseguir negociar o faturamento mensal, a XYZ Co pode tentar garantir pagamentos ao fim de cada fase ou acertar uma programação de faturamento.

A segunda estratégia é negociar pagamentos antecipados "para garantir os recursos a serem alocados ao projeto". Equivale a pedir um depósito para garantir um quarto de hotel, numa reserva, e é muito razoável, já que a XYZ Co efetivamente está comprometendo seus recursos escassos em um projeto. Esses pagamentos antecipados podem ser do valor que a XYZ Co conseguir negociar. A grande vantagem desses pagamentos antecipados é gerarem um "estoque negativo", pois o faturamento retira do estoque custos que ainda não foram incorridos. Na prática, os contadores mantêm esses saldos negativos à parte, no balanço patrimonial, denominando-os "receitas antecipadas", e os lançam em contas a pagar. O efeito é reduzir o ciclo do capital de giro em período equivalente ao valor em dias dos pagamentos recebidos antecipadamente. Levando mais longe esse princípio, a XYZ pode negociar a programação de faturamento, de modo que cada fatura seja um pagamento antecipado, com somente uma pequena proporção do preço do contrato a ser paga depois de todo o trabalho ser concluído. Dependendo da programação do trabalho, alguns desses pagamentos podem ser parcialmente antecipados e parcialmente atrasados, mas em todos os casos em que o valor faturado sair do estoque, antes ou no mesmo mês da execução do trabalho, o saldo no fim do mês será de quase zero ou até negativo. A melhor forma de pensar sobre isso é que o provedor de serviços acelerou o seu fluxo de caixa em um mês ou mais. A Tabela 17.1 mostra como as diferenças nos termos do contrato afetam os saldos de estoque no fim do mês.

TABELA 17.1 Exemplo de como as diferenças nos termos do contrato afetam os saldos de estoque no fim do mês

MÊS	SALDO INICIAL DE ESTOQUE	TRABALHO EXECUTADO NO PROJETO	FATURAS EMITIDAS	SALDO FINAL DE ESTOQUES
Termos contratuais estipulados: faturamento no final do mês				
Jan	$0	$50	$0	$50
Fev	$50	$150	$50	$150
Mar	$150	$100	$150	$100
Abr	$100	$0	$100	$0
Termos contratuais estipulados: 33% antecipados, 33% um mês, 33% na conclusão				
Jan	$0	$50	$100	-$50
Fev	-$50	$150	$100	$0
Mar	$0	$100	$100	$0
Abr	$0	$0	$0	$0

Observe como, negociando a programação de faturamento apresentada na metade inferior da tabela, a empresa conseguiu evitar completamente qualquer saldo de estoque no fim do mês, e até começar com $50 de receita antecipada. Esse desempenho do capital de giro é muito melhor do que o resultado de aceitar só emitir faturas no final do mês. Adotando essa abordagem, a XYZ Co tem grande potencial para reduzir ainda mais o prazo médio de renovação do estoque, devendo mirar numa redução para, digamos, 20 dias, de início, e depois ver se é possível ir mais longe. A implementação dessa nova estratégia será um pouco demorada, na medida em que só é possível negociar melhores condições comerciais em novos contratos e projetos. A XYZ Co talvez tenha de conceder alguma redução em seus preços, para obter novas condições comerciais, e os méritos de comprometer as margens dependerá de até que ponto isso tende a chocar-se com os limites de saque a descoberto. Frequentemente, alguns clientes não aceitarão esses termos, e a XYZ Co terá de decidir se está disposta a trabalhar com eles ou talvez cobrar um ágio oculto nos preços para esses clientes, para compensar o impacto adverso deles sobre o fluxo de caixa.

Depois da remessa para os clientes, as faturas se convertem em contas a receber, e a XYZ deve empenhar-se em recebê-las no vencimento, ou o mais perto possível. Essas condições serão negociadas antes da elaboração do contrato, e clientes poderosos podem ser capazes de impor seus 45 dias, ou prazos de pagamento ainda mais longos, em vez dos 30 dias propostos pela XYZ Co. Atualmente, o prazo médio de recebimento das vendas (PMRV) da XYZ Co gira em torno de 45, em comparação com 68 dias no ano anterior, o que foi um avanço substancial. Geralmente, provedores de serviços de alto nível tendem a enfrentar processos de aprovação mais demorados, com executivos de nível mais alto no lado do cliente, o que pode retardar os pagamentos, enquanto os provedores de serviços de nível mais baixo tendem a receber os pagamentos com mais rapidez, pelas razões opostas. A XYZ Co conseguirá reduzir o PMRV de 45 dias? Talvez, dependendo de sua base de clientes. Se a empresa estiver prestando serviços principalmente ao setor público ou a clientes empresariais muito grandes, as chances de melhoria são pequenas. Arranjos ideais geralmente exigem antecedentes razoáveis de trabalho conjunto, para que o cliente tenha o provedor de serviços em alta conta, pela exatidão e confiabilidade do contrato e da pontualidade na execução dos serviços, assim como da exatidão de seu sistema de faturamento.

Com base nessa análise, podemos ver que, em algumas áreas, a XYZ Co pode melhorar a gestão do capital de giro e acelerar o ciclo de *cash-to-cash* (que é a soma de PMRV + PMRE – PMPC), dos atuais 60 dias para algo em torno de 30 a 45 dias. Reduzir o ciclo em 15 dias, no atual nível de negócios, liberaria $410.000 de caixa (vendas de $10m x 15/365), o que a ajudaria arcar com a folha de pagamento mensal, até a construção do funil de vendas de novos contratos. Todavia, todas as melhorias que analisamos são mais fáceis ao negociar novos contratos e muito mais difíceis em relação aos atuais contratos e clientes.

MODELO DE NEGÓCIO DE SERVIÇOS BASEADO EM PLATAFORMAS

O ciclo do capital de giro para provedores de serviços baseados em plataformas é o saldo de contas a receber e de contas a pagar. Não há estoques significativos nesses tipos de negócio.

Para alguns provedores de serviços baseados em plataformas, de setores como viagens, alta proporção da receita é paga antes do consumo, com a venda de passagens, de reservas de hotéis pré-pagas etc. Isso cria um fluxo de caixa útil, que reduz significativamente a necessidade de financiar o capital de giro. Já os provedores de serviços baseados em plataformas, que obtêm fluxos de receita de modelos de licenciamento, de modelos de consumo ou de serviços a prazo fixo e de contratos de suporte e manutenção, precisarão financiar algum nível de contas a receber. Esses modelos geralmente faturam por mês, talvez com algum pagamento antecipado, para cobrir os custos iniciais de negociação e elaboração do contrato. No total, esses pagamentos antecipados podem representar um fluxo de caixa significativo, que ajuda a compensar as margens tipicamente baixas geradas por esse tipo de receita. De fato, adotar uma abordagem de portfólio nesses fluxos de receita é opção estratégica poderosa para a otimização do fluxo de caixa de diferentes modelos. Os gestores, porém, sempre devem ter a certeza de estar obtendo as melhores condições comerciais de cada tipo de fluxo de receita, sem achar que já fez o dever de casa ao conquistar o contrato.

As contas a pagar de um modelo baseado em plataformas estão relacionadas com licenças ou revenda de aplicativos de terceiros, ou das despesas gerais de operação da plataforma. Os custos operacionais podem variar do mínimo (os custos de manter um quarto de hotel) a significativo (os custos operacionais de um voo, como combustível, refeições, hospedagem da tripulação etc.). Para o modelo de aplicativo hospedado, as receitas derivam do consumo de parte da capacidade da plataforma, inexistindo, quase sempre, "custo das vendas" correlato, gerando contas a pagar no estilo do modelo de revenda.

◢ Armadilha do fluxo de caixa dos modelos de transição

Grande desafio para os provedores que fazem a transição do modelo de revenda tradicional para o modelo de assinatura ou modelo de consumo é o *cash flow through*, o vale ou estreito do fluxo de caixa, a ser transposto. Eis o motivo: a venda de uma licença anual de $120, todos os meses, gerará receita para a cadeia de suprimentos de distribuição de $120 por mês, ou $1.440 por ano. Vender o mesmo número de assinaturas, ou medir o consumo dos clientes, à taxa de uma por mês, gerará receita para a cadeia de suprimentos de apenas $10 (isto é, um duodécimo) no mês um, $20 no mês dois, $30 no mês três, e assim por diante, gerando receita anual de $780 (a "regra de 78"). Só no ano dois, quando a receita anual chegar a $3.000 (em comparação com $2.880 sob o modelo de licença), o fluxo de caixa entra no terreno positivo e melhora a partir de então. A essa altura, o modelo gera caixa em volumes crescentes, ou seja, a escalada não exige capital de giro adicional, em contraste com os modelos de produto, pessoas e revenda. Capital adicional só será necessário periodicamente para atualizar ou ampliar a capacidade básica da plataforma, e, idealmente, será financiado pelo capital gerado pelas atividades pós-*break-even*.

Para o **modelo de aplicativo hospedado**, as receitas derivam do consumo de parte da capacidade da plataforma, **inexistindo**, quase sempre, **"custo das vendas" correlato**, gerando **contas a pagar** no **estilo do modelo de revenda**.

CAPÍTULO 18

GERINDO *PLAYERS* DE CANAL DE ÚLTIMO NÍVEL – CRIAÇÃO DE VALOR E CRESCIMENTO

CRIAÇÃO DE VALOR E MELHORIA DOS NÚMEROS

◢ Modelo de negócio de serviços baseado em pessoas

Agora que já vimos os dois lados da árvore de criação de valor (CV) de um provedor de serviços baseado em pessoas separadamente, podemos olhar a maneira como ambos se integram e avaliar se a XYZ Co geriu com eficácia os seus negócios, nos últimos dois anos (apesar dos problemas potenciais que pairam no horizonte!). No Capítulo 9, definimos os princípios por trás da criação de valor, ou seja, que o lucro operacional deve ser superior ao custo do capital investido no negócio, para gerar esse lucro. Como vimos, um negócio de serviços baseado em pessoas não deve precisar de muito capital, além do capital de giro; por isso, deve ser capaz de criar valor com um nível razoável de lucratividade. A Figura 18.1 é um lembrete da árvore de valor da XYZ Co.

No ano atual, a XYZ Co criou valor de $51.600, que é um resultado minúsculo para os $10m do negócio, mas representa melhoria em comparação com o valor destruído no ano anterior, de $37.475. Como ela conseguiu virar a situação? Se você olhar o capital investido de ambos os anos, verá que são quase idênticos, mas, no ano atual, a maior escala do negócio levou o Lucro operacional depois dos impostos a ultrapassar o custo do capital investido. Mesmo assim, a margem de erro é muito pequena e o verdadeiro culpado disso é a baixa margem bruta, que mal cobre as despesas gerais e deixa margem operacional muito pequena de 2,6% das vendas (melhor que a do ano anterior, de 2,2%).

FIGURA 18.1 Árvore de criação de valor da XYZ (provedor de serviços)

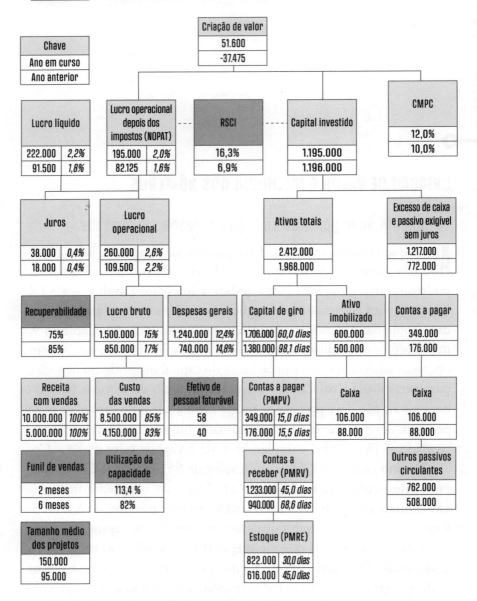

Você deve ter notado que o custo de capital aumentou, do ano anterior para o ano em curso: de 10% para 12%. Lembre-se de que esse é o custo de capital da XYZ Co, não o custo geral do dinheiro no mercado, e, assim, é custo de capital ajustado ao risco. Isso significa que os provedores de capital (acionistas, bancos e outras fontes de financiamento conseguidas pela XYZ Co) concluíram que as perspectivas notoriamente incertas para o ano seguinte aumentaram o risco do negócio, levando também o retorno que exigem pelo fornecimento de capital à empresa. Assim, a XYZ Co teve de gerar mais Lucro operacional depois dos impostos para criar valor capaz de compensar o risco adicional que foi incorporado ao negócio. No entanto, é preciso fazer muito mais para que o futuro da empresa seja duradouro.

Olhamos várias opções para melhorar o desempenho do negócio à medida que analisávamos diferentes métricas, uma de cada vez, mas precisamos de um modelo estratégico para arrumar o modelo de negócio da XYZ. Deixando de lado a questão de apertar o controle do capital de giro (que tratamos no Capítulo 17), quais são as opções disponíveis para que a XYZ aumente a sua lucratividade?

O modelo apresentado na Figura 18.2 foca em duas importantes métricas de lucratividade – margem bruta e margem líquida – e se baseia em medir a margem bruta depois de deduzir o custo do tempo alocado aos projetos dos clientes. É claro que, se o provedor de serviços estiver gerando altas margens bruta e líquida (isto é, que se encaixam no quadrante superior direito), ele deve manter o que estiver fazendo, desde que a análise das perspectivas futuras no funil de vendas indique que essa situação perdurará. Também é claro que, se a empresa estiver sofrendo de baixas margens bruta e líquida (isto é, se se encaixa no quadrante inferior esquerdo) e as estratégias específicas aplicadas nos outros quadrantes não detiverem o declínio, ela deve rever toda a sua proposta e pensar em mudar o foco ou reestruturar todo o modelo de negócio.

As situações mais interessantes e desafiadoras ocorrem com os negócios incluídos nos outros dois quadrantes. No quadrante superior esquerdo: as margens líquidas são adequadas, mas as margens brutas são baixas, combinação que sugere não haver problema com a utilização, mas, talvez, com a negociação de preços suficientemente altos pelo valor entregue. Não é incomum que os provedores de serviços achem que não estão cobrando preços bastante elevados. Os gestores devem experimentar aumentos graduais para descobrir o ponto em que começam a perder propostas competitivas. Pode ser que *alguns* preços para *alguns* serviços devam ser aumentados, como, por exemplo,

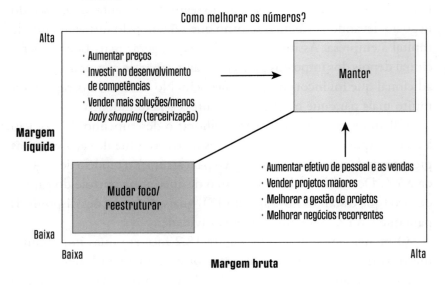

FIGURA 18.2 Opções disponíveis para a melhoria da lucratividade dos provedores de serviços

serviços de emergência ou para outros tipos de respostas a crises. Talvez seja o caso de aplicar a precificação sazonal, com descontos na baixa estação e preços normais ou com acréscimos na alta estação. As empresas de contabilidade normalmente oferecem serviços a taxas mais baixas fora do congestionado fim de ano, o pique da alta estação das demonstrações financeiras (o auge se situa nos três meses seguintes a 31 de dezembro e, em menor extensão, no período subsequente a 31 de março), e cobram as horas de sócios e de pessoal especializado a taxas mais altas, sobretudo para trabalhos mais "arriscados", como avaliação de empresas ou laudos para mediação de litígios.

O segundo fator a investigar é o conjunto de competências da equipe faturável. Essas competências estão atualizadas e são compatíveis com as tendências do mercado? Um maior investimento no desenvolvimento de habilidades levaria a preços mais altos e o time tem as habilidades para vender o valor que realmente está entregando aos clientes? O mix de habilidades está alinhado com as tendências de mercado? Quais serão as oportunidades de serviço mais prováveis e até que ponto o provedor de serviços está preparado para explorá-las? É melhor implementar planos de treinamento e desenvolvimento profissional contínuos se possível, mas talvez seja adequado, de tempos em tempos, fazer investimentos estratégicos em tecnologias emergentes. A alternativa para o desenvolvimento interno de competências é a aquisição de competências externas, na forma de recrutamento de talentos ou de aquisição de empresas. Essas são grandes decisões estratégicas e devem basear-se em sólidas avaliações abrangentes da situação da empresa, de seus objetivos a longo prazo e das opções viáveis. Uma terceira maneira é mudar o mix do negócio e vender mais "soluções" *high-end*, geradoras de mais valor. Assim se reduzirá a proporção dos negócios oriundos de serviços do tipo *body shopping*, como suporte técnico terceirizado etc.

Vamos examinar as opções em outro quadrante, o inferior direito: altas margens brutas, mas margens líquidas baixas. Isso sugere que não há volume suficiente para cobrir a capacidade não utilizada e as despesas gerais. Ou o nível de vendas precisa ser aumentado, para absorver a capacidade não faturada, ou, se a utilização já for alta e a empresa tiver limites pela capacidade, talvez o efetivo de pessoal faturável deva ser aumentado (margens saudáveis sugerem forte demanda pelas ofertas do provedor de serviços).

A estratégia de vender projetos maiores tem tudo a ver com o aumento das vendas. Projetos maiores aumentam a produtividade de todo o negócio, com vendas mais altas por esforço de vendas e, depois delas, níveis de utilização mais altos, ao longo de períodos sustentáveis. Talvez seja inteligente equilibrar parte das robustas margens brutas com precificação agressiva para conquistar grandes projetos e aumentar as margens líquidas, eliminando os períodos de penúria no ciclo típico "fartura e escassez" de projetos de curto prazo. Projetos maiores talvez exijam mudança do cliente-alvo ou acréscimo de novas capacidades para expandir a variedade das ofertas de serviços, iniciativas que não devem ser tentadas sem avaliação cuidadosa de todos os aspectos envolvidos. Em geral, a conquista de projetos maiores significa buscar clientes maiores ou envolver o setor público. O provedor de serviços está preparado para o ciclo de vendas mais longo e mais exigente? É capaz de atender aos requisitos mínimos, em termos de certificações, seguros, títulos ou quaisquer outros obstáculos a serem transpostos? Terá credibilidade e antecedentes aceitáveis? Poderá assumir os riscos maiores associados a projetos maiores e, em geral, mais complexos?

Isso poderá exigir um degrau a mais nas competências e práticas em gestão de projetos para controlar esses riscos e garantir que a receita extra assim gerada melhore os resultados financeiros. Não investir nas competências e experiências certas em gestão de projetos pode significar que todos os projetos maiores envolvam problemas e riscos maiores, chegando ao ponto de as receitas extras serem absorvidas por excessos e correções no projeto.

A estratégia final, que todos os provedores de serviços devem adotar a qualquer hora é aumentar o nível de negócios recorrentes. Muitas são as razões para que o provedor de serviços faça isso:

- Negócios recorrentes geralmente não estão sujeitos a concorrências ou licitações, o que significa muito menos esforço de vendas para negociar o escopo e as condições do trabalho.

- Serviços recorrentes em regra prosseguem sem necessidade de iniciativas específicas, permitindo que a equipe continue em campo, sem *downtime*, curva de aprendizado, prazo de adaptação etc. Mesmo que o trabalho não prossiga diretamente, o tempo de *pick-up*, ou de pegar impulso, é muito reduzido, beneficiando o provedor de serviços e o cliente.

- Um convite para prestar serviços recorrentes indica alto nível de confiança do cliente no provedor de serviços, ampliando o escopo potencial dos serviços a serem prestados e abrindo a porta para serviços de mais alto nível.

- Trabalhar continuamente no ambiente do cliente reduz o risco de omissões, erros de escopo, premissas equivocadas etc., melhorando o potencial de margens mais altas para o provedor de serviços e de preços mais corretos para o cliente.

- Novas ofertas de serviços podem ser testadas com os clientes, em condições de estreito relacionamento no ambiente de trabalho, de maneira que ambas as partes invistam no risco e retorno – o cliente recebe serviços valiosos a preços muito reduzidos e pode conquistar vantagem competitiva, embora com mais disrupção em períodos mais longos do que o ideal. O provedor de serviços testa no mercado a oferta de serviço e elimina problemas ou encontra soluções, mas, possivelmente, com perdas no projeto.

Negócios recorrentes serão estratégia crítica para a XYZ Co, com o funil de vendas demasiado curto e sobrecarregamento dos recursos. Os clientes existentes tendem mais a gerar ciclos de vendas mais rápidos, com menos esforço de vendas. Os projetos tendem a ser menos arriscados, na medida em que os ambientes serão mais familiares e as expectativas dos clientes corresponderão mais aos padrões e desempenho da XYZ Co.

Como vimos, o modelo de negócio de serviços baseado em pessoas é tão desafiador quanto o modelo de negócio de produtos, com talvez mais dos elementos "suaves", em termos da dinâmica da gestão de pessoas e equipes. A aplicação desse modelo estratégico deve ajudar a maioria dos provedores de serviços a selecionar a estratégia ou combinação de estratégias certas para melhorar o desempenho do negócio, enquanto mantém rédeas curtas na gestão do capital de giro, possibilitando criação de valor substancial.

Modelo de negócio de serviços baseado em plataformas

Para o modelo de negócio de serviços baseado em plataformas, a melhoria da criação de valor depende quase inteiramente do crescimento da Receita com rapidez suficiente para explorar o período de operações acima do *break-even*, antes de a demanda do mercado exigir investimentos para aumentar a utilidade da plataforma. Gerenciar essa curva de investimento íngreme consiste em identificar o momento certo e investir na funcionalidade e na capacidade que os clientes cobrarão da próxima geração de plataformas. Se investir pouco ou não entender o mercado, a plataforma não gerará proposta de valor competitiva; se investir demais, a plataforma demorará mais para alcançar o *break-even* (por causa dos custos de depreciação mais altos) e gerará lucros mais baixos ao longo do ciclo. Disso resultará um duplo choque sobre o resultado da criação de valor: Lucro operacional mais baixo e capital empregado mais alto.

GERINDO O CRESCIMENTO - O MODELO DE NEGÓCIO INTEGRADO

Os gestores devem ser capazes de identificar e de gerenciar o modelo de negócio de produtos, de serviços baseado em pessoas e o de serviços baseado em plataformas, separadamente, considerando as características muito diferentes de margens, de capital de giro e de métricas especializadas que se aplicam a cada modelo. Além disso, terá de desenvolver uma visão integral de cada contrato/projeto e de cada relacionamento com o cliente. A maioria dos sistemas contábeis modernos pode promover essa visão bidimensional do negócio com qualquer cliente de canal de último nível, de qualquer tamanho ou nível de complexidade. A razão dessa abordagem é reforçada ainda mais ao se contemplar a gestão do crescimento, dadas as várias maneiras como as restrições atuam em diferentes modelos. No modelo de produtos, o capital de giro é a principal restrição ao crescimento, enquanto no modelo de serviços baseado em pessoas, o efetivo de pessoal produtivo e a capacidade faturável geralmente limitarão o crescimento antes do capital de giro (assumindo que a demanda seja a mesma para ambos os modelos). No modelo de serviços baseado em plataformas, o crescimento será contido pela capacidade de financiar o desenvolvimento e a ampliação da plataforma. Os diferentes modelos também tendem a ter diferentes velocidades de ciclo e tempos de reação necessários – o modelo de negócio de produtos precisa de respostas mais rápidas, em termos de mudar as linhas de produto listadas e estocadas; o modelo de negócio de serviços baseado em pessoas deve responder a aumentos significativos e persistentes na demanda, não a oscilações para cima ou para baixo nos negócios, uma vez que o aumento do efetivo de pessoal faturável não é fácil de desfazer; e o modelo de negócio de serviços baseado em plataformas deve explorar épocas de utilização ideal da capacidade, pelo maior tempo possível, antes de aumentar a capacidade (e a utilidade).

Como vimos no caso da XYZ Co, os riscos de assumir novos negócios excessivos, com rapidez demais, podem sobrecarregar o negócio e a equipe gerencial, deixando a empresa vulnerável a desastres. É muito mais difícil tirar a XYZ Co da situação em que se encontra ao fim do ano em curso do que seria manobrar um negócio de produtos que enfrentasse consequências semelhantes, oriundas de excesso de expansão. Os tempos para adicionar e remover ou até transferir pessoas são medidos em meses e trimestres, não em dias ou semanas, como no caso de produtos. Esses "ritmos", restrições e riscos diferentes dos dois modelos de negócio são as razões fundamentais pelas quais os modelos de negócio de produtos e serviços devem ser mantidos separados e gerenciados de maneiras diferentes.

Gerir o crescimento tem muito a ver com a capacidade de "ler" o funil de vendas e aproximar-se o suficiente dos clientes para sentir o nível de demanda pela frente. Exige a capacidade de segmentar o mercado e definir ofertas que atendam às diferentes necessidades de cada segmento e identificar as ofertas com mais probabilidade de gerar níveis de demanda mais altos. Isso impõe à equipe gestora o ônus de adotar uma abordagem disciplinada no planejamento do negócio e de projetar a dinâmica provável dos modelos de negócio sob seu controle. A análise de sensibilidade (basicamente a modelagem de vários cenários alternativos realistas) deve ajudar a identificar as escolhas mais e menos arriscadas a serem perseguidas e a eficácia com que a empresa pode responder a cada escolha. Já vimos várias empresas de serviços se atrapalharem na excitação da conquista de alguns novos clientes ou grandes contratos, e aumentarem o efetivo de pessoal e nível de endividamento, para aumentar a capacidade e financiar o capital de giro, sem considerar as possibilidades depois da conclusão ou do vencimento dos contratos. Por outro lado, também vimos *players* pequenos se transformarem em *players* muito grandes, com base na avaliação cuidadosa de oportunidades emergentes, posicionando suas ofertas para os segmentos de alto crescimento do mercado e adaptando sua cultura interna às circunstâncias, à medida que expandem os negócios. Essas são as empresas que foram capazes de financiar o crescimento, por meio de boas margens líquidas, controle firme na gestão do capital de giro e, talvez, um pouco de sorte.

CAPÍTULO 19

COMO EXTRAIR O MELHOR DOS *PLAYERS* DE CANAL DE ÚLTIMO NÍVEL

INTRODUÇÃO

Da mesma maneira que engajar-se com distribuidores consiste, basicamente, em desenvolver o caso de negócio de um relacionamento comercial ou de determinado produto ou categoria, engajar-se com um *player* de canal de último nível envolve, sobretudo, demonstrar como você pode gerar benefícios comerciais, trabalhando juntos. O último nível não é o cliente final, mas um caminho de acesso ao cliente final, e, como tal, representa um elemento crítico do seu modelo de distribuição. Você precisa demonstrar que a sua proposta de valor é mais convincente que a do concorrente para conquistar e reter uma fatia dos negócios de último nível.

Para desenvolver a proposta de valor ideal do fornecedor para o canal, você precisa aplicar os seus insights a respeito de como os modelos de negócio de último nível trabalham para gerar um fluxo de benefícios comerciais que, ao mesmo tempo, atenda às necessidades deles, como canal *e* explorem plenamente as suas vantagens exclusivas. Por exemplo, como marca importante, você pode oferecer a um *player* de canal de último nível os benefícios de demanda forte do cliente (sustentada por um mapa de novos produtos ou tecnologias e apoiada por gastos de marketing substanciais com o cliente final), baixo custo das vendas e infraestrutura de suporte robusta.

Se a sua marca for de nicho, você pode oferecer o status de representação exclusiva, com altas margens e alto grau de gestão de conta (analisaremos essas duas posições mais adiante, neste capítulo). Na abordagem que propusemos para engajamento com os distribuidores,

> ### MANTENDO SUA PROPOSTA DE VALOR DE CANAL ALINHADA COM O MERCADO
>
> Fornecedores inteligentes constituem conselhos consultivos de parceiros, que envolvem uma seção transversal de parceiros relevantes, em diálogos regulares (por exemplo, a cada seis meses) e exploram esses grupos para testar suas propostas de valor ou mudanças planejadas para o canal. Os parceiros geralmente são rápidos em dizer o que não apreciam nas mudanças planejadas, embora não sejam tão bons em apresentar propostas que sejam adequadas ao canal como um todo, limitando suas sugestões às que os beneficiam exclusivamente! Os parceiros, às vezes, expõem o que a concorrência está fazendo ou virá a fazer com as propostas de valor para o canal deles, embora, frequentemente, com alguns adornos, na tentativa de explorar as melhorias oferecidas pelo fornecedor que dirige o conselho consultivo. Fornecedores experientes sabem que precisam navegar nessa "negociação" contínua e manter o diálogo em nível estratégico, deixando os aspectos táticos para serem manejados pelos gerentes de contas do parceiro, em reuniões pessoais e individuais.

no Capítulo 12, sugerimos começar com uma análise da estratégia do distribuidor. Contudo, no caso de último nível, isso nem sempre é possível, simplesmente em razão do número de *players* de último nível envolvidos. Em vez disso, você precisa pesquisar os modelos de negócio e os objetivos dos *tipos* de *players* de canal que você quer envolver, para definir a sua estratégia de canal. Essa pesquisa o capacitará a pesar e a priorizar o potencial de negócios de cada tipo de canal e a determinar os principais elementos das suas propostas para o canal.

SEGMENTANDO O CANAL DE COMERCIALIZAÇÃO DE ÚLTIMO NÍVEL

As suas propostas de valor para o canal de último nível devem ser a expressão comercial da sua estratégia de canal. Essas propostas de valor precisam adotar uma abordagem segmentada no trabalho com os seus diferentes canais, mostrando como você pretende chegar e atender a cada segmento de cliente. Elas devem definir:

- Que papel você quer que o canal desempenhe em termos de acesso ao mercado, geração de demanda e atendimento.

- Em que segmentos de cliente o *player* de canal deve focar (por exemplo, grandes clientes globais são acessados pela força de vendas direta; grandes clientes nacionais e clientes de médio porte são atendidos pelos revendedores Ouro; e clientes pequenos, pelos revendedores Prata e Bronze, como distribuidores).

- Que funções você, como parceiro fornecedor, quer que sejam finalizadas pelos canais, mediante descontos de margem ou descontos funcionais e financiamento de marketing.

- Os padrões de reconhecimento e de recursos que você espera que os canais concedam à sua marca e o nível de suporte e de outros benefícios em que os canais devem basear as respectivas atividades.

- O que você espera que os canais entreguem, em termos de volumes de negócios, e a que custo.

Em troca dessas expectativas, você pode formular a sua proposta de valor para o canal, com base nas necessidades econômicas de cada tipo de parceiro. A segmentação possibilita que você aloque recursos, de acordo com as suas prioridades de negócios, como, por exemplo, concedendo maiores incentivos de abatimento de margem aos distribuidores que arregimentam mais clientes de porte médio para a sua marca, e recompensando os seus distribuidores Ouro por capturar novas contas de grande porte de concorrentes específicos ou talvez por alcançar os objetivos de *up-sell* ou *cross-sell*. Ao segmentar os seus canais de comércio de último nível, você melhora as suas condições para compreender a economia do canal, em termos de custo por *lead*, custo por vendas, e custo para atender a cada segmento de cliente.

O QUE O ÚLTIMO NÍVEL PROCURA EM UM FORNECEDOR

Ao lidar com qualquer fornecedor, todos os *players* de canal procuram fontes previsíveis de lucro comercial, para que possam investir no relacionamento, confiantes no retorno a ser gerado. Essa previsibilidade é surpreendentemente difícil de alcançar, e muitos fornecedores criaram a reputação, ao longo dos anos, de "entrar e sair do canal", ou seja, às vezes, eles adotam uma estratégia "pró-canal", trabalhando com canais indiretos para impulsionar a estratégia *go-to-market,* durante mais ou menos um ano, e, então, deslocam a ênfase para a força de vendas interna direta, sugando do canal clientes e negócios (geralmente os maiores). Os parceiros que, durante muito tempo, investiram em conquistar o cliente, de repente se veem sem o relacionamento, arrancado pelo fornecedor, sem nenhuma compensação. Por que será que os fornecedores agem assim? Talvez porque estejam preocupados com o controle da conta (receando que o canal desvie a venda para a marca de outro fornecedor) ou porque estejam respondendo ao desejo expresso do cliente de ser gerenciado diretamente pelo fornecedor. Quaisquer que sejam as razões imediatas, o efeito é enviar um sinal claro para o canal, no sentido de que o fornecedor não leva a sério o compromisso de trabalhar com os parceiros de canal em longo prazo, e de que não é confiável. Mesmo os fornecedores que alegam ter reconhecido erros semelhantes, cometidos no passado, e que agora estão comprometidos com uma estratégia de canal duradoura descobrirão que o canal tem boa memória e demorará a confiar nessas promessas, por mais atraente que seja a proposta de valor do fornecedor para o canal.

Os *players* de canal de último nível compreendem que os fornecedores geralmente não querem entregar todo o mercado a eles. A maioria dos fornecedores adota uma abordagem de segmentação e atribui aos distribuidores apenas parte do mercado. Os *players* de canal não se incomodam com essa abordagem, desde que percebam que os fornecedores têm uma estratégia de canal clara e seguem regras de engajamento bem-definidas, que orientarão o relacionamento. A perspectiva do canal é "Diga-nos onde podemos ganhar dinheiro e cumpra o prometido". Até as regras que dizem "Os 200 principais clientes serão atendidos por nossa força de vendas direta" são aceitáveis, desde que o canal compreenda os critérios que definem os "200 principais clientes" e o processo e a frequência de inclusão e exclusão de clientes na lista.

As parcerias duradouras com o canal são essenciais quando o canal precisa investir no relacionamento para desempenhar o seu papel. No caso de produtos mais técnicos e sofisticados, esse investimento talvez exija a adoção de um posicionamento em longo prazo ao lado da marca do fornecedor, destinando quantias significativas a marketing, vendas e treinamento de pessoal técnico nos produtos do fornecedor, na construção de plataformas ou na alocação de parte de sua infraestrutura. Exemplos de canais de comércio de último nível que fizeram isso são instaladores de sistemas de informação, como Accenture, que se especializou em software da SAP; instaladores de equipamentos especializados, como escadas rolantes, estufas e cozinhas; revendedores de equipamentos de movimentação de terra, como JCBs ou Caterpillar; e postos de serviços de combustíveis, com uma loja de franquia ou cafeteria.

Depois de construídas as fundações de um conjunto consistente de regras de engajamento, alicerçadas numa estratégia de canal sustentável, o desafio do fornecedor é vender o relacionamento comercial, para recrutar e reter os *players* de canal certos, como parceiros *go-to-market*. A proposta de valor do fornecedor para o canal deve ser direcionada para os pontos de pressão específicos, no modelo de negócio, geralmente percebidos pelos *players* de canal para os quais o fornecedor está vendendo o relacionamento comercial.

Ao fim desta parte do capítulo, o Quadro 19.1 sugere áreas a serem enfatizadas pelo fornecedor em sua proposta de valor, para diferentes *players* de canal. Antes, contudo, propomos um *checklist* das principais dimensões de uma proposta de valor eficaz do fornecedor para o canal: crescimento, lucro e produtividade.

◢ Crescimento

A maioria dos parceiros, se não todos, que você pretende engajar com a proposta de valor para o canal, terá ambições de crescimento. Verifique a relevância da seguinte lista e, sempre que possível, quantifique o valor do fluxo de benefícios:

➤ Marca

- Você tem um *market share* importante ou pode demonstrar crescimento no *market share* (no todo ou em categorias ou segmentos importantes)?
- Que investimentos em marketing você está fazendo para sustentar ou melhorar o seu *market share*?
- Que impacto esse investimento está exercendo na conscientização do cliente e nas taxas de preferência?

➤ Posicionamento

- Você está posicionado para o crescimento, em termos de tecnologias, categorias ou segmentos-chaves no mercado?
- A sua marca oferece credibilidade que pode ser aproveitada ou alavancada pelo canal, para fortalecer as propostas de valor em vendas e marketing?

➤ Novos mercados

- Suas ofertas abrem novos mercados para o canal, talvez por meio de novos pontos de preço ou novas funcionalidades?
- Que pesquisas de mercado você pode compartilhar com o canal, para mostrar os rumos futuros do mercado e onde os parceiros precisam estar posicionados?

➤ Novos clientes

- A sua marca ou as suas ofertas trarão novos clientes para o canal?
- Qual é o foco da sua atividade de marketing?
- As suas despesas de marketing estão aumentando?
- Você tem capacidade de compartilhamento de *leads*, sustentada por atividades de geração de *leads*?
- Você vai mandar vendedores para vendas conjuntas com o pessoal do canal?
- Tem time de vendas para o cliente final, que passará *leads* para o canal?

➤ Necessidades novas ou insatisfeitas

- As suas ofertas serão capazes de ajudar os parceiros a aumentarem a penetração e a relevância deles nos clientes existentes?
- Com que pesquisas e insights você pode contribuir para atender a necessidades insatisfeitas ou emergentes, de modo a demonstrar a relevância das suas ofertas?

➤ Fluxo de novas tecnologias e produtos

- Você consegue demonstrar a sua capacidade de responder a demandas futuras, por meio de um guia de novas tecnologias e produtos?

➤ Receita "puxada"

- Os seus parceiros de canal são capazes de gerar receitas adicionais com a instalação, atendimento e suporte aos seus produtos (às vezes, a receita puxada pode ser muitas vezes superior à receita decorrente da revenda dos produtos atuais)?

➤ Planejamento conjunto do negócio

- Você consegue encontrar novas oportunidades por meio do foco na combinação de recursos de vendas e marketing?

Lucro

Embora os parceiros se concentrem, de início, em margens brutas e em lucratividade bruta, geralmente será interessante, para você, que ampliem a totalidade do caso de negócio, para incluir todos os elementos da demonstração do resultado que compõem a margem líquida e a lucratividade líquida. Por exemplo, como fornecedor, grande parte dos seus fundos de marketing será aplicada na redução dos custos de marketing do *player* de canal, e só aparecerão na contribuição e nas margens líquidas. Verifique a relevância dos seguintes pontos e, sempre que possível, quantifique o valor do fluxo de benefícios:

➤ **Definição do contrato.** Você oferece algum tipo de espaço de mercado protegido para determinado parceiro de canal, capaz de melhorar a capacidade dele de conseguir maiores margens? Essa proteção pode assumir a forma de exclusividade explícita, como território franqueado, ou implícita, como restrição de acesso mediante acreditação (por faixa de produto, tamanho, comprometimento de recursos, certificação etc.).

➤ Margens

- Que tipos de descontos *front-end*, descontos *back-end*, descontos funcionais, abatimentos, bônus, abatimentos por volume etc., você oferece?
- Como varia o *timing* da geração de margem?
- Que metas e padrões o parceiro de canal deve alcançar para obter os diferentes níveis de margem?
- Que proteções de margem você oferece, como proteção de preço (contra mudanças), proteção de estoque (contra perdas de valor), devoluções etc.?
- Que proteções de margem você oferece a quem investiu no processo e na capacidade de pré-venda (acreditação, autorização para vender produtos técnicos etc.)?

➤ Mix de margem

- A sua marca oferece margem maior que as da concorrência, por apresentar soluções de alta qualidade e outras oportunidades de *cross-sale* e *up-sale*?
- Que nível de suporte e posicionamento de marketing você oferece ao canal para reforçar vendas mais sofisticadas?
- A sua marca exige nível mais alto de serviço e suporte prestados pelo *player* de canal ou cobra preço mais alto por essas competências? (Qualquer pessoa que já tenha visto a diferença na remuneração dos serviços de um Aston Martin em comparação com os de um Ford compreenderá esse ponto.)

➤ Financiamento e fundos de marketing

- Que financiamentos você oferece?

- Quais restrições há para as atividades que se qualificam para o seu financiamento de marketing?
- Que apoio e recursos de agência você oferece para a aplicação desses fundos?
- Com que rapidez você aprova e paga reivindicações referentes a fundos de marketing?

▶ **Despesas gerais.** Que infraestrutura você fornece para reduzir as despesas gerais dos seus parceiros?

▶ **Sistemas e processos padronizados** (talvez disponibilizados *on-line* em portais de parceiros).

▶ **Back-up técnico, bases de conhecimento e documentação *on-line*.**

▶ **Treinamento** (não só sobre os seus produtos, mas também sobre competências genéricas, como tecnologia básica, processos de diagnóstico, gestão de projetos, integração, vendas ou competências interpessoais).

▶ **Recursos profissionais de vendas e marketing** (variando de ilustrações e modelos até suporte de vendas e serviços de marketing, como RP).

◢ Produtividade

Esse talvez seja o aspecto menos explorado na proposta de valor de muitos fornecedores para o canal, e pode ser concebido como as dimensões de fazer negócios que o parceiro não poderia desenvolver sozinho (ao menos em termos econômicos). Por exemplo, um revendedor regional simplesmente não conseguiria construir uma marca de reconhecimento global, capaz de gerar clientes fazendo pedidos dos produtos mencionados. Tampouco teria condições de desenhar e desenvolver o treinamento rigoroso que o pessoal de vendas e suporte precisaria para se manter na vanguarda do desenvolvimento tecnológico. Verifique a relevância dos seguintes tópicos e, quando possível, quantifique o valor do fluxo de benefícios:

▶ Geração de leads

- Você distribui *leads* para os seus parceiros?
- Toma a iniciativa de gerar *leads* (em modo contínuo ou promocional)?
- Gerencia a distribuição de *leads* para os seus parceiros mais bem qualificados ou mais ágeis?
- Facilita a intermediação de *leads* para parceiros, de modo que os parceiros se reúnam em equipes para perseguir um *lead*?
- Providencia o registro de *leads*, para que os parceiros persigam um *lead* exclusivamente em seu nome, ou com a sua assistência?

▶ Branding conjunto

- Você oferece acesso a outras marcas importantes, por meio de *branding* conjunto ou de marketing conjunto de marcas?
- Desenvolve iniciativas de marketing específicas para segmentos? (Por exemplo, Hewlett-Packard, Vodafone e Microsoft se reuniram em equipe para montar pacotes de negócios para o mercado de pequenas e médias empresas.)

▶ **Marketing.** Você oferece (ou fornece acesso a) serviços de marketing, RP, agências de serviços de marketing etc.?

▶ Alinhamento de recursos

- Você fornece recursos ou empreende atividades que multiplicam a produtividade dos recursos próprios dos parceiros, como treinamento de vendas, cursos de gestão de negócios etc.?
- Integra seus recursos de suporte técnico e de vendas (para não competirem entre si?)
- Oferece algum tipo de gestão do relacionamento (p. ex., gerentes de contas de parceiros) que pode ajudar a garantir que a estratégia do parceiro esteja alinhada com a do fornecedor e seja capaz de gerir os processos e recursos do fornecedor em benefício do parceiro?
- Incluiu outros fornecedores na aliança estratégica para atribuir status preferencial aos seus parceiros (bancos, seguradoras, serviços legais, contabilidade etc.)?

- Recorre ao seu poder de compra em grande volume, para acessar recursos e serviços que não estariam disponíveis para os *players* de canal individuais (p. ex., cursos em escolas de negócios de alto nível) ou para garantir preços mais baixos para o canal?

➤ Utilização de ativos

- Você oferece estoques consignados (isto é, o último nível só paga pelo estoque ao vendê-lo)?
- Oferece planos de financiamento especiais (ou seja, empréstimos efetivamente mais baratos para a compra de estoque)?
- Oferece serviços de desconto de contas a receber, próprios ou de terceiros, de modo que o canal possa receber boa parte do caixa imediatamente e o restante no pagamento pelo cliente?
- Oferece esquemas para ajudar os parceiros de canal a montarem ou a comprarem os equipamentos especializados necessários para manter as operações?

(Todas essas opções estão usando efetivamente a força do balanço patrimonial do fornecedor ou de seus recursos de caixa para oferecer vantagens aos parceiros.)

Você terá de ajustar essa lista à medida que desenvolve e refina as suas propostas de valor para o último nível, mas uma excelente abordagem é analisar cada uma de suas funções de negócios internas e identificar todas as maneiras como elas apoiam e poderiam apoiar os seus parceiros. Esse processo não só revelará oportunidades de oferecer aos parceiros de canal algumas vantagens exclusivas, geradas pelo relacionamento deles com você, mas também estimulará a "perspectiva de canal" nas áreas da sua empresa que talvez não se engajem diretamente com os parceiros de canal.

O Quadro 19.1 mostra os elementos da proposta de valor do fornecedor para o canal com mais probabilidade de atrair os diferentes tipos de canal de comércio de último nível (com base nos diferentes papéis dos *players* de canal, definidos no Capítulo 13). É essencial que, depois de ter desenvolvido suas propostas de valor para cada um dos seus segmentos de canal, os seus gerentes de contas que cuidam do relacionamento com os canais sejam informados e atualizados com regularidade. Os fornecedores que se empenham em explicar não só as suas propostas de valor para o canal, mas também a lógica e os dados que as sustentam, geralmente garantem posições mais fortes nos canais e conseguem transpor com mais resiliência as tempestades de feedback de canal, desencadeadas por equívocos ou má gestão.

Geralmente, a *maneira* como o fornecedor utiliza a proposta de valor para o canal é tão importante quanto o *conteúdo* dela. Se o *player* de último nível vê um gerente de contas do fornecedor dedicando tempo e atenção para compreender o negócio do parceiro, e também conversa com os gestores sêniores do fornecedor, que explicam a estratégia de relacionamento com o canal, e se problemas evidentes na estratégia do canal são analisados e resolvidos de imediato, o canal concluirá que o fornecedor fala sério sobre os seus relacionamentos.

Os melhores fornecedores fazem enquetes regulares com os parceiros de canal, para monitorar a competitividade da sua proposta de valor para o canal e a eficácia de sua utilização. A Figura 19.1 mostra um exemplo de até que ponto o fornecedor está correspondendo às expectativas de seus revendedores *low-end* que agregam valor (*value-added reseller* – VARS) na forma de um mapa. Nesse exemplo, o fornecedor dividiu sua proposta de valor em Negócios, Relacionamento, Marketing e Apoio. A área central escurecida mostra a qualidade do desempenho do fornecedor em cada uma dessas dimensões.

Também pode ser muito eficaz, nessas enquetes, pedir aos parceiros de canal para avaliá-lo, comparando-o com o seu concorrente mais forte, para avaliar as diferenças entre os dois fornecedores. Nada é melhor para fomentar parcerias de canal eficazes do que buscar feedback constante sobre como têm sido os seus relacionamentos e ajustar o seu desempenho com base nisso. Os resultados de negócios são indicadores posteriores (*lagging indicators*) da competitividade da sua proposta de valor para o canal – quando as vendas e o *share of account* (fatia da conta) começam a derrapar, a podridão já avançou e a reversão será demorada. As pesquisas entre canais são indicadores iniciais (*leading indicators*), se bem conduzidas, e, quando feitas com regularidade, podem captar dificuldades ou oportunidades a serem manejadas, antes de impactarem o desempenho do negócio.

QUADRO 19.1 Relevância da proposta de valor do fornecedor para o canal, em diferentes papéis

PROPOSTA DE VALOR	EXTENSÃO DO FORNECEDOR	COMPLEMENTADOR DO PRODUTO	PROVEDOR DE SERVIÇOS	INTEGRADOR DE SOLUÇÕES
Crescimento				
Marca	✓	✓	✓	
Posicionamento	✓	✓	✓	
Novos mercados	✓	✓	✓	
Novos clientes	✓	✓	✓	✓
Necessidades novas ou insatisfeitas	(✓)	✓	✓	✓
Novas tecnologias/produtos	(✓)	✓	✓	✓
Receita "puxada"			✓	✓
Planejamento conjunto do negócio			✓	✓
Lucro				
Definição do contrato	✓	✓	✓	
Margens	✓	✓	✓	
Mix de margem	✓	✓	✓	✓
Financiamento e fundos de marketing	(✓)	✓	✓	✓
Despesas gerais	(✓)	✓	✓	✓
Produtividade				
Geração de *leads*		✓	✓	
Branding conjunto			✓	
Marketing		✓	✓	
Alinhamento de recursos			✓	✓
Utilização de ativos	✓	✓	✓	✓

Como extrair o melhor dos *players* de canal de último nível

O QUE O ÚLTIMO NÍVEL PROCURA EM UM DISTRIBUIDOR

Os distribuidores competem uns com os outros por uma fatia de diferentes segmentos dos canais de último nível. Ao contrário dos fornecedores, os distribuidores não têm marca própria para o cliente final como fonte de poder para atrair novos *players* de canal, mas têm outras armas, principalmente sua faixa de produtos, baseada em múltiplos fornecedores. Os principais distribuidores *broadline* terão relacionamentos duradouros com todas as marcas importantes e com muitas marcas menores, tornando o atributo *one-stop shop* elemento central das respectivas propostas de valor. Além da variedade, eles precisam oferecer os elementos básicos de disponibilidade, preço, agilidade e crédito adequado. Também podem oferecer serviços que explorem a escala, como, por exemplo, logística especializada (embarque direto para o cliente final em nome do *player* de último nível), consolidação (montagem de produtos de vários fornecedores para uma única remessa destinada a um cliente

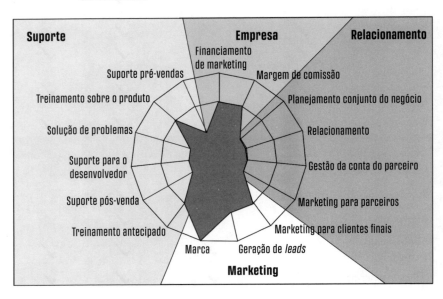

FIGURA 19.1 Exemplo de até que ponto a proposta de valor de um fornecedor atende a um canal VARS

final) ou embalagem especial (como para varejistas que exigem plástico bolha para evitar danos). Dependendo do setor, também podem oferecer outros serviços como marketing terceirizado, gestão de projetos e financiamento.

Na maioria dos mercados, alguns dos principais distribuidores competem pelo *first call status* (status de primeira chamada) no último nível – isto é, ser o distribuidor que o último nível procurará de imediato, antes de qualquer outro, para atender a 80% de suas necessidades. Abaixo desses distribuidores, virão muitos outros, que não podem garantir a distribuição de todas as marcas principais, e competem em outras bases, como especialização em marca ou categoria, melhor nível de serviço (pelo menos em algumas áreas) ou aspectos comerciais, como oferta de linhas de crédito a clientes que têm dificuldade em conseguir crédito suficiente dos maiores *players*.

Tanto para os distribuidores *broadline* quanto para os distribuidores especializados, aplica-se o mesmo modelo de proposta de valor para o canal, capaz de atender às necessidades de último nível, que também constitui a base da *checklist* de crescimento, lucro e produtividade. Verifique a relevância da seguinte lista e, sempre que possível, quantifique o valor do fluxo de benefícios.

◢ Crescimento

➤ Marca

- Você oferece todas as marcas necessárias para atender às necessidades dos seus segmentos de canal escolhidos?
- Quantas marcas você distribui em bases exclusivas ou semiexclusivas?
- Está aumentando a sua fatia na distribuição das marcas principais?

➤ Posicionamento

- Que status de distribuidor especial você tem com fornecedores que o capacitarão a oferecer marketing superior ou suporte técnico aos clientes?

- Está posicionado para o crescimento, em termos de ter a distribuição de marcas, tecnologias e categorias de produtos emergentes?
- Publica um catálogo ou lista de produtos que serve como guia de referência no mercado do cliente final?
- Gerencia segmentos de parceiros de canal em nome dos seus fornecedores?

➤ Novos mercados

- As suas ofertas conseguem abrir novos mercados para o último nível, talvez garantindo novas distribuições ou atuando como distribuidor inicial de novas tecnologias, categorias ou franquias?
- Oferece (melhor) treinamento nas novas tecnologias e produtos que ajudarão o seu cliente de canal a surfar a próxima onda de oportunidades?
- Oferece nível mais alto de suporte técnico (pré e pós-venda) do que os concorrentes?

➤ Novos clientes

- Você possui programas de marketing ou serviços de marketing que ajudarão o último nível a angariar novos clientes?
- Onde está concentrada sua atividade de marketing?
- As suas despesas de marketing estão aumentando?
- Administra fundos de marketing conjunto, em nome dos seus fornecedores?

➤ Planejamento conjunto do negócio. Você ajuda os seus *players* de último nível no planejamento do negócio deles?

◢ Lucro

➤ Margens

- Quantas marcas você distribui em bases exclusivas ou semiexclusivas?

- Que tipos de descontos *front-end*, *back-end*, funcionais, abatimentos, bônus, abatimentos por volume etc., você oferece?
- Como varia o *timing* quando a margem é obtida?
- Cobra por entrega para melhorar as margens de último nível?
    - Entrega gratuita para pedidos acima de determinada quantidade?
    - Entrega gratuita para *back-orders* (pedidos pendentes)?
    - Cobra menos do que os concorrentes por entregas para vários locais?
    - Dá recompensas quando os clientes fazem pedidos inteligentes?

➤ **Mix de margem.** Você oferece uma faixa que inclui marcas e categorias com margens melhores que as da concorrência, por apresentarem soluções mais sofisticadas e outras oportunidades de *cross-sale* e *up-sale*?

➤ **Despesas gerais**
- Que serviços especializados de logística você oferece para minimizar os custos de último nível?
    - Remessas (para a localidade do cliente final)?
    - Serviços de etiquetagem, embalagem e faturamento (para o cliente final, em nome do último nível)?
    - Múltiplos pontos de entrega (para clientes de último nível, com múltiplas localidades, como varejistas)?
    - *Delivery to desk* – D2D (de equipamentos de TI, instalados e pré-configurados), em oposição a *back door*?
    - Consolidação (de múltiplos produtos para capacitar um único embarque de, por exemplo, todos os elementos de um projeto para um cliente final)?
- Que serviços de marketing você oferece, capazes de poupar o último nível da necessidade de investir em seus próprios recursos de marketing que podem fornecer conhecimento que o último nível nunca poderia pagar?

- Que apoio técnico e *back-up* você oferece aos clientes de último nível, pré e pós-venda, que os poupa da necessidade de investir nesses recursos?
- Que infraestrutura você fornece que reduz as despesas gerais dos seus parceiros?
  - Sistemas e processos padronizados (disponibilizados pela web, através de portais parceiros)?
  - *Back-up* técnico, base de conhecimento, documentação *on-line*?
  - Treinamento (não só em seus produtos, mas em competências genéricas, como tecnologia básica, processos de diagnóstico, gestão de projetos, integração, vendas ou competências interpessoais)?
  - Recursos profissionais de vendas e marketing (variando de artes e padrões a suporte de vendas e serviços de marketing, como RP)?

Produtividade

> ***One-stop shop.*** Que proporção de cada necessidade de produto do segmento de último nível você distribui?

> **Alinhamento de recursos**

- Você oferece recursos ou empreende atividades que multiplicam a produtividade dos recursos próprios dos parceiros, como treinamento técnico, treinamento em vendas etc.?
- Oferece alguma forma de gestão do relacionamento (p. ex., gerentes de contas dos parceiros) capaz de assegurar que a estratégia do seu cliente de último nível está alinhada com a dos fornecedores para os quais distribui?
- Usa o seu poder de compras em grandes volumes para oferecer recursos e serviços que não estariam disponíveis para o cliente de último nível?

➤ Utilização de ativos

- Você oferece facilidades e prazos de crédito vantajosas em comparação com as dos concorrentes (talvez para segmentos específicos do canal)?
- Oferece estoque consignado (isto é, o último nível só paga pelo estoque ao vendê-lo)?
- Oferece planos de financiamento especiais, ou seja, empréstimos efetivamente mais baratos para a compra de estoque)?

Você terá de ajustar essa lista, dependendo do tipo de distribuidor em que você se enquadra e dos segmentos de último nível em que foca. Distribuidores maiores tentarão explorar a força do balanço patrimonial deles, aproveitando os descontos para grandes negócios e liderando pelo preço e/ou pelas facilidades de crédito, enquanto os distribuidores menores tentarão explorar a especialização deles, com suporte e serviços customizados. Os mercados maduros se caracterizam por menos propostas de valor baseadas em preços e mais propostas de valor focadas em negócios, que contribuem mais para a eficiência e produtividade do último nível.

GERINDO O RELACIONAMENTO COM A CONTA

Seja você fornecedor ou distribuidor, será preciso definir que nível de gestão de conta será econômico para o seu conjunto de parceiros. Os principais parceiros (tipicamente os 20% dos seus parceiros que geram 80% da sua receita e lucro) devem ser gerenciados em bases estratégicas, compartilhando planos a longo prazo e explorando as forças uns dos outros. Dois são os fatores críticos de sucesso: processo de gestão estratégica de contas e um gerente de contas estratégicas devidamente qualificado.

O processo de gestão de contas estratégicas deve envolver o gerenciamento de alto nível tanto do fornecedor/distribuidor quanto do parceiro de último nível, e garantir alinhamento e foco suficientes de ambos os negócios para que se ajudem a alcançar os objetivos comuns. A Figura 19.2 é um esboço do processo a ser executado em conjunto pelos gerentes de relacionamento de ambas as partes.

FIGURA 19.2 Processo de gestão de contas estratégicas

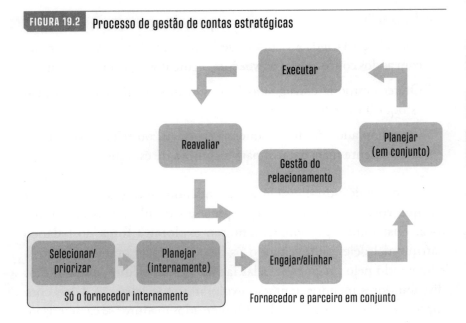

Os gerentes de contas estratégicas (GCEs) exercem um dos papéis mais difíceis em negócios, às vezes denominados "função limítrofe". Os GCEs devem ser capazes de estabelecer-se como consultores de negócios de confiança para os parceiros de último nível, por força do seu status na própria empresa (isto é, capacidade de alocar recursos e de influenciar prioridades), das competências em empresas comerciais, dos insights estratégicos e do foco intenso em objetivos de negócios comuns. É essencial que eles compreendam a economia de canal dos parceiros e a maneira como os parceiros impactam a economia *go-to-market* dentro da própria empresa.

Com base em nossa experiência, muitos fornecedores adotam processos excelentes de gestão de contas, indicam seus altos gestores para a função de GCEs de seus principais parceiros e, então, acabam não reconhecendo os danos infligidos por suas estruturas internas de remuneração e incentivos, em curto prazo. Essa falha frequentemente compromete de maneira fatal a capacidade do GCE de engajar o parceiro no desenvolvimento de programas estratégicos. Poucos fornecedores associam remuneração significativa à consecução dos marcos específicos previstos no plano conjunto para a conta estratégica.

Em vez disso, impõem uma série de metas padronizadas de melhoria de volumes, margens e logística que, com frequência, vão contra o espírito da parceria estratégica que almejam construir.

O verdadeiro propósito da gestão de contas é "aumentar o bolo" das oportunidades de negócios para o fornecedor e seus parceiros, em vez de brigar pelas fatias do bolo – o que às vezes se denomina "jogo de soma zero". A eficácia do processo exige planejamento conjunto do negócio e algumas reavaliações regulares durante o ano. Muitas vezes os fornecedores podem contribuir com pesquisas de mercado e insights sobre o mercado total para o processo de complementar a visão mais focada e estreita dos parceiros. Ao compartilhar propósitos estratégicos, é possível definir objetivos comuns. O plano conjunto, que explora as vantagens especiais da combinação de recursos, deve ser aprovado nos níveis competentes para garantir que ambas as organizações estejam comprometidas com a execução do plano. Metas e incentivos podem ser acertados para o pessoal do fornecedor e dos parceiros, com base no plano. Em todos os lugares em que foi adotada com eficácia, essa abordagem gerou ganhos substanciais em *market share*, lucratividade e vantagem competitiva.

ALGUMAS REGRAS PRÁTICAS PARA ELABORAR *BUSINESS CASES* CONVINCENTES

Certas estratégias genéricas devem ser adotadas pelos fornecedores (ou distribuidores) para maximizar a competitividade da sua proposta de valor para o canal. Essas estratégias geralmente se diferenciam pela posição do *market share*, uma vez que essa característica muda fundamentalmente a viabilidade econômica de diferentes estratégias e gera dinâmicas diferentes nos modelos de negócio.

◢ Se você for líder de *market share*

Como líder de *market share*, você geralmente tem a marca mais forte e será capaz de diluir o custo do seu cliente final e de suas atividades de marketing no canal de comércio em maior número de unidades de vendas. Como a (ou uma) marca principal (ou importante), você deve explorar os benefícios de aumento da demanda em sua proposta de valor para o canal. As vantagens da margem em moeda, da produtividade e dos volumes devem ser enfatizadas, para superar as desvantagens usuais das margens baixas:

- **Margem em moeda:** ou lucro bruto em moeda gerará contribuição substancial para os custos fixos, uma vez que a maioria dos parceiros de canal do fornecedor verá as vendas da marca do fornecedor em algo próximo ou acima do *market share*. Esses volumes seriam difíceis de substituir e até com margens brutas percentuais baixas representarão lucro bruto substancial.

- **Produtividade:** geralmente as marcas principais já fizeram todo o marketing necessário para criar demanda por seus produtos; por isso, o esforço do canal de comércio para vendê-las geralmente é muito reduzido. Além disso, o ônus do suporte técnico é frequentemente diminuído pela maior familiaridade do mercado e pelo maior conhecimento do cliente. O alto nível de negócios entre um fornecedor de marca principal e seus parceiros de canal pode (e deve) suportar gestão de conta, planejamento conjunto do negócio e investimentos customizados mais intensos, capazes de gerar maior produtividade e aumento da lucratividade do parceiro.

- **Volumes:** dependendo da categoria, carregar marcas principais denota status e credibilidade por parte de parceiros de canal comercial, que se convertem em volumes de negócio mais altos para eles. Daí decorrem *carry-along* (negócios conexos) de clientes finais, assim como oportunidades de aumentar a receita de *cross-sell* e *up-sell*. Esses benefícios são ampliados pelos níveis mais altos dos programas de parceria multinível.

- **Porcentagem de margem bruta:** o lado negativo é que as marcas principais são, por definição, as mais distribuídas, gerando pressões redutoras sobre a porcentagem de margem bruta que elas geram para os canais comerciais de último nível. Em muitos casos, o último nível usará produtos referenciais de marcas importantes para estabelecer a competitividade da sua proposta de preços, arrastando para baixo ainda mais as margens. Os fornecedores podem agravar o problema, oferecendo negócios de volume com seus produtos mais vendidos, forçando o último nível a repassar esses descontos para o cliente final, garantindo que, por seu turno, conseguirá diminuir o estoque.

◢ Se você for pequeno fornecedor ou novo entrante na categoria

Para os fornecedores que não possuem um *market share* robusto ou não oferecem uma marca para cliente final com alta percepção, a proposta de valor para o canal será baseada em economia muito diferente. Os fornecedores nessa posição pedirão ao último nível para assumir posição ativa na venda da sua marca em confronto com as marcas principais mais tradicionais. O último nível só agirá assim se esperar um retorno econômico atraente para os seus esforços, que, tipicamente, incluirá altas margens brutas. Considerando que a distribuição da marca não é muito ampla, os *players* de último nível que efetivamente a levam ao mercado não estarão competindo uns com os outros com base no preço. É provável que, nesse caso, as margens sejam melhores do que as das marcas principais, desde que a oferta seja competitiva em termos de funcionalidade para o cliente final. Na verdade, é bem possível que ela seja complementar às marcas principais e, como tal, ofereça ao último nível componente de alta margem de uma solução que fica "fora do radar", do ponto de vista do cliente final.

Exemplo dessa situação é o fato de os varejistas geralmente conseguirem margem mais alta com os acessórios do que com o produto básico, vendidos ao mesmo tempo (às vezes, até com margem em moeda mais alta). Não é incomum que os clientes façam as suas pesquisas na internet e encontrem a fonte mais barata do produto básico (porque, como marca principal, ela é altamente referenciada) e, então, aceitam os acessórios sugeridos pelo varejista, sem nem mesmo fazer uma pausa, enquanto sacam o cartão de crédito. O resultado é que o fornecedor de acessórios desconhecido criou uma proposta de valor para o canal muito atraente, aumentando o valor da cesta completa (o total pago pelo cliente), o que enriquece a margem em porcentagem e em dinheiro, resultado obtido com investimento menor em estoque, menos espaço de prateleira e sem custos de marketing de qualquer espécie.

Tendo um pequeno *market share*, você está oferecendo aos parceiros um panorama de mercado aberto, mas, do mesmo modo, praticamente nenhum reconhecimento ou visibilidade da marca. O fator crítico a ser incluído em sua proposta de valor é a credibilidade das suas ofertas. Tipicamente, esse atributo se desenvolverá em torno de sites de referência altamente conceituados ou de relatos de vendas que reforçam a confiança do cliente. No contexto B2B, esse reforço talvez consista em vendas diretas a empresas da Fortune 500 ou a ministérios e a órgãos públicos ou agências reguladoras. No contexto de negócios de pequeno e médio porte, talvez seja conveniente buscar aprovação ou certificação de associações comerciais relevantes, para demonstrar a validade da oferta. No mercado de consumo, esportistas e artistas podem oferecer endosso valioso, embora o depoente deva ter credibilidade em seu mercado-alvo. Alternativamente, campanhas de RP ou endosso da imprensa, relevantes, podem fazer toda a diferença entre sucesso e fracasso na persuasão do último nível a levar os seus produtos ao mercado. Diferentes tipos de canal terão diferentes interesses e preocupações a serem antecipados e considerados pelo fornecedor:

- **Varejistas** estarão interessados em saber a rapidez com que a produção será acelerada, se os lotes de teste venderem bem. A rede nacional de supermercados talvez não seja o melhor parceiro de canal, se ela espera que você seja capaz de atender a pedidos de várias centenas de milhares, caso o primeiro pedido de 10.000 itens venda com rapidez. Talvez seja preferível começar com redes regionais de supermercados.

- **Revendedores de comércio** [*Trade Dealers*] vão querer saber que nível de suporte e apoio técnico você oferece, se o produto exigir instalação ou adaptação especializada. A resposta "entraremos em contato em dez dias" não será satisfatória para o canal, se os clientes estiverem esperando que o trabalho seja executado no mesmo dia.

> **Integradores** estarão interessados em saber até que ponto você testou o produto em todo o conjunto de permutações e combinações com que podem vir a trabalhar, por motivos semelhantes.

Se você for capaz de superar esses problemas e de oferecer alta margem numa oferta confiável, o ingrediente final da proposta de valor para o canal deve ser o alto grau de influência que os seus parceiros exercerão sobre você como fornecedor. Esse requisito talvez não pareça importante, mas muitos dos seus parceiros o valorizarão, sobretudo se o considerarem provável vencedor, capaz de aumentar a capacidade de se posicionarem junto aos clientes.

VENDENDO "COM" O ÚLTIMO NÍVEL NO PAPEL DE DEFENSOR

Até agora, neste capítulo, tratamos os canais como parceiros *sell-through*, isto é, eles levam o seu produto para o mercado, em seu nome. Todavia, muitos *players* de último nível não "tocam" no seu produto, mas podem criar ou destruir as suas chances de vender para os clientes finais. No Capítulo 13, chamamos esses *players* de parceiros *sell-with*, e salientamos como pode ser crítico incluí-los na sua estratégia de canal. Do mesmo modo, é importante definir para esses parceiros uma proposta de valor para o canal, de modo a garantir que eles estarão "a postos" e endossarão a sua marca e os seus produtos. Para isso é fundamental ajudá-los a fazer o trabalho como defensores para o cliente – eles precisam ser especialistas em todas as novas tecnologias, desenvolvimentos, tendências de mercado etc. O papel, a credibilidade e, evidentemente, a receita deles depende inteiramente de serem experts, de fato, com algum grau de objetividade. Você ampliará a capacidade e não comprometerá a objetividade deles, dialogando em seminários, boletins, informações e instruções, conferências, gerentes de relacionamento etc. Eles preverão e filtrarão suas alegações de liderança do mercado e inovações tecnológicas em produtos, mas ouvirão com atenção as suas atualizações técnicas, sobretudo se você alinhar as suas equipes expositoras com as deles. Isso significa que se você fizer com que seu pessoal técnico converse com o deles, vai angariar muito mais credibilidade do que se ativar as suas equipes de vendas e marketing. Empresas como IBM e Microsoft promoveram eventos técnicos e didáticos durante anos. Elas aprenderam a equilibrar algumas atrações (que geralmente acontecem em Veneza, Mônaco e Las Vegas), com simpósios técnicos produtivos, além de oferecer alguns jantares agradáveis. Nas indústrias de assistência médica e farmacêutica, há agora algumas diretrizes rígidas sobre o que as empresas podem fazer legitimamente para educar e orientar os seus principais defensores – os médicos que prescrevem medicamentos –, mas, na maioria dos setores, o bom senso define os limites do que é eficaz, antes de tornar-se contraproducente.

Esses fornecedores que oferecem orientações e atualizações genuínas desenvolvem, com o tempo, reputação, ficando bem posicionados com o canal defensor para o cliente. Os fornecedores nem sempre precisam ser o anfitrião e, em muitos setores, os defensores independentes desempenham esse papel e procuram impressionar os clientes com a qualidade e a autoridade do pessoal do fornecedor que os acompanha nas apresentações aos clientes. No setor de TI, os principais defensores, como Forrester e Gartner, promovem muitas conferências voltadas para diferentes comunidades e recorrem aos CEOs, diretores de tecnologia e a outros altos executivos das principais marcas para garantir a presença de bom público. Esses eventos proporcionam aos fornecedores duplo benefício: eles têm a oportunidade de expor sua visão de mundo (com os seus produtos e tecnologias no centro) aos clientes finais ou de vender através dos parceiros e influenciar o pensamento e a percepção de tendências pelos principais defensores do setor. Fornecedores pequenos e emergentes terão de olhar um pouco mais para baixo, focando mais em defensores de nicho e em eventos e fóruns menos notórios.

RESUMO DA PARTE TRÊS

Os canais só levarão ao mercado produtos e serviços competitivos e relevantes; portanto, é essencial prestar atenção às ofertas básicas, sob a perspectiva do cliente final. No entanto, embora necessária, a melhor ratoeira não será suficiente para persuadir o canal a levá-la para o mercado. Para isso, é necessária uma proposta de valor convincente ao canal, que fale, em termos econômicos, com os seus parceiros potenciais sobre objetivos de negócios. Segmentar o seu canal capacita-o a segmentar a sua proposta de valor para o canal, de modo que seja relevante para o modelo de negócio de cada tipo de parceiro. Para os seus parceiros mais estratégicos, é necessário ir ainda mais longe e investigar os objetivos de negócios e as pressões sobre o modelo de negócio deles, para desenvolver uma proposta de valor que permita extrair as melhores vantagens de uma combinação única de recursos nas duas organizações.

PARTE QUATRO

GERINDO A DISTRIBUIÇÃO EM SETORES ESPECÍFICOS

CAPÍTULO 20

INTRODUÇÃO À GESTÃO DA DISTRIBUIÇÃO EM SETORES ESPECÍFICOS

Na Parte Quatro, compartilhamos insights sobre distribuição em seis diferentes setores de atividade. Acreditamos que essas ideias podem ser realmente importantes para gerir a distribuição em quaisquer outros setores. Cada um dos setores escolhidos superou dificuldades na distribuição de seus produtos ou serviços que podem ser semelhantes ou análogas aos desafios que você enfrenta em sua função. Como consultores, descobrimos que, até hoje, poucas têm sido as trocas de experiência entre setores sobre como deve ser feita a distribuição. Até uma das marcas mais importantes de bens de consumo de rápida movimentação (BCRM) não pôde acreditar como era baixo o custo de distribuição em toda a Europa, até mostrarmos as estruturas de custo de distribuição no setor de TI (abaixo de 4%). Essa constatação foi muito importante no contexto de uma decisão estratégica sobre manter a distribuição *in-house* ou terceirizar. Embora não fossem modelos exatamente comparáveis, a surpresa ajudou a compreender que era possível ampliar as economias de escala, com a agregação de volumes ainda maiores, oriundos de muitas outras marcas. Essa foi a principal lição que conferiu credibilidade à modelagem comparativa de negócios, em apoio a projetos duradouros de estratégias de distribuição.

Muitos setores desenvolveram soluções de distribuição, capacidade estratégica, modelos de negócio, técnicas e tecnologias inovadoras, para alcançar acesso ao mercado a custos baixos. Selecionamos os seis setores que apresentamos nos capítulos seguintes, para encorajá-lo a olhar para os lados e verificar se outras abordagens o ajudariam a realizar os seus objetivos de negócios. Em cada um, oferecemos uma breve visão geral do panorama setorial, examinamos suas dificuldades específicas, e salientamos as competências críticas que foram desenvolvidas para enfrentar esses desafios. Quando relevante, expomos métricas especiais adotadas para lidar com circunstâncias típicas. Eis um breve resumo de por que selecionamos esses seis setores e as ideias sobre distribuição a serem aprendidas com cada um.

◢ Bens de capital (Capítulo 21)

O setor de bens de capital produz ampla variedade de equipamentos usados na fabricação de outros bens. Aí se incluem itens como máquinas de grande porte (como as encontradas em fábricas); instrumentos e ferramentas de engenharia, construção civil, mineração; e meios de transporte, como aeronaves, trens, navios e automóveis. Considerando os custos médios extremamente altos dos bens de capital, o setor desenvolveu maneiras inovadoras de financiar a aquisição e o uso dos seus produtos; construiu infraestruturas de canal que podem manter esses bens operando em tempo integral, com *uptime* extremamente alto, geralmente em ambientes físicos desafiadores e remotos; desenvolveu competências de vendas estratégicas para garantir o curso normal de decisões multibilionárias, em nível de conselho de administração; e aprimorou a capacidade de especificar e precificar produtos altamente personalizados, feitos sob medida para atender às exigências de cada cliente.

◢ Bens de consumo e varejo (Capítulo 22)

Todos temos experiência direta no setor de varejo, que passou por uma revolução radical, depois da explosão de "cliques" ao lado de "lojas físicas". Os bens de consumo variam de itens diversos, vendidos em supermercados (BCRM); roupas e calçados; "linha marrom", como sistemas de som; e "linha branca", como fogões, refrigeradores, freezers e máquinas de lavar (a Electrolux já classificou essas categorias como *hot*, *cold* e *wet* – quente, frio e molhado). Considerando a velocidade com que mudam as preferências dos consumidores, os hábitos de compra e os níveis de demanda, este setor desenvolveu técnicas extremamente poderosas de *insights* sobre os consumidores e de segmentação de clientes; de elaboração de propostas integradas multicanal e de apresentação de marcas; construiu cadeias de suprimentos ágeis, para garantir a disponibilidade constante de produtos em prateleiras reais e virtuais; e aplicou conhecimentos de antropologia, psicologia, fisiologia e de muitas outras áreas na maneira como embala e apresenta os seus produtos, desenvolve os seus projetos de lojas e websites, e influencia a jornada do cliente.

◢ Serviços (Capítulo 23)

Este setor inclui serviços financeiros, como bancos, seguros, hipotecas e previdência privada; planos de saúde; serviços para empresas, como processamento de transações, folha de pagamento, atendimento ao cliente; e ampla gama de serviços de consultoria. A variedade e amplitude dos serviços se expandiu em ritmo acelerado, à medida que as economias se desenvolviam e amadureciam, e as necessidades se sofisticavam. A economia aumentou as pressões para a terceirização de atividades não essenciais. O setor aprendeu a dimensionar relacionamentos interpessoais e de confiança; os canais digitais possibilitaram ofertas cada vez mais personalizadas e ágeis; as plataformas de comparação reduziram a comoditização das marcas; a transformação digital possibilitou a conversão de produtos em serviços e ofereceu conveniências aos consumidores e empresas, simplesmente inimagináveis cinco anos atrás. O setor de serviços está na linha de frente da aplicação do modelo de consumo e do gerenciamento de microtransações, e desenvolveu ferramentas poderosas para executar esses modelos de negócio.

◢ Hotéis, restaurantes, *catering* e viagens (Capítulo 24)

No mundo de serviços, a oferta de experiências de lazer, viagens e refeições avançou cada vez mais. Com o crescimento da renda disponível aumentando a demanda dos consumidores e com a globalização da economia impulsionando as viagens comerciais, incentivos, feiras e conferências, o setor teve de enfrentar algumas ameaças e desafios, dos quais os piores talvez sejam o crescimento das plataformas e agregadores digitais, absorvendo enorme proporção das buscas dos clientes. Toda a indústria de serviços se defrontou com a comoditização baseada no preço, através de seus canais primários de acesso ao mercado. A resposta do setor, mediante o desenvolvimento de estratégias eficazes de reforço da fidelidade dos clientes, como meio de evitar a navegação contínua, é relevante para quase qualquer setor.

◢ Propriedade intelectual (Capítulo 25)

A propriedade intelectual (PI) é uma arena vasta, abrangendo muitas das mais novas indústrias do mundo. Inclui direitos autorais, invenções patenteadas e marcas registradas ou marcas comerciais. Nem todas as partes do mundo reconhecem da mesma maneira os direitos dos criadores ou autores aos lucros de seu trabalho. Considerando a qualidade intangível da PI e que o valor é criado pela exploração de seus direitos, este setor desenvolveu competências profundas para atingir os mercados globais, através dos caminhos complexos dos contratos e licenças; aprendeu a equilibrar proteção da PI com acesso ao mercado e exercício de direitos; e dominou técnicas para combater a pirataria e o uso fraudulento. Também desenvolveu processos e estruturas de canal para vender direitos de PI em mercados de massa, em nichos verticais e em todos os tipos de mercados intermediários. Apesar da natureza inerentemente intangível da PI, este setor passou a controlar os meios de limitar os mercados paralelos ou mercados cinzas e a maximizar as receitas de produções efêmeras (filmes) e de trabalhos duradouros (obras de arte), por meio de cascatas de acessibilidade.

◢ Sistemas de franquia (Capítulo 26)

Embora muito familiar na forma de restaurantes de serviços rápidos, o modelo de negócio de franquias penetrou em muitos outros setores, como limpeza, cuidado de idosos, serviços financeiros e até serviços de tecnologia. A franquia oferece os benefícios de crescimento rápido sem necessidade de capital (pelo franqueador) e explora a energia empreendedora inerente ao franqueado, oriunda do trabalho para si próprio. Embora nem todos os negócios possam ser franqueados, o setor domina a padronização de operações, o gerenciamento de territórios, o desenvolvimento de conceitos e de novos produtos, e a expansão internacional do mercado de acesso.

Você talvez esteja perguntando por que não destinamos uma seção a insights sobre distribuição nos setores de TI ou de telecomunicações. Em todo este livro, há muitas referências atualizadas, com ideias sobre esses setores.

CAPÍTULO 21

INSIGHTS SOBRE GESTÃO DA DISTRIBUIÇÃO DE BENS DE CAPITAL

INTRODUÇÃO

Os bens de capital são, basicamente, equipamentos pesados e caros. Eles se enquadram, no geral, em três grandes categorias: estruturas, como fábricas e casas; equipamentos, inclusive bens de consumo duráveis, como automóveis, máquinas de produção, máquinas-ferramentas e computadores; e estoque, como carros em lotes de concessionárias. Nosso foco neste capítulo recai sobre bens duráveis para produção.

Bens de capital são encontrados em praticamente todos os setores de atividade, como, por exemplo:

- Equipamentos de construção e mineração para grandes projetos, como os produzidos por Caterpillar, Komatsu, Hitachi, Ingersoll Rand e JCB.

- Máquinas agrícolas, como colhedeiras, pulverizadores de plantações, máquinas de colheita especializadas e tratores sofisticados, produzidos por John Deere, CNH, CLAAS, JI Case, Massey Ferguson e outros.

- Manufatura, inclusive máquinas-ferramentas, sistemas de esteiras rolantes, equipamentos de embalagem, robôs, sistemas de controle e sistemas de tecelagem, encontrados em fábricas de todos os tipos. Também podem incluir armazenamento sob refrigeração ou congelamento, portas automáticas, equipamentos de extrusão, equipamentos de cozinha, ambientes de alto controle, equipamentos para laboratórios de Pesquisa e Desenvolvimento, sistemas de teste e medida.

> Equipamentos de transporte, especialmente no setor de aviação civil (Airbus, Boeing, Bombardier), entregas (Hitachi, Siemens), trens (vagões de passageiros de alta velocidade e vagões de carga), ônibus e VLTs, frotas de veículos e equipamentos de manuseio de materiais.

> Materiais de construção; sistemas de aquecimento, ventilação e ar-condicionado; edifícios, fábricas, centros de distribuição, fazendas de servidores de TI, fazendas de energia eólica e solar, e similares.

> Equipamentos de assistência médica, inclusive máquinas de diagnóstico, como aparelhos de ressonância magnética, raios x; equipamentos de monitoramento e análise, como eletrocardiograma; e equipamentos de tratamento, como diálise e máquinas de suporte à vida.

Essa lista extensa, mas longe de exaustiva, deve mostrar um pouco o que é a categoria, assim como a análise dos desafios específicos da distribuição de bens de capital, enfrentados pelos fornecedores.

DESAFIOS ESPECÍFICOS E COMO O SETOR OS ENFRENTA

24/7 *uptime*

Os bens de capital geralmente são essenciais para a capacidade de produção ou para o desempenho operacional da empresa. Todas as companhias aéreas querem minimizar o tempo no solo de suas aeronaves caras, já que seus aviões só geram receita quando estão no ar. Os processos de produção ou as operações de extração (minas e plataformas de petróleo) são mais eficazes quando operam de forma ininterrupta, com turnos contínuos. Os materiais de construção ou os sistemas de ar-condicionado – uma vez instalados – devem funcionar durante toda a vida do edifício. A combinação de alto custo de compra e de necessidades operacionais do negócio resultam em demanda pelos clientes de 24/7 *uptime*, ou funcionamento ininterrupto para os seus bens de capital; em alguns setores, como TI e centros de dados, os engenheiros de rede falam em "*five nines uptime*", isto é, 99,999% de atividade (embora, para quem está viajando num Boeing 777, a 13.000 metros de altura, isso pode não parecer tão exato!).

Parte da solução será integrar essa capacidade no design da máquina, com alta tolerância a defeitos, mas o resto da solução advirá da infraestrutura de segurança do fornecedor. Na maioria dos casos, os bens de capital são vendidos em todo o mundo e, para itens de alto perfil e caros, a venda é quase sempre direta, mas grande parte da rede de influência em torno da venda está associada ao canal, e boa parte da função de apoio de linha de frente compete a ele. Isso significa integração entre fabricante e apoio de canal 24 horas por dia, sete dias por semana. Essa função do canal envolve:

- Manter em estoque itens de manutenção e peças sobressalentes, de troca frequente, perto do cliente.

- Operar uma cadeia de suprimentos eficiente para itens de reposição menos frequentes.

- Manter uma equipe capaz de prestar serviços técnicos no local ou de forma remota.

- Orientar e executar programas de manutenção preventiva.

- Fornecer equipamentos de substituição ou soluções de *back-up*, no caso de defeitos ou falhas.

- Garantir a continuidade das operações, durante todo o ciclo de vida do produto.

- Orientar e executar serviços de atualizações e melhorias.

- Operar a telemetria (monitorar a saúde operacional do equipamento).

A capacidade do canal de garantir o *uptime* do fornecedor é fator crítico da proposta de valor e da credibilidade da marca.

EXPOSIÇÃO AO CICLO DE NEGÓCIOS

O desempenho no setor de bens de capital é altamente sensível às flutuações no ciclo de negócios. Como o setor depende intensamente da extração primária e da fabricação secundária, seus resultados serão melhores quando a economia estiver em expansão. Quando as condições econômicas pioram, a demanda por bens de capital diminui, deixando os fabricantes e os canais sob pressão.

Veja o caso da indústria de mineração, por exemplo. Quando os preços das *commodities* de cobre estão altos, as pressões para maximizar a produção mineira são intensas, com vasta mobilização de recursos pelos mineradores, processadores e canais, para garantir que as minas existentes atuem a plena capacidade, que novas minas sejam abertas com o máximo de rapidez, que logo se alcancem taxas de extração ótimas, e que os volumes de extração se mantenham no mais alto patamar possível, ao mais baixo custo. Daí resultam picos de demanda para as vultosas e dispendiosas escavadeiras, caminhões, esteiras rolantes e trituradores necessários. Cada parte da cadeia de extração também gera vasta demanda por itens de consumo – combustíveis, lubrificantes, filtros – que seguem o pico no uso de máquinas. Ciclos de uso pesado para o equipamento também aceleram os serviços de manutenção e de substituição. No geral, há toda uma série de fluxos de receita, altamente lucrativos para o fabricante e seus parceiros de canal. Se cair o preço do cobre, contudo, toda a cadeia desacelera: as máquinas operam menos horas ou ficam ociosas mais tempo, exigindo menos itens de consumo; os intervalos de manutenção se esticam, exigindo menos pessoal para manter os equipamentos em operação e a demanda por novos equipamentos desaparece, à medida que os operadores esgotam os ativos existentes. Embora isso seja um desafio para os operadores, mais acima, toda a cadeia de suprimentos, que foi programada para alcançar o máximo de *uptime* no pico da demanda, hoje enfrenta redundâncias: pessoal qualificado, desde vendas até serviços; novas máquinas na embalagem, a serem montadas; estoques de peças e suprimentos abarrotados. Como tudo isso acarreta custo significativo e alto nível de capital investido, é crucial para o fabricante e seus parceiros de canal trabalharem em estreito entrosamento, para flexibilizar o sistema, na escalada e desescalada ao longo dos picos e vales de demanda.

CUSTOS EXTREMAMENTE ALTOS

Ao comprar trens, navios, aeronaves, escavadeiras ou linhas de produção, os custos podem chegar a centenas de milhões de dólares. Nesse nível, as "compras" se confundem com alternativas de *leasing* e até de aluguel – a maioria das aeronaves não pertence mais às companhias aéreas, mas às empresas de leasing especializadas, ou até aos próprios fabricantes. Frotas de veículos, carros ou caminhões raramente são de propriedade dos operadores. Várias são as considerações aqui: o alto custo do capital inicial, a vida útil dos ativos de capital, e seu valor residual provável, ao serem vendidos ou sucateados (talvez incorrendo em altos custos de desativação). Os fabricantes de bens de capital, na maioria, operam um negócio de financiamento próprio, para oferecer arranjos financeiros personalizados, compatíveis com a combinação desses fatores, a tolerância ao risco pelo cliente, e a força de seu balanço patrimonial. Operando frequentemente como centro de lucro, por seus próprios méritos, não é incomum que o negócio financeiro, como acessório, gere retorno superior ao do negócio principal, com o bem de capital. Neste mercado, dois grandes fornecedores se batem em competição mortal (p. ex., Boeing e Airbus), chegando ao ponto de *headline prices* (preços de tabela) e grandes descontos serem manipulados para fechar negócios. Todavia, a oferta de financiamento, de apoio e de peças sobressalentes, como pacotes complementares, permite criar condições para que o fornecedor participe de múltiplos *pool* de lucros, e restabeleça a rentabilidade necessária para o negócio.

Os altos preços não se limitam ao equipamento em si: embora um Boeing 777 possa ter preço de tabela superior a $300 milhões, o que o mantém no ar é um par dos maiores motores de aviação do mundo, da General Electric ou da Rolls Royce. Apenas um deles estará na ponta superior da faixa de preços de $17 a $35 milhões para motores de aviação. Uma grande compra, mas também muito dinheiro injetado no balanço patrimonial.

MUDANDO OS MODELOS DE PROPRIEDADE E DE CONSUMO

Relacionado com esse último ponto, considerando o alto valor dos ativos que compõem a distribuição de bens de capital, ser proprietário de algo está ficando cada vez mais complexo. Uma vez que, em grande parte, o equipamento possibilita que a empresa forneça valor aos próprios clientes, mas não é, em si, uma competência central, os operadores relutam cada vez mais em adquirir ativos e, influenciados por modelos de vários outros setores e até de mercados consumidores, preferem usufruir os benefícios do ativo "como serviço". Essa tendência pode exercer impacto profundo sobre as redes e canais de distribuição. Por exemplo, como no caso dos centros de dados da indústria de TI, à medida que a tecnologia se desloca para "a nuvem" e os clientes não precisam mais manter as instalações físicas "em suas dependências", a importância das marcas de manufatura está diminuindo e a expectativa de que os fornecedores e seus parceiros de canal realizem uma venda transacional está sendo profundamente questionada. Essa mudança tem ramificações em todo o percurso da cadeia de suprimentos, na medida em que diretores de TI veem a sua base de poder corroída por gerentes de linhas de negócios capazes de alugar serviços funcionais mensais com TI empacotada; revendedores se reconfiguram freneticamente, para vender contratos especializados com foco vertical e para finalizar os acordos de nível de serviço; distribuidores focam na construção de plataformas para capacitar e rastrear o consumo; e fornecedores ficam pensando em como explicar aos mercados a queda em seus níveis de receita e de lucro.

LOCALIDADES DIFÍCEIS E CADEIAS DE SUPRIMENTOS ESTENDIDAS

Em alguns setores, como mineração ou transporte, as localidades operacionais são remotas ou em áreas hostis, tensionando a distribuição geográfica e os sistemas de suporte, além de exigir que as áreas limítrofes sejam extremamente autossuficientes. Não é incomum que os fornecedores de equipamentos para mineração ou de plataformas *offshore* estacionem equipes de manutenção permanentes nos locais. No entanto, talvez seja mais eficiente dispor de recursos técnicos capazes de atender e apoiar múltiplos tipos de equipamentos (em vez de um time para os guindastes; outro para caminhões semirreboques; um terceiro para escavadeiras etc.), de modo que o fornecedor contrata uma rede de revendedores locais de confiança. Os engenheiros deverão estar familiarizados com dificuldades locais específicas (calor extremo, poeira intensa e até guerra), assim como com quaisquer regulamentos ou normas de segurança locais. Os canais se sentem à vontade nessas circunstâncias, uma vez que os *players* de canal, por suas próprias características e atribuições, estão mais perto das condições locais e, portanto, são mais capazes de se adaptar a diferentes contextos. Eles também têm mais acesso a equipes de trabalho flexíveis e desfrutam da vantagem de amortizar custos num portfólio maior de produtos dos fabricantes. Evidentemente, a *trade-off* aqui é se o canal tem competências especializadas suficientes para manter os equipamentos em questão, na medida em que a tarefa se torna tecnologicamente mais complexa. O termo "canal" também pode ser estendido para situações altamente informais, como a do afiador de brocas, que acampa fora da mina ou do perímetro de perfuração, no *outback* australiano, garantindo que as brocas de impacto altamente especializadas mantenham sua eficácia, sem exigir uma cadeia de suprimentos formal e cara.

Em outros contextos, os clientes podem estar nos centros de cidades ("localidades metropolitanas"), onde as ruas são estreitas, as dificuldades de estacionamento limitam o acesso físico, sobretudo em certos horários, e o trânsito tumultua qualquer programação. A instalação de um guindaste nas áreas centrais de Manhattan ou de Londres exige um operador que tenha bons relacionamentos de trabalho com os bombeiros, com o departamento de trânsito, com as autoridades policiais, com as equipes de zoneamento, com operadores especializados em espaços confinados, e, ainda por cima, seja capaz de trabalhar nas poucas horas em que é possível fechar uma rua.

COMPLEXIDADES POLÍTICAS

O âmbito global dos mercados de bens de capital, geralmente voltados para o desenvolvimento de infraestrutura nacional, pode levar o fornecedor para o mundo das complexidades políticas e dos riscos econômicos. A venda de equipamento de mineração em Angola, de refinarias na Nigéria ou de navios no Irã não é para os fracos de coração nem ingênuos. Considerações políticas podem distorcer a racionalidade econômica. O negócio dependerá da capacidade de navegar entre os costumes locais, da necessidade de trabalhar com parceiros da região, da disposição de compartilhar propriedade intelectual, de conhecimentos especializados, e de uma miríade de fatores, nem sempre encontrados nos mercados desenvolvidos.

E tudo isso pode funcionar como uma faca de dois gumes. Durante muitos anos, os Estados Unidos restringiram a venda de TI de ponta (como a fornecida pela Intel ou IBM) em mercados governados por regimes não considerados amistosos; ao mesmo tempo, a chinesa Huawei foi vetada na pré-seleção de fornecedores de infraestrutura de redes centrais nos mercados norte-americanos. Considerações referentes a riscos para a segurança predominaram sobre qualquer argumento econômico. Em alguns mercados o fornecedor deve estender sua cadeia de fabricação ou de suprimentos para o mercado do cliente, como condição, se tiver pretensões de fechar o negócio. Os exemplos incluem a necessidade de construir instalações de submontagem, ferramentaria ou montagem final no mercado-alvo.

Cada vez mais estão ocorrendo fusões com o propósito de garantir a escala mínima necessária para desenvolver vantagem competitiva. Um exemplo recente foi a fusão das operações de fabricação de trens de alta velocidade da alemã Siemens com a francesa Alstom, no intuito de competir com a chinesa CRRC. A junção de operações de fabricação em grande escala, como essas já é, em si, complexa demais, com o agravante de que cada *player*, tipicamente, terá diferentes estruturas e parceiros de canal, e fundi-los será ao mesmo tempo complexo e demorado.

COMPETÊNCIAS CRÍTICAS

Marketing para a diretoria

Considerando a natureza estratégica dos bens de capital e seus custos extremamente altos para os clientes, todas as decisões quanto a captação, compra e *timing* competirão aos altos executivos; em outras palavras, ao CEO e aos demais executivos-chefes (operações, produção, construção etc.). Isso significa que os canais de vendas e marketing devem ser capazes de operar com eficácia com a alta gestão. Para tanto, será necessário desenvolver relacionamentos multiníveis profundos na organização do cliente e adquirir confiança nas equipes de vendas e marketing do fornecedor, próprias ou de parceiros de canal.

Vender ativos de capital é desafio altamente qualificado e técnico, demandando competências em vendas consultivas, excelente capacidade de negociação e habilidades técnicas para garantir que as especificações sejam compatíveis com as necessidades do cliente. Em geral, o financiamento do ativo é fundamental, possibilitando que os clientes equilibrem risco e retorno, da maneira mais adequada para eles. Portanto, dominar a dinâmica financeira é essencial para as equipes de vendas dos fabricantes e dos parceiros de canal. O cliente reivindicará garantias quanto à infraestrutura de apoio, abrangendo agilidade, proatividade e capacidade, em todo o mundo. Considerando o papel crítico desempenhado por esses ativos, o cliente também vai querer se certificar de que terá a atenção dos altos executivos do fornecedor, a qualquer hora, e de que terá "um pescoço para apertar" no dia a dia das operações. Sob a perspectiva do fornecedor, ele deve ser capaz de gerenciar ciclos de vendas prolongados, coordenando atividades de marketing, vendas, operações e serviços, dentro da própria organização e com os parceiros de canal.

Considerando a natureza complexa das vendas, os fabricantes geralmente assumem que somente seu pessoal de vendas interno poderá conduzir e finalizar uma venda. No entanto, por todas as razões já expostas neste livro, é importante avaliar o papel que os *players* de canal podem desempenhar no processo de vendas e de entrega. É fundamental cultivar uma visão objetiva desse debate "direto-indireto", e evitar a tentação de manipular os números e de argumentar em favor do status quo.

Compradores e usuários de equipamentos de capital não são diferentes dos de outros setores, e estão *on-line*, com acesso à profusão de informações pré-compra e com capacidade de compartilhar experiências pós-compra. Garantir a disponibilidade, a exatidão e a acessibilidade do conteúdo sobre produtos e serviços é crucial, assim como compreender como os vários documentos, folhetos e *web pages* influenciam a decisão de compra final.

◢ Engenharia da proposta de valor

Como já deve estar claro a esta altura, a venda de ativos de capital é um processo complexo, exigindo a elaboração de um pacote de soluções sob medida, que atenda às necessidades do cliente. É dispendioso elaborar todas as soluções, a partir do zero, para cada venda, e é difícil apresentar opções para a consideração do cliente, se tudo for possível.

É competência essencial preparar e apresentar um conjunto de propostas de valor empacotadas, que respondam às necessidades comuns de diferentes segmentos de clientes. O processo pode ser aprimorado em negociações com o cliente, depois que ele tiver sido engajado. O fornecedor pode criar "pacotes" de propostas de valor (definindo o que é básico e o que é extra em cada pacote) apenas se tiver excelente compreensão das necessidades centrais do cliente. Esse requisito fornece a base para a modularização do produto – determinando o que é principal e o que pode ser acrescido, como funcionalidade acessória ou como serviço complementar. Por exemplo, ao apresentar uma nova aeronave a uma companhia aérea, a Airbus pode oferecer o modelo-padrão ou o modelo com alcance ampliado, além de outros com até três configurações principais de assentos, que também devem ser ajustadas em fases posteriores; e alternativas de três fabricantes de motores, a serem comprados diretamente com o avião ou arrendados por horas de voo. Também é possível garantir várias alternativas de custos operacionais diferentes e negociar o lugar na fila de fabricação (este ano, próximo ano, única opção). Essa simplificação grosseira mostra como a Airbus precisa ajudar os clientes a posicionarem a nova aeronave com base no planejamento das suas necessidades operacionais.

Mais uma vez, considerar aqui o ciclo de vida do cliente pode ser esclarecedor, tanto em termos de desenvolvimento da proposta de valor quanto de compreensão do papel do canal responsável pela entrega. Mapear o ciclo de vida de uma mina, por exemplo, permitiu a um grande fabricante de equipamentos de mineração identificar como e quando apresentar os pacotes aos operadores da mina, assim como onde posicionar cada produto no portfólio dele: brocas e bits, na fase exploratória; equipamentos de terraplanagem, para a escavação do local; escavadeiras e caminhões durante a operação principal; equipamentos de mineração de parede alta para extrair até a última gota de valor dos veios ou filões... e durante todo o ciclo, um fluxo constante de peças e oportunidades de serviços (ver Figura 21.1).

FIGURA 21.1 Ciclo de vida da mina e oportunidades de fornecer equipamentos

CLIENTE										
SEDE	Potencial de produção									
	Potencial de mercado									
	Análise ambiental									
	Previsão de custo operacional									
	Plano de investimento									
		Plano de exploração								
		Exploração por terceiro								
MINA	Exploração da mina	Viabilidade da mina	Captação de equipamentos	Início da mina	Operação da mina			Expansão da mina	Fechamento do veio	Fechamento da mina
EQUIPAMENTO	• Brocas • Martelos e ponteiras para perfuração do poço		• Equipamentos de produção primária • Equipamentos de suporte		Utilização dos equipamentos	Serviços e solução de problemas	Reformar ou substituir	Descarte	Equipamentos adicionais	Mineração de parede alta	Transferência/transporte
REVENDEDOR	• Percepção • Material publicitário e informações • Equipamento de exploração	Fornecer opções, viabilidade e custos	Responder a pedido de cotação	Encomenda dos equipamentos	• Utilização eficaz do ativo • Suporte do produto • Estudos de eficiência/desempenho	• Serviço • Manutenção • Informações técnicas • Solução de problemas • Planejamento e distribuição de peças	Opções de reforma ou substituição	Substituir	Viabilidade e custeio	Opções de equipamento, viabilidade e custeio	Transporte/transição
FABRICANTE	Material publicitário e informação	• Estudos de caso/*input* para visibilidade • Combos de equipamentos/opções • Precificação • Custo de ciclo de vida • Estudos de Free Production Cost (FPC)	• Apoio à proposta • Especificação • Serviço/proposta de suporte • Opções de máquina • Opções de financiamento (*Brand Finance*)	Suporte para treinamento na encomenda	• Peças e suporte • Componentes principais e secundários • Manutenção preventiva • Itens de consumo • Treinamento de cliente e revendedor	• Peças e suporte • Componentes principais e secundários • Manutenção preventiva • Itens de consumo • Treinamento do cliente e revendedor	• Peças e suporte • Componentes principais e secundários • Manutenção preventiva • Itens de consumo • Opções de financiamento de reforma/substituição		*Transition Brand financing* (Financiamento de transição da marca)	*Input* para opções de avaliação de equipamentos (com revendedor/sem revendedor)	Transição

Insights sobre gestão da distribuição de bens de capital

Financiamento de bens de capital

Há muitas maneiras de o cliente adquirir o uso de ativos de capital, inclusive opções de financiamento para compra, várias alternativas de leasing, modelos de consumo (*pay-as-you-use,* ou pagamento pelo uso) e modelos de gestão de ativos (o fornecedor gerencia o grupo de ativos para o cliente). Em alguns setores (geralmente de ativos de capital de baixo custo), o canal pode tratar do financiamento do negócio, como parte da função de vendas e marketing. Para os ativos de capital mais caros e mais complexos, talvez seja necessário contratar um canal especialista em financiamento, para trabalhar com os canais de vendas e marketing.

Geralmente, é necessário que o canal se disponha a receber ativos de capital usados como parte do pagamento. Essa hipótese pode oferecer ao canal bom fluxo de lucro, com a revenda do equipamento recondicionado no mercado secundário. Os fornecedores, em geral, devem manter-se atentos ao enfrentarem um cliente resistente, para que o canal não ofereça um ativo usado, no intuito de fechar o negócio, em vez de insistir na venda de um ativo novo.

No caso de ativos de capital grandes e caros, até as peças de reposição e os itens de consumo podem ser muito caros. Para preservar o *uptime,* componentes inteiros são substituídos, em vez de consertados no local. Isso pode levar o canal a manter estoques substanciais de peças e acessórios, para atender à demanda de agilidade e *uptime* dos clientes. Como exemplo, uma das peças essenciais para manter o *uptime* de uma escavadeira Caterpillar é o *slew ring* – o rolamento ou anel giratório sobre o qual se movimenta a cabine. Com os maiores modelos chegando a meio milhão de dólares, medindo vários metros e pesando algumas toneladas, é muito difícil encontrar um parceiro de canal que aceite empatar tanto dinheiro no estoque para a hipótese improvável de substituição urgente.

Nessas situações, é comum encontrar planos de financiamento mais baratos, ou empréstimos concedidos pelo fornecedor, para manter em estoque certo nível de peças sobressalentes. Considerando a enorme variedade de acessórios especiais que os revendedores devem estocar em alguns setores, isso pode exercer grande impacto sobre o fluxo de caixa do canal. Em todos os casos, o risco para o fabricante é de os revendedores não focarem na gestão de seus estoques de peças sobressalentes e acumulem grandes volumes que abarrotam os depósitos em diversas localidades em todo o globo que, com o tempo, ficam obsoletos, mas que continuam a reter caixa e a gerar custos, em termos de espaço. A essa altura, o revendedor não consegue mais financiar a aquisição de novos itens e, tipicamente, recorre ao fabricante para ajuda (financeira) no esvaziamento do depósito.

◢ Estabelecendo infraestruturas globais

Por sua própria natureza, muitos ativos de capital são comprados e usados por empresas globais, operando em enorme variedade de territórios, em terra e no mar. Essa situação impõe aos fornecedores o ônus de construir infraestruturas globais, para vender, atender e apoiar clientes, sem arriscar a imagem da marca e o *brand equity* (valor da marca).

Isso impõe aos fabricantes algumas escolhas difíceis: em que mercados focar; onde fabricar e montar para atenuar as barreiras tarifárias e não tarifárias; que portfólio de produtos oferecer e em que mercados; como precificar equipamentos, peças e serviços; que canais usar para comunicar, vender, fornecer e sustentar a proposta de valor. Essa última escolha – construir as redes de canal certas e elaborar as políticas e programas para reforçar o valor para os clientes –é uma competência-chave. Fabricantes globais bem-sucedidos de bens de capital fazem escolhas de canal claras, mesclando atividades diretas e indiretas, e valorizando os parceiros de canal. À medida que se expandem para novos mercados e suas ofertas evoluem para combinações complexas de hardware, software e serviços, o uso dos canais se torna cada vez mais vital para a maneira como os clientes experimentam a marca.

Daí podem resultar problemas de canal difíceis. Por exemplo, talvez haja só um revendedor operando na Mongólia Exterior, e ele já está enfrentando importante concorrente. O que fazer? A solução pode envolver certo grau de "coopetição". Outros desafios são evitar peças falsificadas ou contrafeitas e proteger a propriedade intelectual.

Mesmo líderes de mercado estabelecidos podem se beneficiar com o desenvolvimento de parcerias de canal. Quando os mercados da Europa Oriental se abriram, no começo da década de 1990, a Hewlett-Packard fez um grande investimento no desenvolvimento das competências de negócios de seus parceiros de canal: na maioria, engenheiros de sistemas altamente qualificados, que tinham começado a vender equipamentos quase por acaso. O relacionamento estabelecido há mais de vinte anos com distribuidores e revendedores ainda dão frutos, com as receitas de hoje.

◢ Oferecendo uma proposta de valor em níveis

Muitos setores de ativos de capital se consolidaram, com algumas marcas comprando as concorrentes. Por exemplo, as operações de equipamentos de mineração da Terex (escavadeiras, sondas de perfuração e caminhões) foram adquiridas pela Bucyrus (escavadeiras de arrasto e equipamentos subterrâneos), que, por seu turno, foi comprada pela Caterpillar.

À primeira vista, esse processo oferece todos os tipos de sinergias potenciais, nos canais de vendas e marketing, com uma rede fornecendo a faixa completa de todos esses negócios. No entanto, na prática, há o risco de criar confusão no mercado. O desafio é apresentar uma proposta de valor em níveis, contendo marcas próprias e de concorrentes. Em termos amplos, o canal provavelmente gostaria de apresentar toda a gama de marcas, mas até que ponto os clientes de marcas premium aceitarão preços premium e confiarão nos níveis premium de apoio, se vierem de um revendedor que também oferece a faixa de produtos com desconto? (É por isso que a Volkswagen não vende suas marcas Bentley e Skoda nas mesmas concessionárias, embora diferentes concessionárias possam compartilhar funções de *back office* comuns.) Otimizar a estrutura de canal para maximizar eficiências e economias de escala não pode prejudicar a apresentação da marca nem a qualidade da experiência do cliente.

◢ Rastreamento, telemetria e ação preventiva

Com o valor do ativo, os custos operacionais e o *uptime* entre as maiores preocupações do cliente, é importante vantagem competitiva a capacidade de planejar e executar a manutenção preventiva, para possibilitar o máximo de continuidade operacional. A combinação de rastreamento, telemetria e inteligência artificial desempenha, agora, papel crítico em otimizar o ciclo de vida dos clientes e em garantir que a cadeia de suprimentos de peças posicionou peças sobressalentes e acessórios onde são necessários.

Como um dos principais indutores é o número de ciclos – decolagens e aterrissagens para aeronaves; giros da caçamba para escavadeiras; grau de inclinação da estrada para caminhões; abertura e fechamento para sistemas de portas de alto desempenho –, a capacidade de rastrear a duração dos ciclos, idealmente, à distância, é fundamental. Para a Rolls Royce e a GE, exige a gestão contínua de todos os motores no ar; para a Caterpillar e a Komatsu, significa GPS e rastreamento da utilização, para monitorar as cargas de trabalho das operações; para o ASSA ABLOY Group, o requisito é embutir sensores em muitos de seus sistemas de porta.

À medida que as infraestruturas de rede e as tecnologias de internet das coisas se desenvolvem cada vez mais, as medidas estarão em todos os lados, mas os volumes de dados e o tráfego de rede serão imensos, exigindo que os fabricantes contratem analistas de dados. Também oferecem oportunidades potenciais de alto valor para parceiros de canal, com especialização vertical, capazes de construir *dashboards* (painéis de controle), interpretar os resultados e orientar as decisões de negócios.

◢ Focando o portfólio de lucro total

O setor de bens de capital inclui muitas indústrias altamente sofisticadas, com alguns dos vendedores mais experientes do planeta. Mesmo aqui, o deslumbramento ante o valor da comissão de vendas de um equipamento de muitos milhões de dólares pode ofuscar a oportunidade de lucro vitalício propiciado pelo negócio. Na ânsia de fechar a venda, ainda é fácil esquecer que um sistema de portas, com vida útil de cinco anos, vai gerar caudaloso fluxo de receita, durante 60 meses, incluindo itens de consumo, peças de reposição e serviços de manutenção. O principal desafio para os fabricantes consiste não só em focar nesses fluxos de receita, nos anos magros de queda na atividade econômica ou nos preços das *commodities*, mas também em torná-los centrais nas metas de vendas e nos esquemas de compensação. O que se aplica às próprias forças de vendas também se aplica aos parceiros de canal que, com muita frequência, não atentam para essas oportunidades. Mesmo nas situações em que os revendedores se desinteressam pela prestação de serviços, queixando-se de que os clientes preferem usar o próprio pessoal, surgem oportunidades de vender pacotes de serviços cíclicos, junto com o equipamento, como parte de uma proposta de valor focada na "paz de espírito" do cliente. Na pior das hipóteses, os kits de peças podem ser vendidos ao cliente *do-it-yourself*.

Aspecto central da oportunidade de ampliação do portfólio é a "base instalada" ou frota de "máquinas em campo". Rastrear e compreender a evolução dessa frota é essencial para buscar oportunidades de fornecimento de peças e serviços. A Figura 21.2 mostra graficamente como a progressão da frota é aritmética, mas exerce efeito exponencial sobre o aumento do fornecimento de peças e de prestação de serviços.

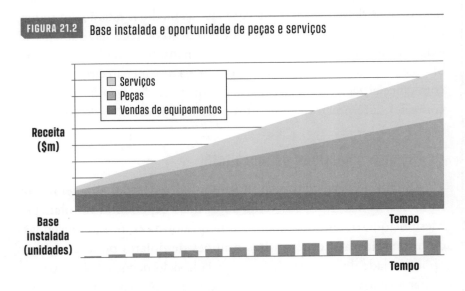

FIGURA 21.2 Base instalada e oportunidade de peças e serviços

Numerosos fatores afetarão as oportunidades de vendas de peças e serviços. Os volumes de peças serão impulsionados pela utilização, disponibilidade, intervalos de manutenção planejada e confiabilidade da máquina. Quando há alternativas, os volumes de peças também são afetados pela porcentagem de peças originais vendidas (ver Figura 21.3). Peças falsificadas são grave ameaça aos volumes de peças em todas as situações, mas, em contextos de alto risco, como aviação, também podem ter impacto dramático sobre a segurança e, em última instância, sobre a percepção da marca.

FIGURA 21.3 Impulsionadores da receita de peças

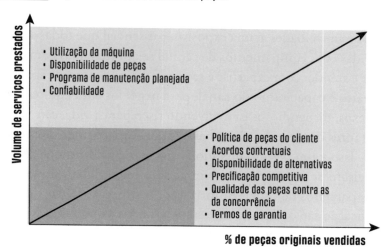

O tamanho da oportunidade de receita de serviços tem numerosos impulsionadores comuns, como intervalo entre os serviços, mas considerando os altos custos da prestação de serviços, também é importante considerar a *recuperabilidade* do tempo e dos investimentos, ou seja, que proporção do esforço e do valor pode efetivamente ser faturado ao cliente (ver Figura 21.4).

FIGURA 21.4 Impulsionadores da receita de serviços

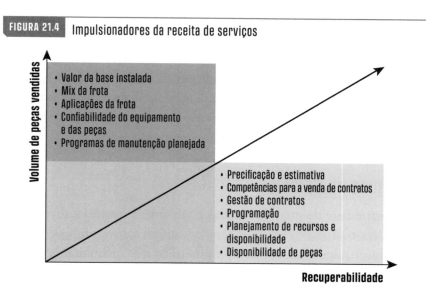

Capacitação do canal e do usuário

Considerando o custo e a importância dos ativos de capital, e os desafios e capacidades acima expostos, é essencial que todas as partes envolvidas com equipamentos de capital sejam treinadas para operar, manter e atender com expertise e segurança. Treinamento, capacitação do usuário e capacitação do canal, para negócios com equipamentos complexos, dispendiosos e envolvendo risco para a vida, são aspectos importantes do desenho do canal para os fornecedores de ativos de capital. Isso é um desafio quando as normas e a cultura de segurança precisam ser incorporadas em toda a rede global, abrangendo muitos parceiros de canal. Autorização, certificação, agrupamento e estratificação são componentes essenciais nesse contexto, e toda uma indústria se dedica a prover a infraestrutura de capacitação necessária, envolvendo teste, certificação e treinamento, para garantir que os parceiros possam vender, instalar, manter e – cada vez mais – descartar equipamentos de capital.

Mais uma vez, a tecnologia está transformando os seguintes aspectos do canal: os manuais operacionais e de treinamento em sala de aula estão sendo substituídos por treinamento virtual e por aprendizado e certificação móvel, *on-the-job*, ou seja, no local e no exercício da função. Com o operador de máquinas-ferramentas capaz de controlar o trabalho em tempo real, por meio de realidade aumentada, diante da máquina ou em uma mesa na cafeteria, já não é inconcebível que um mecânico parceiro, diagnosticando um defeito hidráulico numa escavadeira nas profundezas de uma mina em pleno deserto chileno, receba apoio remoto, com base em tecnologias semelhantes. Plataformas de comunicações unificadas já estão trazendo os engenheiros para perto dos clientes, sem necessidade de movimentação física.

MÉTRICAS PRINCIPAIS

A variedade de métricas usadas é tão ampla quanto a diversidade de setores e situações em que bens de capital são vendidos e usados. No entanto, algumas das principais métricas que distinguem os canais de bens de capital são as seguintes:

◢ Operações

- **Uptime:** tempo de operação *vs. downtime*.

- **Custo da propriedade por hora:** conecta configuração da máquina, aplicação e produção a custo de propriedade.

- **Custo operacional por hora:** conecta tempos de ciclos, taxa de consumo e produtividade a custos de reparos/manutenção e custos de itens de consumo e peças.

- **Ciclo de renovação:** tempo médio para renovar ou atualizar.

◢ Equipamento novo

- **Vendas:** unidades vendidas, receita, lucro bruto, estoque.

- **Base instalada:** máquinas em campo, idade unitária média, aplicação (p. ex., materiais extraídos, distância voada, depósito *vs.* portas de proteção).

- **Ciclos:** rastreia o ciclo pesado do equipamento, isto é, o principal gerador de desgaste (p. ex., horas no ar, baldes enchidos, ciclos abertura-fechamento).

- **Ciclo de renovação:** tempo médio para renovar ou atualizar.

- **Valor residual:** o valor residual de um equipamento, ao fim da vida definida (a *trade-off* aqui é entre aceitar o equipamento como parte do pagamento – *trade-in* – ou permitir a venda pelo revendedor para segmentos altamente sensíveis ao preço).

◢ Peças e acessórios

- **Vendas:** unidades vendidas, receitas, lucro bruto, estoque.

- **Taxa de atendimento:** taxas de atendimento para lojas e para clientes.

- **Índices peças/máquinas:** índices unidades/vendas.
- **Custo do frete de peças.**

Serviço
- **Índices serviço/máquina:** contratos vendidos por máquina.
- **Valor médio dos contratos.**
- **Vendas:** índice mão de obra/peças, mix de vendas.
- **Recuperação/utilização do serviço.**
- **Lucratividade da oficina de serviços.**
- **Custo do pessoal de serviço como porcentagem das vendas.**
- **Índices de reparo:** tempo médio de consertos no campo, taxa de primeiro conserto.

Equipamento usado
- **Vendas:** venda média de unidade usada como porcentagem do preço de novo, equipamento usado como porcentagem de vendas totais.

Equipamento alugado
- **Idade média da unidade:** equipamento usado como porcentagem de vendas totais.
- **Custos não recuperados de mau uso pelo cliente:** custo de danos/depreciação que não pode ser recuperado.

Treinamento, capacitação do usuário e **capacitação do canal**, para negócios com equipamentos complexos, dispendiosos e envolvendo risco para a vida, são **aspectos importantes** do desenho do canal para os **fornecedores de ativos de capital**.

CAPÍTULO 22

INSIGHTS SOBRE GESTÃO DA DISTRIBUIÇÃO DE BENS DE CONSUMO E VAREJISTAS

VAREJISTAS E O VAREJO

O que distingue os varejistas de todos os outros tipos de *players* de canal de último nível? A definição mais comum de varejo é vender produtos e serviços ao consumidor final, para consumo privado. De um modo geral, o consumidor final é o público ao qual os varejistas vendem, embora não exclusivamente, uma vez que as pequenas empresas também recorrem a varejistas por conveniência (e, às vezes, pelo preço). Você já deve ter notado que a definição não faz menção a shoppings nem a lojas. Os varejistas de hoje vão para o mercado por meio de muitos portais de vendas, como lojas, catálogos, pedido postal, web e televendas. Em alguns casos, os *players* que começam só na web, como Amazon,

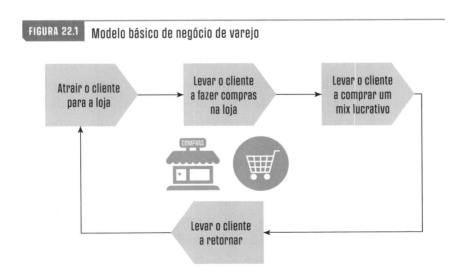

FIGURA 22.1 Modelo básico de negócio de varejo

optam por introduzir lojas em seu mix de canal. Há o consenso geral de que os sobreviventes persistentes neste setor precisarão adotar uma abordagem *omnichannel*.

Na distribuição de bens de consumo, o objetivo do varejista, físico, virtual ou ambos, é atrair o cliente para a loja; induzi-lo a "fazer compras" na loja; convencê-lo a comprar o melhor "mix" (isto é, as linhas mais lucrativas) na loja; e, por fim, persuadi-lo a voltar mais uma vez. Esse modelo muito simples (ver Figura 22.1), alicerça todos os negócios nesse setor, mas a maneira como muda por canal fornece insights sobre algumas das pressões que são enfrentadas pelos maiores *players*.

Canais baseados em loja

É mais fácil começar com o movimento de vendas de varejo baseado em loja, isto é, vender em dependências físicas de varejo, localizadas em pontos convenientes para o cliente-alvo. A proposta central do canal de varejo baseado em loja é conveniência, disponibilidade do produto, escolha e comparação, toque e sensação, teste ou prova, orientação, confiança associada à presença física, facilidade de devolução, e os aspectos intangíveis da "experiência", como imagem, entretenimento, indulgência (por que será que tantas roupas compradas no sábado à tarde, numa loja ostentosa, nunca saem do pacote, ao chegarem em casa?).

Nas vendas baseadas em loja, o objetivo do varejista é selecionar a melhor localização e, depois de instalar e abastecer a loja, divulgar sua presença e inauguração próxima, para que possa começar a funcionar. Depois de aberta, a loja precisa construir sua base de clientes, por meio de publicidade e promoção agressivas, refinando as mensagens e os alvos, à medida que aprende mais sobre a área de cobertura da loja. Dependendo da loja, da categoria e dos concorrentes, os clientes podem estar dispostos a viajar até uns 200 quilômetros para visitar a loja ou relutar em dirigir mais de 15 minutos para chegar nela (e com a disponibilidade de entrega *on-line* em domicílio de mercadorias oriundas de todo o mundo, viagens de 200 quilômetros estão virando raridade). Depois que os clientes chegam à loja, o varejista precisa atraí-los, com vitrines e mostruários atraentes, com boa visibilidade dos produtos mais chamativos (por isso os supermercados sempre expõem frutas, legumes e verduras na entrada da loja). Alternativamente, a exemplo da cadeia de varejo de roupas Hollister Co, dos Estados Unidos, o varejista pode preferir fachadas cegas, usando publicidade e boca a boca para atrair os clientes até o estabelecimento. Depois de serem fisgados para dentro da loja, o varejista precisa seduzi-los a percorrer o seu interior, usando layout e merchandising inteligente. Cada vez mais, os varejistas estão combinando os itens em "soluções", em vez de simplesmente por categoria: as lojas de roupas reúnem camisas polo, calças chinos e suéteres ou pulôveres, em cores compatíveis, com acessórios como cintos e calçados; enquanto os supermercados agrupam diferentes tipos de arroz, molhos, pães naan, curries, samosas etc., além de outros ingredientes de uma refeição indiana, numa apresentação na forma de "receita culinária". As lojas de software exibem os mesmos produtos, em diferentes locais, para atrair o interesse de diversos tipos de consumidores nas lojas: veteranos que sabem o que querem, curiosos suscetíveis a tentações, novatos que precisam de ajuda e os consumidores que sempre querem o que está na lista dos "dez mais". O objetivo é encorajar os clientes a comprarem uma cesta "maior", gastando mais do que pretendiam e, idealmente, a avançar na escala "Bom, Melhor, Ótimo", aumentando a margem em moeda e a margem bruta percentual.

A rede de varejo baseada em loja é um canal cada vez mais arriscado: a identificação e a correção de erros na seleção do local às vezes demoram mais de um ano; o tráfego de clientes pode mudar (por exemplo, caso abra um shopping center na cidade ou um grande supermercado vá para outro lugar); e uma loja concorrente pode ser inaugurada nas imediações, aumentando os requisitos de faixas de produtos e estocagem da loja, além de comprimir os preços. A concorrência também pode aumentar, com o surgimento de lojas *pop-up*, bastante ágeis para aproveitar oportunidades, lucrar com elas e, então, se deslocar para outro lugar. Depois da instalação, inclusive com o provimento de pessoal, os principais custos operacionais de uma loja de varejo são relativamente fixos, exercendo pressão sobre o varejista para gerar volumes e garantir margens altas o suficiente para cobrir esses custos. O mais importante desses custos são os de prover pessoal e de abastecer o espaço, muito mais altos que os dos concorrentes *on-line*, que alimentam as expectativas crescentes dos clientes e oferecem aos fabricantes trajeto menos oneroso para o mercado. Os varejistas baseados em loja reagem de forma diferente a essas ameaças. A Macy's, dos Estados Unidos, sobreviveu às novas tendências, elaborando rapidamente uma proposta *omnichannel*, mantendo as butiques de marca, mas também não hesitando em fechar lojas agressivamente... algumas até lucrativas. A BHS, do Reino Unido, foi mais lenta: mantendo marcas e espaços, não enfrentando a concorrência, ignorando recursos *omnichannel* nem adotando a perspectiva do consumidor, e tudo isso a condenou ao fechamento. Para responder a esses desafios, o varejo assume, cada vez mais, características de ciência, com ferramentas de software para apoio a decisões, seleção de locais, variedade de ofertas (quantos modelos e tamanhos oferecer em cada categoria, e com que profundidade), planogramas (layout das mercadorias para maximizar as vendas). Até cores, iluminação, música de fundo e odores especiais, pulverizados pelo ar-condicionado, hoje são definidos com base em pesquisas sobre a resposta dos clientes.

Dadas as pressões sobre o modelo de negócio baseado em loja, não admira que os operadores desse tipo de varejo tenham desenvolvido a reputação de lidar com os fornecedores de maneira um tanto brutal, exigindo margens ultrajantes, de tão altas; reivindicando o direito de devolver produtos que não venderam (ou não venderam com rapidez suficiente); e pedindo para serem pagos por praticamente qualquer aspecto da operação – expor o produto na loja; exigir pagamento para deixar o produto em áreas de muito tráfego na loja; cobrar adicionais de marketing para incluir produtos nos folhetos promocionais; e até cobrar multas por atraso nas entregas ou erros nas faturas. Muitos varejistas se tornam marcas fortes pelos próprios méritos, com o poder de construir ou destruir o acesso de um fornecedor aos consumidores, por força de sua presença no mercado ou de sua fatia em determinada categoria. Por exemplo, houve época em que as lojas de material elétrico Dixons e MediaMarkt/Saturn estavam presentes nas principais cidades do Reino Unido e da Alemanha, com *market share* muito grande. Os fornecedores de material elétrico tinham de garantir sua presença nas lojas para alimentar qualquer esperança de alcançar vendas significativas e precisavam pagar o preço exigido, mediante descontos muito altos, taxas e fundos de marketing, assim como o envolvimento em importantes campanhas de comunicação, com o intuito de trazer os clientes para as lojas. Em troca, o consumidor podia contar com altos volumes e visibilidade da marca, apesar de, em muitas categorias, a própria loja competir com esses produtos, usando a marca própria deles, a preços mais baixos.

Embora muitas marcas de grandes lojas mantenham posição forte no mercado, o advento do varejo *on-line* atenuou, desde então, o domínio desses *players*, como mencionado acima, cujos custos mais baixos permitem oferecer acesso mais barato ao mercado e cujos modelos de marketing movidos a dados geram retorno mais mensurável sobre os investimentos em canal e marketing. Além disso, as marcas baseadas em loja propiciam outros movimentos de vendas ao negócio, conscientizando-as de algumas limitações do modelo histórico.

Canais *on-line* e de catálogo

Canais *on-line* e de catálogo oferecem meios de superar as restrições do modelo de negócio baseado em loja. Quando não são partes de um modelo *omnichannel* pleno, esses dois movimentos de vendas são integrados, com uma combinação de website e centro de contato com os clientes, garantindo que os níveis de serviço atendam às necessidades dos consumidores. Eles capacitam os varejistas a:

- Oferecer faixa de produtos quase ilimitada, em amplitude e profundidade, que nenhuma loja física consegue alcançar;

- Aumentar a conveniência, permitindo que os consumidores naveguem e comprem "no conforto da própria casa", nas palavras de muitos varejistas;

- Ampliar o horário de funcionamento para 24/7, tornando-se disponíveis onde o cliente quiser comprar, sem custos de instalações físicas e de folha de pagamento;

- Ampliar o alcance, em termos de ser acessível a qualquer cliente do mundo, por telefone, internet ou celular, sem necessidade de constituir nada mais substancial do que um website em língua local;

> Oferecer customização do produto, antes da entrega, como acabamento, gravação, configuração etc.

O número de categorias oferecidas *on-line* continua a se expandir, com avanços notáveis em moda e roupas em geral, inclusive calçados, apesar dos receios iniciais de que os consumidores fariam questão de ver e tocar esses produtos ou de prová-los e experimentá-los antes da compra. Varejistas líderes de mercado, como John Lewis, JCPenney, Neiman Marcus e Nordstrom, abriram o caminho, com websites que se tornaram locais de compra, com apelo genuíno. Produzidos com características multimídia, inclusive orientações sobre como combinar itens, escolher o tamanho certo e acrescentar acessórios, e até provar e experimentar produtos virtualmente, com avatares pessoais, esses sites estão atraindo mais clientes do que as lojas principais jamais conseguiriam, em tempo integral. Os fornecedores com pretensões de se tornarem marcas destacadas agora devem atender a padrões rigorosos de apoio aos processos de produção digital do varejista, assim como oferecer margens excelentes e logística ágil. O movimento de vendas de catálogo agora serve como complemento ao seu primo *on-line*, com fotografias e processos de produção comuns ao site e ao catálogo. A impressão digital possibilita versões altamente personalizadas, com baixa tiragem, de catálogos a serem enviados a segmentos de clientes específicos, reduzindo o tamanho, o volume, o custo e as quantidades expedidas – além de aumentar a relevância para o destinatário.

Apesar de todas essas vantagens, as vendas *on-line* também apresentam graves desvantagens, oriundas dos desafios de:

> Atrair o cliente para a sua loja *on-line*, sobretudo se você ainda não tiver marca de varejo estabelecida, e os custos de manter a percepção da marca em posição *top-of-mind*, quando os concorrentes estão apenas a um clique de distância.

> Tornar a experiência de compra *on-line* tão fácil e intuitiva quanto possível, para os diferentes segmentos de consumidores almejados.

> O desafio de convencer clientes a fazerem *up-sell* e *cross-sell* para comprar mais do que o produto específico que os levou a entrar no site.

- A incapacidade de responder a perguntas imediatas ou lidar com objeções.

- Conquistar a confiança do cliente, na falta de presença física e de qualquer reputação tangível.

- Competir com o "fabricante direto" e outros vendedores *on-line*, exercendo pressão intensa nos preços.

- Gerenciar a logística de entrega, com muitos clientes domésticos exigindo entrega fora do horário comercial, além de enfrentar o problema de "ninguém em casa" para receber.

- Manejar a logística de pagamento, com o risco e o medo crescentes de fraude pela internet.

- Oferecer "logística reversa", no caso de entrega de produto com defeito, diferente do especificado ou simplesmente não pedido pelo cliente.

Muitos dos varejistas originais somente *on-line* procuraram desalojar os varejistas baseados em loja, "dispendiosos e complicados", com o jogo duplo de preço e conveniência. Todavia, com a exceção notável da Amazon, poucos sobreviveram à era da Web 2.0, e é esclarecedor considerar os motivos. A principal razão é não terem promovido percepção suficiente de suas ofertas. A segunda razão é não terem conseguido gerar no cliente confiança suficiente para superar as barreiras da adoção de novos hábitos de compra e pagamento. Alguns sobreviveram por força do foco: desde 2000, a ASOS progrediu e se transformou em uma próspera "comunidade de moda", valendo 1,9 bilhão de libras, com quase 1,7 bilhão de visitas por ano ao site e impressionantes 3% de taxa de conversão de visita em pedido. O relatório anual de 2017 explica: "Operamos em um mundo em mutação constante – moda, tecnologia, e as pessoas de 20 e poucos anos estão em movimento perpétuo. Portanto, inovação e evolução contínuas são fundamentais para o que somos como empresa". Para os *players* mais novos, as barreiras foram rebaixadas pelos *marketplaces*, ou shopping center virtual: com os dois principais *marketplaces* B2C, Amazon e eBay, registrando mais de 7 bilhões de visitas por mês, em âmbito global, os problemas de percepção e visibilidade foram resolvidos para os fornecedores grandes e pequenos. Associando-se a isso as opções de pagamento protegido, como PayPal, os consumidores podem comprar de um fornecedor minúsculo, do outro lado do planeta, confiantes.

MULTICANAL E *OMNICHANNEL*

Com o amadurecimento do movimento de venda de varejo *on-line*, os grandes varejistas passaram a misturar cada vez mais suas propostas de valor como canal, permitindo aos clientes navegar em um canal, pedir em outro, e escolher entre retirar na loja ou entrega em domicílio, por qualquer canal. Daí resultaram algumas estratégias de precificação interessantes, com os preços *on-line* e em loja mais alinhados, com a adoção de estratégias inteligentes de variedade de ofertas, com as linhas de movimentação mais rápida em loja e as linhas de movimentação mais lenta (e, geralmente, mais lucrativas) *on-line* ou em catálogo, às vezes até em cabines em loja.

Do mesmo modo, a expectativa de presença física de todos os varejistas induziu até os *players on-line* mais puros a abrir lojas seletivamente. Coolblue, varejista holandesa de material elétrico, que começou a vida com ofertas *on-line*, agora tem lojas em cinco cidades importantes dos Países Baixos. Até a Amazon está abrindo lojas, com alguns aspectos experimentais interessantes, como um local sem caixas registradoras (com os pagamentos sendo efetuados por meio de uma conta na Amazon, via smartphone). Mais no Oriente, o Alibaba está experimentando diferentes formatos de lojas, exclusivas ou em parceria.

É claro que, até nos mesmos tipos de canal, os varejistas não se encaixam num único molde, com diferenças significativas em abordagem que refletem a escala (varejistas nacionais, regionais, independentes), proposta central (grandes redes, redes especializadas, especialistas) e posicionamento de preço (líderes de preço, líderes de serviço), como mostra o Quadro 22.1.

QUADRO 22.1 Propostas de valor para o cliente por tipo de varejista

TIPO DE VAREJISTA	LEVAR O CLIENTE À LOJA	LEVAR O CLIENTE A FAZER COMPRAS NA LOJA	LEVAR O CLIENTE A COMPRAR O MELHOR MIX	LEVAR O CLIENTE A RETORNAR À LOJA
Varejistas nacionais/regionais, p. ex., Tesco	Publicidade em mídia nacional/regional, patrocínios, lojas em todos os lugares	Layout e merchandising padronizado na loja	Promoções, uso de pontos de alta visibilidade na loja	Programas de fidelidade, Densidade de lojas (na região)
Independentes, ou seja, lojas locais	Marketing comunitário	Variedade e escolha	Orientação	Serviços e suporte
Grandes redes, p. ex., Carrefour, Walmart, Auchan	Abrangência da faixa	Layout e merchandising na loja	Promoções, uso de pontos de alta visibilidade na loja	Conveniência da localização das lojas e cobertura de necessidades semanais
Redes especializadas, p. ex., Home Depot, Petco	Comunicações por categoria, geralmente por preço	Escolha e sortimento	Promoções, uso de pontos de alta visibilidade na loja	Programas de fidelidade, abrangência das faixas por categoria
Especialistas, p. ex., Barnes and Noble	Comunicações segmentadas	Orientação, escolha e sortimento	Orientação	Qualidade do serviço
Líder de preço, p. ex., Costco	Comunicações direcionadas por preço	Layout da loja e merchandising	Gerar volume por meio de negócios do tipo 2 por 1	Preços baixos todos os dias
Líder de serviço, p. ex., El Corte Inglés	Comunicações direcionadas por serviço	Orientação, escolha e sortimento	Orientação, escolha e sortimento	Qualidade do serviço

CAPÍTULO 22

Insights sobre gestão da distribuição de bens de consumo e varejistas

TIPO DE VAREJISTA	LEVAR O CLIENTE À LOJA	LEVAR O CLIENTE A FAZER COMPRAS NA LOJA	LEVAR O CLIENTE A COMPRAR O MELHOR MIX	LEVAR O CLIENTE A RETORNAR À LOJA
Importante *player* on-line, p. ex., Amazon	Search Engine Marketing (SEM), mídia nacional, RP, boca a boca, filiação (Prime), promoções do dia (Cyber Monday)	"Apresentando..." "Você navegou..." "Recomendado para você..." Marcas exclusivas Compra/pagamento/entrega fácil	Especificações e comparações exatas do produto para *self-upsell* (*up-sell* por iniciativa do cliente), "Pessoas que compraram isso também compraram...", Ofertas do dia	Resenhas (avaliações) de clientes, Pedido de feedback, MDEs (Mala Direta Eletrônica) por categoria, Apresentações de novas categorias, Programas de fidelidade com benefícios, p. ex., entrega e conteúdos Prime
Operador independente de varejo eletrônico	*Marketplaces*	Software padronizado do website de venda Entrega pela Amazon Botão PayPal Visualização dos sistemas de estoque do distribuidor/ envio direto (*drop shipment*)	Software padronizado do website (Magento, Shopify)	*Marketplaces*, banco de dados do cliente e MDEs.

Um fator que multiplicou o impacto desses canais é a penetração dos smartphones entre quase todos os segmentos demográficos. A chave para compreender esse poder é reconhecer as dimensões interativas que os canais oferecem aos varejistas:

- **Localização do celular:** permite que a rede localize o usuário em área geográfica muito estreita – como uma ou duas ruas de suas lojas.

- **Conexões Wi-Fi:** permite que o varejista ofereça Wi-Fi gratuito na loja – em troca de descobrir em que sites o cliente está navegando e até em qual está comprando.

- **Localização GPS:** permite que os provedores de *apps* (com permissão do usuário) identifiquem exatamente onde ele está; por exemplo, diante de uma de suas lojas.

- **Interesse pelo conteúdo:** explora algoritmos do tipo Google para associar mensagens ao conteúdo em que o usuário está interessado.

- **Comunicação em dois sentidos:** maneira rápida de os usuários responderem a mensagens, como encomendar um produto ou reservar um serviço, pedir um cupom ao ver uma mensagem promocional.

- **Comunicação ponto a ponto:** retuitar um tuíte, enviar um link, compartilhar uma página ou mensagem, tudo isso pode ser feito com um ou dois toques de um polegar rápido, permitindo que o marketing viral atue sem desktops ou laptops, e floresça, literalmente, a qualquer hora, em qualquer lugar.

A abordagem "multicanal", no entanto, foca nas vendas. Em contraste, o verdadeiro pensamento *omnichannel* reconhece a totalidade da jornada do usuário, antes, durante e depois da compra, com foco na engenharia e na entrega das melhores experiências possíveis aos clientes e no valor vitalício que elas podem gerar. Para isso, explora a presença e o crescimento de mídias sociais como Facebook,

Instagram e Twitter, além do rastreamento do comportamento *on-line* de smartphones, tablets e computadores, para construir uma imagem completa das preferências e comportamentos do consumidor além da compra, e usa esses canais de comunicação poderosos para promover e facilitar um grau de conexão e imediatismo que era impossível com as mídias anteriores.

Desafio potencialmente ainda mais árduo será ir além da comunicação para orquestrar as atividades em meio a esses canais complexos, de modo a oferecer satisfação a um consumidor ainda mais exigente. Antes da compra, todos nós agora estamos familiarizados com sites de comparação, como primeira fonte instantânea de informação para compradores potenciais. Esses sites se tornaram outro canal importante, atuando, na verdade, como intermediários ou corretores. Em cada setor, agora, é possível encontrar sites que o ajudarão a comparar vários fornecedores, à luz de critérios como preço, características e benefícios, permitindo que o usuário configure as especificações exatas do produto ou serviço almejado (por exemplo, em seguro, o nível e a qualidade da cobertura, a localização do carro ou casa, o tamanho da franquia etc.). Mesmo em um mercado tão associado a idosos ou enfermos, como cadeiras elevatórias, há agora vários sites de comparação, gerando negócios para os fornecedores, em troca de uma comissão.

Em geral, os sites de comparação se associam a outro canal extremamente poderoso: os sites de comentários/avaliações de usuários, como TripAdvisor (viagem, hotel e restaurantes), OpenTable (restaurantes), iTunes (músicas, filmes e vídeos), Amazon (livros, gadgets) e muitos outros. No caso do TripAdvisor, os usuários são convidados a fazer comentários e oferecer feedback sobre lugares que visitaram ou experimentaram, incluindo fotos de quartos e instalações. Com o passar do tempo, essas avaliações e comentários se acumulam e formam uma imagem que influencia os usuários potenciais a preferirem ou evitarem lugares específicos. Você sabe que esses canais estão ficando importantes quando começam a receber ameaças de litígios ou de ações judiciais de lugares que receberam comentários ou avaliações negativas do público. Muitos sites oferecem a opção de classificar os itens por "mais populares" ou "melhores avaliações", à medida que os usuários preferem cada vez mais perspectivas aparentemente objetivas dos pares que as dos próprios fornecedores.

Em meio a todo o bochicho das mídias sociais e de seu potencial de alcançar os consumidores em seus dispositivos móveis, pairam quatro desafios assustadores, tanto para os varejistas quanto para os fornecedores:

1. **Manter-se atualizado nas tendências em curso:** sucessivas ondas de novos avanços tecnológicos em breve tornarão o Twitter tão antiquado quanto nos parecem hoje as máquinas de fax.

2. **Escolher se e quando engajar os clientes com as novas mídias:** tipicamente, cada um desses canais exige contribuições regulares e frequentes, e, quando são adotados, não se pode abandoná-los. Isso aumenta os custos, mas não usá-los envolve o risco de perder contato com o consumidor. Captar o estilo e o tom certos não é fácil; e pode levar tempo encontrar o equilíbrio correto.

3. **Criar conteúdo cativante que engaje o público almejado:** conquistar a atenção num ambiente saturado; superar o cinismo, a fadiga e a distração.

4. **Manter a mensagem alinhada:** entre as múltiplas mídias, com os valores e mensagens da marca principal – tudo sincronizado no tempo.

Enfrentar os desafios do varejo *omnichannel* exige o incremento constante de novas competências e acarreta diluição ainda maior dos fundos de marketing disponíveis, quando não demanda recursos adicionais. As virtudes ultrapassadas de ficar atento aos objetivos do negócio e justificar as despesas em termos de maximização do seu impacto ainda são mais válidas do que nunca neste admirável mundo novo intensamente interconectado. Dependendo da sua marca e da necessidade de que seja vista na vanguarda, talvez convenha deixar que outros paguem os custos da curva de aprendizado e, ao mesmo tempo, manter-se vigilante, para não ficar muito para trás. No entanto, às vezes quem se move primeiro garante uma vantagem que se torna difícil de superar.

ESTUDO DE CASO - A DISTRIBUIÇÃO PROMOVE NOVAS CATEGORIAS INTEIRAS DE PRODUTOS - O PODER DA LOJA ITUNES

Quando a Apple projetou o primeiro iPod e precisou de software para ajudar os usuários a transferir os seus álbuns para o novo dispositivo, será que se deu conta de que estava lançando as fundações de um negócio de distribuição multibilionário? Desde o seu lançamento, em abril de 2003, a loja do iTunes se tornou o canal de acesso para praticamente todas as formas de produtos digitais, como músicas, filmes, vídeos, livros ou softwares especializados (*apps*). Os números são de estarrecer, com as vendas de *apps*, a mais nova categoria, alcançando $250 milhões só em dezembro de 2009, com 280 milhões de downloads (muitos deles gratuitos).

Com a Apple obtendo 30% de margem bruta, a empresa certamente sabe explorar o seu papel como rota para o mercado. Na verdade, esse é um exemplo de como o surgimento de um novo canal de distribuição possibilitou a criação de toda uma nova categoria de produtos. É improvável que *apps* – muitos dos quais custam menos de $1 – fossem comercialmente viáveis sem a capacidade da iTunes Store de fornecer acesso instantâneo a centenas de milhões de clientes potenciais. Até *apps* altamente especializados podem encontrar centenas de milhares de clientes potenciais, através das poderosas ferramentas de busca e da função "Genius", que faz a promoção ativa de produtos com base no princípio "Se você gosta disso, vai adorar isto".

A Apple até parece ter desafiado a "regra" de que os sistemas abertos são superiores aos fechados, com outros sites de download e ofertas tentando reagir. A facilidade intuitiva de uso da iTunes Store, no lançamento, contribuiu para que assumisse 70% das vendas mundiais de música digital *on-line*, tornando-a o maior varejista legal de música do mundo, alcançando 35 bilhões de downloads em meados de 2014 – em pouco menos de 11 anos de existência. Para isso, foram necessários muitos clientes "treinados", que, depois de

> lutar com interfaces de celulares durante anos, adotaram o iPhone e, depois, o iPad, para impulsionar a aceleração vertiginosa das vendas, felizes da vida por estarem trancados no ambiente proprietário da Apple.

Como os fornecedores podem manter qualquer ordem na precificação de seus produtos, quando estão indo ao mercado por meio dessa mistura de canais de alto e baixo custo? Os controles de preços são ilegais; no entanto, se a situação for deixada à solta, os *e-tailers*, ou varejistas *on-line*, canibalizarão os varejistas de custo mais alto, que oferecem atributos valiosos de visibilidade da marca e de merchandising do produto, vendendo mais barato. A resposta é compensar o custo mais alto dos canais (web ou loja) com o seu valor para o fornecedor. Maiores descontos ou fundos de marketing são garantidos para os varejistas que oferecem visibilidade na prateleira ou na web, além de orientações e demonstrações de produtos; que carregam toda a faixa de produtos e que alcançam altas taxas de conexão em acessórios compatíveis etc. Esses abatimentos também podem recompensar comportamentos de planejamento e comportamentos disciplinados na formulação de pedidos, ajudando o fornecedor no próprio trabalho de previsão e planejamento. Essa estrutura de abatimentos multiníveis possibilita precificação diferenciada, trazendo o preço de rua de um *e-tailer*, baseado no preço, para mais perto do *e-tailer* de serviços completos. É improvável transpor totalmente a distância, mas talvez seja possível reduzi-la para o ponto em que o cliente sentirá que a experiência de comprar em um site de serviços completos justifica o diferencial de preços. Já vimos algumas estruturas muito sofisticadas de descontos e abatimentos de fornecedores, com até 30 elementos diferentes. Essas estruturas permitem alcançar paridade quase total com o preço de rua, através do aparato de estruturas de custo de canal, a serem manejadas pelos fornecedores para conseguir o acesso ao mercado de que precisam. A Figura 22.2 ilustra alguns princípios gerais de como obter esses resultados.

FIGURA 22.2 Programas de remuneração do fornecedor

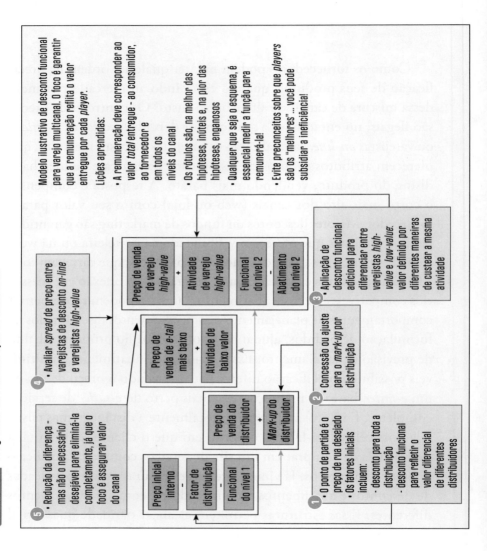

Finalmente, para os fornecedores, uma escolha ainda mais complicada continua sendo quando explorar os canais de varejo *on-line* e quando explorar os próprios canais. Contornar o canal e engajar os clientes através de um canal de vendas direto ao consumidor pode ser atraente, em termos de retenção pela melhor margem e pelo contato com o cliente, mas a que custo para construir e operar os muitos canais esperados pelos clientes e para superar os conflitos de canal?

Em relação aos fornecedores, o principal papel do varejista como canal é gerar tráfego de clientes para os produtos deles. Mais importante é identificar um conjunto de segmentos de clientes bem definidos, predispostos a comprar os produtos dos fornecedores. Ao optar por ir ao mercado por meio de varejo baseado em loja, os fornecedores estão se envolvendo com canal de alto custo e devem estar preparados para suprir as demandas do canal em relação aos volumes exigidos pelos clientes e às necessidades dos varejistas do ponto de vista financeiro, logístico, de apoio de marketing e de gestão da conta. Não é um canal no qual você deve se aventurar. Os varejistas não se esquecem dos fornecedores que não cumpriram a sua parte do negócio e relutarão a se envolver de novo com os que os desapontaram no passado. Compreender o modelo de negócio do varejista é fundamental para introduzir os seus produtos nas (melhores) prateleiras do varejista, reabastecendo-as continuamente, e é essencial definir o que você espera do canal, antes de se aproximar dele.

DESAFIOS ESPECÍFICOS E COMO O SETOR OS ENFRENTA

Qualquer fornecedor que esteja contemplando as opções para alcançar os mercados de consumidores e de PMEs se defronta com um setor que está passando por transformações radicais. A título de ilustração, o Quadro 22.3 apresenta apenas alguns dos principais impulsionadores de mudança no *go-to-market* de consumo para os setores de TI e telecom. Do ponto de vista do fornecedor, a escolha do canal é difícil, daí a importância crítica de ser claro sobre os objetivos gerais e sobre como a estratégia de distribuição ajuda a atingi-los. Muitas são as considerações que podem ajudar a compreender essa dinâmica e esclarecer as decisões do fornecedor.

| FIGURA 22.3 | Mudanças no *go-to-market* do consumidor |

Quem são os seus clientes e que experiências eles querem	• Os consumidores estão *on-line*, durante (*mobile*) e depois (mídias sociais) da compra • As necessidades dos consumidores esclarecidos mudaram, de informações para orientação pessoal na escolha final • Os consumidores mais pobres e mais velhos visitam as lojas: tendem a comprar para durar e a extrair mais do que possuem • Dados sobre os consumidores mais ricos estão disponíveis, mas são pouco explorados
Que ofertas entregarão esta experiência?	• Hoje é possível oferecer preço e orientação: o foco na loja é "Como funcionará para mim?" • A verdadeira paixão e vibração com os produtos consiste em *possuir* e em *usar* o produto • Os consumidores foram treinados em modelos de assinatura, por operadores de celulares e provedores de acesso à internet • A conveniência está nas combinações: *click and collect* (clique e retire); *brand and touchpoint* (marca e exposição) • A tecnologia hoje possibilita a escolha a dedo, o que pode prejudicar a margem da cesta
Que canais, produtos e serviços compõem estas ofertas?	• Multicanal e multiformato são necessários para maximizar a cobertura e compartilhar a necessidade • Os varejistas estão expostos a novos concorrentes, sobretudo concessionárias de serviços públicos de todos os tipos • As parcerias são fundamentais: constata-se um avanço acelerado para a "coopetição" • Todos os *players* precisam considerar os "protagonistas" do ecossistema: Apple, Google, Amazon
Como configurar e gerenciar as rotas para o mercado?	• É crescente a preocupação dos fornecedores com (e as ideias deles sobre) os custos *go-to-market* • Atualmente, é baixa a correlação entre custo *go-to-market* e desempenho • O conflito de canal entre fornecedores agora se traduz em pressão para gerenciar o canal • Historicamente, o mau relacionamento com os varejistas tradicionais molda a visão de que "a bota está no pé errado"
Como organizar a sua empresa?	• Os fornecedores terão de desenvolver a abordagem deles, de "varejo" e "*e-commerce*" separadas para uma estratégia *omnichannel* integrada • Os velhos esquemas de remuneração são inadequados para gerar novo desempenho: por exemplo, como devem os fornecedores remunerar o *showroom*? • A grande dificuldade do multicanal é como todas as partes podem preservar o *brand equity* • A integração da cadeia de suprimentos é crucial: para a frente, para trás e para os lados

◢ As escolhas do consumidor estão evoluindo em ritmo acelerado

Focando no consumidor, o varejo sempre se expôs às mudanças de gosto e de moda. Os consumidores de hoje, porém, são ao mesmo tempo cada vez mais informados e exigentes, e suas escolhas de lojas e de compras são influenciadas por fatores que vão muito além da publicidade e das promoções tradicionais. A importância das redes sociais como mecanismo para compartilhar a experiência de usar um produto ou serviço não pode ser subestimada. O foco se deslocou muito mais para como os consumidores se beneficiam de um produto ou serviço e se afastou de como eles compram. Por sua vez, isso influenciou tanto a escolha do consumidor de como comprar quanto a escolha de outras pessoas sobre como e onde comprar. O mundo do varejo evoluiu do primeiro e do segundo "momentos da verdade" da Procter & Gamble (o momento em que o consumidor se defronta pela primeira vez com um produto na loja ou na vida real e, depois, o momento em que o consumidor compra o produto e se defronta com a experiência do produto ou marca) para os "momentos da verdade" "zero" e "final", definidos pelo Google (o momento em que a pesquisa e a experiência *on-line* de um consumidor moldam uma compra futura e o momento em que um consumidor compartilha suas experiências do produto ou marca com milhões de outras pessoas, por meio de Facebook, Twitter ou equivalentes). O resultado são escolhas de canal em rápida evolução e deslocamento de poder resolutamente para o consumidor, que chega na loja ou no site altamente informado e com expectativas muito claras sobre a disponibilidade dos produtos e sobre suas características e especificações.

O varejo de formato único tem vida limitada

Numa situação em que os consumidores têm pouco tempo e procuram extrair o máximo de valor de toda interação e em que o sortimento de produtos disponíveis *on-line* é quase infinito, os varejistas baseados em loja estão usando múltiplos formatos. Por exemplo, à medida que cada vez menos consumidores franceses ainda fazem sua viagem mensal de reabastecimento ao hipermercado, varejistas como Auchan e Carrefour, como suas contrapartes em todo o mundo, estão aumentando a cobertura de lojas em formato menor, variando desde supermercados até pequenas lojas de conveniência/proximidade, enquanto procuram transformar a experiência no hipermercado em experiência menos onerosa. Os consumidores clicam e retiram seus produtos de reabastecimento, como leite, pasta de dentes e detergentes, ficando livres e desimpedidos para percorrer as seções mais prazerosas da loja – que também são as mais lucrativas para o varejista. Mesmo os multiespecialistas, como Fnac Darty, estão abrindo *outlets* menores, com sortimentos limitados, em estações ferroviárias e em aeroportos, para não sucumbirem aos concorrentes *on-line*.

◢ A distribuição agora se estende a localidades "ao vivo" para o cliente

Condicionados por horários e locais cada vez mais específicos para entrega pelos varejistas *on-line*, os consumidores agora esperam distribuição em *envelope-level* (condições extremas), sob todos os aspectos da vida: se vão a uma loja, esperam encontrar o que estão procurando ou querem acessar uma tela ou um terminal e adquirir o produto (ou serviço) para entrega no dia seguinte. Ao comprarem *on-line* ou em loja produtos de mercearia ou artigos de moda, esperam ter a opção de receber os produtos em casa, no trabalho ou em outro local, para que o tenham em mãos tão rápido e perfeito quanto possível.

Se o varejo tradicional, baseado em loja, se resumia a *breaking bulk*, dos caminhões e estrados para as prateleiras, cheias de caixas, o varejo de hoje consiste em configurar as cestas dos clientes para entrega em domicílio ou garantir que uma mensagem chegue à caixa postal do cliente no exato momento da compra. Para itens de moda, em especial, mas, de modo algum apenas nesse caso, os consumidores querem ter a certeza de que poderão devolver os produtos, não só se estiverem com defeito, mas também se não caírem bem ou simplesmente se a cor não parecer adequada. As devoluções já eram mal recebidas no mundo das lojas quando, tipicamente, estavam na ordem de 5% a 10%. No varejo *on-line*, as devoluções podem ser o triplo ou o quádruplo disso. Imagine se um terço dos produtos comprados numa loja Gap tivesse de voltar pelo sistema! (Pesquisa recente do Barclaycard, no Reino Unido, constatou que 30% dos compradores deliberadamente compravam em excesso, e 19% encomendavam várias versões do mesmo item, para escolher melhor em casa). As pressões sobre as cadeias de fornecimento de fabricantes e varejistas são intensas.

◢ *Marketplaces* agora geram tráfego para os menores *players* on-line

A defesa histórica dos varejistas baseados em loja, contra *Fred-in-a-shed* (i.e., o varejista *on-line* com custos mínimos, provavelmente um comerciante independente, com o apoio básico de um website e acesso ao sistema de estoque de um distribuidor), era a falta de atração da marca e o impulso de marketing para o site do concorrente. O tráfego era fundamental. No entanto, o advento dos *marketplaces* deu visibilidade até ao menor dos sites iniciantes e eliminou a barreira de entrada tradicional. Com uns poucos cliques, qualquer pessoa pode se inscrever na Amazon e ter presença e alcance *on-line* jamais imaginados, ao custo de 25 libras por mês e menos de 15% de taxas. Com varejistas multiespecialistas, baseados em lojas, trabalhando com custos operacionais na faixa de 25% a 30%, ainda há ampla margem entre o preço que precisam cobrar e o preço que o iniciante pode cobrar, e ainda gerar lucro saudável. Embora o *marketplace* da Amazon tenha pavimentado o caminho, muitas das principais cadeias multiespecialistas, como Fnac Darty, oferecem uma janela para os consumidores a websites que, para todos os efeitos, são seus concorrentes.

Já não é possível abordar apenas a parte da compra da jornada do cliente

Consumidores altamente informados, foco no uso, compartilhamento *on-line* instantâneo de experiências com produtos ou marcas... as limitações do modelo de varejo histórico, baseado em loja, têm sido expostas ostensivamente, sem piedade. O foco em conquistar clientes, fazê-los comprar e, então, reconquistá-los, como se fossem novos em toda compra, tem se mostrado oneroso e ineficaz. Muitos dos expoentes do modelo tradicional já não estão no mercado. Em recente pesquisa da VIA, muitos varejistas salientaram que cada visita à loja envolve o desafio de demonstrar valor no estágio "selecionar e comprar" do ciclo, com o risco de perder o cliente para os concorrentes *on-line*... talvez para sempre. Se a Apple mostrou caminho com as suas lojas que focam em como os produtos podem ser usados (e que, literalmente, ocultam os aspectos transacionais da compra), outros varejistas começaram a abordar a fase de compartilhamento da jornada e entabularam um diálogo pós-compra com os consumidores, encorajando-os ativamente a compartilhar suas experiências – boas e más – *on-line*, e recompensando-os pela participação. As lojas Xcite, do varejista kuwaitiano Alghanim, empregaram essa técnica com grande sucesso.

As lojas estão assumindo um papel diferente

Na medida em que muitas das funções das lojas tradicionais – informação, disponibilidade, transações de compra, coleta – são replicadas ou substituídas por interações *on-line* com os consumidores, muita gente está questionando o valor das lojas (como no caso de alguns consumidores que "votam com os pés" e compram *on-line*). As lojas, porém, continuam a desempenhar um papel vital ao oferecer a oportunidade de tocar e sentir os produtos, de comparar uns com os outros, e de receber orientação para uma escolha final. Isso está aumentando a pressão sobre o varejo baseado em loja para cumprir estas promessas: fornecer sortimento relevante e atraente; expor produtos cada vez mais nos contextos em que os consumidores esperariam usá-los ou vesti-los; e oferecer orientação sobre "como usarei isso" (em vez de "como isso funciona", que é o que encontramos *on-line*). Esse último ponto é o que representa maior desafio para alguns varejistas, pois uma grande proporção de seus custos se relaciona com a equipe da loja, que deve ser reciclada em vendas consultivas... investimento significativo em qualquer indústria, mas que é duplamente arriscado em setor de atividade em que a rotatividade é notoriamente alta. Essa situação é agravada pelo custo de expor os produtos, ainda mais porque muitos dos consumidores em qualquer loja a estão visitando como "showroom", isto é, observando o sortimento, com a intenção de concluir a compra *on-line* ou em outra loja, se o preço for mais baixo.

Os fabricantes já estão demonstrando impaciência com as cadeias de loja, e muito deles estão explorando as lojas "conceito", como meio de mostrar a maneira como seus produtos realmente devem ser experimentados. As lojas conceito não são apenas para as maiores marcas: Sonos, fabricante de áudio multiambiente – uma das categorias mais difíceis de demonstrar –, agora tem uma loja conceito em Nova York, com vários cômodos configurados não só decorativamente, mas também *acusticamente*, de modo a otimizar a experiência de ouvir, para diferentes preferências musicais.

◢ Concorrência de novas fontes - marcas que podem abarcar toda a jornada do cliente

Treinados pelas operadoras de telefonia móvel e pelos provedores de serviços de internet, os consumidores também deram um passo à frente e estão cada vez mais preparados para consumir seus produtos e serviços com base em modelos de consumo *pay-as-you-go*. Até produtos tecnicamente complexos, altamente personalizados, como lentes de contato e óculos, agora podem ser consumidos em bases *sight as a service* – a cadeia de óticas francesa Alain Afflelou, por exemplo, oferece vários pares/conjuntos por uma taxa mensal fixa. Essa tendência expôs os varejistas à concorrência de qualquer *player* que tenha uma relação de faturamento com o consumidor – desde ISPs até provedores de serviços públicos (quem melhor do que uma empresa de energia para fornecer dispositivos de consumo de energia, lançando-o na conta mensal?). Assim, agora, uma câmera de segurança doméstica pode ser parte de um pacote de segurança, alugada pelo seu ISP, com instalação incluída na cobrança mensal, à medida que as principais ofertas de conectividade e conteúdo se tornam cada vez mais comoditizadas e os ISPs procuram minimizar a rotatividade de clientes.

ATRIBUTOS E COMPETÊNCIAS CRÍTICAS

Uma olhada nos desafios listados acima deve instigar qualquer fornecedor ou varejista a reconsiderar toda a sua atuação em canais de consumo. No entanto, poucos têm condições de rechaçar a oportunidade que os mercados de consumo representam, e ninguém deve ignorar as tendências e lições dos mercados, já que elas são cada vez mais evidentes nos mercados B2B, de pequenas empresas, passando por canais comerciais, até grandes empresas. Alguns atributos e competências centrais sinalizam quando um varejista ou *player* equivalente está monitorando ou já está à frente das tendências.

◢ Insights sobre os consumidores em toda a jornada do cliente

Os varejistas bem-sucedidos reconhecem a necessidade de compreender seus consumidores ao longo de toda a jornada. Em nível simples, isso significa mapear a jornada de determinados segmentos de clientes. O Quadro 22.2 mostra um exemplo da jornada de um cliente de microempresa, na área de impressão, mostrando os estágios do percurso ao longo dos fatores mais relevantes e valiosos, que são importantes para microempresas compradoras:

QUADRO 22.2 Mapa da experiência do cliente - impressão para microempresas

ESTÁGIO DA JORNADA	PERCEPÇÃO, CONSIDERAÇÃO, PREFERÊNCIA	SELECIONAR E COMPRAR			USO E CRESCIMENTO				SUBSTITUIÇÃO E DESCARTE	
FATORES DE VALOR	Preferência	Compra	Entrega	Primeiros 30 dias	Uso	Suplementos/uso estendido	Serviço de manutenção	Substituição [atualização]	Descarte
Produtividade do cliente	Informe-me pelos meus canais	*On-line* e telefone	Entrega em domicílio ou no escritório	Tudo incluído	Confiabilidade, mínimo de rejeitos de papel, velocidade de impressão	Acessórios; p. ex., alimentador de papel	Opções de garantia depois do 1º ano	Troca da impressora	Se funcionando, manter como segunda impressora para as crianças
Simplicidade	Apresentação e mensagens claras	Opções de pagamento	Basta um telefonema	*Plug and play* (ligar e usar)	Facilidade de uso	Fácil de instalar	Uma chamada, um destino	Conhecimento de como proceder	Uma chamada
Conveniência	Fontes de informação claras; p. ex., web Marca X e webs de parceiros de canal	Localização da loja, disponibilidade de web	Opções de hora e destino	Instale para mim/ faça-a funcionar com a "tinta instantânea" da minha rede	Informações sobre *drivers*, facilidade de uso, interface proativa	Distribuição ampla	Suporte por telefone 24h, substituição no mesmo dia	Promoções regulares e relevantes	Cumpre diretrizes REEE
Risco	Endosso de terceiros; p. ex., avaliações da imprensa	Opções de devolução, opções de garantia	Entrega garantida	Atende às expectativas	Serviços preventivos e cobertura de emergência para defeitos	Ampliável/flexível/ atualizável/resistente ao futuro	Garantia estendida 24/7, serviço para "acidente crítico"	Verificação proativa para ajustar a impressora às necessidades, mais atualização	Marca X lida com isso
Diversão e imagem	Relevância da marca Marca X para microempresas	Confiança na marca	Embalagem com marca vs. embalagem comum	Cumprimente-me por minha decisão inteligente	Faz minha empresa parecer maior/mais profissional	Mostre-me como fazer mais com a minha impressora. Papel diferente.	Tranquilidade		Marca X é verde
Cuidado com o meio ambiente	Energia/normas ambientais		Embalagem mínima	Eficiência	Devolução fácil de cartucho vazio	Devolução fácil de acessórios			
Conectividade	Padrões (normas) universais; p. ex., USB, wireless, bluetooth, network	Cumpre normas, resistente ao futuro?		Compatível com a minha rede, faz o que diz	Sempre disponível	Opções wireless		Cumpre diretrizes REEE	
Custo total da propriedade/uso (CTP)	Comunicação de CTP	Impressora com cartucho	Entrega gratuita	Número de cartuchos substituídos	Produto certo para as necessidades e cartucho PGP	Custo de outras opções/acessibilidade	Custo da garantia estendida	Programa de incentivo à atualização	Descarte gratuito

Todos os *players* seguem a liderança dos *players on-line*, que podem rastrear e efetivamente rastreiam todas as interações com os consumidores deles, desde os comportamentos de pesquisa até as fontes de informação dos consumidores, que outros sites eles exploraram antes de chegar ao site do varejista, como reagem às avaliações de clientes, o que perguntam aos pares antes de fechar a compra; o que outros consumidores tipicamente compram com o mesmo item, além de pedidos sucessivos de feedback e de avaliação ao longo de semanas depois da compra, de rastreamento das taxas de devolução e de ofertas de acessórios e componentes, por MDEs, para aumentar o valor das compras.

Embora a reprodução de todos esses detalhes no ambiente de loja física seja mais difícil, os *players* bem-sucedidos pressionam seus consumidores a aderir a cartões de fidelidade e analisam os insights gerados pelos dados sobre compras, desde a avaliação das opções de canais (*on-line*, lojas em formato amplo ou lojas de conveniência) até a aceitação de ofertas por tipo de comunicação (catálogo, folhetos, declarações de pontos e MDEs), passando pelo desenvolvimento de promoções personalizadas para segmentos de clientes específicos e até para clientes individuais. Provavelmente, o exemplo mais notório da adoção dessa abordagem por um varejista de massa é o Clubcard da Tesco, história amplamente documentada no livro *Scoring Points*, de Clive Humby e Terry Hunt, com Tim Phillips. *Players* mais especializados ampliarão o uso desses insights, para compreender como os clientes estão usando os produtos e quais deles estão compartilhando suas experiências *on-line*.

◢ Orquestração e integração da marca e das ofertas entre múltiplos canais

A marca coerente, que opera por entre todos os canais e pontos de contato, é essencial para o sucesso no varejo. Isso vai além do simples *branding* de múltiplos formatos, de forma consistente: por exemplo, as marcas Market, City, Express, Bio e Montagne, do Carrefour. A experiência da marca pelo cliente, por entre e além dos formatos, deve ser clara e coerente. Por exemplo, seria razoável clicar e retirar em qualquer *outlet* da marca, mas, com modelos de lojas franqueadas ou gerenciadas, essa solução nem sempre é do interesse da loja indicada para retirada.

Os fatores críticos para ser bem-sucedido em todos os canais agora estão na verdadeira integração entre ambientes *on-line* e *off-line*. Alguns exemplos são:

- **Clareza dos valores e do papel de cada submarca no mix:** com uma experiência consistente por entre os canais: esse fator é especialmente importante com lojas franqueadas ou gerenciadas.

- **Comunicação que opera por entre canais:** por exemplo, promoções no website para atividade na loja, a opção de marcar consultas *on-line* para receber orientação pessoal da equipe da loja.

- **Integração de transações *on-line/off-line*:** clareza e consistência da precificação *on-line vs. off-line*; visibilidade *on-line* dos níveis de estoque por loja; opções de "clicar e retirar", isto é, comprar *on-line* e retirar na loja, mas também "passear" pela loja e pedir para entregar em domicílio (por exemplo, se o tamanho/cor escolhidos não estiverem disponíveis); possibilidade de "navegar" por todo o sortimento *on-line* na própria loja. O varejista Jack Wills tem pontos de ajuda na loja, com o aviso: "Não encontrou o que você está procurando? Encontre *on-line*. Entrega gratuita. Devolução gratuita".

- **Política pós-venda coerente e integrada:** opção para devolver em loja mercadorias compradas *on-line*, mas também sem necessidade de voltar à loja para concluir a devolução.

No final das contas, isso significa que os varejistas *omnichannel* devem investir nas forças de cada canal do mix, para se diferenciarem dos *players* de canal único. Na loja, isso significa excelência no planejamento do sortimento, no merchandising e no treinamento da equipe; *on-line*, o foco deve ser na compra, na entrega e no serviço pós-venda.

Cadeias de suprimentos ágeis

No mundo de canais integrados, descrito acima, a natureza do sucesso em cadeias de suprimentos está evoluindo. Os varejistas devem garantir que os produtos estejam disponíveis nas prateleiras reais e virtuais, quando e como os clientes preferirem... e que podem ser devolvidos com igual facilidade. Se a entrega direta pela loja impõe uma mudança de caminhão e paleta para pacote e caixa, as novas demandas dos consumidores podem exigir capacidade de entrega em condições extremas, em tão pouco tempo quanto uma hora. As operações de logística agora devem dar suporte a:

- **Clique e retire:** isto é, pedir *on-line* e retirar na loja.

- **Pontos de coleta de terceiros:** os consumidores agora foram treinados para esperar a opção de devolver em locais mais convenientes, como lavanderias.

- **Pedir na loja para entrega em domicílio:** se os consumidores não conseguem na hora o produto, com as características escolhidas, como tamanho e cor, ou se não quiserem carregá-lo, o produto deve ser entregue em domicílio, nas 24 horas seguintes.

- **Gestão de loja e estoque central:** com os vários canais, é essencial rastrear as *run rates* (taxas de performance) de vendas, e movimentar os estoques para atender aos níveis de vendas de cada canal.

- **Rastreamento robusto do estoque:** o estoque agora precisa ser visível não só para a gestão do varejista, mas também para os consumidores: eles querem evitar uma visita à loja, se o produto que estão procurando não estiver disponível.

- ***Envelope-level*, entrega em mãos:** o nível foi elevado pela Amazon e seus pares, que, frequentemente, podem oferecer prazos de entrega de uma hora (com uma taxa extra, evidentemente) para seus clientes Prime.

- **Logística reversa para devoluções:** um sistema de devolução que aceite devoluções para a loja ou para/por meio de pontos de coleta de terceiros.

◢ Abordagem algorítmica rigorosa e científica para todos os aspectos do negócio de varejo

O poder das marcas de varejo tradicionais sobre os consumidores significa que os varejistas têm sido lentos em investir em dados sobre os consumidores. Como exemplo, em dois estudos da VIA sobre tendências dos canais de acesso aos consumidores, os varejistas de uma categoria de bens de consumo duráveis foram questionados sobre os investimentos que tinham feito em bancos de dados e em mineração de dados de clientes. No primeiro estudo, em 2003, eles estavam explorando as opções e olhando para os exemplos do Clubcard da Tesco. No segundo, mais de dez anos depois, confessaram que tinham feito pouco progresso sobre o tópico. Hoje, a capacidade de analisar o comportamento do consumidor durante todo o seu ciclo de vida é considerada competência central. *Big Data* e inteligência artificial estão sendo aplicados a consumidores de varejo por muitas partes interessadas diferentes, de numerosos setores de atividade. Portanto, as capacidades críticas em varejo agora devem incluir:

- **Coleta de dados ao longo da jornada do cliente:** abrangendo as pesquisas e influências que moldaram a decisão de compra e a escolha do canal, a maneira como os consumidores dão uma olhada nas lojas e os sites que visitam enquanto estão na loja, o modo como acabaram comprando ou contratando, até a forma como vivenciam e compartilham as suas experiências de usar. Tudo, evidentemente, observando as restrições da legislação sobre proteção de dados.

- **Mineração dos dados para desenvolver insights sobre comportamentos do consumidor:** embora Amazon, Google e Apple talvez pareçam ocupar posição dominante nesse espaço, os varejistas precisam compreender as especificidades de seus consumidores.

- **Aplicação das ciências de antropologia, psicologia, fisiologia e muitas outras, para oferecer melhor experiência ao cliente:** que informações são fornecidas para pesquisa, como os produtos são embalados e comercializados, como as lojas e websites são desenhados, e como a experiência pós-compra é gerenciada.

◢ Clareza do papel no "ecossistema do consumidor" ampliado

Esse insight movido a dados, por sua vez, liga-se à necessidade de os varejistas terem uma estratégia e um posicionamento claros no "ecossistema do consumidor" mais amplo. Lojas e até mesmo empresas varejistas inteiras são apenas parte de um ecossistema maior; por isso é vital que elas "conheçam o seu lugar". Algumas áreas com importância crescente são:

- **Ótimo conteúdo e orientação *on-line*:** vídeos de abertura de embalagem (*unboxing*) atraem milhões de visualizações, fornecendo ricas informações sobre exatamente o conteúdo do produto e as primeiras impressões dos consumidores; as avaliações e perguntas *on-line* oferecem aos usuários oportunidades de autoajuda ou de resposta a perguntas pré-compra.

- **Apresentações/exposições:** os consumidores, frequentemente, ainda precisam ver, tocar e sentir o que estão comprando; os fabricantes, cada vez mais, também procuram apresentar sua versão do portfólio deles, em ambiente conceitual.

- **Mídias sociais como parte da defensoria do cliente, pré e pós-venda:** os principais varejistas estão usando com eficácia as mídias sociais. Por exemplo, a BestBuy, nos Estados Unidos, recorre ao Facebook como ferramenta altamente visível de atendimento ao cliente; a Toyota, na França, chega ao ponto de apresentar clientes potenciais aos atuais proprietários de seus veículos híbridos.

- **Consertos, substituição e descarte:** à medida que cada vez mais consumidores optam por modelos de contratos e consumo, aumenta a demanda por serviços, de substituição de telas em celulares a atualizações de óculos ou lentes de contato; em nível mais simples, a legislação pode exigir que os varejistas providenciem o descarte dos produtos que eles ou outros venderam, como, por exemplo, lâmpadas de baixa energia.

- **Capacidade de faturamento do consumo:** com o deslocamento para modelos de consumo, o faturamento mensal bem gerenciado oferece oportunidade fecunda para manter o diálogo com o cliente e para facilitar a autovenda de produtos e serviços acessórios.

▶ **Alianças:** todos os *players* do ecossistema são altamente interdependentes e poucos conseguem "fazer tudo". Portanto, uma estratégia de aliança clara e eficaz é fundamental, inclusive a colaboração com concorrentes em negócios de "coopetição".

FIGURA 22.4 Capacidades centrais da jornada do cliente

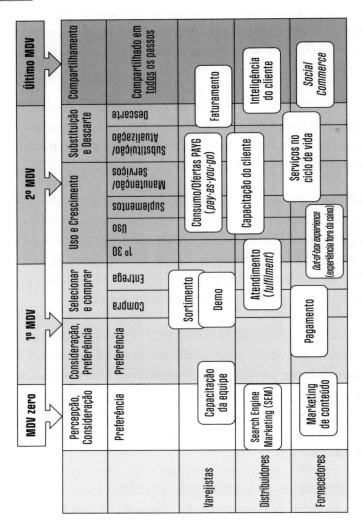

A Figura 22.4 apresenta um panorama de capacidades, mostrando oportunidades para parcerias entre fornecedores, varejistas e distribuidores, de modo a criar e explorar *pools* de lucro em toda a jornada. Ela enfatiza quatro "momentos da verdade" (MDV):

1 MDV zero: o que as pessoas pesquisam e encontram depois de descobrir um gatilho para a ação.

2 1º MDV: o que as pessoas pensam ao verem uma oferta/produto, inclusive na loja, e as impressões que formam quando leem descrições do produto.

3 2º MDV: o que as pessoas sentem, pensam, veem, escutam, tocam, cheiram e saboreiam ao experimentar uma oferta/produto ao longo do tempo e perceberem como são apoiadas ao longo da experiência.

4 Último MDV: momentos compartilhados durante toda a experiência, que moldam o MDV zero de outras pessoas.

MÉTRICAS PRINCIPAIS

Métricas operacionais *omnichannel*

Essas métricas medem as preocupações básicas do varejo (ver Figura 22.5):

➤ **Tráfego.** Físico ou virtual, um indicador-chave é o tráfego de clientes para uma loja. Alguns varejistas de loja rastreiam o tráfego de clientes que passam pela porta e percorrem diferentes áreas da loja. Os varejistas *on-line* analisarão as fontes de tráfego (sejam as visitas oriundas de referências, mídias sociais, pesquisas orgânicas ou pesquisas pagas etc.) usando ferramentas como Google Analytics.

➤ **Conversão.** Loja ou site cheio não é garantia de vendas ou lucro, em especial no mundo de hoje, de *showrooms*. Os varejistas de loja rastrearão o tráfego de clientes que passam pela porta e o compararão

FIGURA 22.5 Métricas operacionais e fatores que impulsionam o desempenho

Atrair o cliente para a loja	Levar o cliente a fazer compras na loja	Levar o cliente a comprar um mix lucrativo
Tráfego: número de visitas	**Conversão:** consumidores > compradores **Valor médio da transação:** gasto por visita	**Lucratividade:** mix de margem na cesta

- Publicidade e comunicação
- Calendário sazonal
- Lançamento de novos produtos
- *Aftermarket*
- Entretenimento
- Localização
- Boca a boca
- *Bouncebacks* (Recuperações)
- Presença em *marketplaces*
- *Search Engine Marketing* (SEM)
- Mala Direta Eletrônica (MDE)

- Seleção do produto
- Promoção
- Merchandising
- Organização da loja
- Organização da prateleira
- Prazos/condições de crédito
- Opções de entrega

- Estratégia de preço
- Promoção
- *Cross-selling/Up-selling*
- *Bundling*
- *Switch selling*
- Impulso

Levar o cliente a voltar

Visita repetida: eficiência na geração de demanda
Fidelidade: frequência da visita; fatia da necessidade total

Acelerador, que torna todas as outras atividades:
- **Mais eficazes** (maior impacto pelo mesmo custo)
- **Mais eficientes** (mesmo impacto por custo mais baixo)

com transações nas caixas registradoras. Os *players on-line* rastrearão as conversões de navegar pela loja e colocar no carrinho e, depois, as taxas de abandono do carrinho.

TAXA DE ABANDONO DO CARRINHO DE COMPRAS

$$\text{Taxa de abandono} = \frac{\text{Número de compras não concluídas}}{\text{Número de carrinhos com itens criados}}$$

➤ **Valor médio de transação.** Indicador crucial da eficácia de todas as atividades na loja, pois mede o impacto de vários fatores, como layout, mostruários, *cross-selling, up-selling* e eficiência das promoções. Fundamental para lojas físicas (também denominado Valor Médio da Cesta ou VMC) e para lojas *on-line* (Valor Médio dos Pedidos ou VMP):

VALOR MÉDIO DOS PEDIDOS

$$\text{Valor Médio dos Pedidos} = \frac{\text{Receita total no período (\$)}}{\text{Número de pedidos no período}}$$

➤ **Mix de margem.** Margem média do portfólio de vendas efetuadas, reflete o sucesso das estratégias do cliente, do produto e da loja. Acrescenta a lucratividade à métrica Valor Médio da Cesta, na dimensão receita, refletindo o sucesso das escolhas referentes a consumidor, da loja, do fornecedor e do mix de produtos.

➤ **Visita repetida.** Difícil de medir para os varejistas baseados em lojas até o advento dos smartphones e dos cartões de fidelidade, agora é indicador essencial da eficácia da experiência na loja e até que ponto o varejista está evitando o velho desafio, e custo, da reconquista constante de clientes. O contexto *on-line*, *analytics* e cookies permitem o rastreamento completo da porcentagem dos clientes que voltam, ou taxa de clientes recorrentes (vital numa arena de *e-commerce* lotada, onde os custos de impressões de anúncios, cliques e conversões estão sempre aumentando):

TAXA DE CLIENTES RECORRENTES

$$\frac{\text{Número de novos clientes em dada categoria ou período, que voltam e fazem uma segunda compra, em prazo especificado (p. ex., 30 dias)}}{\text{Número de novos clientes em dada categoria ou período}}$$

> **Fidelidade do cliente.** Uma combinação de métrica de frequência de visita repetida e de quantificação de fatia do gasto total do cliente permite que os varejistas estimem a fidelidade do cliente.

> **Valor vitalício do cliente.** Cada vez mais importante para qualquer varejista que espera competir no mundo de "tudo como serviço", os varejistas tentam projetar o valor dos clientes ao longo de toda a duração de seu relacionamento com a marca. Essa duração geralmente é abreviada para cinco anos, com esta métrica focando na lucratividade do relacionamento para o varejista.

Métricas de vendas

> **Tamanho médio da loja.** Imóvel é caro, e grande parte dele para os varejistas é espaço de venda; portanto, eles precisam saber o tamanho médio de suas lojas. Algumas têm formato maior que outras, mas é importante monitorar o tamanho médio das lojas:

TAMANHO MÉDIO DA LOJA

$$\text{Tamanho médio da loja} = \frac{\text{Espaço médio de vendas}}{\text{Número médio de lojas}}$$

> **Abertura de lojas.** Indicador-chave de crescimento, a abertura de lojas tradicionalmente é sinal de saúde do varejista. Com a competição *on-line* supereficiente, hoje nem sempre é assim.

> **Vendas por loja (ou produtividade da loja).** Esse indicador mostra a média de vendas alcançada em cada loja do portfólio.

VENDAS POR LOJA

$$\text{Vendas por loja} = \frac{\text{Vendas totais}}{\text{Número médio de lojas}}$$

➤ **Vendas por metro quadrado (ou produtividade do espaço de vendas).** Este é um indicador crucial do desempenho do espaço das lojas, usado para comparar as lojas de um portfólio e as redes de lojas de diferentes varejistas. As lojas da Apple apresentaram o nível de vendas por metro quadrado mais alto do mundo em 2017, chegando a $5.546:

➤ **Vendas da mesma loja (ou vendas por lojas comparáveis).** As vendas da mesma loja consideram apenas as lojas que foram abertas há um ano ou mais (as vendas de lojas novas demoram para atingir o nível de produtividade total).

Métricas de lucratividade

A principais métricas são margem bruta e *mark-up*, como definidos no Capítulo 6. É feita uma distinção no varejo entre margem de compra e margem alcançada:

$$\text{Margem de compra \%} = \frac{\text{Preço de varejo esperado} - \text{Custo do fornecedor}}{\text{Preço de varejo esperado}} \times 100$$

$$\text{Margem obtida \%} = \frac{\text{Preço efetivamente recebido} - \text{Custo do fornecedor}}{\text{Preço efetivamente recebido}} \times 100$$

Como os varejistas de muitos setores se comprometem com decisões tomadas muitos meses antes de os produtos chegarem à loja para vendas, nas negociações com os fornecedores eles tomam decisões baseadas no preço que supostamente o consumidor irá pagar. Quando o produto chega à loja, muitas coisas podem ter mudado:

- Os varejistas concorrentes podem estar usando o produto como isca (produto vendido abaixo do preço para atrair consumidores) ou para comunicar seus preços baixos ao mercado.

- Produtos melhores ou mais populares podem reduzir o preço que o mercado está disposto a pagar pelo produto.

- O produto pode não vender bem, exigindo que o varejista remarque para baixo os seus preços na ponta, para esvaziar as prateleiras.

- O produto pode ter ficado escasso, permitindo que o varejista remarque para cima seus preços, para aproveitar sua boa disponibilidade.

As principais alavancas ou recursos disponíveis para o varejista gerenciar suas margens constam das Figuras 22.6 e 22.7.

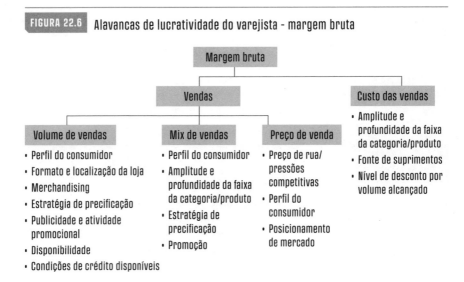

FIGURA 22.6 Alavancas de lucratividade do varejista - margem bruta

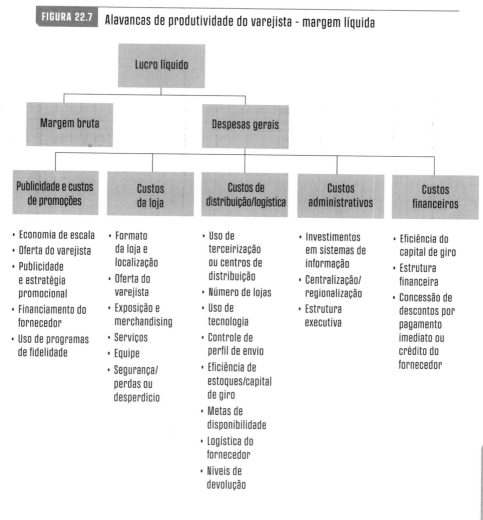

FIGURA 22.7 Alavancas de produtividade do varejista - margem líquida

Varejistas maiores e mais sofisticados reconhecem que dois produtos ou dois fornecedores com a mesma margem bruta podem não gerar a mesma contribuição para o lucro líquido, por várias razões, como tamanho, peso e fragilidade, exatidão do envio e do faturamento pelos fornecedores dos produtos. Essas características impulsionam o que é conhecido como custo direto do produto (CDP). Os custos resultantes, gerados pelo produto/fornecedor são deduzidos da margem bruta para calcular a contribuição líquida do produto, ou lucratividade direta do produto (LDP); ver Figura 22.8.

FIGURA 22.8 Componentes do lucro direto do produto

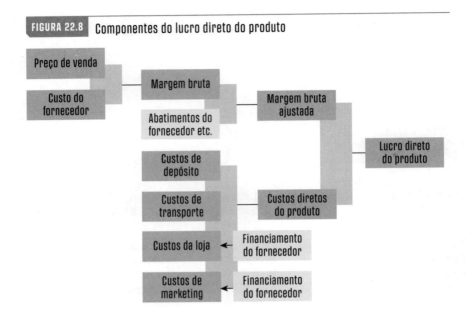

Dentro da loja e categoria, os varejistas que usam métricas do tipo lucro direto do produto (LDP) podem ajustar o equilíbrio das linhas de produtos em seu modelo de negócio, usando uma matriz como a mostrada na Figura 22.9:

FIGURA 22.9 Aplicação da LDP a segmentos ou categorias de produtos

Giros e métricas de produtividade

Além do prazo médio de renovação do estoque (PMRE) e da rotação do estoque, que examinamos no Capítulo 7, os varejistas usam vendas por metro quadrado e lucro por metro quadrado para aperfeiçoar a identificação dos produtos que estão conquistando espaço nas prateleiras:

VENDAS POR METRO QUADRADO

$$\text{Vendas por metro quadrado} = \frac{\text{Vendas totais}}{\text{Espaço médio de vendas (m}^2\text{)}}$$

LUCRO POR METRO QUADRADO

$$\text{Lucro por metro quadrado} = \frac{\text{Lucro bruto ou LDP}}{\text{Espaço médio de vendas (m}^2\text{)}}$$

Os varejistas aceitam que diferentes categorias terão diferentes perfis de produtividade, com algumas categorias gerando boas vendas por metro quadrado, em razão de seus altos preços, mas o lucro médio por metro quadrado é fraco, em razão de sua rotatividade (ou giro) dos estoques relativamente baixa; outras categorias podem gerar excelente desempenho nas três métricas. Boa parte das competências do varejista reside na compreensão das associações e adjacências entre linhas e categorias de produtos, em vez de simplesmente gerenciar suas listas de produtos "pelos números". Por exemplo, um varejista de fotografia talvez ache que as suas principais marcas de câmeras giram com muita rapidez, mas a competição pelos preços pode gerar lucro por metro quadrado desanimador. Entretanto, ao manter em estoque uma faixa abrangente das principais marcas, o varejista está correspondendo às expectativas dos clientes e atraindo bom tráfego de clientes para a loja. Toda venda de câmera oferece a oportunidade de *cross-sell* de lentes, acessórios e itens de consumo que geram excelente lucro por metro quadrado.

CAPÍTULO 23

INSIGHTS SOBRE GESTÃO DA DISTRIBUIÇÃO DE SERVIÇOS

INTRODUÇÃO

Para dar uma ideia da importância do setor de serviços, ele representa mais de 40% do Produto Interno Bruto (PIB) até das economias menos desenvolvidas. Nos Estados Unidos, em 2015, representava 79%; na Alemanha, economia forte em manufatura, era de 69% em 2016. Em economias reconhecidas como intensivas em serviços, como o Reino Unido, fica pouco acima de 80%; e, na área do euro, como um todo, corresponde a 74% (todos os números são do Banco Mundial).

A tendência tem sido inexorável no sentido de crescimento, com a área do euro subindo de 66%, em 1992, sem se desviar do rumo ascendente firme, durante todo o período. É fácil compreender por que a proporção de serviços é tão alta, quando se considera simplesmente a amplitude do setor de serviços, tanto em *business-to-business* (B2B) quanto *business-to-consumer* (B2C).

Comentamos, no Capítulo 3, o movimento no sentido de produtos para serviços, na maneira como as empresas consomem funcionalidade, como computação, em vez de comprar produtos, como computadores. Essa propensão deflagrou a explosão de "*Everything as a Service* (XaaS)", ou "tudo como serviço", incluindo infraestrutura (IaaS), software (SaaS), e de muitos tipos de serviços gerenciados, como rede e impressão. Os serviços incluem *call centers*, gestão de instalações, todos os tipos de terceirização de processos de negócio, logística e transporte, marketing e publicidade, finanças e seguros, assim como serviços profissionais e de consultoria. Alguns dos *players* corporativos em mais rápido crescimento são Accenture (tudo, desde consultoria em estratégia até terceirização de processos de negócio), Mitie (gestão de instalações, gestão de projetos e outros serviços), Capita (administração de grande variedade de serviços do setor público) e ADP (serviços de processamento de transações). O setor B2C é igualmente diverso, com serviços públicos (água, eletricidade, gás, internet, serviços de mídia como TV a cabo, *streaming* de música), serviços financeiros (bancos, seguro, poupança, investimentos, pensões, empréstimos e hipotecas), assistência médica, cuidado de idosos, serviços domésticos, transporte, educação e muitos outros, que atendem a necessidades envolvendo todos os aspectos da vida pessoal e doméstica.

DESAFIOS ESPECÍFICOS E COMO O SETOR OS ENFRENTA

Distribuição *high-touch and low-touch*

O modelo de negócio do provedor de serviços típico se baseia em escala, para alcançar eficiências de custo, ou em especialização, para aprofundar as capacidades. Em ambos os casos, o sucesso depende de fazer o cliente sentir que a experiência vivenciada atende às suas necessidades específicas sob medida, com o preço certo. Quase todo provedor de serviços precisa trabalhar com mercados de usuário final altamente segmentados e a necessidade de atendimento customizado, no ponto de entrega. Para atingir vários segmentos de usuário final, os grandes provedores de serviços desenvolveram sistemas de distribuição multidimensionais complexos, oferecendo o alcance e o acesso necessários para gerar escala. Fator crítico no desenho desses sistemas é estimar o grau de *touch*, ou contato pessoal, adequado na prestação do serviço.

High-touch, ou alto contato, é necessário quando se precisa de expertise ou orientação para navegar no processo de compra. Os exemplos incluem o canal Consultor Financeiro Independente, cuja capacidade de compreender os objetivos financeiros e a atual situação do cliente é fator crítico para recomendar com segurança o produto financeiro certo e garantir a venda. Mesmo a força de vendas vinculada ou própria precisará executar níveis semelhantes de levantamento de fatos e avaliação de necessidades, para recomendar um produto. Nesse setor, são comuns as prescrições de devido processo legal, para proteger o consumidor numa área confusa e complexa, sujeita a abusos e excessos.

Muitos canais de serviços financeiros são *high-touch*, como intermediários de hipotecas, consultores de investimento, assessores de aposentadorias e pensões, corretores de seguro etc. Os canais *high-touch* são rotas dispendiosas de acesso ao mercado, na medida em que o contato em si é demorado (e pode envolver processo iterativo), e a expertise necessária envolve exames de certificação, aquisição de conhecimento, domínio da legislação e regulação específica, além de acúmulo de experiência suficiente para atuar como consultor de confiança de clientes com os mais diversos interesses específicos e níveis de qualificação. Normalmente há uma preocupação constante de manter-se atualizado com a legislação impositiva e outras mudanças nas exigências regulatórias e novos produtos que estão sempre aparecendo. Os canais *high-touch* também são comuns nos setores de assistência médica e de cuidado de idosos, onde os compradores em geral são novatos, as opções são complexas e os serviços devem ser personalizados.

Os canais *high-touch* esperam retornos tangíveis e proteção de seus investimentos no provedor de serviços. Eles não querem que, depois de terem conquistado o cliente, o provedor de serviços assuma o relacionamento. Se perceberem o risco, simplesmente não se envolverão com o provedor de serviços nem se empenharão em vender seus produtos. Se independentes, esses canais também contam com retornos intangíveis, abrangendo *high-touch* para eles próprios. Precisam ter confiança na estratégia, na ética, nos rumos e na gestão do provedor de serviços. Querem ser cortejados pelos gerentes de alto nível, alimentados com atualizações, eventos, instruções (mudanças no produto, mudanças na legislação e na regulação) e, em geral, se sentirem parte integrante e importante do engajamento do provedor de serviços no respectivo mercado. Para tanto, precisarão de treinamento regular sobre o produto, não só em relação às necessidades a serem atendidas pelo produto, mas também na escolha do mais compatível com as características do cliente, além de como superar os concorrentes.

Os canais *low-touch* são adequados nas condições em que o serviço é "comprado", em vez de "vendido" – geralmente serviços mais simples –, ou nas áreas do relacionamento com o cliente em que os compradores estão simplesmente navegando e descobrindo o que é oferecido, ou preferem assumir eles próprios o controle do processo. Os exemplos incluem clientes que usam canais *on-line* para comprar, manter a própria conta, receber faturas e fazer pagamentos, atualizar o seguro do carro (p. ex., ao mudar de carro), incluir novo canal à assinatura de TV a cabo, comprar seguro de viagem ou renovar um serviço existente para um novo período. Quase todas as grandes empresas de serviços públicos já desenvolveram canais *low-touch on-line*, para que os clientes gerenciem a própria prestação de serviços. Elas ainda precisam manter *call centers* para manejar ajustes excepcionais nos serviços, solucionar problemas, evitar a evasão de clientes e lidar com o cliente *off-line*.

No espaço B2B, muitos serviços podem ser facilmente autogerenciados, adicionando novos usuários a uma licença de software, ampliando o uso de um aplicativo, registrando-se para treinamento técnico e outros, fazendo reservas para viagem, e assim por diante. O objetivo do provedor de serviços em canais *low-touch* é promover a migração do cliente para o canal de mais baixo custo, compatível com nível aceitável de funcionalidade do serviço ao cliente, e oferecer ao mesmo tempo uma experiência positiva com a marca. Esse nível de desempenho geralmente exige investimento inicial substancial na especificação, configuração, construção ou aquisição, teste e integração do canal. Muitas marcas estão aprendendo a embutir dimensões de *up-sell* e *cross-sell* no canal, mesmo em ambientes *low-touch*, e capacitar os clientes a migrarem por entre os canais, de maneira fácil, para completar o processo de autosserviço. Esses aspectos do fornecimento de canais *low-touch* eficazes significam que eles geralmente são vistos em contextos de alto volume, onde o serviço é relevante para grandes segmentos de clientes.

Muitos provedores de serviços descobriram que precisam "dar mais de uma mordida na cereja" para lidar com a segmentação e as peculiaridades de seus clientes-alvo, que podem criar um sistema de distribuição fragmentado. Por exemplo, uma corretora de seguro de vida terá de lidar com CFIs para acessar clientes com alto patrimônio líquido, que preferem comprar de um consultor de confiança; ou usar a própria força de vendas vinculada para chegar ao mercado de massa; ou recorrer a bancos e a provedores de hipotecas e empréstimos, para alcançar os clientes no ponto de necessidade; ou estar presente em portais (ver abaixo) para atrair clientes que estão apenas navegando; ou associar-se a canais especializados, para acessar clientes com necessidades especiais (clientes mais velhos, clientes em ocupações de alto risco etc.); ou procuram *call centers* para alcançar clientes em processo de compra e para *after-care* (cuidados pós-operatórios). Cada um desses canais necessitará de gestão ativa para manter-se atualizado no desenvolvimento de produtos, em mudanças regulatórias, em necessidades de serviços etc.

Muitos desses tipos de canal são pagos com base em comissões, acarretando o risco de conflito de canal (da estratégia de "duas ou mais mordidas"). A comissão é essencial para fornecer o incentivo ao canal e recompensar os comportamentos e o desempenho certos. O desenho das estruturas de comissão, combinadas com outras recompensas menos tangíveis, é competência central da indústria de serviços financeiros. Um dos riscos da oferta de serviços é que o fluxo de receita esperado pode ser reduzido, se um cliente cancelar o serviço ou rescindir a apólice. Muitas estruturas de comissão efetuam pagamento antecipado ao canal, para recompensar o esforço de vendas, mas também oferecem comissão para encorajar o canal a lembrar o cliente dos benefícios do serviço ou da apólice, e não os cancele arbitrariamente. Os sistemas geralmente garantem que, se um cliente for "roubado" de um canal por outro, esse comportamento não será recompensado pelo esquema de comissão, o que elimina o incentivo à pilhagem, garantindo assim o foco na aquisição e retenção de novos clientes.

◢ Sites de comparação e agregadores

Sites de comparação, como Comparethemarket.com, Etsy.com, Moneysavingexpert.com e, no âmbito de viagens, Trivago, Hotels.com, Expedia, Kayak e muitos outros, irromperam nos anos recentes em vários setores, abrangendo serviços públicos, serviços financeiros, viagens, assistência médica e, cada vez mais, serviços para empresas. (Exploramos os insights específicos para os setores de viagens, hotéis, restaurantes e refeições no Capítulo 24.) Agregadores como Checkatrade, Craigslist, Ratedpeople.com, Toptradespeople.co.uk, Made.com etc., capacitam pequenos *players* a reforçar o seu perfil ou a integrar-se com outros participantes da cadeia de suprimentos.

Os sites de comparação se promovem intensamente como capazes de oferecer ao cliente a possibilidade de pesquisar o mercado e de encontrar os melhores negócios disponíveis, ao menor esforço. Uma das razões da preponderância desses sites em B2C é que os serviços consomem parcelas significativas do orçamento doméstico e justificam que o consumidor passe algum tempo no processo de pesquisa e seleção. Considerando o volume de tráfego que é atraído por esses sites, os prestadores de serviço precisam escolher o canal sob uma perspectiva estratégica, na hora de engajar-se ou não com esses *players*. Algumas corretoras de seguro e companhias aéreas assumiram o compromisso de não participar desses sites, mas, em geral, são marcas de alta visibilidade pelos próprios méritos, e se empenham para que os clientes os visitem diretamente para conquistar os melhores negócios. Entretanto, no caso de prestadores de serviço menores, incapazes de ou relutantes em investir na geração do próprio tráfego, os sites e portais de comparação oferecem uma oportunidade imediata de apresentar suas propostas a milhões de clientes potenciais que estão procurando ativamente por serviços.

O modelo de negócio de site de comparação se baseia na remuneração pelos *click-throughs* que remetem ao provedor de serviços, criando certo nível de ambiguidade quanto aos interesses predominantes. Os clientes estão ficando cada vez mais cautelosos em relação a como as ofertas são priorizadas: são elas ordenadas pelo grau de atração para o cliente ou são hierarquizadas pelo nível de remuneração para o site de comparação? Esses sites alegam estar no lado do cliente, cheios de orientação e de proteção para o consumidor, mas o modelo de remuneração sugere o contrário. Qualquer provedor de serviços pequeno que pretenda melhorar o seu perfil com a ajuda de um site de comparação precisará explorar os algoritmos em atuação e avaliar a probabilidade de aparecer na primeira página das opções apresentadas aos clientes, ostentando um perfil compatível com as exigências dos clientes. O provedor de serviços talvez descubra que está dando lances por cliques, como no modelo AdWords do Google. Os critérios de pesquisa talvez não atendam às propostas de valor ou aos perfis de clientes com que o provedor de serviços esteja tentando compatibilizar-se ou podem ser empacotados em segmentações genéricas que o confrontem com ofertas mais amplas. Se fizerem ofertas agressivas demais por cliques, correm o risco de pagar muito por cliques que são genéricos demais para terem algum valor (quer dizer, não geram receitas). Se as ofertas não forem suficientes, talvez não recebam nenhum clique. A verdadeira *trade-off* aqui é entre sites de comparação altamente visíveis, que atraem tráfego substancial, e sites menores e menos visíveis, que atraem volumes menores mas oferecem tráfego que combina melhor com o cliente-alvo do provedor de serviços.

No contexto de serviços a empresas, alguns portais ajudam provedores de serviços especializados a se reunirem para desenvolver soluções de serviços complexas, envolvendo muitos elementos. Geralmente, esses portais são operados por agregadores de serviços que conduzem projetos de prestação de serviços complexos em várias áreas geográficas. Cada solução complexa será diferente, exigindo que o agregador descubra os especialistas capazes de se integrar na cadeia de suprimentos necessária. Tipicamente, esses portais operam em formato de leilão, convidando os participantes a apresentar lances ou propostas com base em suas capacidades, credenciais, perfis de competências, atributos funcionais e técnicos, disponibilidade, profundidade e cobertura, assim como preço. No caso de provedores de serviços menores e mais especializados, esses portais podem ser rota valiosa para o mercado, oferecendo acesso de baixo custo a projetos complexos, de grande escala, dirigidos por agregadores de serviços maiores. Todavia, para o canal, talvez seja demorado ganhar impulso, e o processo pode envolver o provedor de serviços numa série de lances malsucedidos, à distância, que absorvem recursos especializados valiosos. Uma vez no radar do agregador de serviços, a oferta de oportunidades torna-se mais provável, à medida que os gerentes de contas passam a conhecer as capacidades do provedor de serviços (de preferência com base em feedback positivo de outros clientes), e o convidam a apresentar uma proposta para outras oportunidades de prestação de serviços relevantes. Dependendo de sua largura de banda, o provedor de serviços deverá ser bastante seletivo em relação aos agregadores com que se engajará ativamente.

◢ Ciclos de venda longos

Em serviços mais complexos, como terceirização de processos de negócio, o ciclo de vendas para o provedor de serviços pode ser bastante longo; quanto mais complexo for o serviço, maior será a sua duração. Para clientes que estejam pensando em terceirizar um ou mais de seus processos de negócio, essa pode ser uma decisão estratégica, envolvendo várias funções internas e exigindo a atenção da alta gestão, talvez até do CEO. Grande parte da complexidade se situa não na seleção do provedor de serviços, mas na definição e no escopo dos processos a serem terceirizados. Trata-se de um desafio técnico, com variáveis que incluem o traçado das fronteiras entre recursos internos e terceirizados, entre linhas de negócios e segmentos de clientes, entre áreas geográficas e entre atividades periféricas, mas correlatas, a serem mantidas *in-house* ou terceirizadas. Para agravar o desafio, o processo de terceirização envolve pessoal interno, gerentes e outros fornecedores, que podem resistir à mudança. Equilibrar a coleta de dados para a elaboração do edital de licitação e para a preservação da confidencialidade do que pode ser mudança substancial para as partes afetadas é um processo delicado. As áreas mais difíceis são geralmente as interfaces entre o que é terceirizado e o que fica *in-house*. Durante esse período, o cliente precisa definir a viabilidade da terceirização, validando as capacidades de um conjunto de possíveis provedores de serviços. Esses concorrentes estarão desesperados para ajudar a moldar o edital de licitação, oferecendo apoio gratuito durante o trabalho de delimitação e definição, evidentemente de olho na oportunidade de influenciá-lo de modo compatível com seus pontos fortes. Durante essas fases de exploração, as operações de rotina continuam, com o desempenho do negócio talvez impactando a urgência ou o escopo do processo de negócio a ser terceirizado ou, de repente, retirando o projeto da lista de prioridades da equipe executiva.

Outro desafio para os provedores de serviços, resultante dos ciclos de vendas prolongados, é a necessidade de desenvolver relacionamentos profundos e amplos com os clientes potenciais, por força de dois fatores: a prestação de serviços complexos envolve várias unidades de negócio e diversas funções; e, durante os ciclos de vendas longos, o pessoal-chave mudará, por força de promoções, transferências ou afastamentos. Um provedor de serviços com apenas um defensor interno num cliente está vulnerável a todos esses riscos, assim como às influências políticas internas, que são um fator de extrema importância, quando se pensa na terceirização de processos e funções.

Os provedores de serviços precisam de resiliência para aguentar a extensão e a variabilidade do ciclo de vendas, com as oportunidades avançando e recuando em termos de probabilidade. Mesmo os provedores de serviços menos sofisticados podem se defrontar com ciclos de vendas extensos e instáveis, fator econômico que entra em conflito com as estruturas de custo fixo típicas dos provedores de serviços, como analisamos nos capítulos 14 e 15.

COMPETÊNCIAS CRÍTICAS

◢ Gestão de território

É um desafio para qualquer empresa, de qualquer setor, oferecer uma experiência de serviço previsível, confiável e consistente, que cumpra a promessa da marca. Esse desafio é exacerbado se o mercado for geograficamente grande, a base de clientes for dispersa, ou suas necessidades forem complexas. Adicione-se a isso a possibilidade de muitos provedores de serviços precisarem trabalhar através de terceiros ou em redes de terceiros para acessar o mercado, vender e entregar seus serviços. A gestão de território consiste em assegurar que os canais são capazes e *propensos* a vender e prestar serviços ao mercado compatíveis com a promessa e os valores da marca. Território, nesse contexto, pode ser toda uma região geográfica, como América do Norte; um grupo de mercados correlatos, como a Europa germanófona; um único país ou áreas menores.

Duas funções de negócio primárias tendem a exigir capacidades de gestão de território sofisticadas no setor de serviços: vendas e entrega de serviços. A gestão de território também é necessária na função de serviços pós-venda de qualquer setor que venda produtos e soluções de qualquer tipo, sejam ativos de capital, produtos de consumo ou serviços *on-line*. Em cada caso, o fornecedor precisa oferecer aos clientes situados no território uma experiência ágil, envolvendo recursos competentes, com a motivação de corresponder às expectativas do cliente, em conformidade com os requisitos da marca, de modo a melhorar sua reputação.

Vamos olhar para um exemplo *high-touch* de um serviço conexo a um produto tangível: consertos e serviços pós-venda para eletrodomésticos grandes – do tipo que você não pode levar de volta à loja, como refrigeradores, freezers, lavadoras de roupa, lavadoras de louça e assim por diante. Tanto quanto possível, evidentemente, esse serviço não deveria ser necessário: os produtos não devem apresentar defeito. No entanto, todo fabricante sabe que alguns clientes vão experimentar algum produto que pode apresentar um defeito ou enguiçar. Motores ou rolamentos enguiçam, vedações vazam, componentes elétricos ou eletrônicos queimam. Para proteger a reputação da marca, os fabricantes precisam oferecer aos clientes serviços que restabeleçam as condições de funcionamento do aparelho, como se fosse novo. Evidentemente, se todo fabricante constituísse suas próprias equipes de serviço para visitar domicílios em todos os mercados onde os produtos são vendidos, os custos seriam proibitivos. A abordagem usual é credenciar terceiros, ou uma rede de terceiros, com as competências necessárias para fazer a manutenção de produtos de várias marcas (um rolamento é um rolamento, num aparelho da Electrolux ou da Miele). Mesmo num único país ou região, isso acarretaria a necessidade de credenciar muitos representantes de serviços ao cliente, de modo a garantir que possam despachar um mecânico de manutenção para uma casa ou escritório, em prazo razoável. Este é o ponto em que a compreensão da perspectiva e das necessidades do cliente são fundamentais. À primeira vista, você talvez ache que precisa oferecer cobertura para alcançar qualquer cliente, em 24 ou 48 horas. No entanto, já se demonstrou que os clientes, na maioria dos casos (talvez com a exceção de geladeiras), não precisam desse nível de urgência. Eles necessitam é de previsibilidade e conveniência: um agente capaz de garantir atendimento num intervalo de, digamos, duas horas, para uma visita no fim da tarde, mesmo que essa janela ocorra mais de 72 horas depois do primeiro contato. Um componente crítico da gestão de território é compreender bastante bem as demandas e expectativas do cliente, para definir os critérios certos na seleção do provedor de serviços.

Depois de definir o número de representantes necessários, o fornecedor precisa assegurar que cada representante de serviços seja capaz de diagnosticar e solucionar o problema, carregar as peças sobressalentes mais comuns e ter acesso a uma fonte remota de suporte técnico, em casos de dificuldade. Cada representante de serviços precisa estar familiarizado com os passos necessários para identificar e eliminar os defeitos mais prováveis e para minimizar o tempo de atendimento e os custos da ocorrência (por conta da garantia do fornecedor ou sob a responsabilidade do cliente). Além disso, as atitudes do representante de serviços, suas competências no trato com o cliente, a maneira de conduzir a visita e de lidar com a papelada devem refletir positivamente os valores da marca. Tipicamente, o fornecedor deve adotar um modelo de credenciamento para assegurar a si mesmo as capacidades técnicas e outras competências dessa rede de serviços de terceiros. Nesse modelo, o fornecedor estabelece um esquema de credenciamento para mecânicos de manutenção, que evolui à medida que se desenvolvem novos padrões e tecnologias. Elabora e mantém um programa de treinamento e de exames, capacitando os mecânicos de manutenção a demonstrarem domínio das habilidades e do conteúdo relevantes. Esse programa pode ser estendido aos representantes de serviços, aos vendedores e a quaisquer outras funções importantes, executadas pelos representantes terceirizados. Em geral, todo o currículo é entregue *on-line*. Montar esse esquema pode ser dispendioso e envolver investimentos antecipados, mas essa é a maneira mais eficaz de estabelecer e comunicar critérios claros para a aprovação de representantes de serviços, expressos em termos de quantidade de cada uma das funções credenciadas, além dos sistemas de infraestrutura e de *back office*. O programa também descreve o processo de controle de qualidade contínuo e enfatiza a importância de os representantes de serviços se manterem atualizados em relação aos seus critérios de credenciamento. Uma vantagem mais sutil é a segurança do fornecedor quanto à eficácia da rede de serviços em campo, mesmo que os especialistas se desloquem entre os representantes de serviços ou se estabeleçam por conta própria.

Depois de ter construído uma rede de serviços capaz, o fabricante precisa assegurar que os representantes de serviços estejam motivados para serem excelentes em suas funções. Para isso, é necessário incentivar tanto os representantes de serviços quanto os atendentes e mecânicos de manutenção. O reconhecimento é tão ou mais importante que a receita; por isso, em muitas dessas redes de serviços, são comuns os eventos anuais, com enorme exposição aos altos gestores do fabricante, abrangendo ampla distribuição de prêmios (representante de serviços do ano, mecânico de manutenção do ano etc.). Nessas ocasiões, discutem-se os projetos de novos produtos, compartilham-se as melhores práticas e o compromisso com a rede é expresso. Conquistas são compartilhadas, os valores da marca são enfatizados e são expressos agradecimentos pelas realizações e dedicação. O objetivo é estimular todos os membros da rede de serviços a sentir que são parte de uma missão exitosa, que são apreciados pelo que fazem e que são motivados a melhorar cada vez mais.

Igualmente importante é que o fabricante absorva o feedback dos representantes de serviços, expressando frustrações, problemas, preocupações com as estruturas de remuneração, adequação do treinamento, monitoramento da qualidade da rede e quaisquer outras questões que poderiam distrair da qualidade do fornecimento de serviço. Ser visto como alguém que ouve é tão importante quanto desenvolver respostas pertinentes e eficazes. Os bons gestores de território devem conhecer muito bem os seus representantes de serviços, para distinguir os problemas genuínos a serem abordados em relação ao nível normal de reclamações. A boa gestão de território envolve atenção proativa em relação à lucratividade da rede, aos geradores de custos, à facilidade de fazer negócios juntos e aos fatores que fomentam a fidelidade à marca. A postura e o tom da comunicação pelo fabricante (e seus altos executivos e equipes de campo) podem melhorar ou prejudicar o sentimento geral de engajamento e motivação da marca.

◢ Gestão do funil de vendas

Considerando que um dos desafios do setor de serviços é o ciclo de vendas longo, a visibilidade do fluxo de receita provável é fator crítico de sucesso. No Capítulo 15, explicamos como medir o funil de vendas e a importância de prever em que período (semana, mês, trimestre) a receita tende a ser reconhecida. Para os provedores de serviços que geram receita tipo anuidade, como modelos de assinatura ou de licenciamento, é mais fácil gerenciar as previsões. No entanto, todos os provedores de serviços, tenha a sua renda tipicamente o perfil de anuidade ou seja ela mais irregular, precisam gerenciar ativamente o fluxo de receita, por duas razões. A primeira é que, com a base de custo fixo elevada, típica de um provedor de serviços, qualquer queda de receita inesperada exporá o negócio a prejuízo no período. A segunda é que os recursos necessários para a prestação de serviços devem ser flexibilizados para atender à demanda. Quanto mais breve for a antecedência dos indícios de pico ou vale na demanda, mais difícil será a flexibilização dos recursos. Demanda não atendida é perda de receita (e clientes insatisfeitos); excesso de recursos disponíveis para o nível de demanda é ineficiência e fonte de prejuízo. A combinação desses dois fatores resulta em desempenho anual desanimador, pois até breves intervalos de prejuízo operacional podem comprometer o resultado financeiro.

As técnicas usadas pelos provedores de serviços para gerenciar o funil de vendas incluem:

> **Qualificação.** Diante de qualquer grande oportunidade, é tentador comprometer recursos para seu pleno aproveitamento. Os melhores provedores de serviços adotam processos de análise robustos de qualquer oportunidade promissora, antes de comprometer recursos. Para isso, avaliam as necessidades, o interesse, o orçamento e a credibilidade do cliente o mais cedo possível. Isso é ainda mais importante em B2B, onde a qualificação da oportunidade e do comprador garante o retorno do investimento em ciclos de vendas longos.

> **Processo claro de passos de vendas.** Um processo de vendas disciplinado, com passos ou fases de vendas definidos com clareza e limites nítidos antes de avançar para a fase seguinte, confere rigor e disciplina ao processo de gestão do funil de vendas. A sequência se baseia nos benefícios de um processo de qualificação robusto, que é o passo um. A não conclusão de uma fase influencia a avaliação da probabilidade de sucesso e o nível de recursos comensurável, destinados à garantia da venda.

> **Registro do negócio.** Quando as oportunidades de vendas são geradas por *players* que atuam em redes estendidas de terceiros, há o risco de a mesma oportunidade estar sendo perseguida por dois ou mais *players*. Do mesmo modo, também é possível que o apoio

a vendas esteja sendo demandado por esses *players* para conquistar a mesma venda, canibalizando recursos e fomentando pressões de preços desnecessárias, resultante de competição interna. A resposta é exigir que todas as oportunidades sejam registradas, logo que se atendam a certos critérios, para confirmar a autenticidade da oportunidade. Depois de registrada por um, nenhum outro *player* da rede poderá perseguir a mesma oportunidade (sob pena de não receber qualquer apoio a vendas ou a precificação).

> **Ciclo de revisão frequente.** Os provedores de serviços experientes fazem revisões regulares e frequentes do funil de vendas, geralmente semanal, com quaisquer canais de vendas que estejam em ação. Isso possibilita a adoção de padrões e o controle do otimismo. Por exemplo, qualquer oportunidade de alto potencial que não avance para o passo seguinte do processo de vendas durante duas semanas deve ser rebaixada na escala de probabilidade e enquadrada em um ciclo de vendas mais longo, em comparação com outras oportunidades que progrediram no processo de vendas. Essa "triagem" regular do funil de vendas impõe uma disciplina na mentalidade dos próprios canais de vendas, melhorando as previsões de vendas e a previsibilidade do funil de vendas.

> **Gestão ativa da renovação dos serviços.** Os bons provedores de serviços executam processos disciplinados de renovação dos serviços, por meio de comunicação regular com os clientes, através de relatórios e de lembretes, antes da renovação. Para os clientes que tenham manifestado intenção de rescisão antecipada ou de não renovação, pode-se recorrer a passos pré-programados para salvar o relacionamento, como um conjunto escalonado de incentivos (inclusive reformulação do preço), a serem considerados em comparação com o custo da alternativa, ou seja, a aquisição de novo cliente. Relatórios sobre *churn* de clientes (substituição de clientes perdidos) e sobre prevenção de perdas de receita direcionam o foco da gestão para o aumento da "aderência" da proposta de serviços. Muitos provedores de serviços operam uma equipe de especialistas em "preservação de clientes".

> **Empacotamento e precificação de serviços.** Talvez não seja contribuição tão óbvia para a gestão do pipeline, mas a formulação e o empacotamento de uma proposta de serviços desempenham papel importante na redução das barreiras às vendas e na melhoria do desempenho na renovação e no *up-sell* de serviços. Sobretudo para serviços *low-touch*, é fundamental facilitar a autogestão (ajudando os clientes a realizarem o próprio *up-sell*), inclusive desdobrando o incremento de serviços em pequenos passos escalonados.

Vendas consultivas e gestão do relacionamento

Vendas consultivas e gestão do relacionamento são competências centrais para serviços *high-touch*. Ao ajudar os clientes a navegarem em meio à complexidade e a tomarem decisões que poderão ser transformadoras, o provedor de serviços deve ser capaz de gerar segurança e confiança na mente dos clientes durante o processo de vendas. Esse resultado é melhor alcançado por meio de um processo interativo, explorando as necessidades e objetivos dos clientes, ajudando-os a articulá-los em termos reconhecíveis e aceitáveis. Formular perguntas abertas, apresentar sugestões construtivas válidas, testar a factibilidade e a atratividade relativa de opções ajuda o cliente a comprar do provedor de serviços que for melhor nesse processo. Os clientes indecisos simplesmente não comprarão de um provedor ou canal em que não confiam (mesmo que o provedor de serviços seja uma marca respeitada). Se o canal diante do cliente for independente, essa independência posicionará o canal ao lado do cliente e o sustentará como consultor de confiança. O provedor de serviços precisará aceitar que a sua esfera de influência é limitada, como o preço a ser pago por ser capaz de acessar os clientes de um canal independente. Em muitos desses casos, corretores ou consultores são obrigados, por força da lei ou da ética, a pôr os interesses dos clientes ("melhor orientação") acima dos próprios, e acima dos interesses do provedor de serviços. Uma equipe de vendas direta, trabalhando para um provedor de serviços, também pode adotar processos de vendas consultivas e de gestão de relacionamentos, embora tenha de superar obstáculos mais altos para ganhar confiança como consultor.

Considerando o custo e o tempo envolvidos em vendas consultivas, muitos provedores de serviços adotam o modelo RAD (Reter, Adquirir, Desenvolver), para alocar recursos com eficiência. A Figura 23.1 mostra o modelo, em contexto típico B2B. Os dois eixos representam a situação atual do relacionamento em termos financeiros: a fatia atual do valor potencial da conta disponível e o tamanho potencial da oportunidade.

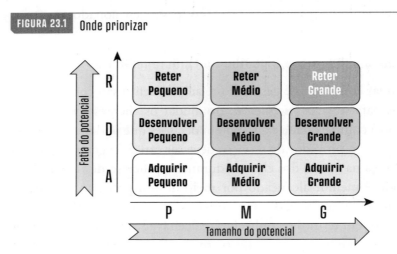

FIGURA 23.1 Onde priorizar

Quando a fatia atual do potencial se situa entre zero e baixa, o cliente, efetivamente, ainda está sendo adquirido; quando é superior a 10%, mas inferior a 40%, o cliente deve ser desenvolvido, e quando é superior a 40%, o cliente precisa ser retido. Cada um desses três segmentos envolve diferentes estratégias e táticas, com diferentes níveis de custo e consumo de recursos. A decisão, porém, precisa ser calibrada em termos de tamanho da oportunidade, o que põe em campo o segundo eixo.

Para diferentes provedores de serviços, em diversos estágios de desenvolvimento, a utilização de recursos variará em cada uma das nove caixas da matriz. Na Figura 23.2, mostramos uma abordagem possível. Na verdade, o provedor de serviços precisa ponderar os custos de aquisição, desenvolvimento e retenção, em confronto com o valor vitalício de cada segmento de cliente, e, assim, desenhar a estratégia e as táticas.

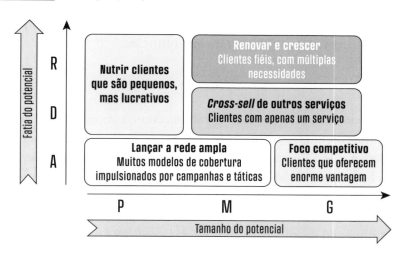

FIGURA 23.2 Estratégias para priorizar

A cultura das equipes de vendas tenderá a ser muito diferente, conforme a missão seja adquirir clientes, desenvolvê-los ou retê-los. Essas missões geralmente são caracterizadas como *hunter* (aquisição) e *farmer* (desenvolvimento e retenção). Os *hunters* devem trazer negócios, identificando os alvos e se arriscando a rejeições frequentes, antes de serem capazes de pôr o pé na porta, mantendo uma assertividade confiante, sem ultrapassar os limites. Eles precisam conquistar rapidamente a confiança do cliente e aceitar vendas iniciais pequenas – a cabeça de ponte. Os *farmers*, por outro lado, precisam elaborar e executar estratégias de longo prazo, com base nos pontos de apoio deixados pelos *hunters*, "atravessando toda a praia e penetrando no terreno principal". A transferência do relacionamento do *hunter* para o *farmer* deve ser suave e uniforme, sem descontinuidades, sob a perspectiva do cliente. Os clientes devem ver o *farmer* como "representante deles dentro" do provedor de serviços, percorrendo a organização para garantir a proposta de serviço que querem. O provedor de serviços deve ver o *farmer* como seu representante junto ao cliente, descobrindo oportunidades para presença mais ampla e profunda junto ao cliente. O calibre e as competências exigidas dos *hunters* e *farmers* serão determinadas pelo tamanho da oportunidade de cada cliente. Em grandes serviços B2B, no valor de centenas de milhões de dólares por ano, os *farmers*, ou gerentes de contas, terão o calibre e a hierarquia de um CEO de unidade de negócio, pois, efetivamente, estão comandando recursos e gerenciando complexidades comensuráveis à importância da função.

◢ Gestão da cascata de preços

Provedores de serviços muito grandes, como concessionárias de serviços públicos, empresas de telecomunicações ou provedores de serviços de internet e de TV a cabo, lidam com milhões de clientes. Essas organizações lutam por *market share* com um pequeno número de concorrentes igualmente grandes, competindo com base no preço, o que, por seu turno, acarreta a necessidade de operações extremamente eficientes. Uma das ferramentas desenvolvidas por esses operadores é a gestão da cascata de preços – a análise dos custos para vender e prestar serviços a cada segmento de cliente. Mostramos um exemplo simples na Figura 23.3.

Cada degrau da cascata representa um elemento de custo. Visualizando os dados, os analistas podem mirar nos degraus maiores para redução de custos, e comparando as cascatas de diferentes segmentos de clientes eles podem identificar por que os custos de um segmento diferem dos de outro e tentar identificar as razões básicas. Conhecemos uma empresa de serviços públicos que desdobrou seus custos em cerca de 130 degraus. Com isso eles descobriram que se a conta de um cliente for atendida em um endereço diferente (p. ex., para faturamento) do que foi abastecido, esse custo adicional pode praticamente eliminar a margem gerada pelo cliente. No sentido oposto, considerando o custo de leitura do medidor, elemento tradicional da cascata de custos, fica claro por que as empresas de serviços públicos receberam exultantes o advento do medidor inteligente, capaz de monitorar e reportar o consumo, sem a necessidade de visita física ao endereço de fornecimento.

É muito importante para o provedor de serviços medir o custo do comportamento do cliente e descobrir maneiras de influenciar esse comportamento, para eliminar custos de seu negócio ou para cobrar do cliente pelas conveniências associadas a esse custo (p. ex., entregas gratuitas apenas para pedidos acima de $100, ou $5 de taxa para pedidos de valor inferior). Os provedores de serviços reconheceram

FIGURA 23.3 Análise da cascata de preços

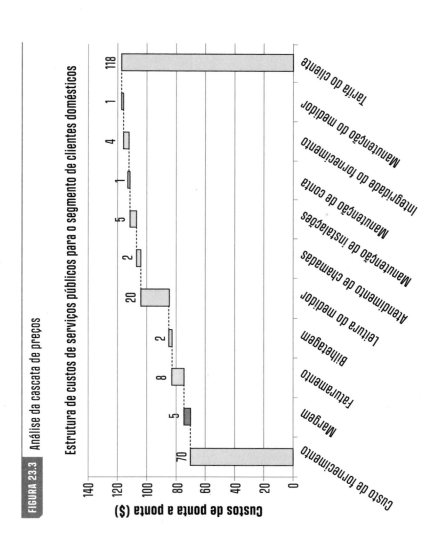

Insights sobre gestão da distribuição de serviços

que o custo dos serviços ao cliente pode ser reduzido, convencendo o cliente a fazer automanutenção *on-line*, e quantificaram o incentivo necessário para convencer o cliente a substituir a fatura de papel pela fatura *on-line*. Um incentivo pontual para encorajar o cliente a mudar o comportamento e assim gerar uma economia de vários anos para o fornecedor poderia ser, por exemplo, o valor equivalente ao primeiro ano de economia.

Alternativamente, o fornecedor pode "cutucar" o cliente para mudar o comportamento, apontando os benefícios para o meio ambiente e os ganhos de conveniência propiciados pela adoção da mudança, o que pode ser muito mais barato de executar.

Se o provedor de serviços compreender os geradores de custo do cliente, durante o processo de vendas, também será capaz de precificar a sua proposta de valor com mais eficácia. Isso se associa à necessidade de qualificação mais rigorosa, com ênfase na identificação e filtragem dos clientes cujos comportamentos tendam a gerar custos e a reduzir margens para negócio. Esses geradores de custo podem ser muito sutis, como atender a exigências do setor público em termos de fornecer evidências, em bases anuais, de que o fornecedor cumpre várias imposições de políticas públicas referentes a emprego ético e práticas não discriminatórias, ao passo que um cliente do setor privado talvez se satisfaça simplesmente com uma declaração.

◢ Gestão do valor vitalício do cliente

Os provedores de serviços geram receita durante um relacionamento de serviço, atribuindo grande ênfase ao valor vitalício do cliente. Embora isso seja igualmente importante para empresas de produtos que atendem a clientes recorrentes, a abordagem do valor vitalício, no setor de serviços, é importante em decisões estratégicas, táticas e operacionais. Como vimos, o custo inicial de aquisição do cliente só se justifica pela margem gerada pelo cliente ao longo do tempo. Todavia, seria realmente manifestação de miopia se o custo de aquisição do cliente tiver de ser justificado pelo primeiro engajamento com o cliente, a não ser que o provedor de serviços tenha uma única oferta de serviço e baixa probabilidade de renovação. É melhor montar um modelo que inclua o custo de aquisição, o custo de retenção e o custo do serviço ao cliente, em confronto com as receitas e as margens brutas vitalícias, descontado o valor atual. Daí se extraem algumas regras práticas, como a necessidade de o valor vitalício ser superior ao triplo do custo de aquisição do cliente e, idealmente, de o prazo de recuperação do custo de aquisição do cliente ser inferior a um ano. A aplicação do modelo RAD, analisado acima, ajudará a priorizar os clientes a serem escolhidos para *cross-selling* (envolvendo outras linhas de serviço e outras unidades de negócios ou geografias) e *up-selling* (versões premium de serviços), para aumentar o valor vitalício.

Um dos fatores que destrói o valor vitalício do cliente é o *churn*, ou seja, a proporção da base de clientes perdida em um ano, clientes esses que precisam ser substituídos apenas para manter o nível de receita. Nos primórdios da telefonia móvel, os clientes recebiam propostas de negócios ridiculamente atraentes, já que os poucos provedores de serviços partiam todos para "conquistar terreno". No entanto, os serviços prestados raramente correspondiam às expectativas e, assim, na hora da renovação, os clientes partiam em busca de outros provedores. A história está se repetindo com a banda larga, com a música *streaming* e com os provedores de serviços de mídia, como Spotify, Apple Music, Sky, Netflix e Amazon Prime. O alto nível de *churn* significa que os custos de onerosas estratégias de aquisição de clientes (música ou vídeo gratuito nos três primeiros meses ou mais; *hubs* ou dispositivos gratuitos) talvez não sejam recuperados. Os clientes logo aprendem que não devem renovar automaticamente o contrato de serviços aos mesmos preços, e ameaçam ir embora para conseguir ofertas destinadas a atrair novos clientes, não a reter os atuais. Os provedores de serviços com alto *churn* estão sendo forçados, de fato, a pagar o dobro, ou mais, para adquirir um cliente.

MÉTRICAS PRINCIPAIS

Abaixo se encontra uma visão geral das principais métricas usadas no setor de serviços, muitas das quais foram mencionadas acima, junto com seus acrônimos mais usados.

Métricas centradas no cliente

- **Receita média por usuário (RMPU):** indica o consumo físico; reforça a presença no cliente; contribui para a atratividade do segmento.

- **Valor vitalício (VV):** mostra a lucratividade do cliente e o valor duradouro do segmento; direciona o foco nas vendas.

- **Custo de aquisição do cliente (CAC):** aponta o custo de marketing e vendas do cliente ou segmento.

- **Valor vitalício/custo de aquisição do cliente (VV/CAC):** indica a lucratividade duradoura; deve ser > 3; deve levar < 12 meses para recuperar o custo de aquisição do cliente.

- **Custo de atender (CdA):** custo da prestação de serviços por cliente ou segmento; guia para a lucratividade do cliente ou segmento; pode ser analisado com base na cascata de preços para identificar os principais elementos de custo e a maneira como respondem às mudanças de comportamento do cliente.

- **Participação da carteira (*Share of Wallet*) ou presença da conta (*Account Penetration*):** proporção das despesas relevantes do cliente que foram capturadas pelo provedor de serviços.

- ***Churn* de Clientes:** número de clientes perdidos por ano/total da base de clientes; indica a sustentabilidade do negócio, aumenta o CAC total; deve ser < 15%.

Métricas centradas na linha de serviços

- **Fluxos de Caixa Descontados (FCD):** total de receitas futuras esperadas descontadas pelo custo de capital; indica o valor presente do volume de consumo.

- **Retorno do investimento (ROI):** lucro da linha de serviço dividido pelo custo do investimento inicial; indica a lucratividade duradoura da linha de serviço; orienta as decisões sobre investimentos.

- **Payback (PB):** tempo ou período necessário para um investimento recuperar o desembolso inicial; deveria ser < 12 meses.

- **Volume de *break-even* (VBE):** volume de unidades vendidas necessárias para que o lucro supere os investimentos.

CAPÍTULO 24

INSIGHTS SOBRE GESTÃO DA DISTRIBUIÇÃO EM HOTÉIS, RESTAURANTES, *CATERING* E VIAGENS

INTRODUÇÃO

O setor de hotéis, restaurantes, *catering* (HoReCa) e viagens é, realmente, um subconjunto do setor de serviços, mas as transformações recentes na distribuição requerem atenção especial, na medida em que essas atividades estão na linha de frente da nova economia *gig* e economia de compartilhamento. O surgimento de plataformas como Uber, Lyft, Airbnb, onefinestay, Trivago, Booking.com, Expedia, Bookatable e muitas outras são pivôs desses desenvolvimentos, e a tendência está germinando em muitas outras áreas, como *freelancing* (TaskRabbit, Care.com e Upwork), empréstimos *peer-to-peer* (LendingClub, Zopa, Funding Circle) e *crowdfunding*, ou vaquinha *on-line* (Kickstarter, Seedrs, Indiegogo).

Não admira que o setor de hotéis e viagens tenha sofrido essa ruptura provocada por plataformas de distribuição antes de muitos outros. Seus canais tradicionais de agentes de viagem eram ineficientes, dispendiosos e murados contra novos entrantes, no lado da oferta. Os consumidores se defrontavam com escolhas limitadas, de poucas marcas bem-sucedidas, concentrando o poder nas mãos dos fornecedores, que o exploravam com propostas opacas e práticas inflexíveis, como pagar adiantado com antecedência de semanas, além de sobretaxas, no caso de movimentos bruscos nas taxas de câmbio e altas acentuadas no preço dos combustíveis. Por motivos desconhecidos, porém, quando essas reversões inesperadas eram favoráveis ao consumidor, o dinheiro nunca voltava para o bolso do cliente. O setor passou por grandes consolidações, na medida em que importantes marcas de hotéis reconheceram o poder da escala, e os agentes de viagem reagiram à tendência, com grandes *players*, como Carlson Wagonlit, posicionando-se na vanguarda, para atender ao setor de negócios.

Sob a perspectiva dos fornecedores, a distribuição era não só extorsiva, correspondendo, em média, a 18% da receita, mas também inflexível, com as comissões para as agências de reservas e viagens incidindo sobre todo o pacote. Os altos custos fixos de distribuição não podiam continuar desenfreados, e as novas empresas de aviação de baixo custo passaram a evitar totalmente os canais de distribuição de terceiros, constituindo os próprios *call centers*, que logo foram substituídos por websites. Processos de reservas simples e preços extremamente reduzidos criaram todo um novo mercado para voos baratos, que geraram expectativas de reação semelhante em termos de acomodações, transferências e outros serviços também de baixo custo. No velho sistema de distribuição, o consumidor era o participante menos bem-atendido – sinal de advertência para outros setores. Com o aumento da renda disponível para gastos discricionários, as oportunidades de manobras disruptivas eram boas demais para serem ignoradas e, com o advento da Lastminute.com, também vieram os agentes de viagem *on-line* (*on-line travel agents* – OTAs).

DESAFIOS ESPECÍFICOS E COMO O SETOR OS ENFRENTA

Altos custos de distribuição contínuos

Os novos OTAs cresceram e se expandiram rapidamente, em escala e em quantidade, por meio de campanhas de marketing agressivas, RP poderosa e plataformas de web inovadoras, fáceis de usar e voltadas para os consumidores. Com a capacidade de direcionar parcela substancial da demanda e do poder de compra dos consumidores, os OTAs desenvolveram forte capacidade de alavancagem sobre os provedores de serviços de viagem, fossem redes de hotéis globais, estabelecimentos *bed and breakfast*, ou qualquer outro entre os dois. Os OTAs, porém, não viram razões para oferecer qualquer desconto nas comissões-padrão de 18%, e, em alguns casos, até a aumentaram. Além disso, os OTAs insistiram em ter acesso aos preços mais baixos disponíveis, sob pena de o hotel ser eliminado da plataforma. Para os pequenos hotéis independentes, ou *bed and breakfast*, a capacidade de explorar a demanda global justificava as comissões de 18% ou mais, para ser incluído na plataforma. De que outra maneira poderia uma pitoresca pousada butique, no vale do Loire, alcançar, simultaneamente, famílias inglesas, americanos francófilos, turistas franceses, asiáticos emergentes fazendo o *Grand Tour* e todo mundo que buscava inspiração para uma viagem dos sonhos? Reservas até então fragmentárias e esporádicas poderiam se transformar em lotação esgotada e os picos sazonais poderiam virar demanda estendida por todo o ano.

Hotéis de todos os tamanhos dependem de ocupação para gerar lucro, e quanto maior e mais caro for o hotel, mais importante será aumentar a ocupação, elevando-a do nível de *break-even* para o patamar mais próximo possível de 100%. Os principais canais, como clientes corporativos, grupos de empresas, atacadistas e outros *players* que concedem descontos eram instáveis demais para fechar a lacuna: se usados muito cedo, o hotel simplesmente trocaria quartos vazios por lotação esgotada, mas não geraria receita adicional; se usados muito tarde, não conseguiriam encher os quartos. Os hotéis logo concluíram que os OTAs eram capazes de eliminar a ociosidade que comprometia a base de ocupação construída pelos canais tradicionais. No entanto, o que tinha começado como uma ferramenta tática útil para os hotéis preencherem até a borda sua capacidade ociosa rapidamente se revelou uma ameaça, já que os OTAs tornavam o preço das diárias e a disponibilidade de quartos altamente transparentes. Os clientes aprenderam a retardar ao máximo a reserva de hotéis, confiantes de que acabariam encontrando um quarto e conseguiriam preços melhores do que os oferecidos diretamente pelos hotéis ou obtidos via canais tradicionais. Não demorou muito para que os hotéis constatassem que mais de 40% das reservas de quartos eram oriundas de OTAS, corroendo a receita gerada por quarto disponível *(revenue per available room* – RevPAR). Pior ainda, os hóspedes trazidos pelos OTAs dificilmente usavam os serviços e restaurantes do hotel, recorrendo às mesmas competências de pesquisa *on-line* na busca de opções locais para serviços de internet, café da manhã, jantar e diversões noturnas. O setor hoteleiro precisava reagir.

Ironicamente, as grandes redes de hotéis não tardaram em descobrir que contavam com o mais eficaz aparato de defesa, já instalado: o programa de fidelidade. Só que esse arsenal, simplesmente, havia sido ignorado ou abandonado. Numerosos clientes estavam inscritos, mas a quantidade de membros ativos era espantosamente baixa, algo em torno de 15%. O melhor cliente é o cliente fiel, mas essa fidelidade precisa ser reconhecida, retribuída e tratada como relacionamento genuíno e recíproco. Os clientes foram bem treinados pelas companhias aéreas para esperar serem incluídos em níveis escalonados de fidelidade, com benefícios crescentes, realmente valiosos, confeccionados sob medida para atender às necessidades do viajante frequente, reconhecendo que o viajante individual é a única escolha influente, e deve ser recompensado. (Cada vez mais, também se recompensam as empresas que empregam os viajantes e que pagam os custos.) E, assim, o programa de fidelidade do hotel típico de hoje foi muito aprimorado, oferecendo as melhores condições apenas aos membros de seus programas de fidelidade, como Wi-Fi gratuito, upgrades de quartos, *check-outs* tardios, esquemas atraentes de resgate e disponibilidade garantida. O principal ponto é que esses benefícios são concedidos *somente* se o quarto for reservado através do próprio canal direto do hotel. Até os membros de alto nível recebem apenas benefícios limitados se fizerem a reserva por um OTA. A campanha de marketing do Hilton *stop clicking around* (pare de clicar por aí) mirou explicitamente no hóspede típico do OTA e deixou claro que a reserva direta pouparia o hóspede do embaraço de navegar a esmo, com a certeza de que as diárias dos quartos sempre serão mais baratas se reservadas diretamente no hotel.

Ao evitar a comissão para o OTA, o hotel tem condições de ser razoavelmente generoso; assim, mesmo os hóspedes de primeira viagem podem se inscrever e começar a receber os benefícios imediatamente. Em consequência, as principais redes reformularam significativamente seus programas de fidelidade, com algumas jogadas abertas, como opções de diárias que recompensarão o viajante com pontuações mais altas para uma diária mais alta, estimulando os hóspedes de empresas a convencerem o empregador a pagar por suas vantagens. Esquemas mais sofisticados agora permitem que viajantes frequentes "tirem um ano sabático", para licença parental ou em decisões semelhantes sobre estilo de vida, e mantenham-se no esquema. Muitos hotéis, agora, estão mudando do modelo transacional para um modelo genuíno de valor vitalício, reconhecendo que a fidelidade duradoura deve ser recompensada com prêmios *gold for life*.

Os websites se tornaram muito mais amigáveis, ajudando ativamente os hóspedes leais a aproveitar ao máximo os seus pontos e reintegrando *call centers* para oferecer apoio em estilo concierge aos membros mais leais. O efeito dessas respostas pelos hotéis tem sido reduzir a participação do canal OTA de volta a menos de 25%. É improvável que algum dia caia muito abaixo de 15%, em média, já que esse canal alcança tanto sucesso em arrebatar *market share*, o que o torna importante demais para ser ignorado. Essa é uma batalha fascinante entre fornecedor e canal, alavancando a escala, a inovação, a percepção e compreensão do cliente, e o *Big Data*. O vencedor será o cliente, que agora tem excelente visão da oferta e dos preços, a opção de reservar com antecedência ou no último minuto, e uma variedade quase infinita entre preço e proposta.

◢ Produto com vida de prateleira finita

Noites em quartos de hotel, mesas em restaurantes, assentos em aviões e cabines em cruzeiros, todos têm uma característica comum com alimentos frescos – vida de prateleira finita. Na verdade, os produtos dos setores HoReCa e de viagens têm vida ainda mais breve que alimentos frescos. O quarto de hotel que estava vazio na noite anterior ou o assento em avião que estava vago no voo que acabou de partir já não valem absolutamente nada. A combinação dessa característica com os custos fixos muito altos desse setor significa que o sistema de distribuição precisa ser otimizado para ter o mínimo de capacidade disponível a cada noite, jantar, voo ou partida de navio. No intuito de enfrentar esse desafio, o setor desenvolveu ampla variedade de canais de distribuição, para que a capacidade seja vendida em combinações que otimizem a receita (ver gestão da receita, abaixo), reduzam o risco de capacidade não vendida e ofereçam boa visibilidade do funil de vendas. Cada canal entrega diferentes misturas de clientes, médias de diárias de quartos, médias de receitas totais (inclusive a oriunda de serviços no quarto, lavanderia, alimentos e bebidas etc.), e diferentes níveis de previsibilidade da receita. O canal atacadista agrega volumes para vender a agências, excursionistas e clientes que fazem reservas antecipadas, durante todo o ano; "grupos" bloqueiam grandes volumes de quartos para períodos de pico; canais de clientes empresariais oferecem ampla variedade de boas diárias para viajantes a negócios, ao longo do ano, com visibilidade muito baixa e assim por diante.

Os principais canais geram cerca de 70% das reservas em hotéis. À medida que se aproximam as datas previstas para abertura de vagas em quartos, o hotel começará a comercializar capacidade através de canais mais táticos, como OTAs. Nem todos os OTAs são iguais. Alguns trarão clientes de alto rendimento, que planejam com meses de antecedência; outros promovem disponibilidade imediata, oferecendo, portanto, para clientes de mais baixo rendimento (a não ser que seja no pico da estação ou que haja algum evento). Para as companhias aéreas, canais de baixa visibilidade "descartam" capacidade não vendida, de maneira a não envolver o risco de canibalizar seus modelos de receita normais. Aí se incluem viagens de estudantes e outras agências de acesso restrito, em que a demanda pode ser estimulada pela oferta de grandes descontos. Equivalem às "ofertas do gerente", encontradas nos corredores menos ostensivos dos supermercados, abrangendo produtos com prazo de validade vencido ou próximo do vencimento.

COMPETÊNCIAS CRÍTICAS

Gestão da receita

Para a maioria dos setores HoReCa e de viagens, a gestão da receita se situa em algum ponto entre ciência e magia negra, e se tornou uma das mais importantes funções no negócio. Com ferramentas de *analytics*, ou análise de dados, *Big Data* e, mais recentemente, inteligência artificial cada vez mais poderosas, a dimensão de ciência fez grandes avanços. É sabido que dois passageiros sentados lado a lado no avião dificilmente pagarão os mesmos preços pelos assentos. As variáveis incluem os diferentes canais em que foram feitas as reservas, se o voo é simples viagem ida-volta ou parte de um itinerário mais complexo, quando o voo foi reservado, as restrições aceitas (não substituível, não reembolsável, totalmente flexível). Dessas variáveis, a mais relevante é o canal de acesso à demanda. Os gestores vão além da receita e consideram o rendimento, os fatores que influenciam a receita total de um cliente e o custo de aquisição da reserva. Eles montarão esquemas de comissionamento que recompensem todos os canais por trazer negócios de alto rendimento. E modelarão variações com canais específicos, que recompensem as reservas com grande antecedência e as vendas de última hora, de modo a propiciar taxas de ocupação muito altas. O gestor de receita precisa alocar capacidade para cada canal e, à medida que se aproxima a data de vencimento, deve começar a remanejar ativamente essa capacidade, para equilibrar volumes e rendimentos. A capacidade não vendida será retirada de alguns canais e redistribuída para outros mais bem posicionados, para eliminar essa ociosidade, talvez com rendimento mais baixo. Esse é um jogo tático, para assegurar a otimização em curto prazo e de maneira estratégica, para propiciar a otimização a longo prazo. Isso significa que os canais que geram volumes substanciais, com rendimento de médio a alto, não podem ficar sem capacidade, simplesmente para captar uma oportunidade imediata, como na iminência de um grande evento ou festival. Nesses casos, alguma capacidade deve ficar disponível para os canais estratégicos (inclusive, evidentemente, para os membros de alto nível do programa de fidelidade, aos quais se prometeu disponibilidade garantida). A fidelidade aos canais é vital, e os bons gestores de receita sabem que vale a pena pagar esse preço, para garantir capacidade aos seus canais estratégicos, mesmo quando seria possível vender essa capacidade com rendimentos muito mais altos, nos dias de pico.

MÉTRICAS PRINCIPAIS

Apresentamos abaixo uma visão geral das principais métricas usadas nos setores HoReCa e de viagens, das quais muitas já foram referidas acima:

> **Rendimento do cliente.** Receita total menos o custo de aquisição do cliente – geralmente comissões pagas ao canal.

> **Diária média por quarto.** Diária média paga pelos clientes ao longo do ano. Geralmente comparada com os preços do mercado local.

> **Ocupação.** Número de quartos vendidos, como proporção da disponibilidade total de quartos.

> **RevPAR.** Receita por quarto disponível; função da diária média por quarto e da ocupação (portanto, diárias mais altas podem compensar ocupação mais baixa, e vice-versa).

O **gestor de receita** precisa **alocar capacidade para cada canal** e, à medida que se aproxima a data de vencimento, deve começar a **remanejar ativamente** essa capacidade, para **equilibrar volumes e rendimentos**.

CAPÍTULO 25

INSIGHTS SOBRE GESTÃO DA DISTRIBUIÇÃO DE PROPRIEDADE INTELECTUAL

INTRODUÇÃO

A propriedade intelectual é uma área vasta, abrangendo muitos dos novos setores de atividade do mundo. Inclui direitos autorais, invenções patenteadas, marcas registradas e marcas em geral. Muitos setores de atividade se baseiam em PI, inclusive editoração, música, filmes, tecnologia da informação, indústria farmacêutica, produtos eletrônicos de consumo, robótica, ciências de materiais e artes. Os direitos autorais incluem:

- Livros, como este, e direitos correlatos, como filmes (improváveis, no caso deste livro) e opções;

- Música e filmes, e direitos conexos, como editoração, exibição, performances públicas, merchandising;

- Apresentações ao vivo, acessadas através de vendas de ingressos, transmissão e gravações;

- Imagens, cujos direitos constituem grande parte da remuneração de estrelas dos esportes e da mídia;

- Software, cujo acesso e uso são controlados por licenças (isto é, não pela venda direta do código);

- Marcas, que representam PIs rigorosamente controladas e gerenciadas, cujos patrocinadores pagam caro pelo direito de exclusividade na apresentação das respectivas marcas, afastando outras.

Invenções patenteadas, inclusive patentes de design, são muito usadas para proteger invenções no setor farmacêutico, assim como em todos os tipos de setores de tecnologia. Quaisquer invenções oriundas de pesquisa e desenvolvimento, como novos medicamentos, novos materiais (como grafeno), novas tecnologias, novas aplicações de tecnologias e novos designs dependem do registro de patentes para proteger os direitos do inventor de explorar suas invenções.

Marcas registradas são nomes ou símbolos de identificação de produtos, registrados em órgãos competentes, que podem ser usados apenas pelo dono do produto. Marcas em geral são a representação e divulgação dos valores inerentes, prometidos e entregues a um cliente. Todos envolvem investimentos substanciais para desenvolver e consubstanciar o produto, e muitos demoram anos para construir. Podem gerar para o dono vantagens competitivas substanciais na forma de preço premium, demanda preferencial, fidelidade duradoura e clientes com valor vitalício mais alto. Neste capítulo vamos focar em PI distribuível, que se baseia em grande parte em direitos autorais e em invenções patenteadas.

Em um mundo que está se deslocando da preferência por produtos para a preferência por serviços, a PI é um dos componentes mais cruciais, como mostra a frequência de batalhas legais sobre direitos de PI, cobrindo ampla variedade de aspectos, como quem detém os direitos, quem comprou os direitos, o que os direitos incluem (e excluem) durante o tempo em que estão vigentes e que mídias podem explorar os direitos, tudo dependendo dos termos de concessão, por contrato ou estatuto.

A PI pode incidir até sobre você, seus hábitos de navegação, suas postagens e seus comportamentos *on-line*, tudo isso representando propriedade intelectual de Google, Instagram, Facebook e qualquer plataforma que forneça algum tipo de conteúdo. Os jornais enfrentaram transformação em seu setor de atividade, à medida que os leitores de deslocavam para os veículos *on-line*, forçando os editores a decidirem se resguardavam seu conteúdo precioso por trás do conteúdo pago ou o exploravam para impulsionar a publicidade *on-line*. A pirataria devastou os fluxos de receita de músicos, artistas, cineastas e fotógrafos, revolucionando a dinâmica dessas indústrias. Os músicos pegavam a estrada para promover seus álbuns. Agora, eles permitem que seus álbuns sejam transmitidos via *streaming* a preços triviais, para promover suas apresentações ao vivo.

A distribuição de PI, ou, mais exatamente, dos *direitos* de PI, está avançando com mais rapidez do que a capacidade de adaptação das leis que os definem e protegem. A digitalização de quase todas as formas de PI acarretou uma explosão de oportunidades e gerou enormes fluxos de receita, inimagináveis vinte anos atrás. Hoje, o custo de comprar os direitos de transmissão de eventos esportivos ao vivo gira em torno de bilhões de dólares. A NBA anunciou, em 2014, que havia fechado um negócio de $24 bilhões, em nove anos, com a ESPN e a Turner Sports. Em 2016, a English Premier League vendeu seus direitos de transmissão por TV em pacotes de jogos de futebol ao vivo por mais de £5 bilhões. Com essas quantias como cacife, as partes envolvidas em gestão de distribuição de PI tiveram de aprender muitas lições sobre segmentação de diferentes tipos de direitos, pacotes de direitos, penetração no mercado, negociação, controle de acesso, proteção de direitos contra abusos e pirataria, e capacitação de acesso massivo ao mercado, descobrindo o tempo todo novas maneiras de monetizar ativos de PI. A batalha entre detentores de direitos e plataformas de distribuição de direitos oscila de um lado para o outro, oferecendo muitos insights e lições a serem extraídas das estratégias e táticas adotadas por ambos os lados.

DESAFIOS ESPECÍFICOS E COMO O SETOR OS ENFRENTA

Contratos e licenças

A propriedade intelectual é, por definição, intangível. O titular da propriedade intelectual é o autor, sob a proteção da lei de direitos autorais, ou o inventor, sob proteção da lei de patentes, em ambas as situações como pessoa jurídica ou pessoa física. Os direitos de usar ou explorar PI são constituídos e distribuídos por meio de contratos ou licenças. Isso propicia grande controle sobre o que, onde, como, quando e por quanto tempo. Os contratos impõem obrigações, assim como conferem direitos às partes. Essas obrigações geralmente limitam a maneira como o titular ou detentor exerce e protege a PI, se os direitos incluírem a capacidade de transferir ou subeditar a PI. Alguns exemplos ajudam a ilustrar esse processo:

- Muitos livros são vendidos com advertências do tipo "esta publicação só pode ser reproduzida, armazenada ou transmitida, sob qualquer forma ou por qualquer meio, com a permissão prévia, por escrito, dos editores".

- As licenças de software, sob a lei de direitos autorais (ou seja, não são "*open source*", ou código aberto), concedem o uso de um ou mais exemplares do software, com a concordância do usuário final, mas retêm a posse ou o controle desses exemplares. A licença contém tipicamente disposições que distribuem a responsabilidade e as atribuições entre as partes do contrato de licença. Em transações de software empresarial ou comercial, essas transações geralmente incluem limitações de responsabilidade, garantias e isenções de garantias, assim como estipulam indenizações, se o software infringir os direitos de PI de terceiros.

- As licenças de música garantem que os titulares dos direitos autorais sobre obras musicais serão remunerados por certos usos de suas criações. O comprador tem direitos limitados de uso da obra, sem um acordo complementar. Esses usos podem ser muito variados, como, por exemplo, o direito de ouvir a música em ambiente privado não permitir ao usuário reproduzir a música em espaço público, transmitir ou executar a música. Para isso, seria necessária outra licença, definindo o período de uso, o número de performances e o pagamento de taxas ou *royalties* estipulados. Muita gente que ouve música no ambiente no trabalho talvez não saiba que o empregador, inadvertidamente, pode estar infringindo direitos autorais, se não comprou as licenças devidas.

- A licença de imagens, na forma de pintura, escultura ou fotografia, seguirá princípios semelhantes. Todavia, o poder de atração de estrelas do mundo esportivo ou musical criou todo um contexto de marketing, endosso de marcas e publicidade, com base em suas "imagens". A imagem dessas celebridades pode incluir nome, apelido, preferências, fotografia, assinatura, autógrafo, iniciais, declarações, endossos, detalhes físicos, voz e outras marcas pessoais. Todas essas propriedades podem gerar *royalties* ou pagamentos para as estrelas ou suas agências, mediante negócios de licença específicos.

➢ A tecnologia patenteada é acessada sob licença, como a inclusão de engenharia de som Dolby Labs em sistemas de som de todos os tipos, desde caixas de som domésticas, passando por alto-falantes para carros, até os *surround systems* em salas de cinema. Em todo o setor de tecnologia, quase todos os fornecedores de TI licenciam o uso de tecnologias específicas de muitos outros fornecedores, que detêm as respectivas patentes, para oferecer seus próprios produtos. Em muitos casos, esses *players* são rivais mortais no mercado do usuário final, mas colaboram estreitamente no licenciamento de tecnologias. As impressoras LaserJet da Hewlett-Packard sufocaram as impressoras a laser da Canon, mas todas as impressoras LaserJet da HP usaram sob licença a tecnologia de impressão a laser da Canon. Nem todos esses relacionamentos são amigáveis, sobretudo quando uma das partes acha que a outra infringiu suas patentes, como entre Apple e Samsung, ou transgrediu acordos sobre *standard-essencial patents* (patentes essenciais ao cumprimento de normas e padrões), em bases justas, não restritivas, conforme alegou a Microsoft, ao contestar pedido de *royalties* da Motorola.

➢ O seu próprio comportamento de navegação em browsers de web, ferramentas de pesquisa, plataformas, *apps* etc. geralmente só é possível depois de você ter clicado em um diálogo na tela, tipo "Ao clicar em 'Concordo', você permite que este *app* use as suas informações, de acordo com os termos do serviço e as políticas de privacidade" ou "Ao continuar, afirmo que tenho mais de 13 anos e li e concordei com os termos do serviço e as políticas de privacidade". A maioria dos usuários simplesmente clica sem hesitação, mas, ao seguir o link, você encontrará milhares de palavras em jargão jurídico, que, de fato, declaram que você concede todos os tipos de direitos sobre os seus dados, à plataforma ou ao *app*, sem qualquer pagamento.

Contratos e licenças permitem que os donos de PI controlem e determinem praticamente todos os aspectos imagináveis do uso, distribuição e geração de receita da PI. Talvez o melhor exemplo disso seja a maneira como Apple, Disney e outras empresas direcionaram seus lucros para regimes de baixa tributação, localizando suas PIs em bases *offshore*, e cobrando *royalties* e outras taxas sobre receitas geradas em regimes de alta tributação. A Disneyland Paris foi lucrativa apenas nos últimos quatro ou cinco anos, desde que foi constituída, em 1992, por pagar à matriz da Disney *royalties* substanciais (6% da receita) pelo uso de seu *know-how*, personagens, imagens, música etc., além da taxa de administração. Apple, Google, Starbucks e Amazon ficaram sob os holofotes por gerarem bilhões de euros ou dólares de vendas em muitos países, embora reportassem lucros muito pequenos ou até prejuízos nesses países. Os governos estão sempre se movimentando para fechar essas "lacunas", mas logo constatam que estão brincando de gato e rato.

O principal insight a extrair daqui é a importância e o poder do contrato ou licença. Como os direitos geradores de receita são definidos e controlados pelo contrato, os donos de PI podem moldá-los exatamente da maneira como querem distribuir esses direitos a terceiros, para obter o máximo de vantagem. Veja o texto em boxe sobre como Elton John segmentou seus direitos de PI, primeiro por tipo e, depois, por geografia, para criar nove fluxos de receita distintos. Esse esquema permitiu que Elton e seus gestores controlassem como e quando a receita fluía para ele, individualmente, e garantissem que o confronto entre receitas e despesas fosse adequado para efeitos de controle. Com rendimentos, em 2017, estimados em $60 milhões, vale a pena pagar o preço e aumentar a complexidade, para exercer esse nível de controle.

COMO ELTON JOHN USOU BIG PIG E FRANK N. STEIN

Elton John construiu uma carreira fenomenal desde o seu primeiro álbum, *Empty Sky*, em 1969, que vendeu mais de 300 milhões de discos, além de ganhar cinco Grammy Awards, um Oscar, um Golden Globe e um Tony. Suas realizações incluem teatro musical (*Billy Elliot*,

Aída) e filmes (*Rei Leão*). *Candle in the Wind*, de 1997, é o *single* que mais vendeu no Reino Unido e nos Estados Unidos.

Trabalhando com o seu então empresário, John Reid, Elton segmentou seu fluxo formidável de propriedade intelectual em três tipos: composições (letra e música), gravações (álbuns e *singles*) e shows (concertos e outras apresentações ao vivo). Em seguida, cada um desses tipos foram de novo segmentados em três territórios – Américas, Europa e Ásia. Nove empresas foram constituídas para gerenciar esses direitos, cada uma manejando um conjunto de direitos em um território. Sendo um tipo criativo, Elton deu a essas empresas nomes como Big Pig Music Ltd, Frank N. Stein Ltd, assim como as mais notórias Rocket Records e Rocket Music. A Big Pig, por exemplo, gerenciava os direitos de composição para a Europa, enquanto a Rocket Records gerenciava os direitos de gravação. Frank N. Stein Productions Ltd e Happenstance Ltd tratavam das excursões e apresentação ao vivo, em diferentes territórios.

A distribuição de direitos musicais é complexa, envolvendo amplo uso de negócios de subedição, para garantir o máximo de cobertura geográfica e de alavancagem de empresas locais, de promoção e distribuição de música, para atender aos fãs de cada mercado. Elton formou parcerias com vários compositores e músicos, em diferentes épocas, e compôs e se apresentou como artista solo. A segmentação desses direitos de PI gerou fluxos de receita mais delimitados e maior controle para saber se os *royalties* estavam indo mesmo para os artistas.

O download e o *streaming* transformaram a indústria de música, derrubando, em contrapartida, a receita proveniente da venda de discos de vinil, de fitas cassetes e de CDs, agravando ainda mais a situação com downloads ilegais. Como no caso de muitos artistas, as apresentações ao vivo são agora a principal fonte de receita de Elton, que tem um amplo programa de turnês, entremeados com longas estadias em Las Vegas. Mesmo nessas condições, há diferentes fluxos de receita, como os oriundos de merchandising, taxas por comparecimento e gravações de apresentações ao vivo para transmissão, cada caso sob um contrato específico.

> Elton aprendeu, da maneira mais difícil, o significado de contrato. As primeiras incursões dele no mundo da música ocorreram depois da assinatura de um contrato com a Dick James Music, efetivamente transferindo os direitos sobre suas músicas dos primeiros anos. Depois de se estabelecer como artista, Elton procurou recuperar os direitos sobre seu catálogo, e, em junho de 1985, a revista inglesa de música *NME* informou que Elton estava processando a Dick James pelos direitos ao seu primeiro material.

Rotas complexas para os mercados

A propriedade intelectual geralmente está sujeita a rotas complexas para o mercado, na medida em que os contratos e licenças são firmados com qualquer organização adequada capaz de explorar a PI para obter ganhos comerciais. No caso de tecnologias patenteadas, a variedade de aplicações é muito ampla, e cada uma pode precisar de um contrato específico, que venda direitos de acesso a finalidades, aplicações ou territórios específicos. Esses contratos, com frequência, não são exclusivos, como os de uso de tecnologias Dolby, que se transformou em marca tão difusa que nenhum sistema de música ou som, de cinema ou transmissão, têm condições de dispensá-lo (Dolby 3.1, 5.1, 7.1 etc.). Às vezes, contudo, a exclusividade é fundamental para garantir que a tecnologia seja direcionada para os mercados com os mais altos potenciais. Durante algum tempo, a Hewlett-Packard obteve licença de uso da tecnologia Beats Audio, em bases exclusivas, para adicionar nova dimensão aos seus laptops de consumo. A situação se reverteu em 2015, quando a Apple comprou a Beats, forçando a HP a procurar uma alternativa: ela assinou novo acordo com Bang and Olufsen.

No caso de conteúdo de PI (livros, música, imagens, filmes etc.), cada nível sucessivo na cascata de distribuição, que se inicia no criador de PI e se estende por distribuidores regionais, distribuidores de área e distribuidores locais, deve garantir excelente acesso ao mercado, com base no conhecimento do mercado local pelos melhores distribuidores ou editores em cada segmento-alvo, nos territórios sob sua responsabilidade.

Talvez o melhor exemplo de como isso pode funcionar é seguir a distribuição de um filme. A abordagem normal, desde cerca de 1980, é denominada rotina "*Standard Release*", ou lançamento-padrão, usando "janelas de lançamento". Tudo começa com a estreia do filme em cinemas e salas de projeção. No caso de grandes *blockbusters*, os sucessos de bilheteria, como um novo filme de James Bond ou de Harry Potter, o evento pode ser global, na mesma data. Para outros, o lançamento pode ser sequenciado, em todo o mundo. Essa "janela teatral", geralmente dura cerca de oito semanas, antes da abertura da próxima janela, geralmente DVD/Blu-ray e VOD (*video on-demand*), seguida da janela de TV paga, e, finalmente, a janela de TV gratuita, até dois anos depois do lançamento inicial, para um filme de sucesso razoável. O setor de distribuição de filmes desenvolveu padrões de "cascata de canais", baseado na experiência, para determinar quanto tempo cada filme ficará em cada janela, de modo a maximizar a receita. Cerca de 95% da venda de ingressos em bilheteria ocorre nas primeiras seis semanas depois do lançamento, mas, se a receita for decepcionante ou cair com muita rapidez, a janela de cinemas, ou qualquer outra, pode ser reduzida, acelerando o percurso do filme na cascata de canais, ou até combinando janelas, de modo a potencializar o esforço de marketing por entre os múltiplos canais, para ser efetivo em termos de custos. O surgimento de novas plataformas, como Netflix e Amazon Prime, resultou em novas cascatas de distribuição, com o lançamento na Netflix ocorrendo imediatamente depois da janela dos cinemas (por um preço premium), no caso de alguns filmes, em vez de ir para a janela VOD. O modelo de *Simultaneous Release*, ou lançamento simultâneo, elimina a cascata e põe o filme em todos os principais canais, ao mesmo tempo, para alavancar o esforço de marketing entre os consumidores de todos os canais (oferecendo aos consumidores a possibilidade de assistirem em sua opção preferencial de canal). Alguns filmes são lançados *straight-to-video* (o termo ainda é usado, embora a tecnologia de vídeo em si esteja superada), contornando a janela de cinemas, ou *straight to Pay TV*. Esse tipo de lançamento é mais comum em produtos derivativos de um filme de sucesso, para captar o rendimento da receita marginal, a custo de produção mínimo.

Vale a pena considerar os desafios gerenciais de uma cascata de canal dinâmica, enfrentados pela indústria de distribuição de filmes.

Em sua próxima ida a um cinema, olhe ao redor. Haverá centenas de peças diferentes de material de marketing, que vão desde os *outdoors*, na fachada, até cartazes menores, no saguão e na sala de projeção, além de figuras em cartões, imagens em ingressos e copos de bebidas, prêmios, itens de merchandising, revistas mensais e folhetos com listas e resenhas. Você verá trailers, antes do filme, durando de um minuto a quinze segundos. Fora do contexto de cinemas, haverá clipes de anúncios de TV, clipes de programas de entrevista e anúncios de rádio com a trilha sonora de clipes, promoções de *branding* conjunto (p. ex., com Subway ou McDonald's), enormes outdoors espalhados pelas ruas, cartazes em pontos de ônibus, placas nas laterais de transportes coletivos e na carroceria de táxis – a lista é praticamente infinita. E tudo no idioma local, sendo necessária a tradução para a língua dos territórios em que o filme é lançado. As imagens, as ilustrações e os clipes estão em forma digital, como propriedades digitais. No caso de cascata de canais envolvendo sucessivas janelas de lançamento, a cada propriedade digital deve ser atribuído um conjunto de datas de pré-lançamento, para produção nos diferentes canais relevantes de exibição e de encerramento. Todas essas datas devem ser sincronizadas com a programação de janelas, mas, como vimos, o sucesso ou fracasso do filme determinará a duração final da janela, que será encurtada ou, em alguns casos, prolongada. Admita, então, a hipótese de o filme receber uma indicação para o Oscar ou ganhar um prêmio, precipitando toda uma nova dinâmica de janelas que, embora sejam altamente contingentes, podem ser planejadas (com esperança!). Cada um dos canais de distribuição pode ser afetado se a janela de oportunidade for rompida; por isso, o distribuidor do filme precisa equilibrar ações táticas de curto prazo para maximizar a receita de um filme específico com a satisfação mais duradoura dos canais, de modo a garantir acesso ao mercado para filmes que constituem grande parte de sua produção (ou para os filmes que despertam menos interesse).

◢ Relatório de *royalties*

A natureza da PI exige que os contratos e licenças sejam pactuados entre partes confiáveis. O relatório de *royalties* envolve alto nível de confiança, pois o distribuidor efetivamente se autofatura pelos *royalties* a serem pagos ao licenciador. Cada nível sucessivo na cascata de distribuição, desde o criador da PI, passando pelo distribuidor regional, pelo distribuidor de área e pelo distribuidor local até o usuário final, deve merecer crédito pela exatidão com que registra suas atividades e receitas sobre as quais incidirão os *royalties* a serem pagos nas condições estipuladas.

O cálculo dos *royalties* pode ser complexo, exigindo investimentos de cada participante da cadeia, para gerenciar essas variáveis (p. ex., volume, formato, segmento de usuário final etc.) e para relatar as receitas e os *royalties* devidos. Geralmente, o relatório é emitido periodicamente; em alguns casos, como livros, a cada seis meses; em outros casos, com mais frequência. Isso significa, por exemplo, que a venda de um exemplar de um livro na Costa Rica em janeiro de 2018 será relatada até o fim do primeiro semestre ao subeditor da América Central, e se enquadraria nas receitas desse subeditor referentes ao segundo semestre; a serem relatadas ao subeditor da América Latina no primeiro semestre de 2019; o qual, por seu turno, a relataria ao editor original no segundo semestre de 2019; e, finalmente, aos autores no primeiro semestre de 2020, cujos *royalties* serão pagos até setembro de 2020, uns dois anos e meio depois da venda do livro! Nem todos os setores demoram tanto para escalar o fluxo de receitas *upstream*, e a venda de propriedade intelectual digitalizada pode ser reportada quase simultaneamente, galgando a cascata fluxo acima.

Em geral, os contratos de licença preveem o direito de auditar os relatórios de *royalties*. Isso significa que o dono da PI, ou editor original ou distribuidor tem o direito de inspecionar os livros e registros da entidade que faz a autodeclaração. Esse direito deve ser exercido periodicamente, por uma questão de melhor prática, para garantir a precificação correta, as taxas de *royalties* e outras estipulações contratuais a serem cumpridas (como cópias gratuitas a serem distribuídas apenas para destinatários qualificados). Considerando que um relatório de *royalties* simples pode ter centenas de itens, o potencial de erros é alto. Uma primeira triagem pode evitar a acumulação de correções, que podem tornar-se irrecuperáveis, caso se acumulem durante muito tempo. Obviamente, omissões ou subnotificações fraudulentas também são um risco, e podem ser detectadas com base em análises criteriosas, em comparações com mercados semelhantes ou equivalentes, e em outras técnicas.

◢ Diferenças entre modelos de negócio

Direitos de PI, fluxos de receita de licenças ou fluxos de *royalties*, na maioria dos casos, geram fluxos de renda, sem a necessidade de estoque no capital de giro. Por exemplo, um distribuidor licenciando compras empresariais de Microsoft Office está fazendo uma transação digital e concedendo licenças em nome de milhares de parceiros de último nível a milhões de usuários finais. Não há estoque de produtos físicos; apenas uns poucos consumidores ainda compram caixas em invólucros de celofane em varejistas. Isso significa que a métrica de RMBSIE (retorno da margem bruta sobre o investimento em estoque) é infinito (não há denominador), e que a métrica RMBSCG (retorno da margem bruta sobre o capital de giro) reflete o saldo líquido de contas a receber e de contas a pagar no denominador, sem estoque; razão por que lucros brutos muito baixos podem gerar RMBSCG excepcionalmente altos, em comparação com o gerado por qualquer produto físico.

Uma importante diferença entre PI de direitos autorais e PI de patentes é o ciclo de vida. Direitos autorais se estendem por toda a vida do autor, mais 70 anos, no caso de trabalhos literários; duram 70 anos, a partir da gravação ou da performance, no caso de gravações; e se prolongam por 70 anos, a partir do último a morrer, no caso de diretor, roteirista, produtor ou compositor de trilha sonora. Transmissões duram 50 anos, a partir da data em que acontecem. Compare esses prazos com a vida de uma patente, que é de apenas 20 anos, a contar da data do pedido de patente. As patentes de designs duram apenas 14 anos, a partir da data que a patente é concedida. Esses prazos mais curtos exercem muito mais pressão sobre os donos de PI para monetizar a PI e maximizar o acesso ao mercado o mais rápido possível.

No caso de patentes médicas, pode demorar oito anos ou mais para uma empresa farmacêutica obter a aprovação de um medicamento pela US Food and Drug Administration, depois da invenção. No entanto, dependendo do medicamento e de suas aplicações, o período de proteção da exclusividade, depois da aprovação da NDA (New Drug Application) pode ficar entre sete anos e pouco mais de três anos para novas investigações clínicas. O objetivo da exclusividade é equilibrar a inovação do novo medicamento e o maior acesso pelo público ao remédio. Depois do vencimento da proteção da patente e da exclusividade, o medicamento pode ser comercializado como genérico, o que, na prática, significa que surgem muitos nomes de marcas para o que é o mesmo medicamento. Por exemplo, a penicilina, o antibiótico pioneiro, é conhecido, em suas várias formas, como Amoxil, Augmentin, Bactocill, Cloxapen, Nallpen, Piracil, DermaPen, Pfizerpen, Ticar, Trimox, Unasyn, Wymox e muitos outros nomes.

Essa necessidade de maximizar a receita de um medicamento, que talvez tenha demorado anos de pesquisas e de testes caros para chegar ao mercado, está por trás do marketing e das promoções agressivas de medicamentos, tanto para os pacientes quanto para os médicos. Cada vez mais os pacientes estão pesquisando suas condições *on-line* e indo aos médicos e cirurgiões com opiniões muito firmes sobre o tratamento que gostariam de receber. Essa abordagem de marketing *pull* (puxar) se associa muito estreitamente ao marketing *push* (empurrar), direcionado para os próprios médicos, comitês prescritores, órgãos de melhores práticas e financiadores participantes do processo de aprovação de medicamentos com marca, para regimes de tratamento. Esse modelo tem algumas semelhanças com a dinâmica central do setor de tecnologia, embora neste último seja geralmente a obsolescência do produto, não o vencimento da patente, que delimita a breve duração da janela de exploração de oportunidade, com a PI central continuando a gerar receita ao longo de sucessivos ciclos de vida do produto.

Como vimos, no contexto de mídias, há pouco tempo para captar as receitas de lançamentos inéditos, daí a grande atração por chegar ao mercado por meio de canais de marketing de massa, como Amazon Prime, Apple TV, Netflix, iTunes, Spotify e outros. Isso levou a uma queda de braço entre o titular da PI e as principais plataformas. Cada uma das grandes plataformas oferece o potencial de alcançar instantaneamente milhões de consumidores, mas suas propostas de uma assinatura a preço fixo baixo, com um período inicial gratuito, envolve negociação impiedosa sobre as taxas a serem pagas pelo conteúdo. Poucos são os artistas que têm o poder de Taylor Swift, que, em uma briga famosa, retirou seu catálogo do Spotify e seu álbum *1989* da Apple Music, porque esperavam que ela se conformasse em não receber receita pelas músicas em *streaming* durante o período de gratuidade. É difícil para os criadores de filmes ou músicas a *trade-off* entre taxas de *royalties* muito baixas, de um lado, e a oportunidade de visibilidade global e acesso ao mercado de milhões de usuários, de outro. Essas plataformas de provisionamento estão sempre inovando em maneiras de apresentar mídia. *Playlists* selecionadas e opções de "rádio" incorporadas trazem novos públicos para os artistas. Estes, por seu turno, tocam músicas selecionadas por algoritmos, para que sejam parecidas com as de outros artistas já apreciados pelos ouvintes. Os artistas podem atrair seguidores por meio de *streaming* de mídia, a serem monetizados através de concertos e downloads, mas, com poucas exceções, eles não ficarão ricos com as receitas de *streaming*.

COMPETÊNCIAS CRÍTICAS

◢ Habilidades de licenciamento e infraestrutura

Como se viu, a distribuição de direitos de PI é regida por contratos e licenças. Essa característica atribui enorme ênfase à capacidade do dono da PI (ou gestor) de elaborar contratos e licenças que executem a distribuição em ambiente confiável e seguro e em um modelo legalmente impermeável. Com as oportunidades de distribuição global, surge a necessidade de gerenciar contratos e licenças em escala mundial, levando em conta os diferentes países e contextos legislativos em que os direitos de propriedade intelectual serão explorados. Essa é uma capacidade comercial e jurídica que não é barata, seja ela exercida com recursos próprios ou terceirizada para advogados e especialistas externos. Os melhores advogados são a um só tempo experts nessa especialidade jurídica, assim como em gestão de negócios comerciais. Isso significa que são capazes de equilibrar os riscos e recompensas das condições negociadas, com base em anos de experiência de onde se situam os verdadeiros riscos e oportunidades comerciais. Um advogado inexperiente talvez procure impor restrições e obrigações irrealistas que comprometem o negócio e oferecem proteção contra riscos e eventualidades altamente improváveis.

O atributo mais importante das competências das equipes jurídicas de PI é a gestão do que pode envolver milhares de contratos ou licenças, abrangendo o espectro de tipos de PI, direitos específicos, territórios, termos e condições. Há o risco de sobreposição e lacunas de direitos. As sobreposições, na melhor das hipóteses, geram conflitos de canal, e, na pior, acarretam litígios entre os donos de PI, em consequência de transgressões aos próprios contratos e licenças (por exemplo, concedendo inadvertidamente os mesmos direitos a dois canais). Lacunas significam desperdício de oportunidades, isto é, perda de receitas. Tanto as redundâncias quanto as lacunas podem ser muito onerosas em termos de custos efetivos e custos de oportunidade, assim como de tempo e despesa para minimizar os prejuízos e fazer correções. Como em qualquer canal de distribuição, a exploração de direitos é uma luta de poder entre, de um lado, as demandas pelo valor único e restrito da PI e, de outro, o poder de distribuição dos diferentes canais e plataformas. Esse equilíbrio determinará quem imporá os termos e condições aos demais participantes.

A infraestrutura necessária para distribuir PI pode ser enorme. Um dos melhores exemplos disso é software. Esse é um setor imenso (estimado pela Gartner em $3,5 trilhões, em 2017), que está evoluindo em ritmo acelerado e que demonstra a necessidade de todos os participantes da cadeia de suprimentos gerarem valor ou correrem o risco de extinção. O software assume muitas formas, desde códigos de máquina, passando por níveis de *middleware*, até o nível de aplicativos que alicerçam os processos de negócios, capacitam as redes ou garantem a segurança, e assim por diante, até ferramentas de produtividade pessoal, como planilhas, e-mails, processadores de textos etc., que atuam em todos os computadores pessoais. Software de consumo, como jogos, é um subsetor que supera em tamanho a indústria cinematográfica. Várias são as maneiras de acessar software, como licenças (perpétuas ou anuais), assinaturas ou modelos de consumo.

O acesso baseado em licença é ativado por chaves fornecidas por um sistema de entrega de chaves eletrônicas. As regras de licenciamento podem ser muito complexas (e mudam com muita frequência); por isso, os níveis de distribuição desenvolveram configuradores para gerenciar o conjunto de regras capazes de atender às necessidades de diferentes clientes. O acesso por assinatura é como licenciamento, mas o acesso ao consumo explodiu o volume de transações, porque o consumo é faturado mensalmente para cada usuário. O gerenciamento desse tipo de acesso requer uma infraestrutura capaz de rastrear (medir) o consumo, gerenciar os ciclos de faturamento e calcular taxas de indicação para cada usuário individual. Os distribuidores investiram centenas de milhões de dólares no desenvolvimento e na operação da infraestrutura necessária.

O último nível, que serve ao usuário final, desempenha papel fundamental para o cliente, propiciando a integração de aplicativos de software, gerenciando o consumo e oferecendo treinamento e suporte. Sob a perspectiva do fornecedor, o software vendido via modelos de consumo é como matricular-se numa academia de ginástica: se não é usado, não tem utilidade. Portanto, o papel do último nível é gerenciar ativamente o consumo e impulsioná-lo, educando o usuário sobre como obter os benefícios. É uma atividade dispendiosa; por isso, o último nível recorre ao nível de distribuição para fornecer as ferramentas que a capacitam a exercer a sua função ao menor custo possível. Essas ferramentas representam para os distribuidores a oportunidade de diferenciar-se uns dos outros perante os clientes de último nível, e demonstrar sua importância para os fornecedores *upstream*, ou "corrente acima", na cadeia de suprimentos, dependendo da ativação do usuário, para reforçar a penetração no mercado. Papel fundamental a ser exercido por um distribuidor sofisticado é orquestrar o marketing *pull* e o marketing *push*, entendendo-se por *pull* a atividade de estímulo da demanda do usuário final, e por *push* o *trade marketing*, voltado para o canal.

Seria errado concluir que se trata simplesmente de uma enorme infraestrutura de transações. Se esse fosse o caso, a distribuição de software poderia ter sido assumida pelo setor de telecom, que já contava com a necessária infraestrutura. No entanto, os fornecedores de software que tentaram alavancar as telecoms, de modo a atender à demanda para vendas de consumo, não obtiveram bons resultados em termos de penetração no mercado. As telecoms não mantinham relacionamentos nem credibilidade junto aos clientes no espaço de TI para venderem aplicativos na nuvem (ou até suítes de produtividade, como o Office 365, da Microsoft). Só se um produto se tornar totalmente comoditizado (como a maioria dos *apps*) é que uma plataforma de transação é suficiente para a distribuição de uma PI de software.

◢ Equilibrando proteção com acesso e exploração do mercado

Inventores e autores têm dois objetivos básicos: monetizar a invenção ou o conteúdo, na maior extensão possível, o mais rápido possível, e proteger a invenção e o conteúdo de uso ou cópia sem autorização. Aperfeiçoar uma invenção ou produzir conteúdo criativo pode demorar anos, período em que não há geração de receita. No caso de tecnologia ou de invenção resultante de pesquisa, a vida produtiva pode ser breve, à medida que surgem novas invenções, não raro muito antes do vencimento do prazo de validade da patente. Depois de concedida a patente, a corrida é para lançar a invenção no mercado, no menor prazo possível, e em tantos aplicativos, territórios e segmentos de usuário final quanto possíveis. A velocidade de acesso ao mercado *(speed to market)* pode ser a melhor proteção contra concorrentes que falsificam a invenção, ainda que com alterações suficientes para evitar infração a patentes. *Players* estabelecidos, como "Big Pharma" e outros de tecnologia *blue-chip*, podem alavancar sistemas e redes de distribuição duradouros para levar ao mercado um fluxo de novas invenções. Para a *startup* de biotecnologia, a tarefa é assustadora, e o desafio gerou uma torrente de aquisições "de empresas de inventores" por *players* tradicionais. Com efeito, descobrir e adquirir inventores no estágio certo do processo comprobatório transformou-se em competência central da Big Pharma e do setor de tecnologia. Além de investir na própria pesquisa e desenvolvimento, essas empresas podem encher os funis de venda de produto, comprando as invenções de uma *startup* no momento em que fica claro que a tecnologia é eficaz, ou antes, se as indicações forem positivas e os concorrentes estiverem farejando nas proximidades. A linha é tênue entre garantir a eficácia da invenção e demonstrar sua viabilidade comercial, sem ceder a um concorrente disposto a fazer uma aposta maior no início do ciclo de vida. Em 2015, os negócios farmacêuticos chegaram a $59,3 bilhões, fazendo o setor parecer uma pirâmide, em que muitas empresas desenvolvem novas moléculas na base e poucas empresas comercializam medicamentos no topo. A Big Pharma desenvolveu a sua capacidade de comercialização durante a era dos medicamentos *blockbuster*, aprendendo a navegar pela regulação sobre a promoção de medicamentos, do gerenciamento de direitos de exploração e proteção, da comercialização para redes complexas de compradores e médicos, e do manejo de processos de reembolso de prestação de cuidado público e privado. Considerando que o lançamento de um novo medicamento no mercado custa, em média, $2,5 bilhões, as *startups* de biotecnologia não têm condições de competir com esses recursos, embora possam ser mais ágeis nos estágios de pesquisa e de desenvolvimento clínico preliminar.

O mesmo fenômeno de fusões e aquisições complementando pesquisa e desenvolvimento pode ser visto no âmbito da tecnologia, com empresas *startup* sendo adquiridas pelas gigantes do setor para preencher lacunas em suas tecnologias e ofertas centrais. No primeiro semestre de 2017, a HPE comprou a SimpliVity por $650 milhões, para revigorar seu portfólio altamente concentrado, e a Nimble Storage por $1 bilhão, para expandir sua capacidade de armazenamento; a Intel adquiriu a Mobileye, especialista em tecnologia de veículos autônomos, por $15,3 bilhões; a Cisco comprou a AppDynamics, por $3,7 bilhões, para adquirir o seu software de monitoramento do desempenho de aplicativos; e a Apple abocanhou a Workflow, ferramenta de automação do iPad e do iPhone. Esses exemplos são apenas um flagrante da atividade nesse setor. Embora as cifras talvez pareçam grandes somas, elas estão longe de serem exorbitantes, no contexto do adquirente e em face das oportunidades de exploração.

Os autores geralmente não têm a mesma velocidade de acesso ao mercado que caracteriza os inventores, embora compartilhem o mesmo desejo de monetizar o conteúdo. Parte do conteúdo, porém, é sensível ao tempo, como eventos esportivos, cuja transmissão e *narrowcasting* (transmissão seletiva) de áudio e vídeo estão sujeitos a uma cascata de canal semelhante à de filmes, ainda que em escalas temporais muito mais breves. Os canais capazes de exibir conteúdo ao vivo estão sujeitos a restrições quanto aos públicos destinatários do broadcast, que protegem outros adquirentes de direitos. Por exemplo, o assinante, no Reino Unido, de Sky Sports ou de BT Sport, que espera assistir ao jogo de futebol ao vivo da Premier League inglesa em seu iPad, logo descobrirá que, atualmente, isso só é possível no Reino Unido. Em outro país, precisaria ser assinante da rede detentora dos direitos locais, para ter acesso ao conteúdo ao vivo. Mais tarde, no dia do jogo, ou no dia seguinte, outros canais terão permissão para exibir todo o jogo, e ainda outros canais poderão mostrar pacotes restritos de destaques, no mesmo dia. Canais *catch-up*, como modalidade de *video on-demand* (VOD), manterão o jogo disponível por um breve período, a qualquer momento, defasados por horas ou dias; outros canais oferecerão acesso a breves fragmentos, exibindo os melhores momentos ou os gols marcados.

É competência central equilibrar esse acesso estruturado ao mercado por entre numerosos canais e territórios, para maximizar a monetização, sem frustrar os consumidores-alvo. Diferentes produtos (jogo de futebol, jogo de críquete com duração de cinco dias, luta de boxe, torneio de tênis etc.) têm características diferentes, em termos de tempo crítico, tamanho do público potencial, elasticidade do preço e embalagem aceitável (assinatura, *pay-per-view*, pacotes etc.). Quanto mais complexa for a estrutura dos direitos, maior será o risco de conflito de canal ou de canibalização).

O conteúdo digital pode ser altamente vulnerável à distribuição a espectadores ou a ouvintes não pagantes, com graves ameaças à gestão de canais de exploração e distribuição de direitos autorais. Os primeiros mecanismos de controle para evitar esses riscos eram muito toscos: o zoneamento de DVDs e aparelhos foi uma tentativa de limitar a distribuição a uma de seis áreas geográficas (e três outras zonas, inclusive uma "total"). Com o advento de downloads, surgiram as tecnologias de Digital Rights Management (DRM), que são controles de acesso incorporados em plataformas de mídia e de provisionamento, como o iTunes da Apple. O objetivo básico era inibir a transgressão dos direitos autorais, impedindo reproduções e distribuições não autorizadas. Essa é uma área controversa, que suscita preocupações quanto à limitação de direitos legítimos de um comprador, como a capacidade de criar uma cópia de segurança. O advento de serviços *streaming* de baixo custo, como Spotify, Apple Music, Napster, Deezer e muitos outros, atenuou o risco de quebra de direitos autorais, mas desalojou as vendas de downloads de músicas, pagando taxas de *streaming* muito mais baixas para os artistas.

As marcas d'água digitais são recurso familiar para os detentores de direitos autorais sobre imagens, que tornam seus produtos visíveis e pesquisáveis, sem perda de controle sobre o uso da imagem em si.

A maioria dos fotógrafos usa esse dispositivo, oferecendo imagem de baixa resolução, "estragada" por marca d'água visível, para que os clientes pesquisem e selecionem as imagens que mais os agradam, a serem compradas como imagens limpas, de alta resolução. O que os clientes talvez ignorem é que pode haver uma marca d'água invisível na imagem comprada, que possibilitaria o rastreamento da fonte, se eles optassem por infringir os direitos autorais e copiassem ou distribuíssem a imagem sem permissão do dono. Essa técnica também pode ser aplicada a áudio, vídeo, texto ou a qualquer outro produto digital. Essas marcas d'água digitais ocultas só são perceptíveis em certas condições, como depois de usar um algoritmo. Essa técnica passiva possibilita a distribuição sem gerar frustrações ou recorrer a restrições desnecessárias para o usuário legítimo da PI protegida por direitos autorais, enquanto permite a detecção e rastreamento de transgressões, em casos suspeitos.

Prevenção de pirataria

A pirataria é uma ameaça real aos donos de PI, pois vai além de transgressões casuais a direitos autorais e a patentes, e procura, deliberadamente, apropriar-se de um fluxo de receita autêntico de um legítimo detentor de propriedade intelectual. Exemplos de pirataria incluem de produtos falsificados (geralmente produtos com marca registrada de alto valor) à distribuição de cópias ilegais (para toda cópia autorizada de software de computador em uso estima-se que haja pelo menos uma cópia pirata), e o roubo de segredos comerciais, que podem incluir designs de produtos ou códigos-fonte de software, técnicas de fabricação etc.

A prevenção de pirataria ou roubo de PI se baseia em duas técnicas de defesa importantes: negar acesso à PI, em primeiro lugar; e eliminar a oportunidade de que piratas ou ladrões explorem a PI, se conseguirem acessá-la. (A prevenção de acesso não autorizado à PI foi abordada, em parte, na seção "*Equilibrando proteção com acesso e exploração do mercado*", acima. A proteção da PI depende da forma como ela se manifesta. O código-fonte de software, por exemplo, é protegido por níveis de controles de acesso. Os filmes enfrentam outros desafios, na medida em que cópias piratas frequentemente chegam à internet na data do lançamento oficial, ou até antes. Essas cópias, que vão desde exemplares ilegais, gravados dentro do cinema, até *screeners*, cópias do filme, em vídeo ou DVD, enviadas antecipadamente a críticos e a outras pessoas da indústria, podem aparecer nos principais sites ou plataformas de download de cópias ilícitas. Aqui, o controle rigoroso da distribuição e as marcas d'água invisíveis são os principais meios de detecção e controle da pirataria. Entretanto, não é incomum que milhares de indivíduos e mídia recebam um DVD com marca d'água de importantes *blockbusters* (sobretudo se forem concorrentes ao Oscar).

Em geral, a melhor proteção contra a exploração não autorizada de PI é reduzir o preço do acesso autorizado, em áreas de alto risco, removendo o incentivo. Mercados como China são notórios: a cultura simplesmente não reconhece direitos individuais, como ocorre no Ocidente. Microsoft e outros desenvolvedores foram forçados a adotar essa estratégia em vários mercados, para proteger seus fluxos de receita e estabelecer uma base de usuários autorizados. Para grandes clientes comerciais que querem rodar software legítimo, a dificuldade é de *compliance*, garantir que todos os usuários estão autorizados a usar o software em seus laptops ou acessá-los na nuvem. Um dos benefícios, para o setor de software, da migração dos usuários para software na nuvem é o maior controle daí decorrente, para prevenir o acesso não autorizado. Contudo, consumidores, microempresas e pequenas e médias empresas estão mais preocupadas com custos do que com *compliance*; por isso, os grandes fornecedores combinaram em vários mercados promover a educação dos usuários sobre os riscos de usar produtos piratas e sobre os perigos de serem descobertos.

Muito próximo, mas diferente, é o *grey marketing* (marketing cinza ou marketing paralelo). É onde os produtos são fornecidos legalmente para os mercados, por distribuidores não autorizados, em conflito com a estratégia de canal dos fornecedores. Em muitas jurisdições, os fornecedores não têm meios legais para evitar o acesso ao fornecimento por distribuidores fora da rede autorizada. Essa situação ocorre somente onde há oportunidade de arbitragem no mercado, encorajando quem trabalha no mercado cinza a explorar a situação, que quase sempre é provocada por diferenças de preços ou por questões de disponibilidade. Por exemplo, quanto à disponibilidade, se um produto atraente for lançado na América do Norte antes da Europa ou Ásia e houver demanda reprimida, distribuidores não autorizados comprarão em grandes volumes na América do Norte e levarão para esses mercados, antes do lançamento oficial. A mesma questão de disponibilidade pode ocorrer em outros pontos do ciclo de vida do produto, não apenas no lançamento.

Um exemplo de diferença de preço pode ocorrer quando os descontos por volume para grandes lotes são possíveis em um mercado, mas não em outro. Por exemplo, um distribuidor que compra em um grande mercado europeu, como Alemanha, pode conseguir um produto ao preço unitário de €10, para volumes muito grandes, que ele levará para Áustria e Suíça, onde o preço unitário para os maiores lotes possíveis é de €11. O distribuidor talvez precise agregar a demanda em todo o mercado germanófono, para alcançar o preço unitário do lote máximo. Os distribuidores autorizados em cada um desses outros mercados podem protestar contra o fornecedor, por vender a preço inferior ao dos fornecedores do mercado cinza. Essa prática será mais comum com produtos tipo *commodity*, para os quais não há especificações locais (como voltagem, idioma, critérios de aprovação etc.), e os volumes envolvidos justificam o esforço de transporte e marketing.

As soluções disponíveis para os fornecedores interessados em evitar o marketing cinza, de modo a proteger a integridade de seus canais autorizados, são uma mistura de ciência e magia negra. Alguns produtos, não importa o nível de demanda, simplesmente não aparecerão em canais não autorizados e nem em canais autorizados a preços fora do mercado, indicando que o fornecedor aplicou essas técnicas. A magia negra inclui o uso de ameaças implícitas a varejistas e distribuidores autorizados de que, se forem vistos praticando marketing cinza, talvez enfrentem dificuldades em alocação de produtos no futuro, na solução de problemas ou no recebimento de reembolsos, na participação em programas, no acesso ao lançamento de novos produtos e assim por diante. Quanto ao distribuidor não autorizado, que pode ser autorizado em seu mercado doméstico, essas ameaças serão ainda mais eficazes, pois estarão pondo em risco seu negócio central, em prol de alguns ganhos rápidos marginais.

Os fornecedores prejudicados por atividades de marketing cinza podem descobrir que elas realmente rompem a sua estratégia de canal, prejudicando os seus principais parceiros e comprometendo a capacidade do fornecedor de acessar segmentos de mercado que não interessariam ao mercado cinza. As soluções incluem eliminar oportunidades de arbitragem de preço, oferecendo as mesmas condições em todos os mercados, não apenas nos maiores, e diferenciar os produtos em cada mercado, dificultando a obtenção de economias de escala. Ambas as soluções podem ser dispendiosas. As alternativas são incluir elementos de rastreabilidade no produto ou na embalagem, como números de série, códigos por lote, ou até chips RFID (chips legíveis por máquina, que são muito baratos), para identificar a fonte do fornecimento do mercado cinza, eliminando-a ou ao menos restringindo-a. Outros artifícios talvez sejam necessários, para manter em linha os canais e os *players* de canal, usando uma combinação de cenoura ("Você será priorizado na próxima oportunidade ou receberá fundos de marketing" etc.) e porrete ("Não podemos garantir que você receberá a sua quota normal no próximo lançamento de produto").

Deixar a situação à deriva não só prejudica os canais e *players* autorizados, que investiram na marca do fornecedor, mas também torna mais difícil convencer o canal da atitude positiva do fornecedor em relação aos canais, solapando seu desenvolvimento duradouro. Para tanto, é necessária ação robusta, rápida, firme, justa e ostensiva. Geralmente, bastam uma ou duas ações de alto impacto para alinhar os vilões do mercado cinza e reforçar a percepção do fornecedor como pró-canal.

CAPÍTULO 26

INSIGHTS SOBRE GESTÃO DA DISTRIBUIÇÃO NO SETOR DE FRANQUIAS

Pense em algumas das maiores marcas do mundo, e você estará incluindo um bom número de sistemas de franquia na lista. Os exemplos incluem os óbvios restaurantes de *fast-food*, como Subway ou McDonald's; serviços automotivos, como Jiffy Lube; operadores de hotéis, como Howard Johnson ou Hilton Garden Inn; e varejistas, como 7-Eleven, Body Shop ou Benetton. No entanto, as franquias floresceram em muitos outros setores, como serviços financeiros (H & R Block); limpeza e manutenção (Jani-King, Molly Maid); saúde e fitness (Snap Fitness); conserto de automóveis (Chips Away); casas para aposentados (Senior Helpers e The Senior's Choice); o setor de tecnologia (e-Backups) e impressão.

Neste capítulo, examinamos por que a franquia se tornou rota para o mercado tão popular e exitosa, como ela funciona e algumas de suas características especiais, como canal de vendas e marketing. Para compreender se e como conseguir o melhor da franquia, primeiro precisamos analisar o que é franquia e o que há de especial em sistemas de franquia. Para os fornecedores que estão procurando trabalhar com um sistema de franquia com o objetivo de alcançar segmentos-alvo ou até com o propósito de constituir a própria franquia, trataremos dos principais desafios de conseguir acesso ao mercado e dos benefícios óbvios de usar "dinheiro de terceiros" para financiar o crescimento e a expansão de *outlets*, assim como da automotivação e esforço dos empreendedores.

O QUE É UMA FRANQUIA?

Franquia é um direito concedido a um indivíduo ou a um grupo para comercializar os produtos e serviços de uma empresa, dentro de certo território ou localização. O franqueador outorga e o franqueado adquire o direito, sob um contrato detalhado, elaborado pelo franqueador, pelo qual o franqueado concorda em seguir regras e diretrizes muito rigorosas, definidas pelo franqueador que, em geral, têm o objetivo de garantir que a marca não seja comprometida por franqueados desonestos ou por maus operadores. Em troca de uma taxa inicial de filiação, o franqueador fornece um manual operacional, amplo treinamento, diretrizes funcionais, consciência da marca e muito apoio nos primeiros dias, para ajudar o franqueado a dar a partida no negócio. O franqueador recebe taxas periódicas ou *royalties* de franquia contínuos, fixados como porcentagem das vendas, além do pagamento antecipado da taxa inicial de filiação. Em contrapartida, o franqueado entra em um negócio que opera um conceito comprovado e um modelo exitoso, com marca bem-conhecida e uma cadeia de suprimentos estabelecida, além de acesso à experiência de melhores práticas de centenas ou milhares de outros operadores, ou seja, os franqueados existentes.

Observe que, além de pagar a taxa inicial de filiação, o franqueado tem de investir seu próprio dinheiro no negócio, inclusive no aluguel ou compra das dependências físicas, instalar a loja (até em prédio específico), comprar equipamentos ou veículos especiais e dispor de capital inicial e de capital de giro, além de suportar as despesas operacionais antes do *break-even*). Esses investimentos podem chegar à faixa de $25.000, para uma franquia simples, até algo acima de $1,5 milhão, para um estabelecimento de *fast-food* em instalações exclusivas, ou mais, se tiver *drive-thru*. Em geral, os franqueados concluem que é muito mais fácil levantar capital inicial e capital de giro quando dizem ao banco que estão montando uma franquia, em vez de um negócio independente. Essa fonte de investimento externo não só poupa o franqueador da necessidade de levantar recursos para financiar a expansão, mas também contribui com o impulso poderoso da motivação empreendedora. A qualidade do retorno do investimento dos franqueados depende deles – quanto melhor dirigirem o próprio negócio, tanto mais altos e mais rápidos serão os rendimentos. Esses empreendedores não pressionam o franqueador para obterem bom retorno sobre os seus investimentos, pressionam a si próprios. Evidentemente, essa pressão se converte em expectativas do franqueador, em termos de construção e proteção da marca, inovação de novos produtos, geração de demanda etc.; e franqueados infelizes podem ser mais difíceis de satisfazer do que acionistas infelizes. Com efeito, o franqueador atua no negócio de vender um modelo de negócio comprovado a empreendedores – mas para aqueles com menos apetite pelo risco.

A atratividade do conceito de franquia para os franqueados se reflete nos termos do que oferece para um fornecedor como rota para o mercado. Um fornecedor com um modelo de negócio comprovado, procurando se expandir, pode explorar o capital e o espírito empreendedor de franqueados, para efetivamente terceirizar o desenvolvimento do negócio. Ao aproveitar o dinheiro de terceiros (*Other People Money* – OPM), o sistema de franquia possibilita que o fornecedor se expanda com rapidez, sem necessidade de levantar capital adicional. Nem é preciso construir uma estrutura gerencial, com muitas centenas de empregados a serem recrutados, treinados, liderados, motivados e administrados, antes do avanço das vendas. O alinhamento de forças motivacionais em um sistema de franquia elimina a necessidade de grande parte desse aparato, além do fato de, evidentemente, ser o franqueado que está contratando o pessoal adicional, por sua conta e risco.

No entanto, também o franqueador está sujeito a alguns custos e riscos, que decorrem do aspecto de terceirização do modelo. O franqueador precisa assegurar-se de que a sua marca está protegida de operadores descuidados (ou, pior, desonestos, que contaminam a marca), o que obriga os franqueadores a adotar algum tipo de processo de verificação de *compliance*, com visitas regulares, ou frequentes, para certificar-se de que a marca e o material de marketing estão atualizados e estão sendo utilizados da maneira correta. Ainda mais importante, essas visitas também atentam para a experiência do cliente oferecida pelo franqueado, para garantir que cumpra a promessa da marca e siga os procedimentos descritos no manual de operações e em outras instruções e diretrizes contínuas. O franqueador é corresponsável por impulsionar as vendas da mesma loja (*same-store sales*), oferecendo direção estratégica, planejamento e supervisão da atividade de marketing e alimentando o fluxo de novos produtos e ofertas, para estimular o retorno dos clientes. Se os franqueados estiverem insatisfeitos com o efeito da marca sobre suas vendas, não comprarão franquias adicionais e dissuadirão novos candidatos a franqueados de se juntarem ao sistema. O crescimento cessará ou regredirá, tendência que, caso se manifeste, é extremamente difícil de reverter.

Talvez a incumbência mais difícil do franqueador seja promover e processar pedidos de pretensos franqueados, cujo processo de avaliação não deve focar tanto na relevância das competências e experiências, como seria no caso de recrutas, quanto no conhecimento de negócios e no impulso empreendedor, equilibrados com a disposição para se ajustar à marca – requisitos nem sempre de fácil conciliação. No caso de alguns sistemas de franquia, como McDonald's, o processo de avaliação é muito rigoroso, envolvendo investigação profunda dos antecedentes, da experiência, das aptidões, dos recursos financeiros, das competências gerenciais e assim por diante. Já em outros sistemas de franquia, o processo se destina a tornar a franquia acessível a um conjunto muito mais amplo de possíveis empreendedores e a manter o fluxo de sangue novo no sistema.

O MODELO DE FRANQUIA

Na maioria dos sistemas de franquia atuais, há numerosos elementos reconhecíveis, com funções específicas, que, no conjunto, compõem o modelo de negócio. Nesta seção, explicaremos como funciona o sistema típico de franquia e descreveremos o papel de cada um desses elementos. A Figura 26.1 mostra a estrutura típica dos principais *players* em um sistema de franquia bem estabelecido.

Alguns dos *players* talvez já atuem no início do modelo de negócio de franquia, mas, em geral, eles se estabelecem mais adiante, à medida que as pressões e as demandas crescentes do sistema exigem que entrem em cena. Vamos dar uma olhada em cada *player*, um a um, e analisar os respectivos papéis, antes de analisar a interdinâmica e as interações.

◢ Franqueador

O franqueador é a figura central do sistema, titular dos direitos ao conceito e à marca, assim como detentor da capacidade de definir os

FIGURA 26.1 Estrutura dos principais *players* em um sistema de franquia bem-constituído

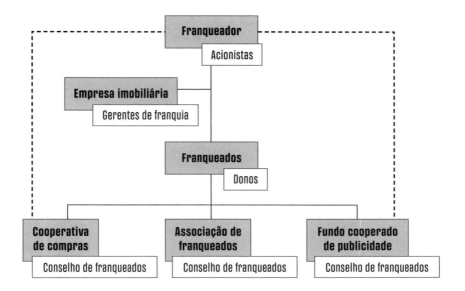

termos e condições da franquia – com efeito, desenhando o modelo de negócio da franquia. Todos os outros *players* do sistema surgem e atuam apenas com a permissão do franqueador, e seus papéis geralmente são delineados com rigor pelo contrato de franquia e pelas diretrizes e instruções complementares. Compete ao franqueador decidir o tamanho dos territórios a serem franqueados e os termos detalhados e as condições operacionais a serem aceitas pelos franqueados, inclusive a taxa de *royalties* (geralmente entre 4% e 8%) – decisão importante, uma vez que ela raramente é alterada, depois de estabelecida.

Os franqueadores desempenham papel fundamental no treinamento e na preparação dos franqueados para se estabelecerem e operarem o conceito. Em muitos casos, o processo envolve um programa de treinamento de algumas semanas, envolvendo todos os aspectos técnicos da operação e as competências empresariais para a gestão comercial da franquia, como marketing, vendas, recrutamento e gerenciamento de recursos humanos, contabilidade básica e análise de negócios, assim como as diretrizes legais e de segurança (muitas franquias são negócios que lidam com dinheiro vivo). O franqueador também deve exercer forte controle gerencial sobre as operações e sobre o desempenho dos franqueados, para manter a roda de sucesso girando (ver Figura 26.2).

FIGURA 26.2 Roda do sucesso do sistema de franquia

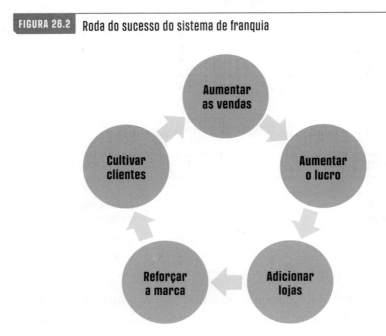

É extremamente arriscado permitir ou tolerar a continuidade de operações de franquia mal conduzidas, em termos de atendimento ao cliente ou nível de lucratividade. Ao condescender, o franqueador está prejudicando a marca e sinalizando para os outros franqueados que o desempenho insatisfatório é aceitável. Os bons franqueadores trabalham com os maus operadores para ajudá-los a melhorar seu desempenho, mudar o negócio e restabelecer a lucratividade. Ao mesmo tempo, porém, se esses esforços não produzirem a resposta esperada dos franqueados, o franqueador intervirá e removerá o franqueado do sistema.

◢ Franqueado

Ao assinar um contrato-padrão, os franqueados ingressam no sistema e concordam em operar o conceito do franqueador conforme o manual de operações e em promover a marca da franquia no território local. O franqueado pode ou não ter alguma latitude para localizar ou customizar a marca, conforme as orientações do franqueador. No caso de operadores de *fast-food*, a preservação das características da marca pode conflitar com a adequação das ofertas às preferências locais ou a ditames religiosos.

Os franqueados podem contar com o recebimento de ferramentas, treinamento e apoio inicial para se estabelecer no território; depois desse primeiro empurrão, cabe aos franqueados lutar pelo sucesso, com o suporte do franqueador na retaguarda. O papel dos franqueados é construir a base de clientes, usando o marketing local e prestando excelentes serviços. Dependendo do tipo de negócio, o franqueador pode contribuir com *leads* de clientes, como resultado da publicidade da marca ou da presença na web, direcionando-os para os franqueados, com base em endereços postais ou em localizadores de lojas *on-line*. Entretanto, essa contribuição jamais gerará receita suficiente; por isso, os franqueados precisarão ser ativos no marketing local, para atrair clientes cuja proximidade pode transformá-los em fregueses leais e assíduos.

Fundo cooperado de publicidade

Na maioria dos sistemas, os franqueados pagam uma taxa sobre a receita (geralmente entre 2,5% e 5%), além dos *royalties* de franquia, para um fundo cooperado de publicidade, destinado a pagar a publicidade da marca e qualquer atividade de marketing que cubra áreas de mercado mais abrangentes que os territórios de cada franqueado. É assim que se financiam campanhas regionais e nacionais de rádio e TV, patrocínios de eventos, e atividades de relações públicas. Esse pool de recursos de franqueados gera enormes economias e eficiências de escala, e é esse o papel do fundo cooperado de publicidade.

Esse fundo cooperado geralmente pertence a uma cooperativa de franqueados, constituída pelo franqueador, por meio de instrumento legal que estabeleça seus estatutos (limites e competências) e governança (constituição e composição dos órgãos da administração, transparência da contabilidade, além das atribuições e responsabilidades de todos os envolvidos). Como os recursos são oriundos de contribuições dos franqueados, o fundo cooperado é administrado por um conselho ou diretoria nacional e por uma série de conselhos ou diretorias regionais e locais. Esses órgãos contratam profissionais de marketing para orientá-los nas decisões sobre como usar os fundos e supervisionar a criação de mídia, a compra de mídia etc.

Cooperativa de compras

Geralmente os sistemas de franquia constituem estrutura semelhante à do fundo cooperado de publicidade para manejar aspectos de compras e de cadeia de suprimentos, na forma de uma cooperativa de compras. Como o fundo cooperado de publicidade, forma-se uma equipe profissional que responde a uma estrutura de conselhos e diretorias dos franqueados. Observe que alguns sistemas, como Snap-on Tools, preferem atuar como fornecedores exclusivos dos principais produtos, especialmente quando se baseiam em tecnologia ou fórmula única. Nos sistemas de franquia em que os franqueados compram de fornecedores aprovados, a cooperativa de compras é basicamente um grande grupo de compras, que atua em nome de todos os franqueados ou apenas dos franqueados inscritos.

Empresa imobiliária

Em muitos sistemas, o franqueador prefere assumir a responsabilidade pelos contratos de locação dos estabelecimentos franqueados. O pagamento do aluguel e outras obrigações do locatário são transferidas para o franqueado, mas é o nome do franqueador – ou melhor, o nome da empresa imobiliária do franqueador – que entra como locatário no contrato de aluguel. O propósito é, basicamente, garantir que o franqueador retenha o controle dos estabelecimentos franqueados, se quiser substituir o franqueado por motivos de mau desempenho ou inobservância do contrato de franquia.

Associações de franqueados

Na maioria dos sistemas, uma ou mais associações de franqueados representam os interesses dos franqueados. Essas associações terão participação (ou reivindicarão participação) nos níveis de tomada de decisões estratégicas ou gerenciais do sistema, ou serão consultados quanto a propostas de planos ou experimentos. Em alguns sistemas, a associação de franqueados é vista como recurso valioso para melhorar o negócio e oferecer canal de comunicação essencial; em outros, é comparada a um sindicato numa indústria altamente sindicalizada, talvez com o receio de vir a constituir-se em possível obstáculo ao progresso.

DESAFIOS ESPECÍFICOS E COMO O SETOR OS ENFRENTA

Qualquer fornecedor que esteja pensando em constituir um sistema de franquia para alcançar os seus mercados deve tomar cuidado com os aspectos singulares da franquia, que erguem não só barreiras à entrada, mas também *barreiras à saída*. Cada país tem legislação específica sobre os sistemas de franquia, mas alguns princípios gerais são de aplicação quase universal e geram importantes implicações para a estratégia de distribuição.

◢ Territórios exclusivos

A essência dos contratos de franquia é o direito de exclusividade em determinado território, sem a concorrência de outros franqueados. Na prática, esses territórios podem ser definidos em termos de áreas geográficas específicas, razão pela qual marcas populares são vistas em esquinas opostas de um cruzamento ou dentro de um mesmo shopping. Essa exclusividade, contudo, não é permitida por sistemas de distribuição abertos, pois possibilita controlar as localizações e a densidade das localizações em que o fornecedor quer realizar as suas metas de distribuição. Também significa que os sistemas de franquia, na maioria, não se ajustam com facilidade a uma estratégia multicanal, já que o franqueador não pode permitir que outros canais invadam o território exclusivo de um franqueado. O que geralmente se vê de mais próximo de uma estratégia multicanal são lojas do franqueador ao lado de lojas franqueadas (analisamos mais adiante as razões dessa estratégia).

Recrutando franqueados

Os franqueadores não podem sugerir a lucratividade potencial de uma oportunidade de franquia no marketing de recrutamento de franqueados (o que faz sentido, considerando o número de incógnitas que influenciam a geração de lucro, inclusive as próprias competências do candidato à franquia). Portanto, para possibilitar que o aspirante a franqueado julgue os méritos e deméritos de uma oportunidade de franquia, o franqueador é obrigado a garantir a divulgação plena de todos os fatos relevantes, definidos na legislação local. Esse conjunto de informações é muito amplo e deve lastrear-se em evidências – da mesma maneira como prospectos de ofertas de ações. Como exemplo, o Quadro 26.1 mostra os requisitos da Circular de Oferta de Franquia, nos Estados Unidos, definidos pela Federal Trade Commission.

QUADRO 26.1 Circular de Oferta de Franquia, regulado pela Federal Trade Commission, dos Estados Unidos

- O franqueador e qualquer antecessor
- Histórico de litígios
- Falência (isto é, qualquer franqueado que tenha falido)
- Especificação da taxa de franquia inicial e de outros pagamentos antecipados
- Outras taxas e despesas
- Demonstração do investimento inicial do franqueado
- Obrigações do franqueado de comprar ou alugar de fontes designadas
- Obrigações do franqueado de comprar ou alugar de acordo com especificações ou de fornecedores autorizados
- Esquemas de financiamento
- Obrigações do franqueador; outra supervisão, assistência ou serviços
- Área de território exclusiva ou designada
- Marcas, serviços, nomes comerciais, logotipos e símbolos comerciais
- Patentes e direitos autorais
- Obrigações do franqueado de participar da operação do negócio de franquia
- Restrições quanto aos bens e serviços oferecidos pelo franqueado
- Renovação, rescisão, recompra, modificação e transferência do acordo de franquia e informações correlatas

- Acordos com figuras públicas
- Vendas, lucros ou rendimentos efetivos, médios, projetados ou previstos da franquia
- Informações sobre franquias do franqueador
- Demonstrações financeiras
- Contratos
- Acusação de recebimento pelos respectivos franqueados

Dá para ver que essas obrigações são muito onerosas, e todas as informações devem ser mantidas atualizadas. Ironicamente, poucos franqueados se disporão a mergulhar nesses detalhes (e ainda menos franqueados o compreenderão). Portanto, na prática, a maioria conversará com outros franqueados, fazendo perguntas e pedindo opiniões. Considerando a exposição legal, o franqueador precisa garantir que a sua equipe de vendas de franquias esteja plenamente ciente das restrições legais sob as quais opera e não faça alegações ilegais. Para uma nova marca que esteja vendendo suas primeiras franquias, a experiência talvez seja semelhante à de trabalhar com as mãos amarradas nas costas. A maioria dos pretensos franqueados geralmente procura escolher entre opções alternativas de negócios de franquia, e se familiarizam com os limites do que os franqueadores podem dizer sobre as oportunidades que têm a oferecer.

◢ Contratos e *disclosures* (divulgação para investidores)

Em muitos canais, os contratos com parceiros de canal realmente não são usados (como no canal de varejo) ou são usados somente como último recurso, para forçar uma mudança no comportamento do parceiro de canal ou para alavancá-lo. No entanto, em sistemas de franquia, todo o relacionamento é regulado por um contrato e os detalhes são importantes. Obviamente, a taxa de *royalties* de franquia paga pelo franqueado ao franqueador é fundamental, assim como os demais direitos e obrigações de cada parte. Saber usar o contrato, redigir os seus termos e aplicar controles contratuais "rigorosos" ou "flexíveis", conforme as circunstâncias, são competências estratégicas que talvez demorem anos para serem desenvolvidas no contexto do próprio negócio do franqueado.

Saindo do canal de franquia

Depois de constituído, é extremamente difícil para o franqueador sair de um canal de franquia. Só há duas maneiras de fazer isso – concordar com um pagamento de indenização a cada franqueado, que pode chegar à receita de um ou mais anos (não lucro); ou comprar as franquias, operando-as como canal da empresa ou fechando-as. As duas opções podem ser extremamente dispendiosas, o que levou muitas empresas a não entrar em canal de franquia, com medo do custo de saída, caso a estratégia não produza os resultados almejados, ou se for necessário fazer uma mudança na estratégia de canal.

Crescimento e desenvolvimento da rede de lojas

"Sistema" é uma boa maneira de descrever como funciona um negócio de franquia. Quando os elementos trabalham juntos com eficácia, é possível obter resultados fantásticos. McDonald's, Subway, Starbucks e muitos outros construíram negócios globais em uma geração ou menos. Embora cada sistema tenha sua própria estratégia única, muitos conceitos comuns alicerçaram seu rápido desenvolvimento.

Uma vez estabelecido e comprovado o conceito da marca, o crescimento depende essencialmente de encontrar e garantir os locais certos em que irá florescer. O McDonald's é reconhecido entre os melhores nessa capacidade, sob qualquer forma de atuação (unidade própria ou franqueada). A Starbucks é mestre em escolher shoppings e outras localizações de alto tráfego. A localização é apenas parte do fator sucesso – o outro é a compatibilidade do franqueado com a localização. Há dois tipos de franqueado: o que só tem uma unidade (monounidade) e o que tem muitas unidades (multiunidade). Talvez pareça simplista, mas é útil pensar em franqueados monounidades como pessoas (ou famílias) e em franqueados multiunidades como empresas.

Considere a possibilidade de um ponto em um novo shopping – talvez seja necessário assumir o compromisso com o aluguel 18 meses antes da construção do ponto, e o shopping talvez demore três anos para ocupar todos os pontos, atingir o nível de tráfego de clientes esperado e superar o *break-even*. Você não gostaria de colocar um franqueado monounidade nesse local, nem mesmo um pequeno franqueado multiunidade, já que ele teria de carregar os custos de operar com prejuízo durante três anos antes de gerar lucro e, em consequência, correr o risco de falir, comprometendo a retenção do local. A mesma lógica se aplica a localizações de aeroportos e hospitais, ou de postos de serviço à beira de estrada.

Sistemas de franquia maiores lidam com a questão de densidade de loja, quando muitas lojas são abertas a curta distância umas das outras. As aparências enganam, contudo, porque é o fluxo de tráfego que realmente determina o grau em que a abertura de uma nova loja impacta as vendas das lojas existentes. Por exemplo, você sempre encontrará *outlets* Starbucks perto de cada uma das principais entradas, ou *hubs*, de um grande shopping – em Singapura, há quatro *outlets* em um shopping. A Starbucks sabe que as pessoas que entram e saem por uma entrada geralmente não passarão pelas outras, e não ocupar as outras entradas deixaria aberto o caminho para um concorrente. No fim das contas, porém, na medida em que o sistema de franquia "preenche o espaço em branco", adicionando cada vez mais lojas ao mapa, as novas lojas canibalizarão as vendas das existentes.

Conceito e desenvolvimento de novos produtos

Para impulsionar o crescimento (e reverter a queda das vendas), os franqueadores precisam manter o conceito da franquia pujante e relevante, e introduzir novos produtos e ofertas. Ainda que isso pareça uma estratégia óbvia, é muito mais difícil lançar novas ofertas em um sistema de franquia do que em um sistema de distribuição normal, pelas seguintes razões:

- Qualquer nova extensão ou oferta de conceito pode aumentar os custos operacionais ou os custos de instalação para os franqueados – algo que pode empurrar os franqueados marginais para perdas ou para perdas maiores. O McCafé do McDonald's custa mais de $100.000, só em equipamentos.

- Publicidade e promoção de novas ofertas exigem gastos de marketing significativos e publicidade especial – o que correrá às expensas da oferta central, e pode não ser apoiado pelo conselho ou diretoria dos fundos de publicidade.

➤ Novos conceitos e ofertas precisam de testes para garantir que são eficazes em estabelecer os novos procedimentos operacionais a serem divulgados em todo o sistema – os franqueados devem ser convocados para esse trabalho e podem ajudar a angariar apoio, mas essa questão suscita controvérsias sobre quem assume esses custos e se haverá indenização caso o teste gere prejuízo.

➤ Todos os elementos precisam ser sincronizados para alcançarem o sucesso: o fundo de publicidade, a cooperativa de compras, os franqueados e o franqueador. Fazer tudo isso exige tempo, consultas e persuasão.

➤ A introdução de melhorias (como decoração) pode acarretar problemas, pois leva tempo para recuperar os custos das melhorias, e algumas lojas parecerão mais elegantes, enquanto outras, em localizações marginais, talvez prefiram adiar as despesas adicionais, embora arcando com as desvantagens comparativas.

ATRIBUTOS E COMPETÊNCIAS CRÍTICAS

Um olhar rápido sobre o espectro de setores em que funcionam sistemas de franquia sugere que é possível franquear qualquer forma de negócio. Ainda que isso seja possível, alguns tipos de negócios são mais propícios a sistemas de franquias, como um modelo de distribuição eficiente. Numerosas características e competências críticas tornam um negócio pronto para franquias, como analisamos abaixo.

◢ A consistência de ofertas é crucial para a marca

Em muitos negócios, geralmente de serviços, uma oferta consistente ou cliente experiente é aspecto-chave da marca. Quase qualquer pessoa que entra num McDonald's quer encontrar Big Mac, batata frita e milk-shake no menu, e espera que a refeição tenha sabor idêntico ao da primeira vez em que foi experimentada. O cliente faz questão de receber o mesmo serviço rápido e amigável, não importa a loja em que esteja, com os mesmos banheiros impecavelmente limpos, em todos os locais. Expectativa semelhante, de um padrão de quarto previsível, se aplica ao Hilton, ou às instalações de impressão e aos serviços de entrega de todo FedEx. Esse fator é importante, porque unidades de negócio com ofertas, processos, equipamentos e instalações padronizadas e consistentes são fundamentais para um sistema de franquia. Elas se prestam a reprodução controlável, com documentação clara, normas e padrões rigorosos, treinamento estruturado e métricas eficazes. A marca em si se beneficia da consistência de experiências entre vários *outlets*, assim como da capacidade de cumprir o que foi prometido nas comunicações de marketing.

◢ Conceito comprovado

Para ampliar um negócio por meio de franquias, é vital ter forte demanda sustentável pelo conceito e pelas ofertas centrais. As primeiras fases da maioria das marcas de franquia notórias são o período em que o conceito central está sendo refinado e, geralmente, reduzido aos elementos essenciais. Produtos, serviços ou atributos desnecessários, que aumentam os custos mas não ampliam as vendas, são eliminados, e assim se desenvolve, gradualmente, a compreensão profunda das preferências do cliente. Geralmente, o conceito precisa ser simples, para sensibilizar o cliente e para aumentar a replicabilidade.

◢ Modelo de negócio comprovado

Nenhum sistema de franquia crescerá se os atuais franqueados estiverem tendo dificuldade para ganhar dinheiro; portanto, o modelo de negócio deverá ser robusto, para enfrentar os ciclos de negócio normais e as oscilações do mercado local. Três são os atributos de um modelo de negócio exitoso:

1 Lucrativo em termos de lucro líquido depois dos custos operacionais e despesas financeiras, e *royalties*, inclusive o custo nocional do próprio trabalho dos franqueados. Isso geralmente implica que margem bruta alta ou despesas gerais baixas são indispensáveis para evitar que flutuações normais não puxem o negócio para níveis inferiores ao do *break-even*.

② Fluxo de caixa positivo gerado pelas operações. Muitas franquias são negócios que lidam com dinheiro vivo. Isso significa que o crescimento do negócio não consome caixa nem precisa de financiamento de capital de giro.

③ Rápido *payback* do investimento inicial pelo franqueado, abrangendo o custo de comprar a franquia, preparar o local, equipar a franquia e gerar capital de giro – tanto quanto possível em dois anos. Muitas franquias podem ser adquiridas e estabelecidas por menos de $200.000, e algumas com investimento ainda menor. O que sugere lucro operacional anual da ordem de $100.000. No entanto, unidades de negócio mais substanciais, como uma loja independente de McDonald's, com *drive-thru*, que custa mais de $1 milhão, pode levar mais tempo para gerar receitas necessárias e alcançar o *payback*.

Território e gestão operacional

Território e gestão operacional cobrem toda a gama de atividades do sistema para construir o negócio e oferecer ao cliente, consistentemente, experiência excelente, em todos os locais. Como sistema de distribuição, o franqueador e cada franqueado dependem dos colegas franqueados para manter os padrões operacionais e cumprir a promessa da marca. Alcançar consistência entre milhares de *outlets*, cada um controlado e gerenciado por um empreendedor independente, é um desafio enorme que, surpreendentemente, é superado com muito sucesso, no geral. A maioria dos observadores citaria o McDonald's como exemplo de restaurante limpo, luminoso e atraente, onde o cliente é recebido com um sorriso e servido com rapidez e exatidão. Em consequência, a maioria das pessoas admite que essas características se aplicam a quaisquer redes de *fast-food*. Até as franquias de redes de hotéis, cujas várias propriedades são muito diferentes (as mais antigas dificilmente podem competir com as mais novas), conseguem que as equipes, desde a recepção até os serviços de limpeza e conservação, façam o cliente se sentir bem-vindo e apreciado. Como os sistemas de franquia alcançam esses resultados? Eles usam um conjunto de numerosas técnicas:

> **Definir e comunicar normas e padrões para todas as operações:** a maneira de executar quase todos os aspectos das atividades operacionais de um sistema de franquia é definida nos manuais de operações e implementada por meio de cursos de treinamento, websites, eventos, convenções, workshops e newsletters. As melhores práticas são captadas e disseminadas junto com atualizações ou melhorias e lembretes regulares, periodicamente. Os bons franqueadores converteram a necessidade em virtude, expondo a documentação como modelo de clareza e apresentação – com ênfase no visual, em vez de no textual – em formato altamente estruturado e fácil de seguir. Essa característica se tornou essencial, na medida em que muitos franqueados experimentam altos níveis de rotatividade de pessoal e empregam muitos jovens, às vezes com baixa capacidade de atenção e pouca experiência em ambientes disciplinados.

> **Esquemas de motivação e reconhecimento:** vá a qualquer evento ou reunião de franquia e você sempre verá um monte de prêmios, listas de homenageados, e outras maneiras de reconhecer o desempenho e as realizações do pessoal de linha de frente. Os franqueados são encorajados a agir da mesma maneira com o próprio pessoal, reconhecendo-os e agradecendo pelos serviços (estrelas no crachá) e recompensando-os pelo atendimento aos clientes e pelo desempenho na função, com prêmios, insígnias, bônus e indicação para eventos de premiação regionais e nacionais.

> **Monitoramento do compliance:** os padrões não serão mantidos se não forem monitorados em todo o sistema de franquia. As visitas de *compliance* aos franqueados, para observar se os padrões estão sendo seguidos, se repetem com alguma frequência, variando de semestrais a mensais. O monitoramento é feito por consultores e

inspetores, especialistas nos padrões e melhores práticas, que conduzem as inspeções com base em listas de verificação. Diferentes metodologias de pontuação são aplicadas, algumas enfatizando a inspeção em si, com base em abordagens de avaliação, e outras salientando os aspectos de consultoria e orientação, voltadas mais para a correção do que para o julgamento. Os franqueados considerados abaixo do padrão são intimados a corrigir os erros e seguir as normas, para nova inspeção em prazo determinado. Tipicamente, o *compliance* é fator decisivo na seleção dos franqueados elegíveis para novas franquias, já que o sistema não quer encorajar franqueados que não ajam de forma adequada.

> **Feedback dos clientes:** a melhor maneira de verificar como o sistema está oferecendo a experiência do cliente é perguntar a eles, embora seja difícil conseguir mais do que as opiniões extremas (boas ou más). Para superar a relutância dos clientes em descrever com matizes a experiência que tiveram, os sistemas de franquia, cada vez mais, estão recorrendo a tecnologias e a incentivos. Os clientes estão sendo encorajados a visitar um website e responder a algumas perguntas breves, sobre a experiência, digitar um código e, em troca, baixar um voucher para uma recompensa (biscoitos, bebidas etc.). Uma alternativa é pagar a *mystery shoppers*, ou clientes ocultos, para simular visitas e registrar os detalhes da experiência.

> **Equipes de recuperação:** no caso de franqueados realmente problemáticos (ou em vias de se tornarem), o franqueador envia ao local algum tipo de equipe de recuperação, para orientar e ajudar o franqueado. Ao oferecer uma rede de segurança dessa espécie, o franqueador envia o sinal positivo de que quer contribuir para o sucesso dos franqueados e de que não está simplesmente policiando. Em última instância, se o franqueado não se engajar com a equipe de recuperação ou não executar o plano de ação combinado, a franquia será rescindida e o franqueado será retirado do sistema. Alguns sistemas adotam a abordagem dos 10% inferiores, efetivamente submetendo a medidas especiais todos os franqueados enquadrados aqui.

O papel do franqueado vai além de apenas atender ao cliente – inclui a construção de uma base de clientes no local e de fazer o marketing para essa clientela local. Técnicas tradicionais, como publicidade em jornais, amostras, panfletagem, enchimento para bolsas, topos de mesa, pontos de venda e decoração de vitrines, tudo ajuda na comunicação com os clientes atuais e potenciais. Os smartphones podem identificar a localização dos clientes, possibilitando o desenvolvimento de ferramentas para enviar mensagens aos clientes nas proximidades de um ponto de franquia. Aplicativos como Voucher Cloud, Around Me e TripAdvisor podem direcionar os clientes para participantes de marketing ativo. Com a fragmentação crescente da mídia, as emissoras de rádio locais e até os canais de televisão regionais ou especializados podem ser relevantes para as lojas de franqueados, em termos de opções de marketing.

Cada franqueado será apoiado por atividades de marketing locais, regionais ou nacionais, sob a supervisão dos conselhos ou diretorias dos fundos de publicidade, e receberão materiais para serem usados em seus locais, em apoio a campanhas mais amplas (Copa do Mundo, Olimpíadas, lançamentos nacionais de novos produtos etc.). Embora possa ser opcional para eles a adoção desses materiais e pontos de preço, geralmente é do interesse de todos os franqueados alinhar-se com o marketing e oferecer um conjunto de produtos, a preços consistentes.

Todos os sistemas de franquia são marcas – fazendo e cumprindo uma promessa aos clientes. O modelo de financiamento e de incentivo os capacita a crescer rapidamente, com as empresas franqueadas representando as marcas que são distribuídas com mais eficácia no mundo, em termos de quantidade de pontos de distribuição, alcance e cobertura de mercado. Essas empresas franqueadas atuam de maneira coesa e consistente, apesar do aparente potencial para se comportarem como os muitos milhares de operadores independentes, que são de fato. Parte da explicação para esse sucesso é que as decisões são tomadas dentro de estruturas de governança eficazes, permitindo que todos os participantes foquem nas atividades para as quais se projetou o sistema e confiem em que os outros componentes executarão as suas funções. De muitas maneiras, os sistemas de franquia foram os primeiros adeptos dos modelos desagregados que agora estão emergindo em todos os setores de negócios e empreendimentos. Como tal, eles podem oferecer muitas lições aos sistemas de distribuição, mesmo que a franquia não seja um modelo de distribuição viável para o seu negócio.

PRINCIPAIS MÉTRICAS

Começamos mostrando como medir o desempenho dos *outlets* da franquia – as métricas usadas pelos franqueados, em monounidades (um *outlet*) ou multiunidades (vários *outlets*). O segundo conjunto de métricas é usado pelo franqueador, para gerenciar todo o sistema de franquia.

◢ Métricas de franquia em nível de *outlet*

Receita, vendas ou faturamento

Essa métrica, denominada Volume Médio por Unidade, ou VMU ("unidade" refere-se à unidade de negócio, ou *outlet* franqueado, não a unidade de venda), é apurada e reportada, quase sempre semanalmente, para cada *outlet*. Apesar da referência a volume, o VMU é apresentado na moeda local ou na moeda "doméstica" do sistema de franquia, que, nos EUA, seria US$. O VMU é usado como base de cálculo de *royalties*, razão pela qual o VMU de um franqueado atrai tanto interesse, como indicador de desempenho, e qualquer franqueado interessado em adquirir mais uma franquia precisa gerar forte VMU, com crescimento vigoroso.

Receita e atividade também se medem em unidades, de maneira um tanto confusa, onde unidades são uma medida-padrão do negócio. Em QSRs (*Quick Service Restaurants*), ou restaurantes *fast-food*, a unidade é um hambúrguer ou um sanduíche. Em alguns negócios, há uma "*stat unit*" (*statistical unit* – unidade estatística) que iguala todas as atividades, em termos de unidade-padrão, como caixas em supermercados e copos em lojas de café. Itens que não são compatíveis com a unidade são convertidos em unidades equivalentes. Por exemplo, uma sobremesa no McDonald's poderia equivaler a meia unidade. As unidades são úteis para calcular outras métricas, como produtividade (ver a seguir) e para eliminar os efeitos de mudanças de preços, ou inflação, no rastreamento dos níveis de atividade. Por exemplo, crescimento de VMU sem crescimento da quantidade de unidades indicaria que todo o crescimento resultou de aumento do preço. Unidades são medidas mais úteis para fazer comparações entre lojas, em diferentes regiões ou países, pois eliminam influências cambiais e diferenças de poder aquisitivo.

A terceira métrica da atividade de *top line* (receita) tenta chegar ao nível de tráfego que passa pelas portas do *outlet* de franquia e pode ser denominada contagem de clientes, contagem de transações, ou algum equivalente mais específico para o negócio. A ligação entre contagem de clientes e VMU é métrica importante, usada para interpretar o desempenho de *top line* de um *outlet* franqueado – o ticket médio. Equivale à cesta média de um varejista e mostra o gasto típico do cliente por transação. Se uma franquia de QSR, ou *fast-food*, vender a cada cliente um "acompanhamento" e uma bebida como complemento de cada unidade, o ticket médio será mais alto do que o do franqueado que só consegue convencer alguns clientes a pedir esses complementos.

Métricas Operacionais

Uma área em comum dos franqueados de muitos sistemas é a programação e a produtividade do pessoal. Muitos *outlets* de franquia ficam abertos durante muitas horas, com vários níveis de atividade; por exemplo, os picos de café da manhã, de almoço e de jantar em um restaurante de serviços rápidos, intercalados com vales de calmaria. Grande parte do pessoal nesses *outlets* atua em tempo parcial; portanto, o franqueado pode contratar umas 30 pessoas para cobrir as horas de 10 trabalhadores equivalentes em tempo integral. Isso exige constante malabarismo de programações, de modo a garantir cobertura suficiente para os períodos de pico (inclusive preparação), sem incorrer em custos excessivos.

Feedback do cliente

As novas tecnologias agora estão possibilitando medidas diretas da satisfação do cliente, em nível de *outlet*. Além disso, muitos sistemas recorrem a algum tipo de *mystery shopping*, para avaliar a qualidade da experiência do cliente, oferecida em cada *outlet* da franquia, com os resultados transmitidos ao franqueado. O *mystery shopping* é executado por uma agência, que emprega observadores treinados para entrar nas lojas e fazer uma compra. Cada visita é pontuada com base em critérios definidos pelo franqueador, considerando cada aspecto da experiência do cliente.

Métricas de franquia em nível de sistema

Métricas financeiras e operacionais

As métricas usadas pelo franqueador para a gestão financeira e operacional do sistema focam em três principais objetivos:

1. Avaliar o nível de desempenho do sistema como um todo e identificar as razões das boas e más tendências.

2. Identificar as partes do sistema que apresentam bom ou mau desempenho.

3. Reconhecer melhores práticas ou iniciativas que poderiam ser adotadas por outros *outlets*, para melhorar o desempenho de todo o sistema.

Uma das principais ferramentas usadas pelos franqueadores é compilar todas as métricas usadas nos *outlets* da franquia para gerar médias e tabelas abrangendo todo o sistema. Com centenas ou milhares de unidades de negócio quase idênticas, agrupadas em muitas tabelas diferentes, é possível localizar tendências com rapidez, identificar correlações significativas, e descobrir os *outlets* e franqueados que, nitidamente, estão fazendo alguma coisa especial, positiva ou negativa.

Os sistemas de franquia usam mais uma métrica que não se aplica aos franqueados, que é o grau de *compliance*. Cada franqueado deve esperar uma visita de *compliance* com alguma frequência (geralmente trimestral ou mensal). Em contraste com o *mystery shoppers*, a visita de *compliance* é feita com o pleno conhecimento do franqueado e, geralmente, por alguma pessoa de apoio de campo ou consultor de campo, já conhecida do franqueado. A visita de *compliance* foca em todos os aspectos operacionais de dirigir a franquia, inclusive confirmando que todas as novas diretrizes e melhorias foram implementadas e que os processos oficiais de *front-of-house* (frente de loja) e *back-of-house* (retaguarda) estão sendo observados.

Desenvolvimento e crescimento

O foco central do sistema é crescimento (lembre-se que franquia tem tudo a ver com crescimento, sem que o franqueador precise injetar capital próprio). As métricas de desenvolvimento incluem:

- **Contagem de lojas:** a quantidade de lojas ou *outlets* do sistema. Pode ser subtotalizado de muitas maneiras, como por tipo (independentes, com *drive-thru*) ou propriedade (franqueada ou da empresa).

- **Acréscimo de lojas:** o número bruto ou líquido de lojas adicionadas ao sistema (abertas) em um período, geralmente um ano. Diferentes sistemas adotam diferentes regras sobre como tratar a movimentação (ou relocalização) de uma loja, e outros eventos inusitados. O número bruto de lojas adicionadas é o número de lojas abertas no período; o número líquido de lojas adicionadas é o número bruto menos o número de lojas fechadas no mesmo período.

- **Densidade de loja:** o número de lojas por milhão da população. Por exemplo, se o franqueador tem 25.000 lojas nos Estados Unidos, com população de 307 milhões (de acordo com o *World Factbook*, em 2010), a densidade de loja é de 1 para 12.280 pessoas. É métrica excelente de penetração no mercado e de cobertura.

Há numerosas estratégias para que os franqueadores impulsionem o crescimento do sistema, em termos de criar grupos ou permitir a abertura de novas lojas onde apareçam interessados pela franquia. As métricas acima, porém, são retrospectivas, ou de resultados, refletindo as consequências do trabalho já executado para desenvolver o sistema.

Elas não mostram a eficácia das atividades de estímulo para manter ou acelerar a expansão do sistema – o equivalente a monitorar a geração de *leads* em modelo de negócio mais tradicional. Os sistemas de franquia usarão algumas ou todas as métricas, voltadas para:

> **Processo de vendas de franquia:** número de sondagens, *leads* em negociação e vendas efetuadas, com taxas de conversão relevantes;

> **Captação e construção de locais:** número de locais em processo de arrendamento ou aluguel, diferentes estágios de construção e instalação, até a abertura da loja;

> **Manutenção do imóvel:** número de *outlets* de relocação, reforma e transferência (entre franqueados) etc.

Todas essas métricas indicam ao franqueador o nível de desempenho dele para alcançar as metas de crescimento e identificam os gargalos ou pontos de estrangulamento que impedem o progresso.

Proposta central

O conjunto final de métricas inclui algumas que são familiares para a maioria dos negócios, mas que desempenham papel especial em sistemas de franquia, garantindo que sua proposta central se mantenha atraente e competitiva. Essas são as métricas que mostram se a franquia é atrativa como proposta de negócio para um candidato a franqueado:

> **Custo da franquia:** custo total para o franqueado assumir a franquia. É efetivamente composto de três elementos: taxa de franquia paga para comprar a franquia; custos de construção e instalação, para garantir o aluguel, construir ou converter o espaço, conforme os requisitos do franqueador, e instalar todos os equipamentos; e capital de giro, para financiar o ciclo comercial.

> *Payback*: quanto tempo leva para o capital investido ser recuperado via geração de lucros. Sob a perspectiva do franqueador, o *payback*

mais curto aumenta não só a atratividade de sua proposta de franquia, mas também acelera o tempo necessário para o franqueado monounidade se preparar para abrir outra unidade e se tornar franqueado multiunidade.

> **Retorno sobre o investimento:** mostra a atratividade da proposta de franquia, como investimento de capital. É o lucro anual médio dividido pelo investimento, expresso na forma de porcentagem. Os números ignoram o *sweat equity*, ou o tempo e trabalho do dono da franquia, no cálculo do investimento.

PRINCIPAIS ÍNDICES

ÍNDICE	CÁLCULO	INTERPRETAÇÃO	AUMENTO DO ÍNDICE SIGNIFICA...
Margem alcançada (%)	$$\frac{\text{Preço real recebido} - \text{Custo do fornecedor}}{\text{Preço real recebido}} \times 100$$	• Usado para comparar com a margem de compra (%) dos varejistas	Bom desempenho
Tamanho médio do projeto	$$\frac{\text{Vendas totais do projeto}}{\text{Número de projetos}}$$	• Mede a eficácia, na medida em que o tamanho impulsiona a utilização	Bom desempenho
Tamanho médio da loja	$$\frac{\text{Área de vendas efetiva}}{\text{Número médio de lojas}}$$	• Indicador da proposta central do varejista	Grandes mudanças significam alteração na proposta central
Margem de compra (%)	$$\frac{\text{Preço real recebido} - \text{Custo do fornecedor}}{\text{Preço de varejo esperado}} \times 100$$	• Usado como *benchmark* para a margem alcançada (%)	Bom desempenho
Margem de contribuição (%)	$$\frac{\text{Receita com vendas} - \text{Custo das vendas} - \text{Custos variáveis}}{\text{Receita com vendas}} \times 100$$	• Mede a lucratividade • Mostra o verdadeiro retorno sobre as vendas	Bom desempenho

ÍNDICE	CÁLCULO	INTERPRETAÇÃO	AUMENTO DO ÍNDICE SIGNIFICA...
Retorno da margem de contribuição sobre investimento em estoque (RMCSIE)	$$\frac{\text{Margem de contribuição}}{\text{Estoque}} =$$ $$\frac{\text{Margem de contribuição}}{\text{Receita com vendas}} \times \frac{\text{Receita com vendas}}{\text{Estoque}}$$ ou "ganho" x "giro"	• Mede a produtividade • Mostra o verdadeiro retorno sobre o capital associado ao estoque	Bom desempenho
Retorno da margem de contribuição sobre o capital de giro (RMCSCG)	$$\frac{\text{Margem de contribuição}}{\text{Capital de giro}} =$$ $$\frac{\text{Margem de contribuição}}{\text{Receita com vendas}} \times \frac{\text{Receita com vendas}}{\text{Capital de giro}}$$	• Mede a produtividade • Mostra o verdadeiro retorno sobre o capital de giro	Bom desempenho
Prazo médio de pagamento das compras (PMPC)	$$\frac{\text{Contas a pagar}}{\text{Custo das vendas}} \times 365 \text{ dias}$$	• Mostra o período médio em dias para pagar fornecedores	Mau desempenho
Prazo médio de recebimento das vendas (PMRV)	$$\frac{\text{Contas a receber}}{\text{Custo das vendas}} \times 365 \text{ dias}$$	• Mostra o período médio em dias para receber de clientes	Bom desempenho (até certo ponto, além do qual pode ser ruim)
Margem bruta (%)	$$\frac{\text{Receita com vendas} - \text{Custo das vendas}}{\text{Receita com vendas}} \times 100$$	• Mede a lucratividade básica • Indica o valor agregado	Bom desempenho

ÍNDICE	CÁLCULO	INTERPRETAÇÃO	AUMENTO DO ÍNDICE SIGNIFICA...
Retorno do lucro bruto sobre o investimento em estoque (RLBSIE)	$\dfrac{\text{Lucro bruto}}{\text{Estoque}} = \dfrac{\text{Lucro bruto}}{\text{Receita com vendas}} \times \dfrac{\text{Receita com vendas}}{\text{Estoque}}$ ou "ganho" × "giro"	• Mede a produtividade • Mostra o retorno básico sobre o capital ligado ao estoque	Bom desempenho
Retorno do lucro bruto sobre o capital de giro (RLBSCG)	$\dfrac{\text{Lucro bruto}}{\text{Capital de giro}} = \dfrac{\text{Lucro bruto}}{\text{Receita com vendas}} \times \dfrac{\text{Receita com vendas}}{\text{Capital de giro}}$ Capital de giro = estoque + contas a receber − contas a pagar	• Mede a produtividade • Mostra o retorno básico sobre o capital de giro	Bom desempenho
Prazo médio de renovação dos estoques (PMRE)	$\dfrac{\text{Estoque}}{\text{Custo das vendas}} \times 365 \text{ dias}$	• Mostra o período médio em dias para vender o estoque	Mau desempenho
Rotatividade (ou giro) do estoque	$\dfrac{365 \text{ dias}}{\text{Dias de estoque}}$	• Mostra a velocidade de rotação do estoque	Bom desempenho
Mark-up (%)	$\dfrac{\text{Vendas} - \text{Custo das vendas}}{\text{Custo das vendas}} \times 100$	• Mostra o lucro adicionado ao custo dos produtos	Bom desempenho
Margem líquida (%)	$\dfrac{\text{Receita com vendas} - \text{Custo das vendas} - \text{Despesas gerais} - \text{Juros}}{\text{Receita com vendas}} \times 100$	• Lucratividade das atividades de negócios durante um período	Bom desempenho

Principais índices

ÍNDICE	CÁLCULO	INTERPRETAÇÃO	AUMENTO DO ÍNDICE SIGNIFICA...
Margem operacional (%)	$\dfrac{\text{Receita com vendas} - \text{Custo das vendas} - \text{Despesas gerais} - \text{Juros}}{\text{Receita com vendas}} \times 100$	• Lucratividade das operações de comércio durante um período	Bom desempenho
Capacidade de crescimento potencial (%)	Margem líquida depois dos impostos (%) × Rotatividade do capital de giro	• Taxa do crescimento das vendas que pode ser financiada internamente	Bom desempenho
Lucro por metro quadrado	$\dfrac{\text{Lucro bruto}}{\text{Espaço médio de vendas disponível (m}^2\text{)}}$	• Lucratividade do espaço de vendas no varejo	Bom desempenho
Recuperabilidade	$\dfrac{\text{Preço contratual final pago pelo cliente}}{\text{Total de recursos usados} \times \text{preços-padrão}}$	• Proporção de tempo faturável que os clientes vão pagar	Bom desempenho
Retorno sobre o capital empregado (RSCE)	$\dfrac{\text{Lucro operacional antes dos impostos}}{\text{Total de ativos} - \text{Passivo não oneroso}}$	• Produtividade do capital empregado no negócio	Bom desempenho
Retorno sobre o capital investido (RSCI)	$\dfrac{\text{Lucro operacional depois dos impostos}}{\text{Capital investido}} =$ $\dfrac{\text{Lucro operacional depois dos impostos}}{\text{Total de ativos} - \text{Excesso de caixa} - \text{Passivo não oneroso}}$	• Produtividade do capital empregado nas operações comerciais do negócio (ou alocadas para as partes relevantes do negócio)	Bom desempenho

ÍNDICE	CÁLCULO	INTERPRETAÇÃO	AUMENTO DO ÍNDICE SIGNIFICA...
Retorno sobre o ativo líquido (RSAL)	$$\frac{\text{Lucro operacional}}{\text{Caixa + Capital de giro + Ativo imobilizado}}$$	• Produtividade dos ativos empregados no negócio	Bom desempenho
Vendas por metro quadrado	$$\frac{\text{Vendas}}{\text{Espaço médio de vendas disponível (m}^2\text{)}}$$	• Produtividade das vendas por espaço disponível no varejista	Bom desempenho
Vendas por loja	$$\frac{\text{Vendas}}{\text{Número médio de lojas}}$$	• Produtividade das lojas do varejista	Bom desempenho
Funil de vendas	$$\frac{\text{Vendas contabilizadas + Probabilidade das vendas esperadas}}{\text{Meta média de vendas mensal}}$$	• Tamanho dos pedidos contabilizados e das vendas esperadas	Bom desempenho
Utilização	$$\frac{\text{Tempo faturável}}{\text{Tempo-padrão}} \times 100$$	• Produtividade das pessoas em uma empresa de serviços	Bom desempenho (até certo ponto, além do qual pode ser ruim)
Criação de valor	$$\text{Lucro operacional depois dos impostos} - (\text{Capital investido} \times \text{CMPC})$$	• Lucro gerado acima do custo do capital investido	Bom desempenho
Rotatividade do capital de giro	$$\frac{365 \text{ dias}}{\text{Prazo médio do capital de giro}}$$	• Mostra a velocidade de rotação do capital de giro	Bom desempenho

Principais índices

GLOSSÁRIO DE
TERMOS TÉCNICOS

➤ **Acionista** [*shareholder*]: participante de um empreendimento de negócios por meio da propriedade de ações da empresa. Os acionistas são os provedores de capital para o negócio, seja investindo diretamente nele, subscrevendo emissões, seja comprando ações em circulação no mercado. As ações de empresas privadas geralmente são negociadas diretamente entre o vendedor e o comprador; as ações de empresas de capital aberto podem ser negociadas no mercado de ações, em bolsas de valores.

➤ **Agentes de viagem *on-line*** [*on-line travel agents - OTAs*]: agentes de viagem que oferecem uma plataforma ou portal para programação e reservas *on-line*.

➤ **Ágio** [*goodwill*]: o excesso do preço pago por uma empresa adquirida em relação ao valor justo de seus ativos identificáveis adquiridos menos os passivos assumidos.

➤ **Agregador** [*aggregator*]: *player* de canal que alavanca informações de múltiplos sites *on-line* ou de grandes volumes para assumir o papel de rede de fornecimento. Sua proposta aos clientes consiste em oferecer facilidade de uso (*one-stop shopping*) ou vantagem de preço (pelo acesso a níveis mais altos de descontos ou a outras economias de escala), ou ambos.

➤ **Alavancagem** [*gearing, leverage*]: a relação entre os empréstimos líquidos e o capital empregado. Uma medida de quanto do dinheiro na empresa é devido.

➤ **Amortização** [*amortization*]: redução gradual do valor de um passivo, durante determinado período, mediante pagamentos regulares.

➤ **ARPU** [*average revenue per user*]: *ver* Receita média por usuário.

➤ **Atacadista** [*wholesaler*]: *ver* Distribuidor.

➤ **Ativo circulante** [*current assets*]: itens do ativo que já são caixa ou podem se tornar caixa no prazo de um ano a contar da data do balanço patrimonial. Exemplos: contas a receber, estoques.

➤ **Ativo circulante líquido** [*net current assets*]: ativo circulante menos passivo circulante.

➤ **Ativo imobilizado** [*fixed assets*]: ativos destinados à manutenção das atividades da empresa, não para revenda. No geral, o movimento do ano deveria ser mostrado nas contas.

➤ **Ativos intangíveis** [*intangible assets*]: ágio, patentes e marcas registradas, propriedade intelectual de qualquer tipo etc. Normas rigorosas determinam como avaliar os ativos intangíveis.

➤ **Ativos líquidos** [*net assets*]: total de ativos menos passivo exigível.

➤ **B2B**: *ver Business to business.*

➤ **B2C**: *ver Business to consumer.*

➤ **Balanço patrimonial** [*balance sheet*]: demonstração dos ativos, dos passivos e do fundo de acionistas (*shareholder's funds*) de uma empresa, em determinada data. As Normas Internacionais de Contabilidade (International Accounting Standards – IAS) exigem que capital social, reservas, provisões, passivos exigíveis, ativos imobilizados, ativos circulantes e outros ativos sejam identificados separadamente.

➤ **BEV**: *ver Break-even.*

➤ ***Business-to-business* (B2B):** termo genérico que significa a venda de produtos ou serviços de empresas a clientes empresariais.

➤ ***Business-to-consumer* (B2C):** termo genérico que significa a venda de produtos ou serviços de empresas para consumidores, como clientes finais. Pode ser aplicado a parceiros de último nível, como varejistas que atuam em espaços B2C.

➤ **Canais indiretos** [*indirect channels*]: qualquer rota para o mercado que envolva fornecedores vendendo por meio de intermediários, como distribuidores ou *players* comerciais de último nível.

➤ **Canal** [*channel*]: rota de entrada dos produtos e serviços de uma empresa no mercado. Às vezes, o termo é usado em sentido vago ("o canal"), para designar somente o canal indireto, ou o canal de comércio; seu uso adequado, porém, é amplo, abrangendo qualquer rota específica para o mercado, incluindo também canais diretos, como força de vendas, catálogo, mala direta e web.

➤ **Canal de comércio** [*trade channel*]: rota para o mercado, em que intermediários vendem para o cliente final (*ver também* Canais indiretos).

➤ **Canal defensor** [*advocate channel*]: canal que influencia a conscientização e as preferências do cliente final, atuando como especificador (p. ex., um arquiteto) ou um orientador remunerado (como consultor técnico ou conselheiro financeiro independente). Embora não seja um canal em que o fornecedor possa vender os seus produtos, é um canal de importância crítica a ser incluído na estratégia de canal.

➤ **Canal direto** [*direct channel*]: rota para o mercado em que o fornecedor lida diretamente com os clientes, não recorrendo a intermediários. Exemplo de canais diretos são qualquer tipo de força de vendas que atua por meio de telefonemas para os clientes, catálogos, mala direta e web.

➤ **Capacidade de crescimento potencial** [*potential growth capacity*]: mede quanto uma empresa pode crescer, usando seus atuais recursos financeiros.

➤ **Capital acionário** [*share capital*]: a propriedade de ações confere aos acionistas uma fração da propriedade da empresa, proporcional à respectiva participação acionária. O capital acionário é declarado no balanço patrimonial pelo valor nominal.

> **Capital de giro** [*working capital*]: estoque mais contas a receber menos contas a pagar. É o capital necessário para que a empresa financie o seu ciclo comercial. À medida que cresce, a empresa precisa de mais capital de giro, a não ser que melhore o ciclo do capital de giro.

> **Capital empregado** [*capital employed*]: capital empregado é capital de longo prazo. Consiste no patrimônio líquido (capital social ordinário e reservas) mais passivo exigível não circulante. Olhando do lado do ativo, o capital empregado é igual a ativos líquidos (= ativos imobilizados mais capital de giro = total de ativos menos passivo circulante).

> **Capital social** [*equity share capital*]: qualquer capital acionário emitido que tenha direitos ilimitados de participar da distribuição de dividendos ou do capital.

> **Cascata (análise)** [*waterfall (analysis)*]: ferramenta usada para desdobrar os componentes de um custo ou margem para um cliente, segmento ou produto. Ao analisar os componentes e identificar os seus indutores, a empresa pode priorizar estratégias para reduzir custos e aumentar as margens.

> **Cesta média** [*average basket*]: *ver* Ticket médio.

> ***Churn* (taxa de evasão) de clientes** [*customer churn*]: número de clientes perdidos por ano dividido pelo total de clientes. Indica a sustentabilidade do negócio, na medida em que quanto mais alta for a rotatividade de clientes mais difícil será manter o nível de receita.

> **Ciclo *cash-to-cash*** [*cash-to-cash cycle*]: tempo decorrido entre as saídas de caixa para pagamento das compras e as entradas de caixa pelo recebimento das vendas, em que a empresa investiu no estoque e em contas a receber, medido em dias.

> **Ciclo de vendas** [*sales cycle*]: prazo médio para que um *lead* se converta em pedido confirmado.

> **Ciclo do capital de giro** [*working capital cycle*]: é o número médio de dias em que o capital de giro fica preso às operações da empresa.

Quanto mais baixo for esse número, melhor o capital de giro está sendo reciclado.

> **Circular de oferta de franquia (COF)** [*disclosure document*]: documentação legal que o franqueador é obrigado a publicar sobre o negócio, especificando os direitos e obrigações do franqueador e do franqueado, e fornecendo quaisquer outras informações materiais exigidas pelo franqueado antes de se decidir.

> **Coeficiente de liquidez** [*current ratio*]: ativo circulante dividido por passivo circulante.

> **Compromissos de capital** [*capital commitments*]: despesas de capital já contratadas, mas não entregues, e despesas de capital já autorizadas pela diretoria, mas ainda não contratadas, a serem mostradas na contabilidade.

> **Consultor financeiro independente (CFI)** [*independente financial adviser (IFA)*]: importante rota para o mercado de fornecedores de serviços financeiros. Esses profissionais fornecem orientação aos consumidores sobre como alcançar seus objetivos financeiros duradouros, usando produtos de pensão e investimento.

> **Contagem de clientes** [*customer count*]: número de clientes que visitam uma loja ou site em determinado período.

> **Contas a pagar** [*accounts payable*]: quantias a serem pagas pela empresa a pessoas físicas ou jurídicas às quais a empresa deve dinheiro por bens e/ou serviços adquiridos a crédito. Inclui outras quantias a pagar, com vencimento nos 12 meses subsequentes à elaboração do balanço patrimonial.

> **Contas a receber** [*accounts receivable*]: quantias a serem recebidas pela empresa. Geralmente são dívidas dos clientes.

> **Contribuição** [*contribution*]: lucro (ou margem) de contribuição é a Receita com vendas menos o custo das vendas menos despesas variáveis.

> **Cooperativa de compra** [*purchasing cooperative*]: cooperativa de franqueados, estabelecida em um sistema de franquia, para manejar compras e gerenciar cadeia de fornecimento, em nome dos franqueados.

> **Credores** [*creditors*]: pessoas físicas ou jurídicas às quais a empresa deve dinheiro por bens e/ou serviços adquiridos a crédito. Inclui outras quantias a pagar, com vencimento nos 12 meses subsequentes à elaboração do balanço patrimonial.

> **Criação (destruição) de valor** [*value creation (destruction)*]: geração de lucro operacional superior ao custo de capital. Se o lucro superar o custo de capital, os gestores criaram valor; se for o oposto, os gestores destruíram valor.

> ***Cross-sell***: técnica de vendas que consiste em adicionar vendas de outras linhas de produtos à venda do produto principal, no relacionamento com um cliente. Um exemplo é o acréscimo de acessórios e produtos de consumo à compra básica.

> **Custo de aquisição de clientes** [*customer acquisition cost - CAC*]: o custo de aquisição de um cliente. Geralmente inclui todos os custos relevantes de marketing e vendas na geração de *leads* durante o registro do cliente. Normalmente é comparado ao valor da vida útil para garantir que que o custo não seja antieconômico.

> **Custo de atender** [*cost to serve*]: custos da *conclusão* de uma venda através de um canal. Podem incluir todos os custos durante todo o ciclo de vida do produto, como garantia, serviços e suporte, assim como os custos de gestão do relacionamento. Em geral, esses custos estão misturados nas análises contábeis gerenciais e precisam ser extraídos ou estimados pela abordagem de custeio baseado em atividade (*activity-based costing*).

> **Custo de venda** [*cost to sell*]: os custos para *gerar* uma venda por um canal. Tipicamente, esses custos estão enterrados nas análises tradicionais de contabilidade gerencial e precisam ser extraídos ou estimados pela abordagem de custeio baseado em atividade (*activity-based costing*).

> **Custo dos produtos vendidos ou custo das vendas** [*cost of goods sold ou cost of sales*]: custo de aquisição e/ou produção de bens e serviços, deixando-os em condições de venda ou revenda no mercado.

> **Custo histórico** [*historical cost*]: critério de avaliação usual das demonstrações financeiras publicadas, por ser mais objetivo e verificável com mais facilidade pelos auditores. Pode ser contestado com base em aspectos conceituais, sobretudo em situações de inflação. Na prática, o custo histórico é geralmente substituído pelo valor de mercado no caso de terrenos, títulos negociáveis e ativos financeiros em moeda estrangeira.

> **Custo médio ponderado do capital (CMPC)** [*weighted average cost of capital (WACC)*]: custo médio do capital, representando o custo esperado de todas as fontes de capital da empresa. Cada fonte de capital, como acionistas, obrigações e outras dívidas, são ponderadas no cálculo, de acordo com sua participação na estrutura de capital da empresa.

> **Demonstração do resultado** [*income statement*]: demonstração financeira que resume os resultados das atividades comerciais de uma empresa, em determinado período.

> **Demonstrações financeiras** [*financial statements*]: demonstrações que mostram a posição financeira (balanço patrimonial), lucro de um período (demonstração de resultados) e as fontes e usos de fundos em um período (demonstração de fluxo de fundos).

> **Densidade de lojas** [*store density*]: o número de lojas ou *outlets* numa cadeia de varejo ou num sistema de franquia, dividido pelo número de pessoas na população local. Mede a penetração no mercado ou a saturação do mercado. Números baixos, como uma loja para 12.000 pessoas são chamados de altas densidades.

> **Depreciação** [*depreciation*]: contabilização gradual de despesas, pelo uso contínuo de itens do ativo imobilizado, durante sua vida útil, nas

operações da empresa. O processo geralmente consiste em dividir o custo de aquisição menos o valor residual pela vida útil do item. Esse é o método linear (*straight-line*). O valor da depreciação, em cada período de apuração, deve aparecer na demonstração do resultado do período. A provisão para a depreciação acumulada é deduzida do custo de aquisição no balanço patrimonial, para determinar o valor contábil do item do ativo imobilizado.

Portanto, a depreciação consiste em atribuir parte do custo dos itens do ativo imobilizado às despesas de determinado período contábil. A depreciação acumulada é a redução total, até a data, do valor dos itens do ativo imobilizado. Deve ser evidenciada separadamente no balanço patrimonial ou em notas explicativas das contas.

O valor contábil líquido (*net book value*) dos itens do ativo imobilizado é a diferença entre o custo de aquisição (ou, em alguns casos, de sua avaliação) e a depreciação acumulada. Essa quantia não representa o valor de mercado.

O valor residual é a quantia pela qual o item do ativo imobilizado pode ser vendido no fim de sua vida útil. O valor residual esperado é considerado no cálculo da depreciação durante a vida útil do item do ativo imobilizado, mediante a baixa de uma porcentagem constante do custo de aquisição.

O método de redução do saldo elimina uma porcentagem constante do valor contábil líquido decrescente, contabilizado no início de cada período contábil. Aqui, a taxa de depreciação é mais baixa do que a do método linear.

Depreciação acelerada é qualquer método de depreciação que adota taxa de depreciação mais alta no início e mais baixa no final da vida útil. Reduzir o balanço patrimonial é um dos métodos.

> **Depreciação acumulada** [*accumulated depreciation*]: o valor total da depreciação de um item do ativo imobilizado na data do balanço patrimonial.

> **Depreciação linear** [*straight-line depreciation*]: é o custo menos o valor residual estimado de um ativo, dividido pela vida útil estimada.

- **Despesas gerais** [*overheads*]: despesas com vendas, gerais e administrativas, da empresa, que não são incluídas no custo das vendas (ou custo dos produtos vendidos).

- **Devedores** [*debtors*]: quantias a serem recebidas pela empresa. Geralmente são dívidas dos clientes.

- **Distribuidor** [*distributor*]: empresa que compra dos fornecedores e vende a outros tipos de *players* de canal (geralmente no último nível) que, por seu turno, vendem para o cliente final. O distribuidor não vende diretamente aos clientes finais.

- **Empresa controladora ou Holding** [*holding company*]: empresa que controla outras, denominadas subsidiárias. O balanço patrimonial da holding deve mostrar separadamente seus investimentos em subsidiárias (incluindo a base de avaliação) e os valores devidos às subsidiárias e por elas. As holdings são obrigadas a publicar contas consolidadas que combinem as demonstrações financeiras de todas as empresas do grupo.

- **Empresa de serviços profissionais** [*professional services firm*]: qualquer tipo de empresa que vende serviços profissionais, como advocacia, contabilidade, consultoria etc., seja para indivíduos, seja para empresas.

- **Empréstimo a curto prazo** [*short-term loan*]: empréstimo com prazo de vencimento inferior a 12 meses.

- **Empréstimo sem garantia** [*unsecured loan or borrowing*]: empréstimo contraído por uma empresa sem garantias.

- **Estoque** [*inventory*]: matérias-primas, produtos em elaboração, produtos acabados, considerados pelo custo ou pelo valor de mercado; dos dois, o mais baixo.

- **Estrutura de custos** [*cost structure*]: perfil dos custos e despesas da empresa. Também pode ser usado para se referir ao equilíbrio entre custos fixos e variáveis.

- **Fatia da carteira ou penetração da conta** [*share of wallet or account penetration*]: proporção das despesas relevantes do cliente que foram capturadas pelo varejista, fornecedor ou provedor de serviços.

- **Fluxos de caixa descontados (FCD)** [*discounted cash flows (DCF)*]: o total das receitas futuras esperadas, descontadas pelo custo de capital, para refletir o valor do dinheiro no tempo, isto é, os fluxos de caixa futuros são avaliados em valor presente por menos do que os fluxos de caixa correntes.

- **Fornecedor** [*vendor*]: termo empregado para denominar um fornecedor. Frequentemente utilizado para distribuidores e *players* de canal.

- **Franqueado** [*franchisee*]: detentor da franquia; pessoa a quem é concedida a franquia.

- **Franqueado monounidade** [*Single Unit Owner (SUO)*]: franqueado que só tem uma loja.

- **Franqueador** [*franchisor*]: dono da marca e do modelo de negócio, que concede os direitos de uso.

- **Franquia** [*franchise*]: direito concedido a um indivíduo ou grupo de comercializar os bens ou serviços de uma empresa, dentro de determinado território ou mercado.

- **Fundo de publicidade** [*advertising fund*]: cooperativa de franqueados, constituída dentro de um sistema de franquia, para planejar e produzir publicidade e marketing em nome dos franqueados. Ao unir recursos, os franqueados podem garantir economias de escala e escopo, com o dinheiro que contribuem para o fundo de publicidade.

- **Fundos de cooperação** [*co-op funds*]: porcentagem fixa das vendas, alocada por um fornecedor, para o financiamento das atividades de marketing de um *player* de canal, para o aumento das vendas.

➤ **Fundos de marketing** [*marketing funds*]: recursos alocados por um fornecedor para gastar com um *player* de canal, de acordo com regras definidas pelo fornecedor, para garantir que o marketing ofereça escala ao fornecedor por meio do *player* de canal. A alocação pode ser feita por critérios discricionários ou como proporção direta das vendas, caso em que é denominada fundos de marketing cooperativos.

➤ **Fundos dos acionistas** [*shareholders' funds*]: a seção de propriedade do balanço patrimonial de uma empresa. Inclui o capital social, qualquer prêmio de ações e os lucros acumulados.

➤ **Funil de vendas** [*sales pipeline*]: mede a visibilidade da receita. É o número médio de meses de vendas registradas como pedidos (ou pedidos mais o valor esperado de lances pendentes). Também pode ser usado de uma maneira mais genérica para se referir à visão de uma empresa sobre o número de consultas ou *leads*, *prospects*, ofertas ou propostas e pedidos não cumpridos pendentes, que permitem prever os níveis futuros de Receita com vendas.

➤ **Gestão de recebíveis (cobrança)** [*dunning*]: processo de cobrança dos pagamentos de contas a receber.

➤ **Gestão de território** [*territory management*]: a função empresarial de gerir uma área geográfica para atingir os objetivos da empresa, normalmente em relação a vendas e a padrões de serviço operacionais.

➤ **Giro de estoque** [*inventory turn*]: avalia gestão do capital de giro, que representa quantas vezes o estoque foi vendido e substituído em determinado período.

➤ **Giro do capital de giro** [*working capital turn*]: mede quantas vezes a empresa gera capital de giro durante um período. Quanto mais alto for o giro do capital de giro, melhor será a capacidade de geração.

➤ **IaaS** *ver* infraestrutura como serviço (IaaS).

> **Infraestrutura como serviço (IaaS):** a prestação de serviços corporativos essenciais por meio de computação virtualizada pela internet ou computação em nuvem. Permite que os usuários paguem pela infraestrutura de acordo com a sua utilização (e podem aumentá-la quando necessário), em vez de fazerem o investimento na sua própria infraestrutura.

> **Índice de endividamento** [*borrowing ratio (gearing ratio)*]: razão do passivo exigível sobre o patrimônio líquido. Normalmente, é apresentado como porcentagem. 100% ou mais é alto. A maioria das empresas de capital aberto miram em 50% ou menos.

> **Lei de Pareto** [*Pareto's Law*]: observação empírica, às vezes conhecida como "Princípio 80/20". Tem muitas aplicações, das quais a mais simples é a constatação da tendência de 20% dos produtos gerarem 80% das vendas, ou 20% das contas de clientes gerarem 80% das vendas.

> **Liquidez** [*liquidity*]: facilidade com que os itens do ativo e do passivo circulante podem ser transformados em caixa.

> **Liquidez seca** [*acid test - quick ratio*]: ativos líquidos divididos pelo passivo circulante. Os "ativos líquidos" são normalmente representados por caixa mais devedores, mas os devedores de longo prazo (se houver) seriam excluídos. Se o estoque fosse considerado "líquido" (por exemplo, em uma rede de varejo com uma taxa muito rápida de rotatividade de estoque), eles também poderiam, excepcionalmente, ser incluídos.

> **Lucro antes de juros, impostos, depreciação e amortização - LAJIDA** [*earnings before interest, tax, depreciation and amortization (EBITDA)*]: representa o caixa livre gerado pelas operações.

> **Lucro bruto** [*gross profit*]: receita líquida de vendas menos custo das vendas. Também conhecida como margem comercial.

> **Lucro líquido (antes ou depois do imposto)** [*net profit (before or after tax)*]: é o lucro operacional menos os juros. Pode ser expresso antes ou depois do imposto.

➤ **Lucro operacional** [*operating profit*]: o lucro obtido após a dedução das despesas gerais do lucro bruto, mas antes da dedução dos juros.

➤ **Lucro por ação - LPA** [*earnings per share (EPS)*]: lucro líquido do exercício dividido pelo número de ações emitidas. Essa métrica geralmente é usada para comparar o desempenho total de uma empresa em períodos sucessivos.

➤ **Mala Direta Eletrônica - MDE** [*electronic direct mail (EDM)*]: e-mails enviados diretamente para o cliente ou para clientes potenciais.

➤ **Margem alcançada** [*achieved margin*]: margem bruta real, resultante da venda de produtos. Ela é, então, comparada com a margem de compra.

➤ **Margem bruta** [*gross margin*]: lucro bruto dividido pela Receita com vendas. Apresentada na forma de porcentagem.

➤ **Margem de compra** [*buying margin*]: margem bruta esperada ao assumir um compromisso de compra. Em alguns setores, como varejo de roupas, a estimativa pode ser feita muitos meses antes de os produtos chegarem às lojas, prontos para serem vendidos.

➤ **Margem líquida (antes ou depois do imposto)** [*net margin (before or after tax)*]: lucro líquido dividido por vendas, em forma percentual. Pode ser baseada no lucro antes ou depois do imposto.

➤ ***Mass merchant***: tipo de varejista que oferece um conjunto muito amplo de categorias em lojas, catálogos ou *on-line*. Os principais varejistas de massa incluem lojas de desconto e de lojas de departamento, e algumas das maiores redes de supermercados têm lojas que incluem grandes seções de produtos não alimentícios, a ponto de também serem consideradas varejistas de massa.

➤ **Modelo de anuidade** [*annuity model*]: *ver* Modelo de consumo.

> **Modelo de consumo** [*consumption model*]: modelo de negócio baseado no consumo contínuo de produtos ou serviços pelos clientes, ao longo do tempo, em vez de em grandes compras esporádicas. Também é conhecido como modelo de anuidade, que se refere ao fluxo de receita sustentável e duradouro, gerado por essa sucessão de compras de pequenos volumes.

> **Multifranqueado (franqueado multiunidade)** [*multi-unit owner*]: franqueado que possui mais de um *outlet* em um sistema de franquia.

> **Necessidade de capital de giro** [*working capital requirement*]: é o capital de giro necessário para financiar as operações da empresa, considerando o nível de vendas e a rapidez da reciclagem do capital de giro.

> **Obrigações fiscais** [*current taxation*]: impostos a recolher/a pagar no prazo de um ano, a contar da data do balanço patrimonial.

> *Omnichannel* [*omni-channel*]: tipo de vendas ao consumidor ou varejo que coordena múltiplos canais de vendas (loja, catálogo, *on-line*), assim como mídias para fornecer experiência completa ao cliente.

> **Orçamento de caixa/fluxo de caixa** [*cash budget/cash flow*]: plano de entradas e saídas de caixa, com base em certos pressupostos referentes a crescimento das vendas, condições de crédito etc.

> *Overtrading*: aumento das vendas além da capacidade de sustentação do capital de giro, gerando pressões sobre o caixa e problemas de liquidez.

> **Participação minoritária** [*minority interest*]: parte de uma subsidiária que não é de propriedade da empresa controladora. Geralmente é apresentada em item separado do passivo do balanço patrimonial consolidado.

> **Passivo** [*liabilities*]: valores devidos pela empresa.

> **Passivo circulante** [*current liabilities*]: itens do passivo exigível a serem pagos no prazo de um ano a contar da data do balanço

patrimonial. Exemplos: contas a pagar, dividendos a pagar, impostos a pagar.

> **Patrimônio líquido** [*net worth*]: ativo menos passivo na seção de propriedade do balanço patrimonial geralmente chamado de fundos dos acionistas, ou capital social e reservas.

> **Payback, período de payback**: tempo ou período necessário para um investimento recuperar o desembolso inicial.

> **Período de crédito** [*credit period*]: prazo concedido ao comprador para efetuar o pagamento da compra.

> **PI** [*IP*]: *ver* Propriedade intelectual.

> **Planogramação/planograma** [*planograming/planogram*]: planogramação é o processo de elaborar o *layout* e a exibição de categorias de produtos, linha de produtos e de SKUs (unidades de manutenção de estoque) numa loja de varejo, para maximizar as vendas ou a lucratividade. O resultado é um planograma, que é um mapa da localização das categorias numa loja, com a indicação do lugar exato onde se encontra cada produto na prateleira.

> **Plataforma ou provedor de plataforma** [*platform or platform provider*]: modelo de negócio que facilita as trocas entre provedores e clientes. A internet possibilitou que provedores de plataforma assumissem papel importante em áreas como serviços de táxi (p. ex., Uber), viagens e acomodações (p. ex., Expedia, Airbnb), e muitas outras. O termo "plataforma" pode ser usado em sentido mais genérico, para descrever um negócio baseado em infraestrutura de alto custo fixo, como ferrovias e hotéis.

> **Ponta de gôndola** [*end cap*]: mostruário para um produto, colocado no final de um corredor, dentro de uma loja. Tipicamente, esses lugares atraem nível de passagem de tráfego de clientes acima da média e se destacam entre as prateleiras normais, o que os leva a serem considerados locais privilegiados.

> **Ponto base** [*basis point*]: um ponto base é um centésimo de 1% ou 0,01%.

> **Ponto de equilíbrio** [*break-even*]: volume de atividade ou de vendas em unidades em que a margem de contribuição gerada pelas vendas é exatamente igual aos custos fixos. Com esse nível de negócios, a empresa não gera lucro nem prejuízo.

> **Prazo médio de pagamento das compras (PMPC)** [*days payable outstanding - DPO*]: tempo que a empresa leva para efetuar o pagamento das compras aos fornecedores, em dias.

> **Prazo médio de recebimento das vendas (PMRV)** [*days sales outstanding - DSO*]: tempo que a empresa espera para receber o pagamento das vendas pelos clientes, em dias.

> **Prazo médio de renovação do estoque (PMRE)** [*days inventory outstanding - DIO*]: período em que a empresa mantém o estoque, entre a compra e a venda, em dias. Mostra a velocidade de rotatividade (ou giro) dos estoques.

> **Princípios contábeis** [*accounting principles*]: os princípios que orientam a elaboração de demonstrações financeiras.

> **Proposta de valor** [*value proposition*]: análise e descrição quantificada dos benefícios, dos custos e do valor que uma organização pode fornecer aos clientes e parceiros. Representa o *business case* completo para fazer negócios juntos.

> **Proposta de valor do canal** [*channel value proposition*]: oferta de relacionamento de um fornecedor aos seus parceiros de canal, percebida pelo canal como o valor estratégico e comercial do relacionamento com determinado fornecedor. Baseia-se no conjunto amplo de termos e condições dos programas de vendas e marketing, investimentos nos processos interempresariais, suporte às interações, alinhamento estratégico e muitos outros aspectos do relacionamento.

> **Propriedade intelectual** [*intelectual property*]: termo coletivo que abrange ideias, invenções e trabalhos criativos. Inclui patentes, marcas registradas, designs industriais, software, imagens, gravações, apresentações e muitas outras categorias.

> **Provisão** [*provision*]: perda estimada no valor de um ativo, lançada contra lucros. Alguns exemplos são provisão para custos de garantias futuras, devedores duvidosos e obsolescência de estoque. Também pode se referir a passivo conhecido, cujo valor não pode ser definido com exatidão, como o resultado de litígio em andamento ou pedido de indenização contra a empresa.

> **Qualificação** [*qualification*]: processo de estimar o valor de um cliente potencial para a empresa, abrangendo a análise de sua capacidade de compra, a seriedade de suas intenções e os custos de conquistar e de atender o cliente, e identificar o fornecedor com mais chances de ser escolhido pelo cliente. O bom processo de qualificação garante que as competências de vendas escassas sejam direcionadas para oportunidades de alta qualidade.

> **Recuperabilidade** [*recoverability*]: proporção das atividades faturáveis (avaliada pelos preços de venda) que pode ser atribuída a um cliente pelo provedor de serviços.

> **Reserva** [*reserve*]: retenção de lucros, para aplicação específica, que evita a sua distribuição aos acionistas, respeitado o dividendo obrigatório. Um exemplo é a reserva de resgate de capital, que é criada quando os lucros acumulados são usados para recomprar ações e é necessária para evitar que o capital da empresa seja reduzido. O termo "reserva" é frequentemente usado de forma inadequada como um termo vago ou até mesmo um substituto para o significado aplicado à provisão ou mesmo aos excedentes de caixa.

> **Retenção de lucros** [*retained profits*]: lucros que não são distribuídos aos acionistas como dividendos. Também são denominados de lucros acumulados no balanço patrimonial, e representam os lucros retidos desde o início da empresa.

> **Retorno sobre o capital empregado (RSCE)** [*return on capital employed - ROCE*]: lucro líquido antes dos impostos dividido pelos fundos de acionistas expressos como porcentagem.

> **Retorno sobre o capital investido (RSCI)** [*return on invested capital - ROIC*]: lucro operacional dividido pelo capital investido (total de ativos menos excesso de caixa menos passivo exigível sem juros). Geralmente é usado para avaliar a capacidade de criação de valor de uma empresa de maneira intuitiva. Mede o desempenho operacional da empresa, sem considerar a influência da tesouraria (excesso ou falta de caixa).

> **Retorno sobre o investimento (ROI)** [*return on investment*]: lucro de um investimento ou projeto menos o custo inicial do investimento. Usado como critério para decisões sobre investimentos, quanto maior o retorno, melhor o resultado esperado ou real do projeto.

> **Retorno sobre o ativo operacional líquido (RSAL)** [*return on net assets - RONA*]: lucro líquido antes ou depois dos impostos dividido pelos ativos líquidos empregados, expresso como porcentagem. Uma medida de como a empresa está utilizando seus ativos para produzir um retorno sobre o investimento dos acionistas.

> **Retorno sobre o fundo de acionistas** [*return on shareholders' funds*]: lucro líquido dividido pelo patrimônio líquido, expresso como porcentagem.

> **Receita** [*revenues*]: valor de todos os produtos e serviços vendidos no período.

> **Receita por quarto disponível** [*revenue per available room (RevPAR)*]: métrica usada no setor hoteleiro para acompanhar o desempenho dos ganhos. É uma função calculada pela ocupação e a área média por hóspede.

> **Receita média por usuário (RMPU)** [*average revenue per user (ARPU)*]: mede a produtividade do cliente, em setores que trabalham com o modelo de consumo. Ajuda a avaliar a atratividade dos clientes e de segmentos, e é usada para justificar determinado nível de custo de aquisição do cliente.

> **Rendimento** [*yield*]: sinônimo de retorno. Geralmente, refere-se ao retorno anual gerado por um ativo ou investimento.

> **Retorno da margem bruta sobre o capital de giro (RMBSCG)** [*gross margin return on working capital (GMROWC)*]: é calculado pela divisão do lucro bruto pelo capital de giro. Mede a eficiência com que o capital de giro está sendo usado.

> **Retorno da margem bruta sobre o investimento em estoque (RMBSIE)** [*gross margin return on inventory investment (GMROII)*]: pode ser calculado pela multiplicação da margem bruta (ganho) pela relação entre vendas e estoque (giro). Mede a produtividade de diferentes produtos no estoque.

> **Revendedor** [*reseller*]: *player* de canal de comércio que compra e revende produtos a consumidores finais. Termo usado principalmente por fornecedores, ao descreverem a função que o *player* desempenha para eles.

> **Revendedor ou parceiro do nível ouro** [*gold-tier dealer or partner*]: revendedor ou parceiro que está no nível superior do modelo de parceria de três níveis: Ouro/Prata/Bronze. O intermediário ou parceiro Ouro está no nível superior, pelo volume de vendas ou por cumprir os requisitos mais rigorosos de acreditação.

> **Revendedor corporativo** [*corporate reseller*]: *player* de último nível que se especializa na revenda para clientes empresariais, geralmente na área de tecnologia da informação ou de máquinas e equipamentos.

> **Rotatividade do ativo** [*asset turnover*]: medida da intensidade do uso dos ativos do negócio, isto é, quantos dólares de vendas são produzidos por cada dólar investido em ativos.

> **SaaS:** *ver* Software como serviço.

> **Sazonalidade** [*seasonality*]: sensibilidade do negócio às oscilações irregulares das vendas em diferentes períodos ou estações do ano. Negócio sazonal é aquele pouco uniforme ao longo do ano, como o de protetores solares. As temporadas podem ser artificiais, não relacionadas com a natureza, como, por exemplo, a volta às aulas ou o encerramento do exercício financeiro no setor público, este último acelerando o aproveitamento de verbas ociosas, para que não sejam cortadas no exercício financeiro seguinte.

> **Sistema de franquia** [*franchise system*]: grupo de *players* ou entidades que trabalham juntos, sob um contrato de franquia. Geralmente abrange franqueador, franqueados, fundo de publicidade e suas diretorias, cooperativas de compras e suas diretorias, além de uma ou mais associações de franqueados.

> **Software como serviço** [*software as a service (SaaS)*]: fornecimento da funcionalidade de um produto de software como serviço pela web. O Office 365 é um exemplo de SaaS, com o qual os usuários podem entrar em seus browsers e trabalhar em seus textos em Word, suas planilhas em Excel e suas apresentações em PowerPoint, como se estivessem usando uma versão do Office instalada em seus dispositivos.

> **SPIFF:** recompensa especial oferecida pelos fabricantes ou provedores de serviços às equipes de vendas dos revendedores para encorajar as vendas de seus próprios produtos ou serviços, geralmente funcionando como programas muito breves, do tipo o *SPIFF day.* (SPIFF é, provavelmente, um acrônimo de *sales promotion incentive for funds.*)

> **Stock:** matérias-primas, produtos em elaboração e produtos acabados, geralmente avaliados pelo menor valor, de custo ou de mercado.

> **Subsidiária** [*subsidiary*]: empresa que pertence a outra empresa (totalmente ou de forma substancial, definida por critérios técnicos).

> **Taxa de conexão** [*connect rate*]: proporção de clientes que compram um segundo item para acompanhar o item principal. Por exemplo, clientes que adquirem garantia estendida na compra de um eletrodoméstico ou que compram uma bebida para acompanhar um sanduíche.

> **Taxas de listagem** [*listing fees*]: taxas cobradas por varejistas aos fornecedores para incluir produtos do fornecedor na loja, isto é, para incluí-los em sua lista de produtos.

> **Ticket médio** [*average check, average ticket, average basket*]: valor de venda médio de uma única transação. Medida útil a ser monitorada para avaliar se os clientes estão aumentando seus gastos em cada visita à loja ou ao site.

> **Trabalho em progresso** [*work-in-progress*]: produtos manufaturados em processamento.

> **Tráfego de clientes** [*footfall*]: fluxo de clientes que entram numa loja ou transitam por determinada seção.

> **Tudo como serviço** [*everything as a service (XaaS)*]: "X como serviço", "qualquer coisa como serviço" ou "tudo como serviço". O acrônimo se refere ao aumento na variedade de serviços que são entregues pela internet ou na nuvem.

> **Último nível** [*final tier*]: nome genérico dado aos *players* de canal que vendem a clientes finais. Refere-se à sua localização no canal ou no modelo de distribuição, como o último nível ou estágio final, antes de chegar ao cliente.

> **Unidade de manutenção de estoque** [*stock-keeping unit (SKU)*]: cada tamanho, peso e embalagem de um produto constitui uma SKU

diferente; portanto, a caixa de 250g, a caixa de 450g e a caixa de 450g com uma promoção especial são, cada uma, SKUs individuais.

> *Up-sell*: técnica de vendas e marketing que estimula o cliente a adquirir um produto melhor, mais caro ou com margem mais elevada, ao considerar uma compra. Muitos fornecedores oferecem uma faixa de produtos abrangendo "bom, melhor, ótimo", para encorajar o cliente a sofisticar a compra e a gastar mais. Há quem ofereça um modelo básico tão precário que o seu único atributo real é o preço baixo; o objetivo é despertar o interesse do cliente em um produto melhor, ao qual se aplicam técnicas de *up-selling*.

> *Utilização* [*utilization*]: principal métrica de produtividade usada em provedores de serviços. Pode ser aplicada a toda a área de serviços da empresa, a cada divisão ou times, e até a cada membro faturável da equipe. Alta utilização significa que grande proporção do tempo da equipe faturável se dedica a trabalho produtivo, gerador de receita. O excesso de alta utilização ao longo do tempo acarretará casos de síndrome de *burnout* e a problemas de qualidade.

> *Utilização da capacidade* [*capacity utilization*]: proporção da capacidade de faturamento de um provedor de serviços (medida em termos temporais, como horas ou dias) que é absorvida por atividades faturáveis nos projetos dos clientes. Alta capacidade de utilização significa que o provedor de serviços está muito ocupado e isso é bom para os negócios.

> *Valor contábil* [*book value*]: valor monetário atribuído a um ativo no balanço patrimonial. Geralmente representa o custo de aquisição menos a depreciação acumulada. Para terrenos com ou sem construções, geralmente representa o custo de aquisição menos a depreciação acumulada. Para títulos negociáveis ou moedas estrangeiras, pode ser o valor de mercado.

> *Vendas comparadas* [*comps sales*]: *ver* Vendas da mesma loja.

- **Valor vitalício** [*lifetime value*]: mede o valor de um cliente ou de um segmento de clientes ao longo de seu ciclo de vida esperado. Geralmente é calculado em termos de valor presente líquido. Indica a lucratividade do cliente e o valor do segmento no longo prazo.

- **Valor presente líquido** [*net present value*]: é o valor presente de fluxos de caixa futuros, descontados usando uma taxa de juros que geralmente corresponde ao custo de capital da empresa.

- **Variedade de ofertas** [*ranging*]: definição da faixa de produtos (*range of products*) oferecidos numa loja de varejo, inclusive o sortimento de modelos e tamanhos em cada categoria e em que profundidade.

- **Vendas da mesma loja** [*same store sales*]: vendas de lojas que foram abertas há mais de um ano. Como as novas lojas demoram para alcançar o padrão de produtividade, os analistas geralmente recorrem a essa métrica para eliminar os efeitos de distorções provocados por programas de expansão acelerados.

- **Volumes Médios em Unidades (VMU)** [*average unit volumes (AUV)*]: principal medida das vendas ou receitas semanais de um *outlet* de franquia.

ÍNDICE REMISSIVO*

* Nota: O índice é apresentado em ordem alfabética, palavra por palavra. Dentro dos títulos principais, os números, acrônimos e "Mc" são arquivados como explicitados. Os localizadores de páginas em itálico denotam informações contidas em uma figura, uma tabela ou um quadro.

A

abatimentos 46, 85, 206, 209-209, 284, 352, *353*
aberturas de loja 372
Accenture 285, 379
acesso ao mercado *35*, 36-38, 51-69, 429-431
acesso por assinatura 427
acionistas 148, 150, 273, *441*, 469
acordos de nível de serviço (SLAs) 243, 322
acordos financeiros 321, 451, 328
acreditação 174-175, 208, 283, 288, 389
acréscimo de lojas 459
adiantamento de pagamentos (pagamentos antecipados) 265-266, 267
ADP 380
agentes de viagem *on-line* (*on-line travel agents* – OTAs) 26, 404-409, 469
agregadores *39*, 42, 52-54, 58, 383-384, 385, 469
Airbnb 26, 67, 68, 403
Airbus 318, 321, 326
ajuda técnica 214, 289, 297, 304-305
    pós-vendas *76-77*, 78, 80, *84*, 85, 202, 367, 388-389
    pré-vendas *76-77*, 78, 109-111, 206, 288
Alain Afflelou 360
alavancagem 469
alavancagem 87-88, 298
Alemanha 127, *142*, 208-210, 342, 379, 387, 434
alianças 291, 368
Alibaba 43, 346
alinhamento de recursos 290, 298
Alstom 324
aluguel de carros 55-56, 242-243, 245
aluguel de equipamentos, métricas 335
Amazon 43, 60, 339, 345, 350, 358, 365, 366, 418

Amazon Prime 56, 365, 399, 421, 425
ambiente político 323-324
amortização 87, 168, 189, 254, 257, 323, 469
análise
    análise de dados 331, 366
    cascata de preços 396, 400, 472
    modelo de negócio *48*
    sensibilidade 279
análise de dados 331, 366
análise de sensibilidade 279
análise dos concorrentes 48, 292
Apple 366, 417-418, 420, 430
Apple iTunes 350-351, 425, 431
Apple Music 56, 399, 425
Apple Stores 58, 359, 373
apps 57-59, 348, 455
apresentações ao vivo 56, 413, 419
armazenamento 40, 83, 95, 96, 113, 120, 125, 164, 167, 168
árvore de criação de valor 152-153, *157*, *231*, 271-277
ASOS 345
ASSA ABLOY Group 331
associações de franqueados *441*, 443
atacadistas 37, 43, 75
atendimento (*fulfilment*) da oferta *84*, 85
    ver também bulk breaking (carga fracionada); cadeias de suprimentos; estoque em consignação; logística
ativo circulante líquido *94*, *156*, *220*, *224*, 470
ativo líquido *94*, *156*, 470
ativo operacional líquido 147, 148, 470
    ver também retorno sobre o ativo operacional líquido (RSAL)
ativos 291, *294*, 299, 325
ativos líquidos *94*, *156*, *220*, *224*, 479
circulantes *94*, *156*, *220*, *224*, 474
    imobilizados 87, *94*, 94, 98, 147,

155-157, 158, *185*, *231*, 470
intangíveis 314, 340, 381, 415, 470
líquidos *94*, *156*, 479
ver também retorno sobre ativo operacional líquido (RSAL)
ativos circulantes *94*, *156*, 220, 224, 470
ativos de alta liquidez 334
ativos imobilizados 108, *94*, 95, 97, 147, *155-157*, *185*, *231*, 470
ativos intangíveis 314, 341, 379, 415, 470
attach rates 257
Auchan 356
automação 51, 83, 86, 168, 176, 317, 430
avaliação *34*

B

B2B (*business-to-business*) 54, 61, 65-66, 205, 304, 470
    setor de serviços 379, 381-382, 390-391, 393-396
B2C (*business-to-consumer*) 54-55, 61, 215, 379-380, 383-384, 470
balanços patrimoniais 87, 88, 94-95, *141*, 154, *156*, 298, 470
base instalada *332*, 335
BAT 79
BCRM, marcas 311, 312
Beats Audio 420
benchmarking 114, 133, 142-143, 263, 302-303
bens de consumo de rápida movimentação (FMCG),
    marcas 311, 312
BestBuy 367
Big Pharma, setor 205, 429-430
Big Pig Music Ltd 419
Boeing 318, 319, 321
bônus 207, 248
bow-tie, modelo 187-188
branding conjunto 209, *293-294*, 422
break-even (VBE) 116-117, 165, 181, 243, 247-248, 258-259, 400, 405, 483
bulk breaking (*breaking bulk* – carga fracionada) *76*, 77, *84*, 192, 357
burnout 167, 239

C

cadeia de valor do conhecimento 203, *204*
cadeias de suprimento 318-319, 322-323, 364-365
cadeias de suprimentos estendidas 322-323
cálculo da utilização de férias 238
Call centers 261, 379, 382, 383, 404, 407
canais 322-323, 471
    ver também agregadores; canais de dois níveis; canais de primeiro nível; canais de último nível; canais diretos; canais indiretos; canais multiníveis; canal de advocacia (advocacia); capacitação do canal; conferências; conflito de canal; economia *gig*; fabricante do equipamento original (OEM); franquias; multicanais (*omnichannels*); *on-line retail channels*; *on-line travel agents* (OTAs); proposta de valor do canal; smartphones; varejistas
canais de comércio 471
    ver também canais indiretos
canais de distribuição global 328-329
canais de dois níveis *39*, 40-42
canais de último nível 30, *39*, 44, 52, 75, 197-307, 489
canais de um nível *39*, 40, 43-44
canais de varejo *on-line* 38, 64, 343-353, 357-358, 364, 382
    ver também Amazon; eBay
canais diretos 39-40, 404, 47
    ver também catálogos; forças de vendas (equipes); websites
canais do primeiro nível *39*, 42, 43-44, 52, 75, 201
canais indiretos 33, 51-52, 471
    ver também canais de último nível; consultor financeiro independente (CFI); distribuidores; distribuidores terceirizados; revendedores; TV; varejistas
canais multiníveis *39*, 41-42, 51-52, 57
canal do defensor *34*, *203*, 203-206, *212*, 212-215, *253*, 305-306, 367, 471
canal, conflito 44, 60-62, 180, 181, *355*, 383, 427, 431

Candle in the Wind (John) 418-419
Canon 417
capacidade de crescimento potencial 162-163, *465*, 471
capacidade de ouvir 390
capacidade de *trade-in* 328, 335
capacitação do canal 334-335
capacitação do usuário 334-335
Capita 379-380
capital de giro 95-98, 167-168, *142*, 162, 167-169, 261-268, 459, *476*, 479
    ver também retorno da margem de contribuição sobre o capital de giro (RMCSCG); retorno do lucro bruto sobre o capital de giro (RLBSCG)
Capital empregado 71, 262, 278, 471
    ver também retorno sobre o capital empregado (RSCE)
Carrefour *347*, 356, 363
cash and carry, atacadistas 41, 75
cash floats (*floats* de caixa) 129, 268
cash-to-cash, ciclo 119, 261-263, 266, 472
catálogos 339, 343, 344-345
catering, setor *ver* hotéis, restaurantes e *catering* (HoReCa), setor
Caterpillar 285, 317, 328, 330-331
celulares 258, 360
    ver também smartphones
centros de demonstração 62, 214, 352
cesta média (cheque/ticket), métrica, 225, 371, 457, 472
Charles Schwab 40, *149-150*
China 42-43, 324, 433
Chipotle 60
chips RFID 435
churn de clientes 56, 398-399, 400, 472
ciclo de renovação, métrica 335
ciclo de revisão 392
ciclo do capital de giro 98, 119-120, 128-131, 479
ciclos de vendas 278, 385-386, 390, 392
Cinco Ps 26
Cisco 26, 200, 208, 430
classificação do desempenho 207-208
click and collect (clique e retire) *355*, 357, 363-364

click-throughs 255, 384
clientes 34, 56, 76, 84, *221*, 243-244, 255, 399-400, 455, 457
    novo 286, 296
    ver também consumidores; margens de contribuição; custo de aquisição de clientes; *churn* de clientes; experiência (jornada) do cliente; valor vitalício do cliente; fidelidade do cliente; tráfego
Coca-Cola (Coke) 37-38, 46-47
código-fonte (software) 432
combinação de itens, soluções de varejo 342
comissão de vendas 26, *156*, 110, 164, 214-215, 331, 350, 383, 404, 408
comissão *ver* comissão de vendas
companhias aéreas (aviação) 40, 242-245. 257, 318-319, 321, 325-326, 384, 406, 408
companhias aéreas (aviação) 40, 60, 242-245, 257, 318-317, 321, 326-327, 384, 404, 408
Comparethemarket.com 43, 60, 383
competências 52, 129, 203-204, 324-334, 360-369, 383, 387-289, 408-409, 426-314, 450-451
competências centrais 52, 129, 203-204, 450, 366, 383, 393, 429, 431
competências de vendas 325, 359, 393-396
competências especializadas 223, 227, 252-253, 254
complementador do produto, papel 202, *205*, *212*, *293-294*
compliance (monitoramento) 208, 433, 439, 444, 453, 458
comunicação 245, 348, 389-330, 453
comunicação em mão dupla 348
conceito 450-451
condições de crédito (prazos) *76-77*, 78, 97, 121, 126-131, 266
    ver também descontos por pagamento imediato
condições de pagamento 59, 263-266, 344, 346, 383
    ver também pagamentos antecipados; pagamento de indenização; descontos; incentivos

Índice remissivo   495

conferências 82, *84*, 214, 305, 425, 314, 389

conflito de canal 44, 60-62, 180, 181, *355*, 383, 426, 431

consistência 59-60, 254, 364, 443, 450, 451

consolidação de pedidos *76-77*, 78, 295, 297
  ver também custo médio de processamento dos pedidos; tamanho médio dos pedidos; valor médio dos pedidos

construção de percepção *34*, 83, 85, 179, 180, 286, 246, *362*, *368*

Consultor Financeiro Independente (CFI) 382, 383

consultores (consultorias) 203, 213, 305-306, 453

consumidores 64-65, 356-360, 367-368
  ver também clientes

contabilidade de projeto 262

contagem de clientes 457, 473

contagem de estoque 459

contas a pagar 94, 120-121, *156*, 262, 437

contas a receber 77, 94, 125-126, 128, *156*, 168, *224*, 266, 473

conteúdo de PI 420
  ver também livros; filmes; imagens; música

contratos 219, 227-228, 243, 262, 267, 287-288, 415-428, 447
  ver também preço contratual final pago pelo cliente

contratos a longo prazo 228, 262

contratos a preço fixo 228-229

contratos de serviço, suporte e manutenção 228-229, 267

contratos de serviço, suporte e manutenção, a prazo fixo 228-229, 267

conveniência 56-57, 245, 339, 343, *355*, 357, *362*

Coolblue 346

cooperativa de compras *441*, 444, 473

corretores 37, 42, 51-52, *199*, 214, 349, 381, 393

Couchsurfing.com 67

credores, 474

criação de valor (CV) 98-106, *231*, 271-277, *467*, 474

cross-selling 106, 114, 138, 284, 302, 344, 377, 382, 398, 474

C-suite (chief-executives) 324

custeio baseado em atividade (custeio ABC) 113-114

custeio total 248

custo das vendas (custo dos produtos vendidos) *94*, 102, 121, 219, *220*, *224*, 247, 471

custo de aquisição de clientes 59, 60, 225, 254, 257, 258, 398-399, 474

custo de atender 112-113, 156-158, 284, 398, 399, 474

custo de venda 45, 188-189, 190, 474

custo médio de processamento dos pedidos 114

custo médio ponderado de capital (CMPC) 150-151, 154, 475

custo operacional por hora 335

custos 35, 37-38, 39, 78, 112, *113*
  bens de capital 321
  diretos *220*, *224*
  do produto direto 376
  fixos 43-44, 87, 113-114, 164-166, 247, 390, 407
  do setor de varejo 340
  franquia 448, 459
  HoReCa, setor 404-406
  indiretos *220*, *224*
  operacionais 267, 335
  variáveis 87, 164
  ver também custeio baseado em atividade (custeio ABC); custo das vendas (custo dos produtos vendidos); estrutura de custo; custo de vender; custo de atender; custo de aquisição de clientes; custeio total; despesas gerais; horas extras

custos de transação 112, *168*

custos diretos *220*, *224*

custos diretos do produto 376

custos financeiros 112, *113*

custos fixos 43-44, 87, 113-114, 164-165, 247, 390-391, 407

custos indiretos *220*, *224*

custos não recuperados de mau uso pelo cliente 336
custos operacionais 267, 335
custos variáveis 87, 164

D

data mining 366, 367
de retorno 64, 109, 111, 357, 365
Deliveroo 67, 68
Dell 26, 38-40
demonstração do resultado 91, 97, 114, 154, *156*, 161, 475
demonstrações do resultado *94*, 95, 475
demonstrações financeiras 94, 475
    ver também balanços patrimoniais
densidade de loja 459, 475
depreciação 254, 278, 490, 475
depreciação acelerada 476
depreciação acumulada 476
descontos "black box" 207-208
descontos 85, 96, 102, 107, 109, 113, 121, 123-124, 206-207
    ver também abatimentos
descontos comerciais 206-207
descontos por pagamento imediato 102, 121, 122-124
deseconomias de escala 169
Desenvolvimento de competências 44, 257, 274, 324, 360, 387, 393-395, 426-427
desintermediação 51-52
despesas gerais 96-97, 117, *220*, 240, 249, 254, 289, 297-299, 476
diária média por quarto 407, 410
Dick James Music 420
diferenciação 38, 48, 62, 176, 183, 186, 206, 217, 252-253, 428-429
Digital Rights Management 431
dimensão temporal da capacidade 219
dinheiro de terceiros (*other people's money – OPM*) 437, 440
    ver também financiamento
direitos, lacunas 427-428
direitos, redundâncias 427-428
Disneyland Paris 418
distribuição de banda estreita 125, 129
Distribuição *envelope-level* 357, 365

distribuição *high-touch* 380-381, 387-390
distribuidores 43, 193, 294-299, 477
    especialista 40, 44-45, 197, 285, *347*
    terceiros 404 TI 26, 41, 52-53
distribuidores *broadline* 75, *81*, 82, 95, 125, 295
distribuidores de primeira chamada (*first call status*) 295
distribuidores de valor adicionado *80*, 81
distribuidores especializados 40, 44, 125, 174, 197, 297, 298, *347*
distribuidores *fulfilment 81*, 82-83
distribuidores terceirizados 87, 404
    ver também canais indiretos; terceirização
Dixons 342
documentos de *disclosure* 446, 447-448, 473
Dolby 417, 420-421
downtime 255

E

eBay 346
economia *gig* 26, 67-70
economias de escala 164-169
ecossistema do consumidor 65-66, 367-368
Edrington Group 182-183
empresas imobiliárias *441*, 444
English Premier League 415-416
entrega de valor baseada em contrato 218-219
equipamento de transporte 317, 322
equipamentos usados, métricas 336
equipes (pessoal), programação *221*, 457
equipes de aquisição de clientes 394
    ver também fusões e aquisições F&As)
especialista 223, 227, 252-253, 254
    ver também treinamento
esportes, e PI 415-416
esquemas de fidelidade 26, 112, 243-244, 255, 313, *347-348*, 361, 404-405
    ver também Preferred Partner Programmes
Estados Unidos (EUA) 46, 324, 379
Federal Trade Commission 446-447
Food and Drug Administration 424
estoque 44, 83, 85, 91-92, 112-113,

121-126, 126, 169, 365, 477
ver também retorno da margem de contribuição sobre o investimento em estoques (RMCSIE); prazo médio de renovação dos estoques (PMRE); retorno do lucro bruto sobre o investimento em estoques (RLBSIE); rotação do estoque
estoque 77, 126, 477
   de segurança 167-168, 169
   em consignação *76-77*, 79, *84*
   ver também estoques; excesso de estoques; unidades de manutenção de estoque (SKUs); falta de estoque
estoque de segurança 167-168, 169
estoque em consignação *76-77*, 79, *84*
estoque negativo 265
estratégia de distribuição 33-39, 52-53, 56, 64, 67, 69, *84*, 84-88, 181-193
estratégia de postergação de investimento 164-165
estratégia
   distribuição 33-39, 51-53, 56, 64, 67, 69, 86-87, 181-193
   mix do negócio 274
   priorização 394-395
estratégias de priorização 394-395
estrutura de custos 84, 113-114, 117, 161, 219, 227, 242, 353, 407, 471
Europa 79, 121, 329, 379, 387, 434
   ver também França; Alemanha; Grécia; Turquia; Reino Unido
excesso de distribuição 176
excesso de estoque 44, 49
exclusividade 174, 191, 214, 282, 420-421, 425, 445
exigências legais 62, 237, 380, 393, 415, 426, 441-442, 445
experiência (jornada) do cliente *34, 221*, 340-341, 361-362, 366-367
exploração de direitos autorais 431
exposição *355*, 359, 371
extensão do papel do fornecedor 202-203, *205, 212, 293-294*
extensões de conceito 449-450

F

F&As (fusões e aquisições) 175, 324, 430
fabricante do equipamento original (OEM) *39*, 43
Fabricante do Equipamento Original (*Original Equipment Manufacturer – OEM*) *39*, 45
falta de estoque 95, 124, 168
faturamento do consumo 367-368
Federal Trade Commission (US) 446-447
FedEx 83, 451
feedback 86, 291-292, 350, 361, 390, 454, 457
férias, cálculo da utilização 238
fidelidade *34, 370*, 370-371, 409
fidelidade do cliente *34*, 36, *370*, 371-372, 409
   esquemas de fidelidade 26, 112, 243-244, 255, 314, *347-348*, 361, 404-405
filmes (distribuição de filmes) 208-210, 413, 421-422, 433
financiamento 116, 119, 289, *293-294*, 343, 350, 352
   ver também fundo cooperado de publicidade; fundos de marketing; empréstimos *peer-to-peer*; cooperativa de compras; fundo de acionistas
flutuações do ciclo de negócio 320
fluxo de caixa 44, 55, 88, 111-112, 225, 265-266, 267-268, 328, 452, 471
   descontado 400, 478
fluxos de caixa descontados 400, 478
Fnac Darty 357, 358
Food and Drug Administration (EUA) 424
food trucks 68
forças de vendas (times) 40, 105, 109, 233, 283, 284, 393, 345-346, 447
formulação de caso de negócio 188-192
fornecedores 192-193, 284-294, 408, 298-301, 302-306, 352-353, *368*, 428-429, 351
fornecedores 80-83, 120-121, 342
fornecedores menores 191-192, 302-305
Forrester and Gartner 306
França 182, 324, 357, 367

Frank N Stein Ltd 419
franqueadores 438, 439, 440-441, 445-446, 478
franqueados *441*, 443, 445-446, 478
Franqueados monounidades 448-449, 487
franquias 317, 437-461, 478
franquias multiunidades 448-449, 481
função de gestão de crédito 52, 85, 88, 168
função de tesouraria 116
função limítrofe 300
fundo cooperado de publicidade *441*, 443, 478
fundos cooperativos *84*, 471
fundos de acionistas *94*, 97, 117, *156*, 162
fundos de marketing *84*, 192, *220*, *224*, 283, 288-289, 342, 350, 352, 478
funil de vendas 229-233, *272*, 273, 277, 278, 391-392, 407, *467*, 479
funil de vendas, categoria 1 229-232
funil de vendas, categoria 2 229-232
funil de vendas, categoria 3 229-232
fusões e aquisições (F&As) 175-176, 324, 430

G

ganho e giro, 130, 133-134, 139, 189
General Electric (GE) 321, 331
geração de demanda *53*, 83, *84*, 85, 282, *370*, 438
geração de *leads*, 290, *293-294*, 460
geradores de tráfego, produtos 137, *376*
gerentes de contas (gestão) 48-49, 138, 142-143, 186-188, 282, 292, 298-300, 385, 393-396
 ver também contabilidade de projeto; gestão de projetos
gerentes de contas estratégicas (GCEs) 300-301
gerentes de produto 82, 96, 103, 106, 134-136
gestão 156, 223
 ver também C-suite (chief executives); gerentes de clientes estratégicos (GCEs)
gestão da cascata (análise) 396-398, 472
gestão da cascata de preços (análise) 396-398, 489
gestão da mudança *35*, 167
gestão de portfólio 136-139, 186
gestão de projetos *76-77*, 79, 275
 ver também gerentes de contas; contabilidade de projeto; tamanho do projeto
gestão de recebíveis (cobrança) 130, 479
gestão de renovação 256-259, 392
gestão de território 387-390, 452-455, 351
gestão do crescimento 161-169, 192, 151-150, 285-287, 295-296
 ver também capacidade de crescimento potencial
gestão do funil de vendas *ver* funil de vendas
gestão operacional 452-455
gestão tributária 116
giro do capital de giro *128*, *142*, 162, *476*, 479
Google 57-59, 356, 366, 414, 418
Google AdWords 58, 384
Google Analytics 369
Google Translator 62
GPS (localização) 331, 348
Grécia 127, *142*

H

habilidades de licenciamento 426-427
Happenstance Ltd 419
Hardie, James 66-67
Hewlett-Packard (HP/HPE) 26, 56, 200, 215, 290, 329, 417, 420, 430
Hilton Hotel Group 406, 437, 451
Hollister Co 341
horas extras 238, 335
Hotéis, restaurantes e *catering* (HoReCa), setor 26, 242-245, 267, 313, 403-409, 453
 ver também Airbnb
Huawei 324

I

IaaS (infraestrutura como serviço) 55, 57, 59, 379, 346
IBM 200, 306, 324
idade unitária média 335-336
identificação de força única 47, *48*

identificação de oportunidades *48*
imagens 413, 417
incentivos 49, 84, 85, 96, 168, 121-124, 138, 243-244, 301, 397, 398
    ver também bônus; recompensas; SPIFF de vendas
índices de reparo 335
indústria automotiva 76,127, *199*, 204-205, 211-212, 437
    ver também aluguel de carros; manutenção de carros; Toyota
informação de mercado (pesquisa) *84*, *85*, 281-282, 301
informação sobre o produto *76*, 77, 85
infraestrutura como serviço (IaaS) 55, 57, 58, 379, 346
instruções 345-346
instruções técnicas 305-306
integradores 62, 65, 66, 203-206, *293-294*, 305
integradores de soluções 203-204, *205*, *212*, *293-294*
Intel 38, 43, 324, 430
internet 259, 303, 331, 344, 432
introdução de melhorias 450
investimentos 97-98, 165-166, 452, 461
    ver também retorno sobre o capital investido (RSCI); retorno sobre o investimento
iTunes 350-351, 425, 431

J
jogo de soma zero 301
John, Elton 418-420
jornais 414, 455
Just Eat 67

K
Komatsu 317, 331

L
Lei de Pareto (regra 80/20) 85, 96, 125, 478
licenciamento
    propriedade intelectual 314, 415-428
    software 28, 54, 267-268, 382, 413, 415, 428-429, 432

tecnologia *53*, 417, 420-421
líderes de *market share* 188-190, 301-302
líderes de preço 206, *347*
líderes de serviços *347*
liquidez 77, 132, 479
listing fees (taxas de listagem) 64, 342, 488
livros 56, 413, 416, 420, 423
locais metropolitanos 324
localização 68, 214, 445-447
    estoque 169
    franquias 444-445, 445, 448-449, 460
    varejo 92, 340-341, *347*
logística *76-77*, 77, 112, *113*, 294-295
logística de entrega 56-57, 78, 344-345
    ver também click and collect (clique e retire); Deliveroo
logística de retorno 64, 109, 110, 357, 365
logística reversa 189, 345, 365
lojas 340-343, 346, 352, 357, 359, 364, 365, 372, 459-460, 475
losers (perdedores), produtos *137*, 138-139, *376*
low ball, preços 107-108
low-tech, setores 208
low-touch, distribuição 381-382, 393
lucratividade direta do produto 376-377
lucro (lucratividade) 95-99, 107, 164-167, 273, 297-298, 331-333, *370*, 371, 373-377, 452
    bruto *94*, 95, 102-106, 117, 133-134, *220*, *224*, *248-249*, *253*, 480
    distribuidores de último nível 288-289
    líquido 480
lucro bruto *94*, 95, 101-106, 117, 133-134, *220*, *224*, *248-249*, *253*, 480
lucro líquido 95, 480
lucro operacional depois dos impostos (NOPAT) 150, 154, 271, 273
lucro operacional depois dos impostos (NOPAT) 150, 154, 271, 273
lucro por ação 87-88, 480
lucro por metro quadrado 377, *465*

M
manutenção de carros 211-212
manutenção de imóveis 372, 444, 460

máquinas agrícolas 317
marca 286, 295, 413-414, 442-443, 451
   ver também branding conjunto
marcas d'água 431, 432
marcas d'água digitais 431, 432
marcas registradas *84*, 314, 413, 416, *446-447*
margem combinada (mix de margem) 104-109, 287, 297, *370*, 371
margens 96, 287, 297
   ver também margem alcançada; margens mistas; margens de compra; margens de contribuição; margens brutas (GM); mix de margem; margens líquidas; margens operacionais
margens alcançadas 373, *463*, 480
margens brutas (MBs) 101-103, 106-108, 188-190, 247-249, 252-259, 302, *463-465*, 480
   retorno da margem bruta sobre o investimento em estoques (RMBSIE) 133-136, 139, 192, 424, *463-465*, 486
   retorno da margem bruta sobre o capital de giro (RMBSCG) 139, 192, 424, *463-465*, 486
margens combinadas 104-109, 190-191, 371
margens de compra 373, *463*, 480
margens de contribuição 109-114, 136-143, 164-165, 189, *463*, 471
margens líquidas 115-117, *375*, *465*, 470
margens operacionais 114-117, *465*
marketing *76-77*, 80, 81, 85, 112, *113*, 289, 290, 297, 298
   cinza 314, 433-435
   pull 425, 428-429
   push 425, 428
marketing cinza 314, 433-435
marketing paralelo *ver* marketing cinza
marketing *pull* 425, 428-429
marketing *push* 425, 428
marketplaces 346, *347-348*, 358
   ver também Amazon
mark-ups 102, *465*
mass merchants 347, 481

McDonald's 422, 440, 448, 449, 450, 451
MediaMarkt/Saturn 342
medidas *ver* métricas
mercado 36-38, 56, 123, 126, 286, 296
mercados emergentes 41-42
metas de níveis de estoque 124
métricas 29-30, 335-336, 369-377, 399-400, 409, 456-461
   capacidade de crescimento potencial 162-163, 465, 471
   clientes recorrentes, taxa 371
   custo médio de processamento dos pedidos 115
   diária média por quarto 407
   Lucro operacional depois dos impostos (NOPAT) 150, 154, 271, 273
   lucro por metro quadrado 465
   PMPC 120-121, 129, 130, 154, 463-465, 483
   PMRV 126-128, 129, 130-131, 154, 273, 463-465, 483
   prazo médio de renovação dos estoques (PMRE) 121-122, 129, 132, 263-267, 463-465, 483
   receita 399, 404, 409, 456-457, 486
   receita média por usuário 486
   RLBSCG 139, 192, 424, 463-465, 486
   RMBSIE 133-136, 139, 192, 424, 463-465, 486
   RMCSCG 139-143, 463
   RMCSIE 136-139, 463
   RSAL 147-148, 467, 485
   RSCE 147-149, 188-190, 219-220, 220, 465, 485
   RSCI 150-151, 154, 151, 220, 467, 485
   tamanho médio da loja 463
   tamanho médio de processamento dos pedidos 115
   tamanho médio dos projetos 231, 242, 272, 463
   ticket médio (cesta/cheque) 255, 371, 488
   tráfego de clientes 43, 448, 449
   vendas 349-350, 467, 479
   ver também benchmarking

volume médio por unidade 490
WACC 150-151, 154, 475
métricas de equipamentos 335-336
métricas de receita 399, 404, 409, 456-457, 486
métricas de vendas 372-373, 377, 439, 460, 467, 350
métricas operacionais 335, 457, 457
Microsoft 26, 38, 200, 290, 306, 417, 433
Microsoft Office 369, 424, 428
microtransações 57-59
mídias sociais 26, 60, 64, 348-351, 367
millennials 27, 55, 64
Mitie 380
mix do negócio, estratégia 274
Mobileye 430
modelo de anuidade *ver* modelo de consumo
modelo de consumo 54, 267-268, 322, 451,360, 428-429, 471
modelo de negócio de serviços baseado em pessoas 219-242, 247-259, 261-266, 271-277
modelo de negócio de serviços baseado em plataformas *39*, 43, 52-53, 224-225, 242-245, 254-259, 267-268, 277-278, 482-483
modelo de valor vitalício do cliente 258
modelo diamante 187-188
modelo RAD (Reter, Adquirir, Desenvolver) 394, 398
modelos de distribuição
ver agregadores; canais diretos; estratégia de distribuição; distribuidores; distribuição em *envelope-level*; canais de último nível; distribuição *high-touch*; canais indiretos; distribuição *low-touch*; canais multiníveis; distribuição com largura banda estreita; canais de um nível; fabricante do equipamento original (OEM); "excesso de distribuição"; modelo de negócio de serviços baseado em plataformas; modelos de lançamento, distribuição de filmes; canais de dois níveis
modelos de lançamento, distribuição de filmes 421-422
modelos de negócio 28, 29-30, 45-49, 91-117, 217-225, 452
modelos de remuneração 62, 206-215, 353, *353*
"momentos da verdade" (Procter & Gamble) 356, 369
MoneySuperMarket.com 47
monitoramento 57, 331, 332, 335, 346, 348, 365, 431, 457
Motivação (eventos motivacionais) 214, 389-390, 437, 438, 439, 453
Motorola 417
multicanais (*omnichannels*) 44, 59-61, 346-354, 364, 369-371, 481
múltiplos embarques 79
música 56, 342, 351-352, 380, 399
PI 413, 414, 418, 418-419, 426, 431
mystery shoppers 454, 457-458

N

NBA 415
necessidade de capital de giro 162, 459, 479
negócios recorrentes 276-277
Netflix 56, 399, 421, 425
novos entrantes 190-192, 302-305

O

ofertas centrais, distribuidores 75-80, 83-84
óleos lubrificantes 45
omnichannels (multicanais) 79, 58-61, 346-354, 364, 369-372, 481
Onefinestay.com 67
organização interna *35*, 49
organização interna *35*, 49
overtrading 97, 161, 482

P

padronização 289, 297, 301, 451
pagamento por função, modelo 208-210
pagamentos antecipados (adiantamentos de pagamento) 264-265, 267
pagamentos de indenização, sair da franquia 448

ver também reembolsos
parceiros de nível ouro 283-284, 487
parcerias 178-192, 285
   ver também gerentes de clientes (*management*); parceiros nível ouro
passar para a rua 206
passivo a longo prazo *94*, 147, *156*, *164*
passivos 156-158, *220*, *224*, 470
   circulante *94*, *155-157*, *185*, *231*, *272*, 470
   longo prazo *94*, 147, *156*, 164
passivos circulantes *94*, *155-157*, *185*, *231*, *272*, 482
patentes 314, 414, 420, 424, 429
patentes de design 416, 425
patentes médicas 425
patrimônio líquido 383, 482
payback 400, 452, 460, 482
peças sobressalentes 76, 124, *199*, 318, 321, 328, 331, 335, 388
   falsificadas 329, 332-333
peças *ver* peças sobressalentes
peer-review, sites 350
peer-to-peer, comunicação 348
peer-to-peer, empréstimos 403
penalidades 168, 243-244
penetração no mercado 286, 314-315, 415, 428, 429, 459, 489
pensamento ecossistêmico 66-67, 367-369
pequenos contratos 227, 228
pesquisas 292
PI de direitos autorais 413, 424-425
   ver também livros; marcas; filmes (distribuição de filmes); imagens; apresentação ao vivo; música; software
planejamento da utilização (planejamento da utilização de pessoas) 237-242
planejamento do negócio 287, 296
planejamento
   negócios 287, 296
   utilização 331, 165-168
   planogramas *209*, 342, 482
planos de financiamento especiais 328
PMPC (prazo médio de pagamento das compras) 120-121, 129, 130, 154, *463-465*, 483

PMRV (prazo médio de recebimento das vendas) 126-128, 129, 130-131, 154, 266, *463-465*, 483
política pós-venda 364
   ver também suporte pós-venda (técnico de segundo nível); devoluções
pontos de coleta de terceiros 365
pop-up, lojas 67, 68, 341
portfólio de lucro total 331-333
posicionamento 47-49, 137, 187, 286, *293-294*, 296, 346-348, 367
prazo médio de pagamento das compras (PMPC) 120-121, 129, 131, 154, *463-465*, 483
prazo médio de recebimento das vendas (PMRV) 126-128, 129, 130-131, 154, 266, *463-465*, 483
prazo médio de renovação de estoques (PMRE) 121-122, 130, 131, 263-265, *463-465*, 483
prazo médio de renovação dos estoques (PMRE) 121-122, 129, 131, 263-267, *463-465*, 483
precificação 79, 137, 186, 251, 346-348, 351-352, 392
low ball 107-108 portfólio 105
   ver também líderes de preços; gestão da cascata de preços
precificação de portfólio 105
preço contratual final pago pelo cliente 251
preços padronizados 251
Preferred Partner Programmes 206
prêmios de reconhecimento 389, 453
presença da conta 400, 477
prevenção de pirataria 474-475, 433-435
primeiro momento da verdade 369
processamento de transação 112, *168*, 255
processo de engajamento 36, 180-185
produtividade 133-143, 238, 289-294, 298, 302, 377, 457
produtividade da loja 373
produto/serviço, mix de 217-218
produtos *76-77*, 124, 85, 137-139, 184, *185*, 187, 217-218, 149-150, 450-451
   ver também papel do complementador do produto; gerentes de produtos

índice remissivo 503

produtos falsificados 329, 332-333, 432
programação *221*, 457
promessa da marca 30, 35, 38, 387, 439, 452
promoções 38, 255, *347*, 356, 361, 364, *374, 375*, 422, 449
  ver também SPIFF
proposta de valor 30, *35*, 45-49, 326, 329, *347*, 484
  canal 180, 281-307, 471
proposta de valor do canal *35*, 46-49, 180, 281-306, 471
proposta de valor em níveis 330
propriedade intelectual 314, 329, 413-435, 484
propriedade, bens de capital 321-322, 335
provedores de serviços 202, 203-204, 205, *212, 221*, 223-225, *293-294*
provedores de serviços de internet (ISPs) 243, 360
publicidade 161, 340, *347, 370, 374-375*, 379, 416, 449-450, 455

Q
qualificação 391, 398, 484

R
rastreabilidade 435
recebíveis *ver* contas a receber
receita 227-229, 333, 486
receita média por usuário 399, *399*
receita por quarto disponível (RevPar) 405, 409, 486
recompensas 243-244, 383
  ver também bônus; incentivos; *SPIFF*
recuperabilidade 249-252, 333, *465*, 484
recuperação da receita 287, *293-294*
recursos não utilizados (recursos não alocados) 248-249
recursos totais usados 250
redes especializadas *347*
registro do negócio 391-392
regra 80/20 (Lei de Pareto) 85, 125, 479
regras de engajamento 285
Reid, John 419
Reino Unido 127

rendimento 314, 408-409, 421, 486
reservas 163, 485
restaurantes 314-315
  ver também hotéis, restaurantes e *catering* (HoReCa), setor
retenção e desenvolvimento da força de vendas 395-396
retorno da margem de contribuição sobre o capital de giro 139-273, *463*
retorno da margem de contribuição sobre o investimento em estoques 136-139, *463*
retorno sobre o ativo operacional líquido (RSAL) 147-148, *467*, 485
retorno sobre o capital empregado (RSCE) 147-148, 189, 220, *220, 465*, 485
retorno sobre o capital investido (RSCI) 150-151, 154, 220, *220, 467*, 485
retorno sobre o investimento 30, 400, 438, 461, 485
retorno sobre o investimento na marca *ver* RMCSCG
revenda de produto 217-218
revendedores *199*, 198-201, *205*, 292, 322, 486
revendedores corporativos *199*, 487
reversa 189, 345, 365
reverse bow-tie (gravata-borboleta reversa), modelo 187-188
RMCSCG 136-144, *463*
RMCSIE 136-139, *463*
Rocket Records 419
ROI (retorno sobre o investimento) 30, 400, 438, 461, 400
Rolls Royce 321, 331
rotação do estoque 133-135, 166, 168, *463-465*, 479
royalties 416-417, 422-423, 426, 438, 441, 443, 447, 456
RSAL (retorno sobre o ativo operacional líquido) 174-175, *467*, 485
RSCE (retorno sobre o capital empregado) 147-149, 189, 220, *220, 465*, 485
RSCI (retorno sobre o capital investido) 150-151, 154, 220, *220, 467*, 485

S

SaaS 55, 58, 379, 487
Samsung 417
sazonalidade 124-125, 128, 243, 274, 487
Scoring Points 363
segmentação
    distribuidores de último nível 283-284
    PI 418, 419
segmentos de consumo de classe média 56
segredos comerciais, roubo 432
segundo momento da verdade 369
sell-with, canais 212-214, 471
    ver também canal de advocacia (advocacia)
sensibilidade ao volume 219, 242-243
serviços 26, 54-57, 217-225, 313-314, 334, 335, 379-400
    comissão de vendas 214-215, 383
    consertos 199, 367
    modelo de negócio baseado em pessoas 219-242, 247-259, 261-267, 271-277
    modelo de negócio baseado em plataformas 39, 43, 25-26, 224-225, 242-245, 254-259, 267-268, 277-278, 482
    serviços domésticos 252-253
    substituição 199, 318-319, 331, 362, 367
    ver também líderes de serviços; acordos de nível de serviço (SLAs); provedores de serviços; contratos de serviço, suporte e manutenção
serviços de consertos *199*, 367
serviços de consolidação *76-77*, 78, 295, 297
serviços de descarte *327*, *362*, 367, *368*
serviços de encanamento 252-253
serviços de logística especializados 296-297
serviços de substituição 56, *199*, 318-319, 331, *362*, 367
serviços opcionais *76-77*, 79
serviços profissionais domésticos 252-253
setor bancário 259, 272-273, 313, 383
setor de alta tecnologia 114, 208, 230
    ver também Apple; Apple iTunes; Apple Music; Apple Stores; Cisco; Dell; Hewlett-Packard (HP/HPE); IBM;
Intel; Microsoft
setor de bens de capital 312, 317-336
    ver também indústria automotiva; setor de construção civil
setor de bens de consumo 311, 312, 339-377
setor de construção *199*, 312, 317
    ver também setor de construção civil
setor de construção civil *149-150*, *199*, 201-203, 318
    ver também setor de construção
setor de impressão 361, *362*
setor de manufatura 317, 320, 321, 324, 379
setor de mineração 317, 320-321, 322, 323, 326, *327*, 330
setor de moda 128, 344, 357
setor de saúde *149-150*, 305-306, 313, 318, 380-381, 383
setor de seguros 257, 383, 384
setor de serviços financeiros *149-150*, 203, 214-215, 380, 383
    ver também setor bancário; setor de seguros
setor de viagens 43, 68, 69, *149-150*, 245, 267, 313, 403-410
setor eletrônico 75, *149*, 413
setor farmacêutico *149*, 203, 205, 306, 413, 414, 425, 428-429
setores químicos 79, *149-150*
share of wallet 400, 477
showrooms 369
Siemens 318, 324
Simultaneous Release, ou lançamento simultâneo, modelo 421
sistema de franquia 317, 437, 439, 440-443, 445, 447, 449-461, 487
sistemas de segurança, mercado 65-66
sites de comparação 43, 60, 63, 348-349, 383-385
sites de resenhas 60, 350
SKUs (unidades de manutenção de estoque) 76, 85, 102, 103, 136, 137, 168, 169, 192, 489
SLAs (*service level agreements*), acordos de nível de serviço 243, 322

sleepers (dorminhocos), produtos 137, *376*
smartphones 62, 343, 346, 348, 371, 455
Smith, Delia 127
Snap-on Tools 444
software 28, 53-54, 61, 267-268, 341-342, 382, 413, 416, 428-429, 432
Software as a Service (SaaS) 55, 57, 59, 379, 487
sole traders (operador independente) *348*
soluções na nuvem 52, 53-54, 55, 57-58, 200, 342, 322, 433
Sonos 360
SPIFF 84, 84, 488
Spotify 56, 399, 425, 431
standard release (lançamento-padrão), rotina 421
Starbucks 418, 448, 449
straight to Pay TV (direto para a TV paga), lançamento 421
straight-to-video (direto para o vídeo), lançamento 421
streaming 56, 380, 399, 426, 431
Subway 422, 437, 448
supermercados 183, 341, 357
suporte pós-venda (técnico de segundo nível); *76-77*, 78, 80, *84*, 85, 202, 365, 388-390
suporte pós-venda (técnico de segundo nível); *76-77*, 78, 80, *84*, 85, 202, 367, 388-390
suporte pré-vendas (suporte técnico de primeiro nível) *76-77*, 78, 82, 109, 111, 206, 288
suporte técnico de primeiro nível (suporte pré-vendas) *76-77*, 77-78, 81, 109, 111, 206, 288
suprimentos de escritório, setor 125, *149-150*
sustentabilidade 147-159
Swift, Taylor 425-426

T

Taittinger 182
tamanho do projeto *231*, 240-241, *272*, *274*, 276, *463*
tamanho médio da loja 372, *463*
tamanho médio dos pedidos 114
tamanho médio dos projetos *234*, 241-242, *272*, *463*
taxa de abandono do carrinho de compras 370
taxa de conexão 137, 187, 191, 352, 471
taxa de ocupação 409
taxas de contenção 258
taxas de conversão *370*, 371
tecnologia 51-52, 286, 417, 420-421, 430
 ver também apps; automação; soluções na nuvem; Digital Rights Management; setor de eletrônica; setor *high-tech*; tecnologia da informação (TI) internet; provedores de serviços de internet (ISPs); setor *low-tech*; celulares; chips RFID; TV
tecnologia da informação (TI) *149-150*, *199*, 198-199, 203, 205-206, 208, 311, 318, 322, 417
 ver também apps; tecnologia da informação (TI) distribuidores; sistemas de tecnologia da informação (TI); software; Software as a Service (SaaS); *streaming*; Wi-Fi
tecnologia da informação (TI), distribuidores 26, 41, 52-53, 75, 106
tecnologia da informação (TI), sistemas 96, 139, 164, 168, 255, 261
telecomunicações, setor 114, *199*, 315
telemetria 319, 330
tempo faturável 228-229, *237*, 238-239, 248-249, *272*, 278
tempo-padrão 238
terceirização 52, 79, 80, *84*, 86-87, 96-97, 201-202, 385-386
terceirizados 80, 235, 235, 251-252, 262, 263
territórios exclusivos 445
Tesco *347*, 363, 366
testes 444, 449
TI *ver* tecnologia da informação (TI)
times de recuperação 455
timesheets 229, 238, 262
Toyota 367
Trabalho autônomo 67, 403

trabalho em progresso (*work-in-progress*) 261, 262, *263*, 479
tráfego de clientes 43, 369-371, 377, 448, 488
treinamento 214, 289, 334, 381-382, 389
TripAdvisor 60, 350, 455
tudo como serviço (*everything as a service* – XaaS) 379, 489
TurboTax 58
Turquia 127
TV 415-416, 421, 422, 425, 443, 455

U

Uber 27, 67, 68, 403
último momento da verdade 356, 369
unidades de manutenção de estoque (SKUs) 76, 85, 102, 103, 135, 136, 168, 169, 192, 489
unidades estatísticas 456
Unilever 42
Uniroyal 184
United Airlines 60
up-selling 114, 398, 489
uptime 254, 312, 318-319, 328, 335
utilização 235-245, 254-255, *467*, 489
utilização da capacidade 219, 235-236, 254-255, 489-490

V

valor adicionado 101-104
    ver também entrega de valor baseada em contrato
valor econômico adicionado *ver* criação de valor (CV)
valor médio da transação *370*, 371
valor médio dos pedidos 371
valor residual 321, 335, 476
valor vitalício do cliente 258, 372, 398-399, 407, 490
valor vitalício *ver* valor vitalício do cliente
varejistas 40, 91, 304, 312, 339-377
    ver também canais de varejo *on-line*
varejistas independentes *347*
varejistas nacionais *347*
varejistas regionais *347*
variedade de ofertas *209*, 342, 346, 490

VBE (*break-even*) 116, 164-165, 181, 243, 247-248, 400, 405, 483
VEA *ver* criação de valor (CV)
velocidade de acesso ao mercado (*speed to market*) 429, 439
vendas (gestão de vendas) 102, 104-106, 112, *113*, *220*, 227-245, 335, 390, 490
    ver também custo das vendas (custo das mercadorias vendidas); descontos; comissão de vendas; ciclos de vendas; forças de vendas (equipes); métricas de vendas; pipeline de vendas
vendas consultivas 325, 360, 393-396
vendas da mesma loja
vendas da mesma loja 373, 439, 490
vendas de lojas comparáveis *ver* vendas da mesma loja
vendas por loja 372, *467*
vendas por metro quadrado (produtividade do espaço de vendas) 372-373, 377, *467*
Verizon 60
video broadcasting 430-431
vídeos 367
vídeos de abertura de embalagem 367
visitas repetidas *370*, 371
volume 254, 302
volume médio por unidade 456-457, 490

W

warehouse in the dark operations 168
websites 97, 255, 344, 404, 407, 455
    comparação 43, 60, 63, 348-349, 383-385
    ver também sites de resenha
Wi-Fi 349, 406
winners/vencedores (produtos) 136, *376*
Workflow 430

X

XaaS 379, 489
Xcite 359

Z

zero momento da verdade 356, 369

LEIA TAMBÉM

CONFLITO DE GERAÇÕES
Valerie M. Grubb
TRADUÇÃO *Afonso Celso da Cunha Serra*

CUSTOMER SUCCESS
Dan Steinman, Lincoln Murphy, Nick Mehta
TRADUÇÃO *Afonso Celso da Cunha Serra*

DIGITAL BRANDING
Daniel Rowles
TRADUÇÃO *Afonso Celso da Cunha Serra*

DOMINANDO AS TECNOLOGIAS DISRUPTIVAS
Paul Armstrong
TRADUÇÃO *Afonso Celso da Cunha Serra*

ECONOMIA CIRCULAR
Catherine Weetman
TRADUÇÃO *Afonso Celso da Cunha Serra*

ESTRATÉGIA DE PLATAFORMA
Tero Ojanperä, Timo O. Vuori
TRADUÇÃO *Luis Reyes Gil*

INGRESOS PREDECIBLES
Aaron Ross, Marylou Tyler
TRADUÇÃO *Julieta Sueldo Boedo*

INTELIGÊNCIA EMOCIONAL EM VENDAS
Jeb Blount
TRADUÇÃO *Afonso Celso da Cunha Serra*

IOT: COMO USAR A INTERNET DAS COISAS
Bruce Sinclair
TRADUÇÃO *Afonso Celso da Cunha Serra*

KAM: KEY ACCOUNT MANAGEMENT
Malcolm McDonald, Beth Rogers
TRADUÇÃO *Afonso Celso da Cunha Serra*

MARKETING EXPERIENCIAL
Shirra Smilansky
TRADUÇÃO *Maíra Meyer Bregalda*

TRANSFORMAÇÃO DIGITAL COM METODOLOGIAS ÁGEIS
Neil Perkin
TRADUÇÃO *Luis Reyes Gil*

MITOS DA GESTÃO
Stefan Stern, Cary Cooper
TRADUÇÃO *Afonso Celso da Cunha Serra*

MITOS DA LIDERANÇA
Jo Owen
TRADUÇÃO *Afonso Celso da Cunha Serra*

MITOS DO AMBIENTE DE TRABALHO
Adrian Furnham, Ian MacRae
TRADUÇÃO Afonso Celso da Cunha Serra

NEGOCIAÇÃO NA PRÁTICA
Melissa Davies
TRADUÇÃO Maíra Meyer Bregalda

NEUROMARKETING
Darren Bridger
TRADUÇÃO Afonso Celso da Cunha Serra

NÔMADE DIGITAL
Matheus de Souza

POR QUE OS HOMENS SE DÃO MELHOR QUE AS MULHERES NO MERCADO DE TRABALHO
Gill Whitty-Collins
TRADUÇÃO Maíra Meyer Bregalda

RECEITA PREVISÍVEL (2ª EDIÇÃO)
Aaron Ross, Marylou Tyler
TRADUÇÃO Marcelo Amaral de Moraes

VENDAS DISRUPTIVAS
Patrick Maes
TRADUÇÃO Maíra Meyer Bregalda

VIDEO MARKETING
Jon Mowat
TRADUÇÃO Afonso Celso da Cunha Serra

TRANSFORMAÇÃO DIGITAL
David L. Rogers
TRADUÇÃO Afonso Celso da Cunha Serra

WORKBOOK RECEITA PREVISÍVEL
Aaron Ross, Marcelo Amaral de Moraes

INOVAÇÃO
Cris Beswick, Derek Bishop, Jo Geraghty
TRADUÇÃO Luis Reyes Gil

CUSTOMER EXPERIENCE
Martin Newman, Malcolm McDonald
TRADUÇÃO Maíra Meyer Bregalda, Marcelo Amaral de Moraes

ONBOARDING ORQUESTRADO
Donna Weber
TRADUÇÃO Maíra Meyer Bregalda, Marcelo Amaral de Moraes

AGILE MARKETING
Neil Perkin
TRADUÇÃO Luis Reyes Gil

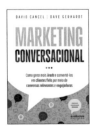

MARKETING CONVERSACIONAL
David Cancel, Dave Gerhardt
TRADUÇÃO Maíra Meyer Bregalda

BUYER PERSONAS
Adele Revella
TRADUÇÃO Luis Reyes Gil

Este livro foi composto com tipografia Adobe Garamond Pro e impresso em papel Off-White 80 g/m² na Formato Artes Gráficas.